大展好書　好書大展
品嘗好書　冠群可期

大展好書　好書大展
品嘗好書　冠群可期

易學智慧 11

易學與道教符號揭秘

詹石窗／著

大展出版社有限公司

前　言

一、關於道教的新認識

談起道教來，今天的人們也許不會陌生，因爲它畢竟是中華民族古老的傳統宗教。不過，由於認識途徑不同，人們對道教的看法應當說還是有差別的，至於從屬性特徵以及文化蘊含上作整體的把握，這就更是歧異紛出了。

對於許多人來說，認識道教可能是從書本開始的，尤其是從閱讀小說開始的。瀏覽過蒲松齡《聊齋誌異》這部短篇小說集的讀者們大概不會忘記其中的「嶗山道士」故事。作者告訴人們，有一位書生到嶗山學習道教「穿牆過壁」的法術，開初很靈驗，可是他回家之後，卻以法術騙人錢財，結果法術失靈，碰個頭破血流。像這種故事在古代的小說中很多，而且多半具有諷刺意味。本來，像蒲松齡這樣的作者在本意上並不是要對道教進行全面系統的介紹，他們只是透過某些從民間採擷來的故事藉以揭露人間社會的醜惡黑暗面，這當然有其積極的教育意義。但是，如果把嶗山道士的人物形象無限擴展放大，把它誤認爲是代表了道教的整體，那就錯了。以某個人物形象之「偏」來概道教體系之全，這種認識當然只能誤入歧途。

另外，還有許多人，是由某些民俗活動的機會認識道教。當今，在鄉下還常常可以看到一些自稱爲道士的人進行畫符捉鬼的活動。有人病了，搞不清病因，也不看醫生，就請個道士來作法。道士念有詞，畫上幾道符，燒一燒，和水喝下。這就是鄉間某些道士給人們的直接印象。如果我們只停留於這樣的印象，那麼必然就會認爲：原來道教就這麼簡單，實在沒有進一步認識的必要。這種想法當然也是有偏差的。可以說，這是以表層印象代替深層的認識。

事實上，具有悠久歷史的道教，並不像某些小說家所描寫的那麼「虛僞」，也不像一些人所想像的那麼「淺薄」。一位西方漢學家曾經說過：「道」在它的故鄉也許進入了休眠狀態，但在沒有人爲作用情況下，它在當今世界依舊迸發著強大的力量。這位漢學家還說，要想瞭解中國傳統，就得對道教在中國歷史上社會的和宗教的作用作一番全面的評價❶。這位學者雖然是站在西方宗教學的立場上來看待道教的，但至少指出了道教與中國傳統文化的根深蒂固的關聯。

那麼，我們應該怎樣對道教作一番判斷呢？首先，應對道教這個概念的內涵有個基本認識。以往，許多學術著作言及，道教是中國土生土長的一種宗教。這話一般說來是不錯的，不過，如果要明確一點，那麼，我們可以這樣來下個定義：

道教是在漢代產生的以「道」爲基本信仰，以羽化升仙爲最高目標，且融合中國文化複雜內容的華夏民族傳統宗教。

其次，應瞭解道教的形成不是一朝一夕的事情，而是一個歷史過程。我們在給道教下定義的時候之所以說「漢代」是其形成的時間，而不更為確切地指出它產生於哪一年哪一月哪一天，就是因為道教並不像母雞下蛋那麼簡單。作為一種具有信仰屬性的意識形態，道教不是孤立的。它的形成是以先前的文化為其根基的。道教的領袖人物，把先秦以老子、莊子為代表的道家學派的思想作為其創教的理論指導，並且汲取了其他諸多方面的文化因素，來構造自己的理論體系。經過長期的努力，道教積累了十分豐富的資料，僅保存在《正統道藏》中的經書就有五千多卷，這些撰述是我們認識道教並透過道教文化這個窗口認識中國歷史與社會的寶貴文獻。

複次，道教的產生與發展是多元的。實際上，如果我們考察一下早期道教的情況，就會知道，漢末時期，由於社會矛盾的加劇，自然災害的頻繁出現，民不聊生，道教遂應運而生。東方有以張角三兄弟為首的太平道，西南有以張道陵祖孫為主導的五斗米道。他們廣收門徒，各立旗幟，但在基本信仰上又有一致性，這就是相信人由一定的修煉可以變化氣質，成為神仙。這種信仰上的共同點造成了後來道教的多元聯合，於是道教又成為一個整體。

再次，從存在狀態來看，道教既是一種意識形態，又具有實體性的組織。這樣，道教同社會意識形態以及社會機構的各個層面也就有了諸多聯繫，這是我們認識道教時尚需看到的。

二、從「玄通」之門看道教符號特徵

如果要對道教體系有一個比較理性的估計，我們可以用「玄通」兩個字來形容。「玄通」一詞本出自老子《道德經》第十五章，其略云：「古之善爲道者，微妙玄通，深不可識。」所謂「爲道」就是進行修道行道的實踐活動。在老子看來，遠古時期的「爲道」者是精妙通達的，他們的思想非常深刻，一般人是難於眞正弄通的。爲什麼會發生這種難於認識的微妙玄通情形呢？其基本的原因就在於人們的素養不同；另外，應該特別指出的是，傳統思想表達的重要特點是象徵性，尤其是道家學派更是這樣。從老子的《道德經》開始就很注重運用比喻一類修辭手法，後來的莊子等道家學派代表人物也由各種寓意深刻的故事來暗示某種人生與社會的哲理。這種表達方式被道教所直接繼承。因此，道教文化體系也是充滿象徵的。這種象徵就在於其義理陳述的符號化。從這個角度看，道教乃是一個奇特的符號世界。

所謂「符號」，不同文化背景的理論形態將會有不同的定義；但就其一般性來說，符號就是一種代碼。符號系統即是代碼的組合系統，人類由於代碼系統的創造才使意義的表達有了可能。但是，從另一方面看，由於有了作爲代碼系統的符號的使用，人類對觀念意義的把握必須經過一定程式的轉換，這就使意義的準確理解又遇到障礙。

德國哲學家黑格爾在論述「象徵型藝術」時說：「象徵雖然不像單純的符號那樣不能恰當地表達出意義，但是既然是象徵，它也就不能完全和意義相吻合。因爲從一方面看，內容意義和表示它們（的）形象在某一個特點上固然彼此協調；而從另一方面看，象徵的形象卻還有完全與所象徵的普遍意義毫不相干的一些其他性質……」❷按照黑格爾的看法，符號可分爲單純性的和象徵性的兩大類。黑格爾是從符號與內容意義的密切程度方面進行劃分的。顯然，在黑格爾眼中，單純性的符號與內容意義之間的距離要比象徵性符號與內容意義之間的距離遠。即使是象徵性符號，在黑格爾看來，其形象與意義之間也還是不能等同的。黑格爾這一論述是辯證的，符合客觀情況的。在中國，有一句老話，叫作「書不盡言，言不盡意」，正表明了這種道理。

不過，儘管符號與內容意義之間的距離給人類的思想交流帶來了困難，但我們卻無法越過符號對思想觀念進行直接的把握。因爲迄今爲止，任何一個思想體系或理論體系都是由符號的組合系統來運載和傳遞的。對於思想交流和知識積累來說，離開了符號，我們便像擱淺的船無法「航行」。對於道教文化的認識與把握自然不能例外。

對研究物件進行分類，這是科學探討的一項基礎性工作。道教符號研究也離不開分類。如果從「藝能」的立場出發，我們就可以得出道教自然符號與道教人工符號的區分來。

自然符號就是賦予自然物象以特定意義的符號。這種情形在中國遠古時期便已發生，其後，此等觀念逐步發展起來，形成了比較自覺的自然符號理念，並且對道教產生重要影響。衆所周知，道門中人素以酷愛大自然而著稱，故山山水水、花草樹木都成爲其修道煉性的符號表徵。像南宋著名道士白玉蟾的《詠雪》即具備了這樣的理趣：「青女懷中釀雪方，雪兒爲麴露爲漿。一朝雪熟飛廉醉，投得東風一夜狂。」在白玉蟾眼裡，皚皚白雪覆蓋在山凹，看起來好像積在少女的懷中。因少女年輕，氣脈方盛，雪在山凹，正像酒麴置於酒壇裡。然而，至此爲止，並未眞正認識「廬山眞面目」。作爲一位熟諳內丹術的道教宗派創始人，白玉蟾詩中「青女」、「雪」、「漿」等自然物象是另有一番寄託的。清董德寧《悟眞篇正義》：「女子著青衣者，離❸爲中女，木之色青，著衣者，服衣於身也，此乃砂中汞之象，以砂屬離火，而汞屬震木也。」由此可知，白玉蟾詩歌的諸多自然物象，實際上是內丹修煉的符號借代。像這種例子在道教文獻中不勝枚舉，說明道門中人是善於以自然物爲符號來表達自己的思想理念的。

道教不僅以山水草木爲自然符號，賦予象徵意義，而且創造了大量的人工符號。顧名思義，道教人工符號就是由道門中人或奉道人士創造的運載著道教思想情趣的一種符號。從廣義上看，道教的書法、繪畫、雕塑、建築以及音樂曲線譜（又叫聲曲折）、道教的舞蹈動作、道教戲劇的人物科步、道教儀式等都是人工符號，具有深刻的象徵意義。例如，道教儀式展開過程中所使用的法器便很值得探討。

所謂法器是道教儀式所需作法器具的簡稱，除了儀式壇場準備中所列之旗、幡、劍、燈一類外，最常用的法器尚有香爐、鏡子、權杖、鐘鼓、木函、木簡等。這些器具在儀式活動中既是活動之主體——道教科儀師的操作工具，又是其宗教哲學的形象傳達。就拿香爐來說，道門中人即賦予它很特殊的意義。在儀式進行過程中，香爐是少不了的，但那並非僅是一種簡單的供人點香的工具，而是另有象徵之意趣。《太極眞人敷靈寶齋戒威儀諸經要訣》稱：「齋人以次左行，旋繞香爐三匝，畢。……所以旋繞香（爐）者，上法玄根。」所謂「玄根」即是「道」的別名。在道門中人的心目中，道是生化萬物的根本，它本來是無形無狀的，爲了使信奉者有所指歸，即以香爐作爲符號之象徵。道教科儀師在行儀時常以香爐爲中心，反覆旋繞，從而形成屈伸進退的線條變化。這一方面體現了儀式的舞蹈審美需求，另一方面卻又是以直觀的形式來宣揚其基本的信仰理念。雖然，香爐早已有之，但作爲一種行持道法的人工符號，無疑是從道門開始的。這種符號與自然符號之不同就在於其人工藝術之特質。它在使用價值的背後所蘊含的是思想符號的深層積澱。

人工符號與自然符號的劃分是我們認識道教符號象徵的美學意蘊的一個重要步驟。爲了進一步瞭解道教符號的特質與功能，我們還可以從存在形態上進行劃分，這就又有了具象符號與抽象符號的區別。

具象符號就是一種具體的形象符號。就其產生而言，具象符號的創造雖然有具體事物作範本或原型，但它並非簡單地照搬原物。創製者爲了突出具象符號的某一性質特徵，往往對事物之範本或原型物作一定的變化處理。例如在音樂上，就是對主旋律的變奏；在繪畫、雕塑、舞蹈上，就是在某些方面變動其造型。就「老子騎牛像」而論，元代「老子騎牛銅像」之牛乃牛犢，頭低下，顯得較溫順；而晁補之所畫之牛則兩角上翹，兩耳伸展，是一頭頗有生氣的壯牛；至於清代任頤所畫老子騎青牛之像，那又變成獨角牛了。道教畫家筆下的「牛」當然不是人們心目中的俗牛，而是擔當某種「宣化義務」的符號化身。這種具象符號的造型變化自然有作者愛好因素的作用，但也潛藏著人類深層的群體意識。道教藝術家因其所處時代的規範及藝術秉賦的作用，在自覺或不自覺狀態將道教群體精神融進了藝術作品之中。由於這種精神是透過藝術語言以暗示隱喻的形式出現，而不是以直接的形式表達出來，這就造成了具象符號與本意之間一定的距離感。然而，正是這種距離感呈現出一種美的韻律。從這個意義上說，具象符號不僅是道教傳達道體資訊的藝能載體，而且蘊含著積極象徵的美學功能。

與具象符號相比，抽象符號與本意之間的距離就更遠了。從哲理之意義角度看，抽象本是與「生動的直觀」相對而言的。所謂「抽象」就是在比較分析基礎上，從事物的許多屬性中撇開非本質屬性，抽出本質屬性。應該說，抽象符號的形成在最終意義上也遵循這種「揚棄」原則。但是，必須看到，抽象符號不是事物外觀形態因素的簡單「抽取」，而是經過一番「理念的玄想過程」。因此，並不是所有道教藝術品均有抽象符號功能。只有那些經過「玄想運作」的作品才具有抽象符號的功能。

抽象符號的創製也可以有一個「表現」物件，但它對原物的「映象」相對於寫實性的繪畫來說要複雜曲折得多。在其形成過程中，原型物必需經過理念的轉換，才能達到抽象之境界。這種轉換可以使本是色彩的東西化而爲聲，本是聲音的原物變成色彩。形與聲在這種抽象過程中由於轉換的可能性而獲得了多層的表現。例如道教的《五方符圖》之背後乃蘊含著五方咒說。據《靈寶五符序》所載，早在漢代之際即已秘傳《靈寶五符》，那是以東西南北中爲其方位框架所造作的五種符圖；後來更有所謂《五嶽眞形圖》，以抽象的形式來描摹神州大地五座具有代表性的高山。有趣的是，與此相對應，道教中還流行著五方神咒，其結構也是以五方爲根本，依五方之輪轉而有五種之咒說。傳統上以所謂「眞文」記錄其咒說，由於眞文實爲上古之蝌蚪文字，具有極強的象徵性，故而這種記錄實際上是把咒說變成了圖像，於是本是聲音的東西即轉換成形象，當其轉換被揚棄許多中間環節後，其抽象的符號特質便獲得強化。

道教符號關於自然與人工，具象與抽象之分，只是初步的，這裡並沒有窮盡劃分的閾限。我們的宗旨在於透過這種劃分，逐步地達到對道教符號系統的多層次認識，發掘其深藏的秘義。

三、易學與道教符號相關研究的意義

近十五年來，隨著文化交流的逐步展開，道教研究開始引起人們的重視，出現了一批有價值的學術研究成果。其中，既有專史性論著、專題性論文，又有辭典工具書等等。這些研究成果的問世是值得充分肯定的。不過，這並不意味著道教研究已經窮盡了。實際上，道教文化的探索還有很多領域尚未開墾，即使一些課題已取得可喜成就，從總體上看也還有待進一步開拓。這裡應特別指出的，就是易學與道教符號關係這個課題。

「易學」是中國古代經學的重要組成部分。從狹義上看，易學即是《周易》的解釋學。它探討《周易》的起源、性質、內容、形式等問題。其主要的方式是由音韻訓詁手段對《周易》的卦爻辭進行注解、闡釋。從廣義上看，易學還包括《周易》基本原理的應用、發揮，《周易》體系的類比、變通一類學問。筆者所謂「易學」主要是從廣義上說的。

就目前的情況來看，易學與道教符號關係這個課題的研究並不能說是一片空白，但成果也不太多。繼續進行這一領域的開掘，其意義是深遠的。具體說來，有如下幾個方面：

（一）從文化發展史的角度看，如果不理清易學與道教符號的錯綜複雜關係，那就不能全面地認識中國傳統文化各個層面的互相溝通問題。考察一下中國文化典籍，可以發現，《易》本來就與道教思想基礎的道家哲學有著同源關係。《易》曾經是一種占卜的學問，屬於巫教文化的範圍，而道家出於史官，原先也是從巫教文化團體中分化出來的。兩者的血緣關係決定了它們在長期發展過程中互相滲透的必然性。因此，從漢代道教產生之後，易學便成爲道門中人的必修課。現存道教經書總集《正統道藏》《萬曆續道藏》以及近年來臺灣出版的《道藏精華》等大叢書中都收入了爲數不少的易學專著，這不是偶然的。像西漢時期問世的焦贛《易林》，雜採神仙典故、災變之說，在思想宗旨上與道教的根本追求合拍，故能爲其所用，成爲道教預測的工具。當然，道門中人並非都是實行「拿來主義」，而是在「拿來」的基礎上進行新的解釋，撰寫符合其需要的易學專書。如果說在道教初創時期，道人們由於教務繁忙，來不及創作大量的易學專書，那麼當道教組織相對穩固之後，由道人們創作的易學專書便接二連三地問世了。先有著名道士葛洪的《周易雜占》、范長生的《周易蜀才注》、陶弘景的《蓍筮要略》《周易林》《易林體》《易髓》，繼有王遠知的《易總》、李含光的《周易義略》、李道純的《周易尚占》等等。尤其值得注意的是，道教中人開創的《易》「圖書」學派對於宋代以來我國易學的發展起了直接的推動作用。自北宋道士陳摶將《易龍圖》傳出之後，圖書之學便成爲易學領域突出的分支。不僅道人們應用圖像顯示《周易》秘義，而且其他學派也有數量爲多的學者效法陳摶，以圖書學爲宗。數百年來，此類著述如雨後春筍，層出不窮。僅在《中國圖書綜錄・經部・易類》「圖書之屬」中所羅列的就有六十種。至於其他解釋《周易》的著作配上此等圖像者那就簡直是汗牛充棟了。這方面的內容是極爲豐富的。就易學史研究而言，倘若去掉這方面的內容，其研究必然是片面的。因此，只有結合道教符號現象來研究易學史問題才能眞正弄清易學發展脈絡。

（二）從道教思想體系的研討角度看，如果不聯繫易學，那也是無法從廣度與深度上揭示道教符號體系的本質的。作爲我國的傳統宗教，道教有一個龐大的體系。這包括神仙信仰、方術儀式、倫理戒規等等。爲了修煉成仙，道門中人不僅需要實踐，而且需要理論。一方面，由邏輯的推演向信徒們說明信仰的力量，樹立神仙典型；另一方面設計出達到信仰境界的方法。這就需要從已有的思想材料當中提取營養。《周易》自然也就成爲道門中人手中之「至寶」。所以，道門中人不光是要對《周易》作出解釋，更重要的是還在於把它作爲一種基礎性的典籍應用到道教信仰理論體系的各方面去。只要打開道教經典，幾乎到處都可以看到易學應用的蛛絲馬跡。例如，具有「小道藏」之稱的《雲笈七籤》卷七十二有這樣一段類比性的闡述：「凡一斤藥有十六兩，每兩有二十四銖，一斤有三百八十四銖。《易》有六十四卦，每卦六爻，六十四卦有三百八十四爻。一年有三百六十日，有二十四氣。每月合一兩一銖半。一累陰陽之氣候，從冬至建子日辰起火，此年日月大小，數至陽生……」作者將藥的重量與《周易》六十四卦三百八十四爻配合起來，以示循卦煉丹、調整火候之意，這表明了《周易》在道門中人煉丹過程中起了一種指導的作用。在這個問題上，更爲重要的是易學陰陽五行原則、辯證邏輯的思維原則實際上已成爲道門中人進行科技活動的根本理論原則，易學的根本思想與道教科技學說已經融合。因此，如果不從易學入手，就不能理解道教思想符號的來龍去脈，就不能眞正窺見其堂奥。

（三）從提高個體思維能力的角度看，大家知道，我們研究任何學問，並不是提倡鑽在故紙堆中埋頭不出。學習研究是？了更好地創新，而一個人能否在某個領域有所突破、有所創新，很關鍵的一個因素就是具備分析問題、解決問題的思維能力。這種能力雖然與個人之天賦有一定的關係，但主要還是依靠學習培養出來的。學習的途徑有多方面，不可否認，在實踐中學習是重要的，而從傳統中汲取營養也是不可忽略的。在源遠流長的中國傳統文化中，易學與道教思想符號的融通發展造就了奇特的象徵思維模式。假如我們深入到其廣袤的文化殿堂中去，必定會受到深刻的啓迪。爲了說明這個問題，不妨援引兩首詩略加考察：

夜半寒泉動地雷，損奇益偶著靈胎。

一壺鳳髓朝朝飲，海底紅蓮火底栽。（曉）

日中姤象振天風，武減文加一餉工。

熟煮龜肝餐八兩，山泉空泥暮為蒙。（暮）❹

這是金丹派南宗學者王慶升歌詠早晚練功的兩首詩，其中暗藏著易學「屯」「蒙」「復」「姤」四卦的轉換關係。在《周易》中，屯卦之象，下震上坎，震爲雷，坎爲水；曉的時辰始於子，故稱「夜半」；坎之水源於泉，故稱「寒泉」；震卦居於坎卦之下，故謂「寒泉動地雷」；屯卦四陰而二陽，因一雷感動，坎中之奇化而爲偶（即陽爻變爲陰爻），於是屯卦變爲復卦，復五陰在上，一陽在下，五陰爲海水，一陽爲紅蓮；海底火發，陰陽反覆，則復卦變爲姤卦。姤，下巽上乾，乾爲天，巽爲風，風在天下吹，故謂「天風」；依卦煉功，一文一武，武爲陽，文爲陰。武減則陽退，文加則陰進，姤卦變爲蒙卦。作者將諸卦象隱於字裡行間，又選「鳳髓」「龜肝」之類辭彙點綴其間，這就使幽晦的詩境透出朦朧而又撲朔迷離的色調。由於卦體在詩中不是直露的，而是由意象來運載的，其含蓄性令人嚼而有味，細細琢磨也就喚起一種頗爲特殊的審美感受，它既陶冶了人的性情，又鍛鍊了人的思維。從這類作品中我們既可體會到道教文獻所映照的卦影符號，也可在鑑賞過程中提高象徵思維的能力。有了這種能力，面對浩瀚的文化海洋便能破浪前進。

【註釋】

❶《任其自然——道家之道》，美國芝加哥英文版《宗教史》第二十三卷第二期，一九八三年十一月。

❷黑格爾《美學》第二卷第十一頁，商務印書館一九七九年版。

❸這裡的「離」是指《易經》中的「離卦」。在《易經》中，「離」是火的象徵，又指乾坤父母卦所生六子中的「中女」。

❹《三極至命筌蹄》，《道藏》第四冊第九四四頁，文物出版社天津古籍出版社、上海書店一九九六年版，以下列此書均同此版，故略。

目錄

前言

第二章　道教神仙的易學光環

第三章　仰觀俯察：徵兆與天地說的易學根底

第四章　易學在金丹養生中的貫通

第五章　召神驅邪：符咒紛紛匯易道

第六章　道教齋醮科儀與易學數理象法

第七章 測算玄機：道教占卜對易學的繼承與變通

第八章　易學變體與道教奇術

第一章　道易融通：架構基本信仰的橋梁

在前言中，筆者已概要地指出了道教與易學之間所存在的密切關係。從本章開始，我們將要一步步具體地探討這個問題。

一方面，道教作為一個思想符號體系，它包含著複雜內容；另一方面，作為一種宗教，道教又有其信仰上的基本理念，或者說有其最為根本的信仰。抓住其根本信仰來剖析它與易學的關係，這可以說是抓住了其基礎與核心。這就是我們為什為要從道教根本信仰入手，開展這項探究工作的緣由。

一、「道」在道教信仰中的核心地位

所謂「信仰」指的是對某種宗教或某種主義的信服、崇拜而奉為言行的準則。信仰有廣義與狹義之分。廣義上的信仰是就宗教或主義的總體而言；狹義的信仰則指某一方面的信條。在各種信條或準則的體系中，有一些處於基礎性的重要地位，這可以稱為「根本信仰」。

(一)「道」是道教信仰的根基

道教的根本信仰到底是什麼呢?在以往許多著述中,學者們作出了種種描述;千言萬語,可以歸結為一個字,這就是「道」。從其本義來說,「道」首先指的是「道路」,後來引申而具備「道理」之義。古代的眾多學者都在「道理」的意義上使用「道」這個概念,如儒家、墨家的經書中均可找到例證。以老聃(老子)為代表的道家學派第一次在哲學本體論的意義上使用了「道」。在老子看來,「道」是宇宙萬物化生的本源或原動力。「道」自身是一種混混沌沌的存在,它是難於用語言真切表達的,所謂「視之不見,名曰夷;聽之不聞,名曰希;搏之不得,名曰微。」❶就是說,一般的人們,是看不見「道」的任何形狀,這叫做「夷」;聽不到「道」的任何聲音,這叫做「希」;摸不著「道」的邊際,這叫做「微」。儘管如此,在道家學派的心目中,「道」則是客觀的,而且是宇宙萬物賴以存在和變化的總根源。

老子之後,「道」不僅繼續作為道家學派的哲學基石,而且被道教所繼承。自漢代開始,道教中的領袖人物以老子、莊子的理論為基礎,來建立自己的宗教思想體系。這樣一來,「道」自然也就進入了道教文化殿堂中。

道教的目標是要透過種種修煉,達到長生不老甚至成為神仙。但是,什麼是「修煉」呢?簡單講,修煉是完善人的精神與形體的一套方法,也是人類的一種特殊心理和行為。道教的修煉是以自我認識為前提的。換一句話來講，一個人要完善精神和形體，達到超越塵世的境地，就必須認識「人」自己。由於修煉的需要，必然提出「人是從哪裡來的」這樣的問題。由此逆推反溯，也就會越過「人」自身，想到人以外的東西，尋找那個作為萬物發生的根源。這樣，也就找到了「道」。

在道門中人看來，「道」是無始無終、永恆存在的。人和宇宙間其他事物一樣，是因「道」而生，由「道」而化。然而，人自降生之後，卻離開了「道」，這就好像一個嬰兒離開母親一樣。隨著時間的流逝，人如果一直順著往前走，就會離「道」越來越遠，直至走到死亡為止。這就是一般人的歸宿。就修道的立場來看，為了使自己返老還童，就應調轉前進的方向，「逆」著向原初的「道」的方向復歸，這樣就可以重新回到「永恆」的狀態。由此可見，「道」在道教信仰體系中是多為重要。

(二)從黃帝君臣故事看「道」的地位

關於「道」在道教信仰中的重要地位，上面的闡述也許還未能給大家充分而具體的證實。為了說明這個問題，我們不妨來看看道教是如何描述神仙人物「修道」的故事。

道教為了給人們提供成仙的「典範」，也為了增進自身的信仰，搜羅整理了各種各樣的神仙故事。從現存的大量的神仙故事中，我們就可以看到「道」在道教信仰者心目中居於何等地位了。

翻開具有「神仙大全」性質的《歷世真仙體道通鑒》（以下簡稱《仙鑒》）一書，首先映入眼簾的是關於「黃帝」的故事。人們知道，黃帝在中華民族中幾乎是一位家喻戶曉的人物。古代典籍中有關黃帝的記載相當之多，但宗旨不同，則所講述的黃帝故事也很不一樣。《仙鑒》除了敘說黃帝出生的靈異、顯赫的身份以及諸多發明創造之外，重點採擷了有關他的「問道」故事。

書中說，有一個叫赤將子的異人，不食五穀，嘗百草而高壽；還有一位叫容成公的神仙，善於補導之「道」，守生養氣，能使白髮變黑，齒落再長。黃帝很羨慕他們的「道」，便建造了所謂「五城十二樓」，以等候神仙異人的到來。據說，神仙異人真的來了，黃帝就向他們請教了「大道」。此後，黃帝遊覽了華山、首山，向東面走到了泰山，遇到了怪物，且與神仙「通接」；接著又到了蓬萊島，訪問神人，「引接」萬靈於明庭等地。然後，他「祭天圜丘，將求至道」❷，又拜九元子為師，以地皇元年正月上寅日齋戒於首山，繼續周遊以「訪真道」❸。再後來，黃帝登崆峒山，見廣成子，「問至道」。這個上古的神仙人物廣成子據說並沒有立即傳給黃帝「至道」，他採取了十分「慎重」的態度，不答黃帝之問。黃帝退而建造一間用「白茅」搭蓋的「特室」，住在裡面三個月之久，先自我反省，然後再去見廣成子，問「修身之道」。這回廣成子授予黃帝一本《自然經》。這些故事，有的出自《莊子》《列子》等先秦道家文獻中的寓言，有的出自民間傳說，如果認真稽考起來，當然是難於落實的，不過，卻表現了道門中人對「道」的推崇，因為黃帝向來被當作中華民族的祖先，他尚且這樣重視「訪道」，其他人就可想而知了。

在道教中，黃帝乃是帝王求道的典型。有趣的是，黃帝的許多大臣在道門中人的筆下也有求道的生涯，洪崖先生就是突出的一位。

洪崖或作洪涯，道門稱之為「青城真人」，相傳是軒轅黃帝的臣子伶倫，曾經當過樂官。《呂氏春秋・古樂》篇載，黃帝命洪崖作音律，他從大夏之西走到崑崙山腳下，根據鳳凰的鳴叫聲區別十二律，又鑄造十二鍾，以和為音，以施英韶。《呂氏春秋》的這番記載相對說來還比較樸素。到了漢代，一班文人開始對洪崖的故事進行加工，如班固所寫的《西京賦》把洪崖先生描寫成為一個身披鮮麗羽毛的仙人。既然是有羽毛，那就是已經羽化成仙，其得道也就是「必然」的了，因此，後來的道書乾脆說他「修道成仙」，如南朝的陶弘景在《真誥》一書中便有這樣的描述，書中還講洪崖先生居四川青城山，所以人們稱他為「青城丈人」。

不過，對洪崖先生修道事跡用墨最多的還應屬《仙鑒》，該書卷四在敘述了洪崖先生的姓氏身份之後立刻就說他「得道仙去」。什麼叫「仙去」？就是成仙離開人世而去。《仙鑒》還說洪崖先生到了帝堯時已經三千歲了。漢武帝的時候，有個叫做衛度世的人進入華山，尋找他的父親衛叔卿。據說當時衛叔卿正在懸崖絕壁與幾位仙人「博戲」。衛度世問他父親在場的幾位是什麼人？衛叔卿介紹的第一個就是洪崖先生。按照這個說法，則洪崖先生到了漢朝的時候還健在。這些記載當然也是好道者的理想性傳說；不過，我們從中卻可以看出洪崖先生在道教中乃具有頗高的「道行」品位。

像黃帝與洪崖先生的求道故事在道教中僅僅是代表而已。其他還有為數眾多的如天真皇人、白石生、西王母、上元夫人等等男仙女仙。從某種意義上說，見載於典籍中的千百位神仙人物，實際上都可以看作是修行得道的形象符號，他們的臉譜、動作以及一系列的神異故事傳說是修道思想的多層符號象徵。

(三)鍾呂關於大道對話的啓迪

在道教典籍中，既有眾多的修道故事，又有信仰者關於修道的言論記錄。從他們的言論裡，我們可以進一步看出「道」在其信仰者心目中的地位與作用。這裡，擬以《鍾呂傳道集》為例加以說明。該書《論大道》一節記錄了「八仙」人物中的兩位——鍾離權與呂洞賓探討大道要妙的對話。為了便於理解，讓我們以現代語文體形式意譯其中的幾段——

呂洞賓問：「到底什麼叫做大道呢？」

鍾離權答：「大道沒有形象、沒有名稱；它不發問，也不回應；它大而無邊無際；小則無法細分其內部結構。不能強行得到它而知曉，也不可刻意求之而施行。」

呂洞賓問：「古今賢達的人開始的時候學道；其次則有道；再次是道成。他們道成之後就離開人世，進入蓬萊仙島，再一步步高升，由洞天之境升到陽天，然後達到三清勝境，他們都是道成的賢達之士啊。今天，尊師卻唯獨說道不能強行得到它而知曉，也不可刻意追求來施行。這樣，道豈不是隱微嗎？」

鍾離權答：「我對於道的看法是沒有什麼隱晦的。之所以向你說上面的話，是因為世上許多所謂奉道之士只有好道之名而已。如果真的聽說了大道，卻無信心；或者雖然有信心，卻無苦志，只是早上想按照道的原則辦事，而到了晚上卻又改了；坐著的時候想行道，而站著的時候卻忘了；開始的時候勤勉，但在後來卻懈怠，那是根本無法悟道的。我所說的難於知曉和難於施行，就是從這個意義上講的啊！」

呂洞賓問：「所謂天地之機的道理可以聞知嗎？」

鍾離權答：「天地之機，就是天地運用大道的表現。因為天地依大道而行動，所以能夠上下往來，行持而不疲倦，長久堅固，從未輕易洩漏奧秘啊。」❹

以上兩位對話者雖然有種種附會性傳說，但在道教歷史上卻也是實有其人的。據有關歷史文獻以及道門專書記載，鍾離權是唐末五代京兆咸陽（今屬陝西）人，字雲房，受學於王玄甫，得長生之道、青龍劍法等，避亂於終南山隱居修道。而呂洞賓也是唐末五代時人，家居河中府永樂縣（今山西永濟）❺，名岩，字洞賓，號純陽子，自稱回道人。世稱呂祖，純陽祖師。據載，他三舉進士不第，遂浪跡江湖，師事鍾離權。

《鍾呂傳道集》記載的正是他們師徒探討大道奧秘的談話記錄。此處所述錄他們兩位的談話主要包括了三層的意思：一是說明大道無形無名的特點；二是說明求道不但要有信心，而且必須有苦志；三是重申大道在本質上又是客觀存在的，因為天地運行之機就是大道的顯示。對話雖然不免籠罩著某種神秘氣氛，但對於求道信心與苦志的強調卻又表明了「道」的崇高地位。儘管其談話出於鍾離權與呂洞賓之口，但在實際上卻又具有比較重要的代表性，它反映了道門中人對於求「正道」的基本態度。這是以語言符號來表達先民們的「大道」信念。

二、以易解道：古老文化殿堂的巧妙建構

道門中人的一切活動既然是以「道」的信仰為基礎的，認識「道」的性狀、奧妙、功用也就成為其理論研討與思想感悟的不可缺少的工作。怎樣「悟道」呢？按照道教思想家們所提供的資料可知，這主要有兩種法式，一是進行所謂精神體驗；另一則是開展理論探究。就後一種法式來說，就是要對「道」作出解釋、闡述。當我們稽考現存道門中人有關「道」的著述時，便發現一種引人注目的理論符號現象，這就是「以易解道」。從字面而言，所謂「以易解道」就是用「易學」的象數與義理以及思維方法來表

徵或闡釋「道」的意義、功用。它包含著三個方面的主要內容：甲、對「道」的本始意義直接作出發明；乙、對闡述「道」的最重要經典——《道德經》進行解讀與發揮；丙、依據「道」的基本理念而造作新的經典。在這三個方面的文獻中，都可以看出「易學」的深刻影響。

大家知道，思想意識具有歷史繼承性。道門中人要探究「大道」的奧秘，尋找修煉成仙的理論與方法，這也不能離開原有民族文化傳統。所以，從漢代道教剛剛誕生的時候，其創始者以及主要骨幹人物便注意對老子《道德經》進行解說，力圖探討蘊含其中的語言符號秘義，從而為信仰者認真學習這部古老的經典著作提供方便。

在將近兩千年中，研讀《道德經》成為一門學科，因其書又叫《老子》，故該學科稱為「老學」。長期以來，注釋、解讀和發揮老子《道德經》的著作數以千計，今尚存於道教經書總集《道藏》中的《道德經》注本就有五十多種，其中有相當一部分出自道教信仰者之手。道門中人之所以高度重視《道德經》一書的學習探究，是因為這部先秦道家的代表作不僅第一次全面闡述了「道」的特質、功用，而且以「道」為基石構造了一個具有廣大包容性的體系。從《道德經》中既可以得到「修道」的啟示，又可以進行思想發揮，來建造道教自身的理論體系。所以，道門中人一方面大力注解《道德經》，另一方面則以《道德經》為思想起點，大量創作新的道經。

與此同時，許多具有道教信仰傾向的帝王將相文人學士，也跨入到這個探究的行列中來。翻檢一下現存的《道德經》註疏之作以及發揮《道德經》而造作的其他道教典籍，可以發現易學思想深深地滲透其間。現在，我們選擇一些比較有代表性的人物和著作稍作分析，以發掘其中的易學蘊含。

(一) 冉冉升空河上公與《道德眞經注》

我們先來看看題為河上公章句的《道德真經注》一書所蘊含的易學內容。為了弄清其來龍去脈與有關援引易學資料的背景，我們對該書作者也應有所認識。

河上公是個什麼人呢？晉代葛洪所撰的《神仙傳》稱河上公居河之濱，授素書道經給漢文帝。《仙鑒》對河上公的生平事跡有比較詳細的描述。書中卷十三說：「河上公，莫知其姓名也，亦號河上丈人。」據說，這個河上公早在漢文帝的時候便在河濱結草為廬，隱居在裡面讀老子《道德經》。漢文帝雅好老子之言，號召王公大臣都要讀《道德經》。但是，他們碰到難題，其中有些句子讀不懂，漢文帝就派遣使者到河濱草廬去請教，誰知這個河上公卻不緊不慢地說了句「道尊德貴，非可遙問」，把使者打發回去。漢文帝不甘心，親自登門「求教」，但這位皇帝卻不虛心，引用《詩經》的詞句說：「普天之下，莫非王土；率土之濱，莫非王臣。域中四大，王居其一也。」言外之意是講，我帝王乃是宇宙中「四大」（指道、天、地、王）之一，你雖然有道，但也只是我的臣民，不要太自高了。河上公一聽，立刻拍掌，一躍而起，冉冉升上空中，離地一百多丈，然後說：「我現在上不著於天，中不累於人，下不居於地，還算你的臣民嗎？」這下子，漢文帝才知道河上公是個「神人」，連忙下輦稽首拜謝，敬請河上公指點大道奧妙。

河上公是不是《道德真經注》的作者？有人提出懷疑，如唐代的司馬貞在《老子注議》中就談到河上公是「憑虛立號，漢史實無其人」。從其注釋的基本傾向看，該書是以「愛氣養神，益壽延年」為宗旨的。任繼愈主編的《道藏提要》考證該書是「後漢道流所托」。從後人的徵引來看，該書在漢末三國時期已流行，因此把它定為道門中人的著述，大抵是符合實際情形的。不論情況如何，題為河上公「章句」的《道德真經注》已運用易學的思維方法來解說《道德經》卻是有案可稽的。

例證一：

在《體道第一》章中，作者在解釋「有名，萬物之母」的時候說：

有名，謂天地。天地有形位，陰陽有剛柔，是其名也。萬物母者，天地含氣，生萬物，長大成就，如母之養子也。❻

在作者看來，有名是對天地的指稱，而天地有形態和位置，陰陽有剛強與柔和之分，這就是「名」所包含的內容。至於「萬物母」簡單講就是指天地為萬物的「母親」，因為天與地含藏元氣，所以能夠化生萬物，並使萬物成長壯大，結出「果實」，這就好像人類的母親生養孩兒一樣。

「章句」是在闡述「道意」的情況下說了上述的話的。與易學的關係主要表現在「形位」「陰陽」「剛柔」等概念的引入。《周易・繫辭上》說：

天尊地卑，乾坤定矣。卑高以陳，貴賤位矣。動靜有常，剛柔斷矣。

《繫辭上》這段話的大體含義是：天高在上而處於尊位，地低在下而處於卑位。卑下與尊上一經陳列，事物的顯貴與微賤的位置也就分明了。天地的動靜有一定常規，瞭解這個常規，陽剛與陰柔的性質就斷然明白了。

按照《易經》的卦象符號排列，乾卦第一，而坤卦為第二。乾坤即象徵天地，化成圖像，則乾卦在上，坤卦在下，它們的位置是確定的。這就是「章句」《道德真經注》所謂的「形位」意蘊。比較一下《繫辭上》與《道德真經注》的言辭，就可以明白兩者之間概念符號與思想的一致之處。《道德真經注》引入《周易》的話，目的是為了解說「大道」。在老子《道德經》中，「道」的無形混沌狀態稱作「無名」，從「無名」到「有名」，天地也就成形了。經過《道德真經注》作者這樣的「嫁接」，「道」便是居於乾坤符號之先的本體了。

例證二：

在《成象第六》章中，作者在解釋「谷神不死，是謂玄牝」時說：

言不死之道在於玄牝。玄，天也，於人為鼻；牝，地也，於人為口。天食人以五氣，從鼻入藏於心，五氣清微，為精神聰明音聲五性，其鬼曰魂。魂者，雄也，主出入。人鼻與天道通，故鼻為玄也。地食人以五味，從口入藏於胃，五味濁辱為形骸骨肉血脈六情，其鬼曰魄。魄（者），雌也，出入於口，與地（道）通，故口為牝。❼

這段解釋認為，老子的「谷神」論乃是說不死的大道理，這大道理就在於「玄牝」二字。「玄」指的是「天」，具體落實到人體結構位置就是鼻子；「牝」指的是「地」，延用到人身位置上來就是口。天以五氣食養人，五氣由鼻子進入人的心臟，五氣高而清微，化成人的精神聰明音聲以及仁、義、禮、智、信這五性，其總歸宿叫做「魂」，其特質是雄剛，主導出入。人的鼻子與天道相通，所以鼻子就是「玄」。地以酸苦甘辛鹹五味食養人，從嘴巴進入，納藏於胃腸中。五味食物消化形成了身軀骨肉血脈以及喜、怒、哀、樂、愛、惡這六情，其總歸宿叫做「魄」，其特質是雌柔的，從嘴巴出入，與地道相通，所以口就是「牝」。

《成象第六》中這段話的易學蘊含主要表現在兩個方面：

一是在思路上運用了卦象比擬的方法。熟悉易學的人們知道，作為易學之本的《易經》創造了以八卦為母體的六十四卦符號體系。這些符號實際上就是客觀事物的代碼，它們可以指代各種物件；另外，與卦象配套而成的卦爻辭本身也有如《詩經》那樣的「比興」功用。占卜之人，占到某個卦，就是選擇一種象徵符號和相應的文字解說內容，占卜者可根據一定的原則進行闡釋，這個闡釋過程就是「卦象比擬」的完成，也就是以易經的卦爻來比擬遇上的客觀物件，然後依照卦爻辭的意蘊作出吉凶判斷，提供行動的參照。這樣的思維方式在河上公章句《成象第六》中得到了很好的運用。作者把「玄」解釋為「天」，再把「天」轉換成「鼻」；把「牝」解釋為「地」，再把「地」轉換為「口」。雖然，我們從字面上並沒有看到什麼明確的卦象，但所遵循的轉換法度與《易經》的卦象比擬卻是一致的，因為「天」可以看作是乾卦，「地」可以看作坤卦，故而其背後包含著乾坤的符號底蘊。

二是作者的闡釋也有《周易》的文字依據。他把「玄」當作「天」，其要理即出於《易．坤卦》上六爻辭：「龍戰於野，其血玄黃。」《文言》稱：「天玄而地黃」。《周易》將「天」與「玄」聯稱，難怪河上公章句直接把「玄」當作天了。至於把「牝」看作「地」仍然有《周易》本身的解讀依據。《說卦》以「坤」為地，「故稱乎母」。在易學闡釋中，凡是帶有母性的事物都可納入坤卦的比擬之中。古代的「牝」是與「牡」相對而言的，牡是公馬，牝是母馬。另外，「牝」的本字是「匕」，原指雌性生殖器官，在性質上屬於「陰」。所以，河上公章句將「牝」看成「地」是符合卦象比擬原則的。

由此，我們回頭再琢磨一下老子所說的「谷神不死，是謂玄牝」的含義。老子的「谷神」是「道」的符號象徵表達。在老子看來，它是宇宙間最宏大最具效力的「生殖器」。

河上公章句經過了一番加工，將「道」的廣生之功落實到「口鼻」上來，這在字面上雖然與老子的原意有了較大的距離，但卻在思想理念上把握住了象徵的思維法度。

(二)引發佛道論爭的顧歡與《道德經義疏》

河上公章句在漢末以來的道教中具有比較大的影響。三國兩晉南北朝時期，又湧現出許多《道德經》的注本，據杜光庭的統計，至少有數十家。其中值得注意的是顧歡的《道德經註疏》，此書與河上公章句一樣蘊含許多易學的資訊。

顧歡是南朝宋齊時代吳郡鹽官（今浙江海寧）人，字景怡，又字玄平。據說他少年時代家中窮得叮噹響，可是他卻有志氣，苦心鑽研儒家經學，並且雅好黃帝、老子（二人歷史上習慣簡稱「黃老」）之言。二十歲時，顧歡拜雷次宗為師，研習老莊玄學義理，精通道法術數，多有效驗。母親逝世，他隱居不做官，於天臺山修明治身之道，並且開館收徒授業，跟隨他的人很多。

齊高帝蕭道成聽說他風教甚好，就起用他當了揚州主簿。後來，又下詔書，把他請到京城。顧歡趁機獻上了他的「傑作」《政綱》等書。但有趣的是，顧歡並不想高攀，而是辭去官職，回歸故里。齊武帝永明元年（西元四八三年），皇帝要讓他當「太常博士」的官，他婉言謝絕。晚年時，顧歡崇尚道教服食，幾乎不與外界的人交往，後來在剡山仙逝。他一生著述不少，曾撰《道跡經》，收錄道教上清派高人楊羲、許謐兄弟手寫真跡。又著《夷夏論》，暢言佛道是非異同與高下優劣，由之而引起歷史上多次的佛道論爭。他的許多文章，由其兒子編為《文議》三十卷。其「老學」方面的著作，最具影響力的是《老子道德經義疏》。

目前所存《道藏》中有《道德真經註疏》八卷，題吳郡徵士顧歡述。但此書的作者，早有人提出質疑。如阮元《四庫未收書目提要》根據唐志的著錄，以「顧歡述」之原題為非。晁公武《郡齋讀書志》以及王應麟《玉海》認為該書是張君相所作。讀該書，可以看出其中引用了不少成玄英、唐玄宗言辭。這兩位都是唐代人，所以懷疑該書不是顧歡原作是有道理的。不過，書中還保留了顧歡四十多條的資料。現在，我們就根據其中所引的資料來探討一下顧歡是如何援「易」以說「道」的。

例證一：

《道德真經註疏》卷三在闡釋「飄風不終朝，驟雨不終日」時引顧歡說：

> 天健地順，神氣獨絕。為此，暴疾猶不能竟日終朝，何況凡夫朝生夕死，多言害物，其可久乎？

顧歡以為，天的運動剛健，地的稟性順和，它們的神妙之氣堪稱超絕。在這樣的環境中，狂風驟雨的災害尚且未能作孽不停，世間一般的凡夫俗子們生死輪迴十分迅速，更是不在話下。發佈過多的繁瑣行政命令，只能損害事物，怎麼可以長久呢？

顧歡的言辭是化用《周易》乾坤二卦而來的。所謂「天健」出於《乾卦・

象》：「天行健，君子以自強不息。」《象》告訴人們：天的運行剛強而勁健。君子效法天的品德，發憤圖強而不停止。再看「地順」，則出於《坤卦・彖》，其中說：「至哉坤元，萬物資生，乃順承天。」《彖》作者十分感歎地講：坤元的品德真是美善至極啊，萬物憑藉著它而生長，而它則順從上天的自然運行指向。

由上述考述不難看出，顧歡之言乃是取自於《周易》乾坤二卦之《象》與《彖》。當然，顧歡並非機械地搬用《周易》的言辭，而是作了一番發揮的。其側重點在於闡述「順」的意義。在《周易》中，乾坤二卦被稱作「父母」，乾在前在上，象徵天；坤在後在下，象徵地。乾坤既相對立又相依存。就坤卦來說，它是為陰的總歸宿。乾陽主動而坤陰主靜。相對於乾陽來說，坤陰處於附從的地位，它順和乾陽而存在和發展，其要義是主順。顧歡的闡釋正是抓住這一點來作文章的。他舉狂風驟雨為例，是為了讓人們從自然現象中得到啟迪，明白順乎天道自然的重要性。

例證二：

《道德真經註疏》卷三在解釋「高必以下為基」❽時引顧歡說：

> 夫言高以下為基者，貴非自貴，由乎賤者所崇；高非自高，緣於下者所載。然則貴因賤立，得不以賤為本乎？是以智者務本，故居謙而不危；愚者殉末，故窮高而自墜。❾

所謂「高以下為基」，這應該結合貴賤問題來加以說明。你看，具有「貴格」的人並不是他自己就能顯示出「貴格」，而是因為有卑賤者的崇拜，這樣對比襯托，才表現出貴賤的區分；高上的東西，也不是自己就能使自己高上，它必須得憑藉低下東西的負載。既然，高貴是因有卑賤的襯托才得以彰顯，這豈不是應該以卑賤為根本嗎？所以，明智的人務必尋求根本，因此居處於謙卑的地位而沒有危險；但愚蠢的人卻不同，他所追求的是事物的末尾，因此不斷地往高處爬，好像爬樹到了終端，站在樹葉上。這樣，窮盡了最高點，到頭來必定墜落而自我毀滅。

顧歡這段話是承接「高以下為基」的上文「貴以賤為本」一句進行解說的，所以行文中反覆談到了「貴賤」的問題。其中所包含的易學內容就在一個「謙」字。《周易》中有「謙卦」，其卦辭說：「謙，亨，君子有終。」此卦之象⑩，下三爻為艮，上三爻為坤，象徵謙虛。卦辭告訴我們：謙虛就能亨通，君子具備了謙德就能善始善終。對於謙卦卦辭，《彖》作出解釋：

謙，亨。天道下濟而光明；地道卑而上行；天道虧盈而益謙，地道變盈而流謙；鬼神害盈而福謙，人道惡盈而好謙。謙尊而光，卑而不可逾，君子之終也。

《彖》講：謙虛，就能亨通。比如說天的運行規律吧，它的清氣下降，周濟萬物卻愈加顯得光明；再看看地的運行規律吧，它處於卑下低微的位置，而地氣卻能冉冉自然上升；天的規律總是損減盈滿而補益謙虛；地的規律總是化散盈滿而廣布虛處；鬼神「顯化」的特點是懲罰驕傲自滿，護佑謙恭的人；人世間的道德是厭惡盈滿而愛好謙虛。謙虛者不僅可以高居於受人尊敬的位置，而且他的道德也更加光明盛大，倘若處於卑下的地位，但有謙虛的美德，人們也很難超越他。保持謙德實在是一件不容易的事，惟有君子才能夠真正做到自始至終胸懷謙謙善德且有謙虛善舉啊！

為人處世要謙虛，這是《周易》從天地運行的自然現象中所得到的啟示，也是總結人類社會經驗的結果。早在《尚書・大禹謨》中就有「滿招損，謙受益」的訓誡。《周易・謙卦》以飽滿的熱情讚揚了謙虛的美德。顧歡的解釋，以《周易・謙卦》為宗，這也是符合老子本意的。在道教中，所謂「修道」乃是一個過程，它不僅表現為導引行氣一類的技術性操作，而且也表現為精神的昇華。從某種意義上看，後者更為重要。道教認為，「欲修仙道，先修人道」。所謂「人道」就是做人的基本道德規範。「謙虛」可以說是中華民族所共同尊奉的美德。顧歡這種解釋使我們看到，道門中所謂的「道」既有哲學本體的意義，又有倫理品德的內涵。

(三) 默而長嘯的孫登與重玄派理論的易學底蘊

隨著道教組織的發展，其理論研討更加興盛起來。這種興盛的重要成果就是老子《道德經》得到了進一步的解讀和傳播。在這項活動中，「老學重玄派」尤其令人矚目。這是道教中解說老子《道德經》的一個思想流派，「重玄」一詞是對老子《道德經》第一章「玄之又玄」進行概括而來的，因「玄之又玄」這個詞組中有兩個「玄」

字，所以稱作「重玄」。

老學重玄派初起於魏代的孫登。他是汲郡（今屬河南省）人。據說孫登不娶妻室，沒有家屬，在郡北山中挖了一個土窟居住。他擅長一種煉氣秘法——嘯。喜歡讀《易經》，樂於彈琴。後來，孫登到了宜陽山，有個燒炭的人看見孫登，認為孫登不是平常之輩，就想和他搭腔，但孫登卻什麼也不說。晉文帝聽到孫登的趣事，派當時的一位名士——阮籍去查看。阮籍見了孫登，與他說話，孫登還是不開腔。阮籍氣憋，發出長長的嘯叫聲，退到了半山嶺，聽見一種十分悅耳的聲響，像是鸞鳳在鳴唱。原來，那正是孫登的「空谷長嘯」。

不久，另一位名士嵇康跟隨孫登遊歷達三年之久。嵇康問孫登「圖」的是什麼？孫登一直沒有回答。嵇康忍耐不住，準備告別，說：「先生，你真的沒有什麼可以對我講的嗎？」孫登這時終於開口：「你認識火吧？火燃燒起來的時候會發光，但卻沒有使用它的光，難道它會有心於自己的光嗎？人生而有才幹卻不用它，難道你真的要刻意去用才幹嗎？只要有薪草就會有光；只要能認識真諦，就能使才幹保全自己的天年。」嵇康聽後，若有感觸，又請求孫登教給彈琴的技藝。孫登不教，卻說：「你啊，才幹多而真識少，在今天的世道中恐怕是難於免遭災難啊！」⑪

以上有關孫登的神異故事中有個細節尤其有趣，那就是平常他總是不說話，等到關鍵時刻要嘸以嘯聲誘導人，要嘸以簡練警語啟迪人。他的行為本身已經令人感到「玄乎」；不過，若冷靜思考一下，卻又會發現他以沈默見稱的怪異行蹤也是一種形象符號表達方式，其背後乃蘊藏著易學的理趣。《周易．繫辭上》說：「《易》無思也，無為也，寂然不動，感而遂通天下之故。」《繫辭上》認為：《周易》所講的道理並不是靠刻意的思索得來的，而是順應自然法則的結果；它雖然寂靜沈默沒有什麼驚天動地的行為，卻因符合陰陽相應的原理而能夠會通天下萬事。顯然，孫登不輕易講話，正是遵循《周易．繫辭上》這種「自然無為」思想。

另外，《周易．繫辭上》還談到聖人「洗心」於《易》，「退藏於密」，提倡用大《易》的道理來洗滌自己的心靈，退而隱秘深藏其功用。聯繫孫登的生平事跡，我們也可以看出他隱居山中又是符合易學「退藏」之道的。他隱居山中，一方面研討《易經》，另一方面則讀老子《道德經》，創立了會通易理的「老學重玄派」。

孫登所創老學重玄派對後世影響很大。梁朝之際，道士臧玄靜、孟安排、孟智周，隋朝道士劉進喜相繼弘揚孫登的學問，以「重玄」為宗來註疏老子《道德經》。到了唐朝，老學重玄派獲得了大發展，蔡子晃、李榮、車玄弼、張惠超等人皆祖述重玄之道，但最有影響的則是成玄英。

據《新唐書．藝文志》等所載，成玄英，字子實，陝州（今河南省陝縣）人，曾經隱居東海，唐貞觀五年（西元六三一年），皇帝把他請到京城，加號「西華法師」，注老子《道德經》二卷，作《開題序訣義疏》七卷，強思齊《道德真經玄德纂疏》等書有其節錄，今人蒙文通先生曾經加以整理，成《道德經成玄英義疏》。

重玄派解說《道德經》是圍繞「玄」這個獨特的文字符號來作文章的。可以說，「玄」在該學派的註疏工作中有著符號基石的作用。這一批道教學者是怎樣圍繞「玄」字來建構他們的理論的呢？主要表現在兩個方面，一是用以說明人的來歷，二是發明修仙的方法。這兩個方面，概括起來就是一句話：「正為人，逆為仙。」其中，也深藏著易學的義理。

首先，我們來看前半句「正為人」的意思以及所契合的易學理趣。「正為人」，這是從時間角度來看人的產生的。按照一般的觀念，時間乃是依「順」的次序流逝，從而形成過去與現在的差別。在這一點上，道教與世俗的看法沒有根本的差異，所不同的是他們把人的來歷與「道」的演化聯繫起來考察。而重玄派學者則進一步地思索其深層次的問題，他們以「重玄」之道作為萬物的本源，當然也看成是人的最後歸宿。「重玄」之道，又叫做「至道」，簡稱為「玄」，或「玄道」。道士成玄英在《道德經義疏》四十二章中指出了一個「玄道」（至道）的演化模式，他認為有玄道，而後有元氣，於是陰陽變分，而有天地人「三才」。這個說法與《易經》的太極變生陰陽，陰陽而化「三才」的結構模式幾乎如出一轍。在重玄學的理論中，因「玄道」的演化而有了人，這是一個「順向」的時間發展過程，所以叫做「正為人」。

另外，「正為人」實際上也包含著宇宙發生本源的問題。在「人」的背後是作為原始動力的「大道」，而「大道」的奧妙就在於「玄」。換一句話說，「玄」在某種意義上看已被賦予「本體」的意蘊。它的來源也可以追溯到《易經》。《易・文言》認為在天地未分之際是一種混混沌沌的狀態，這叫做「玄黃」。儘管《周易》並沒有把「玄黃」當作宇宙產生的本體，但卻為後來的哲學本體論的建構奠定了思想基礎，所以，道門中人抓住「玄」字進行多層次的發揮。

其次，我們再來看「逆為仙」這半句的思想底蘊以及易學要義。道教要尋找人的最終歸宿，在時間上作了認真而深刻的思考，認為神仙與凡人的最大區別就在於如何把握時間問題。如果說「正為人」是對客觀世界萬事萬物發生歷程的一種承認；那麼「逆為仙」則是一種否定。這看起來不是很「矛盾」嗎？之所以讓人覺得有某種「形式邏輯矛盾」，是因為這句話的兩半部分是從不同角度觀察的。

道教認為，為了避免「死亡」，就應有復歸的精神，或者說以復歸作為指向來指導自己的修行活動。在這個方面，老學重玄派下了許多功夫，該派在註疏老子《道德經》時對於這種時間「可逆」的觀念以及方法作了充分的闡述。最有代表性的是成玄英所說的「遣之又遣」一語。他認為老子「玄之又玄」可以引申出「遣之又遣」的意蘊，指出「玄」是很深遠的，也是修養思維上「不停滯」的一種名稱。世間的人，在進行修養方面的思考時，要為停留在「有」的層面，要為停留在「無」的層面。這樣，就很難真正地向「玄道」復歸。

重玄派學者認為，不但應該為開「有」的層面，而且應該捨去「無」的層面，也就是說連「無」（虛空）的觀念也必須忘卻。為了達到這樣的內心純淨空靈，就必須使用「遣」的方法，既遣去情慾智慧之類「有」的東西，又繼續回歸，也遣去修養功夫這種屬於「無」的東西，最後連「遣」的方法也一併忘卻，什麼都不存在。這種精神修養思維的核心就在一個「逆」字，體現了時間的可逆性觀念。它的直接理論來源是老子《道德經》中的「反者道之動」。老子看到了事物向相反方向轉化的現象，有很深刻的時間可逆性思考，但追根溯源，其根底也在《易經》中。

《易》之經義之一就是「反易」。這個「反易」除了兩兩相對，相反相成的意思之外，還有物極必反、反覆其道的意蘊。《復》卦辭說：「反覆其道，七日來復。」復卦六爻，以每一爻代表一天，從初爻數到上爻，共六天，上爻是陰爻，陰極生陽，從第七天開始又回復到作為本初的陽爻。這種回歸的精神雖然相當樸素，卻為老學重玄派提供了思維的基本指向。

(四) 崇道皇帝注解《道德經》的易學蘊含

在歷史上，將易學的思想引入《道德經》註疏中的人不僅有道士，還有一些帝王將相。《道藏》之中所收的各種《道德經》注本，皇帝的「御制」之作是擺在最前面的，這裡我們擬對唐玄宗的注本稍加探究⑫。

提起唐玄宗來，許多讀者也許首先想到的是他與楊貴妃的愛情故事，想到他在迷人的霓裳羽衣面前沈醉於「情愛」的傳說，想起詩人白居易「從此君王不早朝」的名句。因為有關他的「愛情故事傳說」與詩人們的頌揚之作早已被編成電影電視，進入千家萬戶。由於宣傳上的原因，唐玄宗在人們的心目中似乎是一位談情說愛的帝王典型。作為一個皇帝，他有三十六宮、七十二院的嬪妃享用，談情說愛可以說是家常便飯。但是，如果我們僅僅從這個方面去看待唐玄宗那是不客觀的。

實際上，作為一個皇帝，他的活動是多方面的。其中，很值得注意的就是他對道教的崇尚。他曾經在不同場合多次地頌揚道教教主老子。他和他的先輩一樣，認老子為其遠祖，稱之為「元元皇帝」（即玄元皇帝，因避諱將「玄」改稱「元」），發佈詔書，在全國各地普遍建立祭祀老子的「玄元皇帝廟」，而對於老子《道德經》，唐玄宗更是讚不絕口，他說：「我烈祖元元皇帝，稟大聖之德，蘊至道之精，著五千文，用矯時弊，可以理國家，超乎象繫之表，出彼明言之外。」⓭在唐玄宗看來，老子具有大聖人的品德，他的思想包含「至道」的精微要義，老子作五千文《道德經》是為了矯正社會時局的弊病，故而可將老子的思想用來治理國家；但是，老子的思想又不是很明白表達的。正是這樣，唐玄宗立意註疏這部千古奇書。

唐玄宗對《道德經》的解讀與註疏，花了比較大的功夫。現存《道藏》中關於唐玄宗的《道德經》註疏之作共有三種，一稱《唐玄宗御注道德真經》，共四卷；二是《唐玄宗御制道德真經疏》，共十卷，末附有《外傳》；三是與第二種同名的註疏之作，但卷數與內容卻很不一樣，可以看出是在不同時期撰寫的。

考察唐玄宗三種註疏之作，不難發現他不僅對《道德經》具有濃厚興趣，而且對《周易》也頗諳熟。其中引用《周易》的詞句者簡直是隨手拈來，明顯的至少有二十多處。現略舉一二，稍作解析。

例證一：

《唐玄宗御制道德真經疏》卷二解「象帝之先」時說：

> 「帝出乎震」，《易》繫辭之詞也。震東方卦也，少陽之氣，生化之源。今以太子居東宮，少陽之位。御極為出震之期。蓋取象天地，生育萬物之始也。⑭

「帝出乎震」這句話是《周易》中解釋卦象的言辭。震是居於東方的卦，代表「少陽」之正氣，它是萬物生長化育的本源。如今，太子住在東宮，正是處於少陽的地位。等少陽之氣發展到極點，這也就是他走出震卦之位登基當皇帝的日期。這樣做，是取法天地徵象，表示生育萬物的起始。

「帝出乎震」具體出於《易・說卦》。按照「後天卦位」，震卦排列在正東之方位，一陽初起，萬物生機由此開始，它象徵東方和「二十四節氣」中的春分。根據易學的「化生」原理，乾坤是天地大父母，生有六個兒子，即震、坎、艮（為男），巽、離、兌（為女）。震卦是「長男」，所以屬「太子」之位，長男繼父，故太子日後出震宮而登基為皇帝。

「象帝之先」本是老子《道德經》第四章的最後一句。老子所謂「先」是指有一種先於「帝」而存在的東西，這就是「道」。在老子看來，混沌之大道，早在上帝出現以前就已有了。唐玄宗把這拿來與《說卦傳》的「帝出乎震」相詮釋，雖然不盡符合老子原意，但卻使人們對「道」的先天混沌性的把握有一個思維的具體方向。

例證二：

《唐玄宗御制道德真經疏》卷五解「昔之得一者」時說：

> 昔，往古也；一者，沖和之氣也。稱為一者，以其與物合同，古今不二，是謂之一。故《易・繫辭》曰「一陰一陽之謂道」。蓋明道氣在陰與陰合一，在陽與陽合一爾。言昔得者，將明原始要終，抑末歸本，故引昔得以證今得。[15]

「昔」指的是往古的時候；「一」指的是謙虛中和之氣。之所以叫做「一」，是因為它與萬物齊同相合，自古及今保持一致。所以《周易・繫辭上》說一陰一陽稱作「道」。這是說明「道」所化之氣有陰陽兩個方面，但物以類相聚，陰性之氣必定與陰性之物同歸，陽性之氣也自然與陽性之物匯合為一。為什麼稱作「昔得」？這是用以表明事物發生的初始情狀和歸納事物發展的最終結局，抑制枝末而回歸本根，因此援引「昔得」以佐證「今得」。

唐玄宗這段解說有兩處應用了《易》理；一是文中明確地引述了《繫辭上》關於

「一陰一陽之謂道」的至理明言，它告訴人們大自然萬物都有一陰一陽的相反相成，兩者對立統一的矛盾運動、變化就叫做「道」。因為《繫辭上》所講的「一陰一陽」都有「一」，所以唐玄宗用來解釋老子《道德經》的「得一」，即表示一氣含陰陽，交通而成一。二是暗用《周易．繫辭下》「原始要終」的警語。《繫辭下》說：「《易》之為書也，原始要終以為質也。」所謂「原」即推究事物發生的本始；「要」是指「要會」，即今日人們常說的「歸納」；「質」是指「體」，具體說就是六十四卦之體。《周易》六十四卦無論哪一卦都表徵著事物的開始與終了，所以稱「原始要終」。唐玄宗應用《繫辭》的話來闡發「得一」的意蘊，推究本始還是為了「明道」，因為「一」是由「道」而生的，追溯本初，自然就歸向「道」了。

(五)以易解道的集大成者：鄧錡

唐宋以來，隨著道教組織的演化和新道派的產生發展，《道德經》的解讀工作更加受到道教界的重視，各種註疏之作如雨後春筍破土而出。由於時代的變遷，註疏者不可否認要增益新內容，以適應時代的需要。這不僅表現在詮釋角度的不同，也表現在「以易解道」力度的增加。這時候，易學的許多流派的觀點紛紛被引入道教文化殿堂之中，而引人注目的當然要算易學思想與《道德經》註疏之學的進一步會通。這當中，最有代表性的是鄧錡的《道德真經三解》。

鄧錡生平正史不載，道教傳記類書也不見記述。不過，從《道德真經三解》的序言中可略知一二。該書題署中有「玉賓子」三字，這應當是他的道號。書前序言若干篇，其中有一篇出自元代金丹派南宗⓰門人蕭廷芝之手。蕭氏在追溯《道德經》傳授系統的時候既羅列金丹派南宗傳人白玉蟾、彭耜，又歷數王重陽北派全真道脈傳人，但更推崇南宗一系，可知他主要是南宗門人。在序言的末了，蕭氏自稱「弟子」，這就說明鄧錡也是蕭廷芝的老師。又，鄧錡自序寫於元大德二年（西元一二九八年），可知他是元代成宗時期人。

鄧氏闡釋《道德經》之所以稱作「三解」，按他自己的說明：一解「經」，主要是文字考訂與句讀工作；二解「道」，直述天地大道始終，讓人明白其精義；三解「德」，這是對大道之功用的進一步引申。他認為：《道德經》，「其經與大《易》准，中間有不得容心者矣」⓱。意思是說，《道德經》與《周易》這部古老的經書具有共同的準則，容不得主觀的個人心思夾於其間。鄧氏力圖排除主觀臆斷，這個出發點當然是好的，他是否能夠做到這一點？另當別論。不過，他別出心裁地結合易學原理來闡發《道德經》思想並進行多方發揮，這倒是有案可稽的。

《道德真經三解》卷一開篇《道可道章第一》，即應用了《周易》的「鹹卦」「恆卦」「泰卦」「否卦」「巽卦」的相互關係來解釋《道德經》關於「可道」與「常道」的區分；《天下皆知章第二》中應用《周易》的「乾卦」「坤卦」「坎卦」「離卦」以解釋《道德經》的美醜善惡意義；《不尚賢章第三》應用《周易》的天地定位之說闡釋《道德經》的「不爭之道」；《道沖章第四》以《周易》的太極原理及震卦說明《道德經》關於「大道中虛」的思想……《信言不美章第八十一》再度以「太極」理論總括聖人之道的意蘊。縱觀全書，我們可以毫不誇張地說，鄧氏《道德真經三解》一書幾乎每一章都貫穿著易學的原理。

尤其值得注意的是，鄧氏不是單純地應用易學卦象或言辭，而是注重各卦之間的關係以發揮《道德經》的思想觀點。例如在《和大怨章第七十九》中，他說：

> 天地合而甘露降，陰陽和而風雨時。損益，盛衰之始也。三陽出地，地天泰也；地天方泰，三上相交，損其盛也。三陰出地，天地否也；天地方否，初四相交，益其為衰也。故曰：損益盛衰之始也。⑱

鄧氏指出，天與地感應相合，甘甜露水就降下來；陰與陽和諧相助，刮風下雨就順應時宜。損與益，這是事物興盛衰落的起始。三畫陽爻出現在地上，就成了「泰卦」之象；地與天剛剛開泰，三爻之陽與上爻之陰相交感，這是大自然減損過盛的表示。三畫陰爻出現在地上，就成了「否卦」之象，天與地剛剛閉塞，初爻之陰與四爻之陽相交感，這是大自然增益衰落的跡象。所以說：損與益是興盛與衰落的開始。

初一看鄧氏上述解說，有些讀者也許難於弄清其基本意義。要明瞭其思想脈絡，關鍵是抓住他所依據的四個基本卦象，即「損卦」與「益卦」「泰卦」與「否卦」。《周易》中的損卦居於第四十一，象徵減損，其義主損下益上；而益卦居於第四十二，象徵增益，其義主損上益下。根據易學「變卦」原理[19]，損卦由泰卦變化而來。泰卦下三爻為陽爻，上三爻為陰爻，第三爻升到了終端的上爻，而原有之上爻下降到了第三爻的位置，換一句話說，三爻與上爻陰陽交感互換其位，泰卦就變成了損卦。再看益卦，乃由否卦變化而來，否卦與泰卦之象相反，否卦下三爻為陰爻，上三爻為陽爻，初爻之陰與四爻之陽相交感，陽下奔而陰上升，初爻與四爻互易其位，否卦就變成了益卦。由否卦與泰卦所變的損益兩卦，反映了宇宙陰陽的盛衰，所以說損益是「盛衰之始」。有否有泰，天地運行，否極泰來，這是事物發展的一條客觀規律。

泰卦䷊　損卦䷨　否卦䷋　益卦䷩

（泰卦九三、上六爻互感易位變損卦[20]，否卦初六、九四爻互感易位變益卦。）

否泰損益的卦變與老子《道德經》「和大怨章」有什麼關係呢？老子這一章是說，調解深重的怨恨，必然還有遺留的怨恨，不是什麼妥善的解決辦法。老子主張「天道無親」，自然規律是沒有偏愛的。不論是損是益都是自然而然的。如果人為地去「調和」大怨，那就違反了天道。鄧氏引入了《周易》中的否泰損益的卦變，正是為了說明老子這種天道的自然損益之理。從這一章的解說當中，我們可以看出，鄧氏是一個對易學相當精通的道教學者。他的《道德真經三解》是宋元以來以易解道的集大成。

三、道易融通原因追蹤

從上面的例證可知，自道教問世以來，為了感悟大道的性狀、功用，建立基本的信仰體系，道門中人以及崇道皇帝積極地以易學思想註疏《道德經》。這種註疏不僅表現在對《道德經》最為基本的概念「道」的解釋上，而且貫穿到整部《道德經》的許多方面，經過眾多道教學者和崇道帝王的闡發，易學思想與「大道」理論得到了很好的溝通——正如現代一些電腦愛好者玩「軟體」一樣，兩個思想符號系統被巧妙地「相容」了。這的確是一種非常有趣的文化現象。面對這樣一種歷史事實，不同立場的人們也許會作出差別甚大的評價；但不論情況如何，探尋一下這種文化現象發生的原因，這或許可以發現新的奧秘。

為什麼會有「以易解道」的文化現象產生呢？筆者以為主要有三大原因。

(一)道家的學派淵源潛藏著以易解道的種子

俗話說：「樹有根，水有源。」以易解道的文化現象既然首先表現為道門中人以及崇道皇帝對老子《道德經》的註疏之中，我們追溯原因，也就不能不考慮以老子為代表的道家學派本身的思想文化淵源與特徵。

漢代史學家班固在對道家經典進行概括時曾經談到他們的出身以及思想主張的特點。他指出：「道家者流，蓋出於史官。」㉑意思是說，道家這個流派是由「史官」出身的人建立起來的。什麼是「史官」呢？史官就是古代主管文書、典籍的官員。《周禮》春官之屬有所謂大史、小史、內史、外史、御史等等。他們的職事有所不同，但對於古代文化典籍卻都相當熟悉。按照班固的看法，道家正是從這樣的文化官員當中產生的。依據班固的觀點，早先的道家人物由於當史官，對古今歷史中的成敗、存亡、禍福的經驗教訓有很深的感受，所以他們能夠「秉要執本，清虛以自守，卑弱以自持」㉒。即掌握綱領要義，抓住根本，以清靜空靈為守身的原則，以謙卑柔弱為律己的規範。班固的看法是符合歷史事實的。

道家學派的奠基人老子就是史官出身。司馬遷《史記·老子韓非列傳》說，老子是楚國苦縣厲鄉曲仁里人，姓李氏，名耳，字聃，「周守藏室之史也。文中所謂「守藏室之史」相當於今日國家圖書館館長，在古代也屬於史官一類。據說，儒家創始人孔夫子到周朝的時候曾經向老子請教過「古禮」。後來，孔夫子十分感歎地對他的弟子們說：「我今天見到老子，他就像龍一樣啊！」這充分表現了孔夫子對老子的敬慕，也反映了老子具有豐富的文化知識。

史官出身的道家人物與《易經》是否有關係呢？當然是有的。班固曾言及，道家的思想特點是以《易》的「謙卦」為行事的基本宗旨，說他們可以「一謙而四益」㉓。這話是班固對道家作了比較全面考察之後得出的。實際上，如果我們進一步稽考其他古史記載，就會看到，原來的「史官」不僅對歷史瞭如指掌，而且對《易經》也是很精通的。《春秋左氏傳》昭公三十二年載，昭公死的時候，晉國的軍事統帥趙簡子向當時的著名史官——史墨諮詢。史墨告訴趙簡子：「國家社稷沒有永恆的供奉，君王臣子也沒有固定的位置，自古以來就是這樣啊？」在發出這樣的議論的時候，史墨還運用《易經》原理進行分析，他說：「在《易》卦，雷承乾曰大壯䷡，天之道也。」[24]這是根據《易》「大壯卦」的卦象而說的。「大壯」之象䷡，下為乾，上為震。乾為天，震為雷。雷在天上震響，所以說「雷承乾」。史墨運用《易》大壯卦像是為了告訴趙簡子：事物在大為強盛的時候，必然走向反面。就處世而言，如果不能守謙退之道，就會招致失敗。像這種例子，在《左傳》《國語》中有不少描述。

由此我們可以看出，古代的史官的確有很好的易學素養。道家既然出身於史官，繼承這種文化素養也就不足為奇了。就老子來說，他當了國家圖書館館長，在那個時代應該算很有學問的，《易經》這樣的奇書，國家圖書館一定會有，而老子也必定認真研究過。宋代的易學大師邵雍說，老子「知《易》之體」[25]。邵雍的話絕不是信口開河，而是有充分根據的。

我們讀《道德經》，可以發現其中不僅沿用了許多《易經》的卦名，如損、益、泰等等，更重要的是那用洗煉的格言所寫成的篇章處處閃爍著辯證法的輝光，這與《易經》無疑是有密切關係的。

老子的後繼者尹喜、列子、莊子可以說也都是易學專家，在他們的著作中或論易之道，或運用易學象數來象徵事物。甚至他們的許多傳說往往也蘊含著易學的哲理。例如尹喜的傳說便具備了這樣的奧妙。

尹喜，字公文，據說母親生他的時候，夢見天降虹光環繞在她的身上，當他初生的時候又有一個光球飛飄在他的周圍，後來他的眼睛中隱隱約約有個小太陽。道典記載，尹喜天生異質，從小就喜愛易學卜筮之書。他仰觀天象，俯察地理，知曉風雲變幻，人間禍福。長大後滿腹經綸，學識淵博。由於心性清明，他喜愛隱修。在遍遊名山佳水之後，他選中了終南山北麓，周至縣神就鄉的聞仙里，即今樓觀台，結草為樓。當時的周康王聽說了尹喜的才學，把他請到皇宮，封他為上大夫。

周昭王二十五年癸丑日，尹喜觀星望氣，看見一股紫氣由東向西徐徐而來，並且發現「天理星」從啟明星座一線沿著二十八星宿的「昴星」而過。他緩緩沐浴，凝神存想，然後依據《易經》卜筮推理，斷定那「紫氣」是吉祥之氣，認為「天理星」是先聖之星，應該有個大聖人從東向西而行。於是，他辭去朝官，請求到函谷關當了關令，在這裡等候聖人的到來。就在這裡，尹喜見到老子，並且誠懇地把老子請到樓觀台。老子向尹喜傳授了五千言《道德經》。

以上「事蹟」散見於《猶龍傳》《混元聖紀》《雲笈七籤》等書中，在當今的道門中人中也廣為傳頌。其中既有某些事實的因數，又有許多後人的修飾附會。我們當然不會把這些傳說當作「信史」，但是，這些傳說對於探討道教信仰者如何「以易解道」的原因問題卻有特殊的意義。其中有兩點值得注意：一是傳說明言尹喜通易學卜筮之道，二是尹喜到函谷關是在觀星望氣之後而作出決定的。

「觀星望氣」是古人判斷事物吉凶徵兆的一種方法，它可能先於《易經》卜筮，但後來易家又把這種方法納入易學占卜體系之中。「觀星望氣」在原則上與伏羲畫卦時的「觀物取象」法度是一致的。由此可見，在尹喜的傳說中確實潛藏著易學的內容。按照司馬遷《史記》的記載，尹喜是直接受學於老子的門生，後來道門中人也尊尹喜為神仙。尹喜的活動在道門中人的心目中顯然具有「示範」意義，他精研易道，後繼的道教門人受到啟發，把易學的象數義理貫注於老子《道德經》的註疏之中，這是合於情理的。

(二)道門中堅本有易學涵養，是以易解道發生的直接原因

「以易解道」的文化現象除了從先秦道家學術淵源方面可以找到發生根據之外，我們還可以就道教中堅人物的文化素養方面加以考察。

正如歷史上其他學派的大多骨幹分子不可避免要受到民族文化傳統的薰陶一樣，道教的中堅人物也大多獲得固有文化乳汁的滋養，這種滋養自然包括易學的內涵在其中。

實際上，只要稍微留心一下有關道派創始者或其他道教骨幹人物的「生平神跡」，就不難看出其間所攜帶的「易學資訊」。下面，我們就從太平道的先驅者——干吉的有關神話故事入手來具體說明。

太平道是出現於東漢末的一個道教派別，有名的「黃巾起義」就是以太平道作為組織形式的。由於該道派信奉《太平經》，所以稱作「太平道」。太平道的實際組織者是張角、張寶、張梁三兄弟，但就經書的傳授來說則必須追溯到更早時期的干吉。

干吉，或稱于吉，琅琊人，本來叫做「室」，後改名「吉」。據說，他祖上幾代人都有「道術」，不殺生命。干吉獲得家傳，勤苦修煉，經常遊歷曲陽流水上，得到一部百餘卷的所謂「神書」，也就是道教極為推崇的《太平經》。據《歷世真仙體道通鑒》卷二十記載，干吉得到「神書」之後生了一種「痼疾」——很難治療的病，十多年醫治不癒。他只好每天早晚燒香哀告上天，祈求救度。

據說他的虔誠精神感動太上老君。於是老君派帛和以賣藥翁的身份前來。在一個街市中，干吉遇到了帛和，傳授了讀經之法。帛和說：「這部神書不但可以治病，而且還能夠使人長生。」干吉拜受神書，疾病很快就好了。此後，干吉依老君旨意，把這部書擴充為一百七十卷。由於干吉勤於修行，又感動上蒼授給「神方」，這是一首七言詩：

吾字十一名為士，丙午丁巳為祖始。四口治事萬物理。子巾用角治其右，潛龍勿用坎為己。……

干吉所得的「神方詩」共九十一個字。他尊奉而行，且收徒授業。

以上描述固然充滿神秘意味，但也並非全屬子虛烏有。像「神方詩」九十一字便見於今本《太平經》中，只是文字有些差別，如「士」字在《太平經》中作「止」，而「己」字《太平經》則作「紀」。可見是有來歷的。

神話故事引述至此，我們可以來討論一下其中所包含的易學內容了。假如我們弄清符號密碼式的「神方詩」的字義就會發現其中的易學象數秘密。

根據《太平經鈔》丙部的資料可知，「神方詩」第一句中的「吾」是「神人」自稱，「十」暗示受神方的人辦事應十十不誤，無一欺詐。「二」是守一行之不止，所以「士」又暗藏「止」義。「止」於什麼地方呢？就是「足」。這表示意念貫注於足部，是古代氣功修煉的一種方法。第二句中的「丙午丁巳」指出了施行這種神方修煉法的要領——陰陽合和，因為「丙午丁巳」便含有陰陽。丙午為純陽，丁巳為純陰，「祖始」表示回返本初。純陽為乾卦，純陰為坤卦，兩者合和，則天地交感。第三句中的「四口」暗合「言」字，因「言」字上面有四畫，所以稱「四」，整句「四口治事萬物理」是說每日習念神方詩就能使身體的器官諧調，進而天下萬物和諧有章法。第四句「子巾用角治其右」暗指「誦」字，言稱誦讀此神方詩不止，可以「上得天意」。第五句中的「潛龍勿用」出於《周易‧乾卦》初九爻辭，表示巨龍潛伏水中，暫不施展才用；而「坎」字也是《周易》中的一個卦。「神方詩」化用乾卦與坎卦以示甲子歲冬至日應該閉關守時待機。至此，我們可以明白，「神方詩」乃是把文字離合之法與易學的卦象旨趣串通起來。干吉要學好這樣深藏象數底蘊的「神方詩」，不讀《易經》及其有關闡釋性著作，那幾乎是難於想像的。

從干吉這種「傳經」奇事中我們已經可以看出，早期的道教人物的確是受到了易學方面的訓練。儘管這種「易學」帶有相當濃厚的神秘色彩，但它作為一種橋梁，在道教中人「以易解道」時發生影響是可以想見的。

其實，像這種得到易學浸染的道教領袖人物又何止干吉一人呢？只要稍微瀏覽一下道教傳記類書，我們幾乎隨手就可以找出一大群。許多道書記載道門領袖人物時，往往會言及他們原先所受的教育，如葛洪《神仙傳》在敘及五斗米道創始人張道陵時，說他本是「太學書生，博通五經」㉖。

研究古史的人都知道，所謂「五經」是指《易》《書》《詩》《禮》《春秋》。既然是「博通五經」，想必對《易經》也是相當熟悉的。張道陵創教初期即以老子五千言《道德經》教授門徒。當然，他不是簡單地教人囫圇吞棗式地一讀了事，而是經過一番重新解釋的。他所述《老子想爾注》㉗字裡行間也暗藏著易學秘理。如他把「道」當作「天」，屬陽；把「德」當作「地」屬陰。這種運用陰陽思想來解說「道德」的做法本身就是因襲易學而來的。

張道陵之後，上洛人台產，年輕時精研京氏《易》，並將其學廣泛運用於風角、星算之類預測之中。晉代道士鮑靚「學兼內外，明天文、河洛書」㉘。同時代的葛洪在十六歲時即開始讀《易》以及其他經書。南朝著名道教學者陶弘景，幼年即好學，據說他「讀書萬餘卷，一事不知，以為深恥」㉙。他所讀的書當然包括《易經》。《茅山志》著錄有陶弘景所作的「易類」專書《卜筮要略》一卷，《周易林》一卷，《易林體》三卷，《易髓》三卷。能夠撰寫這麼多的易學專著，足見其功力已非同一般。像陶弘景這樣的人物，如果要再作一番稽考的話，我們還可以找出相當多。

這些著名人物，由於在道教中有很大影響，他們鑽研易學的風氣必定會在其組織內傳播開來，從而將其易學的象數與義理融進《道德經》註疏之中。

㈢玄學的勃興與演進爲以易解道提供了文化土壤

在道教基本信仰的建構過程中，「以易解道」現象的發生，這不僅與道門中人的文化素養有關，而且有特殊的社會文化背景，尤其應該看到的是「玄學」的影響。玄學是魏晉時期的一種主要的哲學思潮。玄學家奉《周易》《老子》（即《道德經》）《莊子》為「三玄」，用道家思想解釋儒家經典。這使儒道文化發生了大融合。《晉書・王衍傳》說，魏齊王正始（西元二四〇～二四八年）間，何晏、王弼「祖述老莊」。劉勰《文心雕龍・論說》講「何晏之徒，始立玄論」。以何晏和王弼為首的一批玄學家都是既精通老子、莊子的道家要典又諳熟易學的學者。日常生活起居往往都貫注「三玄」理趣。這從何晏的一些遺聞趣事中就可略見一斑。

何晏是漢代大將軍何進的孫子，曹操的養子，娶曹女金鄉公主為妻，當過吏部尚書的大官。作為曹魏政治集團中的一個重要人物，何晏被一些歷史學家描繪成「面傅白粉」、行步傾影自憐的人物，但實際上他很有文學與哲學的才智，並且與當時的許多易學家有交往。

《三國志・管輅傳》載，有一天，何晏夢見十多隻蒼蠅在他的鼻尖上落腳，他用力驅趕，蒼蠅卻不肯離去。何晏拜訪易學大師管輅，問管輅：這是什麼徵兆？管輅立即用易學的象數思想對這個夢作出「分析」。管輅說：鼻子屬於《易經》中的「艮卦」。按天地人的三層劃分法，頭部屬於「天」，而「艮卦」的本象是山，所以「鼻子」可看作「天中之山」，如果居高而不危，就能長久富貴。現在，惡臭蒼蠅聚集於鼻尖，這意味著身處巔峰之位，如果不小心，就會摔落下來，應該想一想「害盈之數」，你看「謙卦」☷，上三爻都是陰爻，屬坤為地，下三爻兩陰居下，一陽在上，為艮，屬山。謙卦上坤下艮，表示「山在地下」，懂得謙卑損己，才能位至「三公」，然後蒼蠅就可以驅趕走了。

從這個事例可知，作為「玄學」的奠基人，何晏的日常生活也都染上了易學符號色彩。不僅如此，何晏還注意理論的建樹，他以《道德經》《列子》等道家要籍為基礎，摻合《易經》的陰陽理論，建立「貴無」的玄學初旨。

此後，王弼更將其玄學發揚光大，他注老子《道德經》，作《周易注》《周易略例》。當他注《道德經》的時候，就把《周易》的義理融合其間；同樣地，當他解說《周易》時，又援用老莊道家思想。還有「竹林七賢」的主要代表人物嵇康、阮籍等人基本上都是這樣將《易》《老》《莊》會通起來。這種理論思維也深深地影響於當時的許多道門中人，如葛洪就是重要的一位。

魏晉玄學在南北朝以來經過了演變，滲透於傳統的儒家經學之中，而道門中人在他們加入道教組織之前大部分都研讀過儒家經典，這就造成了文化素養的多重性。因此，當道門中人致力於「道」的探索時，引入易學思想，這便是自然而然的事了。經過這樣的會通摻合，以「道」為大宗的道教信仰便深深紮根於易學的土壤之中。

【註釋】

❶老子《道德經》第十四章。
❷《道藏》第五冊第一一〇頁。
❸同上
❹《道藏》第四冊第六五八～六五九頁。
❺關於呂洞賓的籍貫，學術界有不同看法，一說為京川人。
❻《道藏》第十二冊第一頁。
❼《道藏》第十二冊第二頁。

❽按，老子《道德經》通行本三十九章此句無「必」字。《道藏》中各種版本因其原文的差異，往往會造成解說的不同，兩者難於分離，故本書引用時一般不作更改。

❾《道藏》第十三冊第三一四頁。

❿按，《周易》之卦分「經卦」與「別卦」。最基本的經卦八卦，是三畫卦；把八經卦相重，得六十四卦，則是六畫卦，下三爻稱作下卦、內卦，上三爻稱作上卦、外卦。

⓫關於孫登的生平事跡，詳見《歷世真仙體道通鑒》卷三十四。

⓬收入《道藏》中的皇帝《道德經》註疏之作有明太祖、唐玄宗、宋徽宗三人作品多種。

⓭《全唐文》卷三十一《令寫元元皇帝真容分送諸道並推恩詔》，第一冊第三五〇頁，中華書局一九八七年影印本。

⓮《道藏》第十一冊第八一五頁。

⓯《道藏》第十一冊第七七九頁。

⓰金丹派南宗，發端於北宋天臺山道士張伯端，因其號紫陽，故該派又稱紫陽派。不過，從種種跡象看，張伯端時期，尚未形成實際的教派組織。學術界一般認為金丹派南宗是從南宋白玉蟾廣播道法時才具備組織特徵的。

⓱《道藏》第十二冊第一八四頁。

⓲古代占卜之人，以「⚊」為陽爻，以「⚋」為陰爻，以「九」為老陽，以「七」為少陽，以「六」為老陰，以「八」為少陰。凡遇「九」則陽變陰，遇六則陰變陽，所以有變卦之法。

⓳讀卦提示：《周易》的卦分三畫卦和六畫卦，三畫卦叫經卦，六畫卦叫重卦。卦爻分陰分陽，陽爻用「九」表示，陰爻用「六」表示。由下而上，為初、二、三、四、五、上。凡初爻為陽爻則稱「初九」，陰爻則稱「初六」，餘者類推。

⓴《漢書・藝文志》。

㉑《漢書・藝文志》

㉓同上。

㉔《十三經註疏》下冊第二一二八頁。

㉕張行成《皇極經世觀物外篇衍義》卷九，臺灣武陵出版有限公司影印《四庫全書珍本初集》。

㉖葛洪《神仙傳》卷四，湖南藝文書局清光緒二十年刊本。

㉗按：《老子想爾注》的作者問題，學術界有不同看法，但在張道陵時，當已有口義。

㉘《晉書・鮑靚傳》。

㉙《南史・陶弘景傳》第六冊第一八九七頁，中華書局一九七五年點校本。

第二章　道教神仙的易學光環

世界上大部分成熟的信仰體系，除了建立一套表達基本觀念的「學說」之外，往往還透過種種方式在信徒中塑造代表信仰力量的神明形象。道教在這方面也不例外。所以，道門中人不僅注重對其信仰的理論核心——「道」進行多角度的闡述，而且把古文獻所記載的或民間傳說中的許多神仙人物「請」進自己的信仰體系內。道門中人以諸多「應驗」方式告訴世人：永恆之「道」是可以由一定的方法得到感悟。修道不僅可獲得「長生」，而且有眾多的神仙可以奉為「楷模」。為了向信仰者證實修道的可能，道教的中堅人物在闡述「道法」的同時組織起一支數以千計的神仙隊伍。龐大神仙體系按一定的等級進行排列，他們代表了不同層次的生命力量。

從這個意義上講，道教神仙也可以看作生命信念的符號，由道門中人所構築的龐大神仙體系儘管是「長生不死」觀念的理想寄託，帶有虛幻色彩，但在客觀上又體現了先民們關注生命的社會心理。

正如在信仰的理論核心——「道」的闡釋過程中藉助易學資料和思維方式一樣，道門中人對於神仙人物故事的「講述」也融進了易學的思想旨趣。

一、由老子到太上老君：易學符號光環在教主身上的閃現

既然道門中人從老子《道德經》中找到了信仰的核心概念——道，並以之作為信仰理論的基石，那麼老子其人被奉為教主，這就具備了邏輯的必然性。所以，我們看到，自道教在東漢產生之後，有關老子的故事便逐步流行起來。

當然，道門中人對老子故事的講述並非嚴格地按照最初的「版本」，而是不斷進行加工，即引進或創造新的「語言形象符號」，從而豐富新內容。這樣，老子形象也就不斷高大起來。隨著其形象的逐步豐滿和嬗變，老子不僅以教主的身份出現在信仰者面前，而且放射出環環的易學符號輝光。

(一)外貌奇特的太上老君天生有卦象

道教教主太上老君以老子為原型。有關老子生平事跡，先秦典籍只有零星記載。西漢史學家司馬遷所作《史記》列有老子傳，儘管其中也記述了當時的一些逸聞趣事，但總的來看，文字還比較質樸，並沒有什麼神化的明顯跡象。到了東漢明帝（西元五八～七五年在位）、章帝（西元七六～八八年在位）之際，益州太守王阜作《老子聖母碑》，老子與「道」便被劃上等號，他在《碑》中說：「老子者，道也。」老子就是

道，道就是老子。東漢末期，五斗米道首領張道陵所述《老子想爾注》，第一次以「太上老君」為老子之號，認為上老君是道之一氣「聚形」的結果。「一散形為氣，聚形為太上老君」。這樣，太上老君便具備了能夠顯形與散形的功能。

《老子想爾注》這種描述已具有比較明顯的神異成份，不過，我們尚看不出太上老君的形象與易學有直接的關係。

到了晉代的葛洪所作《抱朴子內篇》，太上老君身上的易學符號光環開始顯現出來。葛洪說：

老君真形者，思之，姓李，名聃，字伯陽，身長九尺，黃色，鳥喙，隆鼻，秀眉長五寸，耳長七寸，額有三理上下徹，足有八卦，以神龜為床，金樓玉堂，白銀為階，五色雲為衣，重疊之冠。❶

葛洪這段話講得比較明白，先說太上老君的姓氏名字，再說他的身高、膚色、長相特徵。在葛洪的筆下，太上老君的易學符號光環是從腳下開始的，你看教主的腳天然地具備了「八卦」之象。這一「神筆」相當重要，因為有「八卦」在，就會千變萬化，它為日後道門中人描述太上老君的各種神變奏響了「序曲」。

另外，葛洪用以描述太上老君相貌的那些數位也有一番奧妙。易學講「象數」，有「象」必有「數」，數存而象也在其中，兩者是不可分離的。具體地講，一、三、五、七、九的數乃是易學「天數」的化用。易學以一、三、五、七、九這五個奇數為天數，以二、四、六、八、十這五個偶數為地數。天地相合，乾坤會通，而成九宮之狀。八卦之本是太極，太極函陰陽，陰陽相感而八卦生。八卦代表八個方位，會於中而成九宮。九宮之數實以一、三、五、七、九為框架，所謂老君真形在整體上是太極，在數為一。一生二，二生三，這個「三」即是易學的天、地、人「三才之道」。老君總括「三才」，所以其額有「三理」。

三生萬物，各具木火土金水五行，所以老君「秀眉長五寸」；五行各有陰陽，陰陽運化，天生地成，所以《易》數變，一變而為七，老君「耳長七寸」；七變而為九，所以老君身高九尺❷。由此不難看出，葛洪所描繪的老君真形的那些數位是有一番深刻的符號寄託的。

葛洪將易學象數引入老君形象塑造的方式給後來的道門中人以很大的啟迪。兩晉南北朝以來，有關太上老君的神化故事更加豐富起來，而他身上閃爍的易學符號光環也更為亮麗。其鮮明特色就在於這些神化故事的作者緊緊抓住易學的變化觀，來描繪太上老君的種種神變。

彙聚太上老君「神變聖跡」的《混元聖紀》卷一引樂朋《龜記》說，商朝高宗帝統領國家到了極盛的時期，周文王演《易》之初，「神光流入於瓊胎，瑞彩結成於金骨。不拆不副，誕彌於八十餘齡。」❸按照這個說法，太上老君托胎為人是周文王推演《易》道之時那神奇的卦爻符號輝光照射的結果。其骨骼是由卦象瑞彩凝結而成。這種特殊的稟賦，使得他懷胎的時間比一般凡人都長，他整整八十一年才降生。這當然只是神話而已，但卻從根本上使太上老君具備了易學的符號「胎記」。用一個今日人們流行的語彙來說，太上老君托胎孕育的時候已經「天然」地獲得了易學符號的「遺傳基因」。這是多為巧妙的一筆！

歷史學家讀了這樣的文字，恐怕要視為天方夜譚，然而，如果明瞭這是一種「彩虹」式的信仰語言，那麼，冷靜下來之後細心思索一番反而會有另一種感受。無論情況如何，呈現在我們眼前的太上老君降生神話確已輸入了易學符號的「靈光」。道門中人以神話的口吻來講述太上老君的「故事」，我們完全可以把這當作一種思想符號的鏈條，這個鏈條既有某些歷史的印記，又有道門中人的新構想，而在其構想過程中，易學的象數充當了「思想符號」的要素。

(二)太上老君胸懷易學法寶，開天闢地，降世傳經

道門中人不僅在追溯太上老君托胎降生的神跡時賦予其易學符號的「胎記」，而且根據《易經》的變卦原理，構想了許許多多老君變化故事。

早在西晉時期所流行的《老子化胡經》便已充滿了這種神變意味。該書相傳為西晉道士王浮所作，原僅有一卷，後世道徒加以增益，遂衍化成十一卷。今《道藏》中未見有該書，惟敦煌遺書中有其殘本。所謂「胡」原指中國北部與西部少數民族，《老子化

胡經》中的「胡」則指中國境外的西北部國家。該書講述老子（即太上老君）西遊化為胡人成佛的故事，以為「佛」乃道教之弟子。

《經》中收有《老君十六變詞》十八首，以歌謠的形式敘說太上老君的神變。作品暗合易學八卦方位，太上老君每次神變出現在不同的方位。如一變時，太上老君生在南方，他出胎墮地就能「獨坐」；二變時，生在西嶽漢川，寄身於王家修煉精神；三變時，變形易體出現在北方，他合口誦經聲琅琅，「配名天地厚陰陽」；四變時，身在東方，身形滿是青蔥之色，白日母抱夜乘龍，上天入地登虛空；五變時，生在中都居於洛川，在中央修福十萬年……

開頭這五變，太上老君分別降生五方之位，合於易學中的「五行」之理，因為木火土金水五行作為具有悠久歷史的極穩定的符號，它們在易學中實際上可以轉換成五方，八卦排列正是以五方為本，加上東南、東北、西南、西北。可見，《老子化胡經》中的太上老君降生故事乃是以陰陽五行八卦方位為其基本框架的。

當然，《老子化胡經》不僅僅講述太上老君的降生神話，更重要的是運用易學的變化觀來表達老君千變萬化的功能。《周易・繫辭下》說：「《易》之為書也不可遠，為道也屢遷。變動不居，周流六虛，上下無常，剛柔相易，不可為典要，唯變所適。」意思是講：《周易》這部書，是不可以稍微離開的。它所體現的道理在於事物的推移變遷，因為卦象符號本身就是變動不定的，陰陽周轉流動於各卦的六爻之間，上下往來沒有定準，陽剛與陰柔互相改換位置，不可把靜止當作典式法則，只有變化才是它適宜的方向。《繫辭下》所謂「六虛」指的就是卦象符號中的六爻之位元，六爻包括三個層次，代表天地人。所以，六爻的符號變化實際上就是天地人三界客觀事物變化的縮影。《老子化胡經》以《易經》為準則，塑造了一個善於變化的老君形象，他忽東忽西，忽南忽北，或在天上，或在人間。這種居無定所的「神通」實在是易學陰陽爻位變動不居之理的故事轉化形態。

《老子化胡經》所見太上老君的變化功能與「神通」在《太上老君開天經》得到了充實與發展，而其易學符號光環也更為鮮明。

《太上老君開天經》收入《道藏》之中，不題撰人姓名。《廣弘明集》卷十二《決對傅奕廢佛僧事》提及該書為張泮所作。疑該書初起於唐前佛道鬥爭之中，至唐初而廣為流行。顧名思義，《太上老君開天經》就是敘述道教教主開天闢地的故事。

該書稱，未有天地之先，無陰無陽，無日無月，無晶無光，無東無西，無青無黃，無南無北，無柔無剛，無覆無載，無壞無藏，無賢無聖，無忠無良，無去無來，無生無亡，無前無後，無圓無方，百億變化，浩浩蕩蕩，無形無象，自然空玄，窮之難極，無量無邊，無高無下，無奇無偏，無左無右。老君好像處於空玄寂寥之外，玄虛之中，看也看不見，聽也聽不著他的聲音。萬物跟隨在他的後面而生長，經歷了「洪元」「混元」「太初」❹的旅程，老君從虛空降下來，教化初民。

自此以後，直到周朝之初，老君數次下降為師，每次都口吐經文一部，教化君主百姓治理世事。在描述中，《太上老君開天經》不僅把《易》的八卦化生理論和老子的「道生」思想結合起來，用以說明天地的開闢和人類進化過程，而且多次強調太上老君是根據易理來啟示天下的。

它說：混沌的宇宙發展階段消失以後，就到了「九宮」時代，「九宮之時，老君下為師，口吐《乾坤經》一部，結其九宮，識名天地。清氣為天，濁氣為地。從九宮已來，天是陽，地是陰。陽者剛強，遠視難睹。在天成象，日月星辰是也；在地成形，五嶽四瀆是也；在人成生，心肝五臟是也。」❺這裡的「九宮」是指宇宙進化的一個階段。在《太上老君開天經》的設想中，老君口吐《乾坤經》就是為了顯示九宮方位（天下九州的一種符號表示），讓天下人都知道天地陰陽之分。很明顯，這部《乾坤經》乃是作者虛構的，但這種虛構卻又是在知曉易學的前提下進行的，因為乾坤本來就是《周易》中的兩個最基本的卦。

《太上老君開天經》從《易》的「三才」觀念出發來說明天象、地形、人生，在許多地方留下了象數的痕跡，但其要旨仍在說理，尤其是關於天陽、地陰、成象、成形之說乃是由易學義理派❻演化而來。義理派主要傳人韓康伯注釋《周易．繫辭》的時候說：「象，況日月星辰；形，況山川草木也。懸象運轉以成昏明，山澤通氣而雲行雨施，故『變化見矣』。」❼意思是講，易學中的卦象本是用以表徵日月星辰的；而卦爻之形則是「摹寫」自然界山川草木而得；天空中「懸掛」著的日月星辰因其運轉而有了白天與黑夜的變遷；山川水澤互相通氣，聚集成雲，散則成雨，雲行而雨降，所以變化就顯示出來了。對照一下可知，《太上老君開天經》關於天地人的形狀描述與韓康伯的義理精神是基本一致的。

作為一部歌頌道教教主的經書，《太上老君開天經》對易學的「化用」，還表現在它充分發揮信仰精神的想像力，以太上老君為大《易》之宗主，在描述了太上老君依「道力」使「無」化為「有」，即開闢了天地之後，作者進一步把太上老君描繪成歷代聖人之「原身」，甚至連創立八卦的伏羲氏也是由太上老君分形變化而成，太上老君化出伏羲之後又自下降示教。它說：

> 伏羲之時，老君下為師，號曰「無化子」，一名郁華子，教示伏羲推舊法，演陰陽，正八方，定八卦，作《元陽經》以教伏羲。以前未有姓字，直（只）有其名……人民樸直，未有五穀，伏羲乃教以張羅網，捕禽獸而食之，皆衣毛茹血，腥臊臭穢，男女無別，不相嫉妒，冬則穴處，夏則巢居。❽

《太上老君開天經》認為，伏羲的時代，太上老君降下來作為老師，他的道號稱作「無化子」，又名「郁華子」，太上老君教導啟示伏羲推究舊時的曆法，演播陰陽之理，規正八個基本方位，確定了八卦的形態，還寫了一部傑作叫做《元陽經》來教化伏羲。在這以前，人們不知道什麼叫「姓」與「字」❾，只有名稱，人民都很樸實率直，也沒有五穀，伏羲教人民使用羅網來捕捉飛禽走獸以做食用。那時，人們身上披著禽獸的毛皮，喝它們的血解渴，臭腥味很濃，男女不知道分別，也不會互相猜疑嫉妒，冬天住在洞穴裡面，夏天則以樹巢為居處。

按照這種說法，則伏羲畫八卦乃是太上老君教的，這當然是道門中人的想像；不過，從其神話性描述中卻也可以看出，易學卦象符號與義理到了道門中人手中是如何地靈活應用。固然，這種應用在今日看來顯得荒誕不經，但其背後卻潛藏著中國先民們力圖解釋宇宙發生的願望。如果說它對易學的應用已遠遠超出儒家所允許的範圍，那麼，太上老君開天闢地的離奇情節則又富有藝術的精神，這不僅可以使人聯想起「盤古開天」的古老神話，而且為後人展示了一條探索天地起源的心靈軌跡，留下了藝術創作的原始素材。

(三)太上老君教化世人：善惡感應的易學底蘊

在道門中人的心目中，太上老君既然是千變萬化的教主，他也就能夠審時度勢，在各個關鍵時刻傳經教化世人。所以，在道教經書中，冠以太上老君所說的經文數以千計。如《太上老君內觀經》《太上老君戒經》《太上老君說了心經》《太上老君說常清靜妙經》等等。正如那些描述太上老君神化故事的作品一樣，冠以太上老君之名的經書也大量採擷易學的內容。本節將側重介紹一下易學的感應觀念在太上老君所「說」經書中的深刻影響。

「感應」一詞見於《周易・咸卦》。其《彖》說：

> 咸，感也；柔上而剛下，二氣感應以相與。止而說，男下女，是以亨，利貞，取女吉也。天地感而萬物化生，聖人感人心而天下和平。觀其所感，而天地萬物之情可見矣。

《彖》指出：咸，意味著互相交感；這是因為咸卦六爻的符號，上三爻構成陰性的「兌」，屬柔；下三爻構成陽性的「艮」，屬剛。陰柔往上而陽剛往下，陰陽二氣互相交感有應，彼此諧調。陰陽交感有節制，所以雙方都感到喜悅，這正如男子依禮向女子求婚，故而獲得亨通，有利於持守正道，娶而為妻是吉利的。推而廣之，天地陰陽也像男女一樣，互相交感而使萬物孕育生長，聖人效法天地，以誠信感化人心，帶來天下的昌順和平。觀察「交感」的顯像，就可以明白天地萬物的情狀了。

《易》之「咸卦」從卦象構成入手來講感應，接著又以男女相悅為例，證明天地之間感應的客觀存在。《周易》的感應思想不僅表現在咸卦中，其實在其他許多場合也多有論及。如《繫辭上》所謂「感而遂通天下之故」以及「出其言善，則千里之外應之」等，都是對感應思想的不同表達。

《周易》的感應思想在中國歷史上具有不可磨滅的影響。漢代經學家董仲舒把這種思想進一步發展為「天人感應」論，並且深深地滲透於道教思想體系中。有人曾經把道教思想總括為「感應」二字，這雖然過於絕對化，但也從一個側面反映了「感應」觀念在道教中的重要地位。托以太上老君之名的經書在很多方面講到感應的問題，而最為突出的要算《太上感應篇》。該書簡稱《感應篇》，作者目前尚無定論。

《宋史・藝文志》曾著錄有李昌齡《感應篇》一卷。《郡齋讀書附志》存夾江隱者李昌齡所編《太上感應篇》八卷。《正統道藏》太清部收《太上感應篇》三十卷，題「李昌齡傳，鄭清之贊」。可見此書宋代已出。開初可能篇幅不大，後人加以衍擴註疏，遂致內容龐雜起來。

清乾隆二十年（西元一七五五年），楊志道說：「《太上感應篇》與《易》《尚書》相表裡，不可不心解而力行之者。」❿他認為《感應篇》與《易經》《尚書》在內容上具有非常密切的淵源關係，指出「《感應篇》可作《易》《尚書》讀」⓫，把該書當作《易》和《尚書》的注解。按照這個說法，則《太上感應篇》在字裡行間乃包含著易學與《尚書》的微言大義；換一句話來講，《太上感應篇》實際上是《易經》與《尚書》思想符號的推演、印證與引申。

這裡，我們姑且暫不討論《感應篇》與《尚書》的關係問題，單從它與《易》的內在關聯看，則楊志道所說並非虛言。

《太上感應篇》本文並不長，大約只有一千二百餘字。該書一開始，就提出了人們所最為關心的「禍福」來由問題，指出「禍福無門，惟人自召；善惡之報，如影隨形」。在《感應篇》作者看來，禍與福的門檻並沒有自動敞開，只是由於人的行為不同才招來不同的結果；是福是禍，全在於自己的思想舉動；而人所從事的活動或善或惡，都一定會有報應，這就好像影子隨著物形移動一樣。這四句話共十六字，所以後人稱之為「十六字綱領」。

善惡報應的思想，在中國古代可謂由來已久。《周易・坤卦》之《文言》稱：「積善之家，必有餘慶；積不善之家，必有餘殃。」意思是說，修積善行的家族，一定會留下足夠的慶祥；累計惡行的家族，必然留下許多禍殃。人的善惡觀念與舉動為什麼會引起慶祥或禍殃？依先民的想法，就在於大千世界存在著感應的法則。

《太上感應篇》將這種思想與人的生存與壽命聯結起來，認為一個人如果想長生多福，就應該行善積德。為了具體地向世人證明禍福因果之報應，作者列舉了二十多條善行，一百多條惡行，以供人們參照。它要求人們「不履邪徑，不欺暗室，積德累功，慈心於物，忠孝友悌，正己化人」。也就是不要走歪門邪道，不要幹一些見不得人的壞勾當，而應該不斷地累積善德功行，具備廣大的愛心，盡忠報國，孝敬父母，兄弟親和，朋友義氣，端正自己的行為並且教化他人。文中還說，要能夠成為天仙，就必須做一千三百件善事；要當地仙，至少也得做三百件善事。

《太上感應篇》認為人體中有一種監督人的行為的神明，叫做「三屍神」，時刻都在記錄人的惡行，每每於庚申日上升向天曹（天上的一種神明職司）反映情況，或者下地府，告人罪狀，說人差錯，由此定奪人的壽命長短和禍福的多寡。強調人修善行應從一念起處下功夫，勸戒世人諸惡莫作，為善奉行，積善天必然降福，行惡天必定降禍。《太上感應篇》問世以來，在社會上廣為流行，不少帝王給予很大的扶植，出資刻印推廣。一些文人也捲入其中，大加註疏發揮。清光緒六年（西元一八八〇年），出版了《太上感應篇圖說》，此書由黃正元作注，毛金蘭增補。以文配圖，且附有大量的善惡感應故事，很有可讀性。這部書在序言之後，首列《感應篇》本文，再依照類型分《孝篇》《悌篇》《忠篇》《信篇》《禮篇》《義篇》《廉篇》《恥篇》。每篇有若干節，每節內有原文、注、案、附諸部分。

黃正元注本《太上感應篇圖說》所搜集善惡感應故事，有正有反。其中有許多方面在今天看來依然有一定的教育意義。如揭露封建社會某些貪官污吏褻瀆法令受賄的情形，便具備了超越時代的價值，如：

愛富嫌貧欲悔姻，有財只說可通神。
貪官曲直憑顛倒，己女誰知兩嫁人。

在這首詩之後，附有這麼一個故事：荊州府推官魏釗，因有公事到夷陵道去。他路過一個鎮子，鎮中有一位紳士名叫徐少卿，夢見神仙對他說：「明天晚上，推官魏釗將經過該鎮，此人前程遠大，以後會到吏部做官，應當預先認識他為好。」第二天，魏釗果然到鎮上來了，徐少卿對魏釗十分熱情，虔誠招待。可是，幾天以後，徐少卿又夢見神仙說：「只可惜魏釗到夷陵道，接受了四百金的賄賂，故意開脫了一個囚犯的罪惡，使死去的人蒙受冤屈，上帝已經減免了他的官祿爵位，壽命也不會太久了。」徐少卿後來訪問了有關人士，其真實情況果然與夢見的相同。沒過多久，魏釗回家辦理父母的喪事，一年之後，他自己也死了。家中的產業也慢慢衰落下去。

這個事例儘管滲透著因果報應的神秘意味，但卻成了「感應」思想的「形象符號表徵」。就揭露受賄枉法的角度而言，這無疑是令人深思的。在今日的社會中，那種貪財枉法的事仍時有發生，我們似乎可以從中得到某種教訓。

總的來說，從《太上感應篇》到後來的種種注釋傳本，從皇帝和皇后、大臣們的助印經書行為到毛金蘭增補的《圖說》，我們可以看到易學的感應思想經過了幾千年，由於道門中人的發揮和文人們的宣傳，大大發展起來。《太上感應篇》是託名太上老君而行世的。因此，該書所包容的「感應」觀念實際上又使太上老君身上的易學符號光環更加醒目了。

二、老子一氣化三清：易學符號光環的頻頻遞增

老子作為教主在道門中人的心目中具有崇高地位。另一方面，我們還必須明白，道教又是一種多神教，除了極力神化教主之外，道門中人還構想了許許多多功能強大的神

仙人物。其中，最為顯赫的是所謂三清尊神。說起「三清」尊神，這依然得涉及老子的變化問題。

(一)紫氣紅雲成變化

說起老子的變化，有一部在中國文學史上影響深遠的作品，可以為我們的探索提供有益的線索，這就是《封神演義》。該書第七十七回《老子一氣化三清》有這樣的情節：截教門人為阻止姜尚東行，擺起誅仙陣來。為破此陣，太上老君親自前來。他將坐騎青牛一拍，便到了西方兌地。至陷仙門下，將青牛催動，只見四足祥光白霧，紫氣紅雲，騰騰而起。老子又將太極圖抖開，化一座金橋，昂然入陷仙門來。經過一陣交鋒，老子把青牛一拎，跳出誅仙陣的圈子，把魚尾冠一推，只見頂上三道氣出，化為三清。老子又與通天教主繼續廝戰，只聽得正東上一聲鐘響，來了一位道人，戴九雲冠，穿大紅白鶴絳綃衣，騎著一頭怪獸，手拿一口寶劍，說是來為李道兄(即太上老君)助一臂之力，且唱詩一首：

混元初判道為先，常有常無得自然。
紫氣東來三萬里，函關初度五千年。

原來，這助戰者乃是「上清道人」。他唱詩完畢，施展手中寶劍，向通天教主殺去。通天教主連忙招架。忽然，正南方向又有鐘聲響，再來一位道人。他戴如意冠，穿淡黃八卦衣，騎天馬而來，一手執靈芝如意，大呼要與李道兄共同誅滅通天教主。這通天教主認不得來者，以輕蔑口吻問話。道人反唇相譏，作詩一首：

函關初出至崑崙，一統華夷屬道門。
我體本同天地老，須彌山倒性還存。

來者自稱「玉清道人」。通天教主不知上清、玉清從何處來，手中雖然與兩位道人招架，但心裡卻很疑惑。正在尋思的時候，正北又一聲玉磬響起，來了一位道人，他戴九霄冠，穿八寶萬壽紫霞衣，一手拿著龍鬚扇，一手拿著三寶玉如意，騎「地吼」（一種怪獸）而來，大呼願與李道兄共破陷仙陣。他也作詩一首：

混沌從來不計年，鴻蒙剖處我居先。
參同天地玄黃理，任你傍門望眼穿。

來者自稱是「太清道人」，他們圍住通天教主，或上或下，或左或右，通天教主只有招架之功，而無還手之力。緊接著的一回，作者點出了前來助戰的三位道人是老子一氣所化，這就是《封神演義》小說中所謂的「一氣化三清」。

《封神演義》所描寫的「一氣化三清」情節，當然是小說家的巧妙構想，是藝術的虛構產物，但也並非全無來歷。作品在描述老子神變的時候，往往夾雜著一些易學的因素在其中，如老子到了陷仙門即抖開「太極圖」便是暗合易學象數的一種表現。太極圖是易圖之一，同時又是道教的一個基本符號標誌（關於它，我們在下面的有關章節還會進一步論述）。

《封神演義》作者言及老子時讓他「抖開」太極圖，這種頗為形象的語言既增加了趣味性可讀性，又給讀者暗示了老子之學術本與易學有千絲萬縷聯繫的奧妙所在。

(二)三清勝境與易學天地人三重結構

《封神演義》所講「一氣化三清」的神變結構，在小說家的神筆下儘管是為構造瑰麗離奇情節服務的，但卻也蘊含著易學的妙理。為了說明這個問題，我們有必要稽考一下道教典籍中有關「三清」的記載及其與老子神變的關聯。

「三清」之稱在道教中經常出現，它包含著兩個方面的含義：一是指道教最高天神所居住的境界；二是指道教中的三位天神。

就境界的角度而言，「三清」又叫做「三天」，即玉清、上清、太清。這三清是道教所構想的「三十六天」中僅次於大羅天的最高天界。「玉清境」全稱「清微天玉清境」，據說是由始氣化成，元始天尊就住在裡邊；「上清境」全稱「禹餘天上清境」，據說「其氣玄黃」，靈寶天尊就住在裡邊；「太清境」全稱「大赤天上清境」，據說是由「玄氣」化成，道德天尊就住在裡邊。

就神稱與形象來看，道教對「三清」有許多撲朔迷離的描繪。其名稱往往隨造經者的癖好而有很多變格。住於玉清勝境的元始天尊，又稱玉清大帝，或「玉清勝境虛無自

圖 2-1　清微玉清天帝天寶君

然元始天尊」。在宮觀「三清殿」中，元始天尊的塑像居於正中，他手執混元寶珠；住於上清境中的靈寶天尊，又稱上清大帝、太上玉晨大道君等等，其塑像居於三清殿的左位，大多手捧如意；住於太清境中的道德天尊，又稱混元老君、降生天尊、太清大帝等等，在三清殿中他居於右位，手執扇子。對照一下《封神演義》，可知作者對道教神譜是相當熟悉的。雖然在《封神演義》中的「三清」皆為道人，但他們所執寶貝和裝束打扮卻是道教三清勝境尊神的模樣。

道教三清尊神雖然被當作永恆的一種象徵，但他們在信仰者心目中也是老子之氣所化。《雲笈七籤》卷一〇一所錄《混元皇帝聖紀》說，太上老君（老子）就是混元皇帝，他生於「無始」，起於「無因」，也就是說他誕生於當今人類所無法追溯的時間肇端，形成於人類所無法認識的混沌狀態。這個「無始」、「無因」據說是萬道的開先，元氣的祖宗，那時無光無象，無音無聲，無宗無緒。歸結到一點，太上老君就是「道」的符號化身，而「道」是自然之極尊，於幽無之中而生「空洞」，這個「空洞」就是「真一」。所謂「真一」就是不有不無狀態，由一氣化生，經過九十九萬億九十九萬歲而化生出「上三氣」，這個「上三氣」彼此又相差九十九萬億九十九萬歲。三氣相合成德，共生「無上」。自「無上」化生之後，再經九十九萬億九十九萬歲而化生「中三氣」。這「中三氣」又各相隔九十九萬億九十九萬歲，三氣相合成德，共生「玄老」。自玄老化生之後九十九萬億九十九萬歲，而生「下三氣」，彼此又相差九十九萬億九十九萬歲……以下還有一大串的時間演化序列。

《混元皇帝聖紀》有關上中下「三氣」的演化時間，當然是一種觀念推演的結果，但我們從中卻可以發現老子《道德經》的「道生一，一生二，二生三」的宇宙化生符號序列以及《易經》的「太極」生兩儀（陰陽）、兩儀含「三才」（天地人）的結構模式被巧妙地結合起來。

關於「一氣化三清」所包含的易學符號理念，我們從道門中人論「三洞宗元」中還可以得到進一步的佐證。《雲笈七簽》卷三稱：「原乎道家（這裡實際上是指道教）由肇起自無先，垂為應感，生乎妙一。」⓬這是說，道家（道教）的發源應該追溯到「無先」，也就是混沌不分的原始狀態。由於內在的感應，而形成了具有無限奧妙的

「一」，所以這個「一」又叫做「妙一」。從妙一分化而成「三元」，又從三元變成「三氣」，又從三氣變生「三才」。三才既然滋生，萬物漸漸就完備起來。

《雲笈七籤》所引錄的《道教三洞宗元》明確地使用了《周易》的「三才」概念，作為宇宙化生過程中的一個環節，儘管其具體表述與前面所引述的《混元皇帝聖紀》略有差異，但在把《周易》「三才之道」與《道德經》「函三為一，一化為三」觀念相貫通這一點上，卻又是一致的。

道門中人以卦象符號三重結構為綱領，大談其三洞宗元，其要旨在於通過這種「鏈條」的展開而表明「三洞經書」與「三清尊神」的對應關係。所以，《道教三洞宗元》篇在解釋「三元」時說，所謂「三元」即包括：第一為「混洞太無元」，第二為「赤混太無元」，第三為「冥寂玄通元」。

三元各有所化生：從混洞太無元化生「天寶君」，從赤混太無元化生「靈寶君」，從冥寂玄通元化生「神寶君」。這裡所講的三位「寶君」實際上就是元始天尊、靈寶天尊、道德天尊的別稱——名字符號變體。因為《道教三洞宗元》緊接著又說，「三洞之跡，別出為化」，即每一洞又各有演化序列。它指出「三清勝境」各有所主，天寶君治在玉清境，靈寶君治在上清境，神寶君治在太清境。

三個神號雖然有異，但「本同一也」。⓭既然是「同一」，可見他們還是由一氣所化，其背後隱隱有「老子一氣化三清」的意味。

㈢三清尊神貫穿易道，廣宣教法

一氣化成的三清尊神既然作為道教所構想的最高勝境的統領者，他們向其信仰者開導教化便是一種神聖的職責。所以《道藏》中有關三清尊神所「說」之經幾乎是汗牛充棟，如《元始天尊說生天得道經》《元始天尊說得道了身經》《太上靈寶天尊說禳災度厄經》《太上洞玄靈寶天尊說濟苦經》。這些經典一般是採取弟子發問而天尊說法的形式撰寫的。三清尊神或者在天上眾仙演說大道，或者降下人間為普通的道門信仰者講述皈依大道的神妙功用。不言而喻，作品是以善惡教化為基調的，但有時也鋪敘通道故事。從這類作品中，我們依然可以感受到易學的象數與義理的濃厚氣息。只要讀一讀《度人經》就能明白這一點。

《度人經》全稱《太上洞玄靈寶無量度人上品妙經》，又稱《元始無量度人上品妙經》，這是晉代道教理論家葛洪的從孫葛巢甫撰寫的。原書僅有一卷，後人加以注釋增益，遂衍擴而為六十一卷。該經典為《道藏》首部，北宋道教補充道職時都以此經為課考的要典，足見其受重視。

宋真宗在《度人經》序言一開始就把該經與《周易》掛上鉤。第四十三代天師張宇初則具體地分析了其中的易學蘊含。他在對該書中的《元始靈書中篇》作疏的時候說：

觀復云：先真謂此《靈書》合於大《易》六十四卦。此經在天地之先，有卦象之前。西王母云「九日導乾，坤母東覆」。兩卦可見。乾坤二卦始於此，繼以「屯」「蒙」，終於「既濟」、「未濟」，為造化之綱維也。

觀復大師曾經講，早先的真人說《元始靈書中篇》與《周易》六十四卦符號所顯示的道理相吻合。這部經典誕生於天地開始之先，在卦象顯示以前它就存在了。女仙西王母說：「陽九之日導因於乾卦之元氣；太陰九靈仙母在東海制約河源，成為水神。」這句話當中即包含著乾坤兩卦。《易》之「乾坤」二卦正是從這裡開始的，後繼的是「屯卦」「蒙卦」，而以「既濟卦」和「未濟卦」為終結。這為世人展開了宇宙天地造化的「符號鏈條」系列。

張宇初把《元始靈書中篇》的產生遠推到天地形成以前，他認為在《周易》卦象出現之先已經有了該篇《靈書》，這當然只是從信仰出發所表達的意見。他之所以這樣認為，是因為《元始靈書》乃托以元始天尊口述，而元始天尊按照道教的說法是在天地形成以前的一氣所化，因而《靈書》便被置於《周易》之先了。這種把經典誕生時間遠推的做法，在道門之中經常可以見到，我們不必為此太費腦筋。倒是他所說的經書合於《易》六十四卦符號的問題很值得認真推究一番。事實上，不僅《度人經》中的《元始靈書中篇》合於《易》六十四卦，而且整部經典的字裡行間都蘊藏著易學符號資訊，尤其是易學象數之應用更有蛛絲馬跡可尋。

《度人經》託名元始天尊宣講，太上玉晨道君⓮（靈寶天尊）記錄，以為日用修真的指導。該經開篇即稱：

昔於始青天中碧落碧落空歌大浮黎土受《元始度人無量上品》。元始天尊當說是經，周回十過，以召十方，始當詣座。⑮

《度人經》認為：往昔的時候，靈寶天尊在東方九氣青天東極大浮黎之國接受了由元始天尊所傳的《元始度人無量上品》這部經典。那時，滿天青氣，碧霞萬丈，靈風瓊樹，伴隨著幽雅的歌聲，真令人心曠神怡。元始天尊講授這部經典時，周轉十遍，天地之間的真人、聖人以及高尊仙人都應邀前來聽講。

以上這段話是用以表明經書緣起。其中有兩點與《易》相關：

(1) 作為宣講經書的主神「元始天尊」，其名稱乃是融縮《周易・乾卦》之《彖傳》以及《繫辭上》的有關用語而成。《易・彖》云：「大哉乾元，萬物資始，乃統天。」意思是：偉大啊，乾卦之本源，這是萬物為生的憑藉，因為它開創了天地的陽剛之氣，並且統領著大自然。由此，我們看到「元始天尊」中的「元始」二字即是上引《彖》一二句末字的合成。至於「天尊」一語則出於《繫辭上》：「天尊地卑，乾坤定矣。」天尊貴而地卑下，乾坤由之而確定了位置。道門中人從《繫辭上》中採擷了基本用語，從而構成了「元始天尊」的合成詞。

(2) 經文中的所謂「周回十過」初看起來並無什麼奧秘，但如果稍加琢磨，自可發現其易學的蘊含。張宇初認為這與「易數」（即易學中的可以同「卦象」相互轉換的數）有關。他指出：

天命流行而不息，周流六虛，動靜無端，往來不已。是乃「周回十過」。十過者，生數五，成數五。十乃天地之成數也。修丹以十月而後成功。十方者，乃一、三、五、七、九，陽也；二、四、六、八、十，陰也。此為還丹之妙用。[16]

張宇初認為：天地自然的運行流程沒有停息，它周轉流動於上下四方，運動以及其特殊轉換形式——靜止的結合，我們看不見其端底，來來往往從未有極限，這就叫做「周回十過」。

所謂「十過」，這是由天地中的五個「生數」和五個「成數」構成的。「十」是天地中表示圓滿的「成數」。修煉金丹要經歷十個月才能成功。至於「十方」，也具備了十個自然數，其中分奇偶陰陽。陰陽彼此合和，這就是「還丹」的妙用所在。

張宇初從金丹修煉[17]的角度來理解「十」這個數，自然是一種引申；不過，他首先就《易》的天地數方面發掘《度人經》關於「周回十過」的內涵，則有一定的合理性。因為《周易・繫辭上》早已把「天數五」與「地數五」看作可以「成變化而行鬼神」的數。元始天尊掌握了「十」數，在《度人經》作者心目中，這也就有了召喚十方為神明的法力。如此，則元始天尊一出場就傳遞出了「易數符號」的遺傳密碼。

在《度人經》的想像世界裡，元始天尊宣講道法，這是一件驚天動地的大事情。為了顯示元始天尊的氣派，作者進行一番氣氛的渲染：

七日七夜，諸天日月星宿、璿璣玉衡，一時停輪。神風靜默，山海藏雲。天無浮翳，四炁朗清。一國地土、山川、林木，緬平一等，無復高下。土皆作碧玉，無有異色。⓲

這段話的意思是：經過了七個白天和七個晚上，宇宙三十二方天中的日月星辰、尤其是北斗七星，一時間好像都停止轉動，專注元始天尊說經。風伯之神不敢鳴叫，所有飛雲都悄悄消失，天地開朗，一片寂靜，日月清明，整個大浮黎國的土地山川森林樹木顯得一樣平坦，沒有高低之分，上下之別。所有的土地都像晶瑩清澈的碧玉一樣，沒有其他雜色。

《度人經》作者以神奇的想像力所描繪的這番景色的確是十分迷人的。他的本意乃是為了表現元始天尊的威懾力，而進行「烘托」，但由於他是生活在易學文化土壤非常深厚的社會中，所以一下筆便又將「易數」融會其中。這裡有兩點值得稍作分析。

第一，關於「七日七夜」這個時間概念是以《周易・復卦》卦辭「七日來復」為準繩的。易卦六爻符號，陰陽升降，到了第六爻的時候就要回復，所以「七」意味著重新開始，這就叫做「七日來復」。把它貫徹到「十二地支」上，仍然有陰陽交替變化，陽生於「子」（地支起點），而陰起於「午」。由「午」到「子」（即從「午」往後數：午、未、申、酉、戌、亥、子），其數有「七」，陰極復生陽，所以從「子」又回復到「陽」的狀態，體現了宇宙乾坤陰陽消長變化規律。就一天來說，從午時到半夜回復子時；就一個月來說，自午日起，每達七日就回復到子日；就一年來說，從五月一陰生到十一月又回復子月。這是天道運行的定數。《易》以六爻作為一個「重卦」（六畫卦），正暗合達「七」而變的天道定數。從這個意義上看，《度人經》「七日七夜」既是一個時間關節點，又是一個體現了《易》之「反覆」數理的符號標誌。

第二，文中「諸天」乃是與八卦方位有關的空間概念。《度人經》裡經常出現「諸天」，具體講主要是「三十二天」。這種空間概念是怎樣來的呢？很顯然是由八方會於八卦符號之數而得出的。《度人經》內的《元始靈書中篇》共二百五十六字，以東西南北四方為序，每方統八天，每天配八句，每句八字。後世注釋者有的乾脆把六十四卦符號分納於其中。如觀復子蕭應叟就是這樣，他以東方八天的首句配「豫卦」，順序遞進，最後一句配「謙卦」。這種配合並非憑空設想，如果仔細推敲一下《度人經》四方三十二天的字數，就不難看出作者對此是有意安排的。在三十二天中，八八六十四卦符號組成一個「數鏈」，環環相扣，循環往復。由此，我們再回到上引一段氣氛渲染的文字中，也就能夠領悟「諸天」背後所潛藏的《易》數符號秘義了。

經過一番氣氛渲染之後，《度人經》描繪了元始天尊說經的宏大場面。在作者的構想中，元始天尊說經不僅聲勢浩大，而且產生了種種「靈驗功效」：

> 眾真侍座。元始天尊玄座空浮五色獅子之上。說經一遍，諸天大聖同時稱善。是時，一國男女聾病耳皆開聰。說經二遍，盲者目明。說經三遍，暗者能言。說經

四遍，跛疴積逮皆能起行。說經五遍，久病痼疾一時復行。說經六遍，髮白反黑，齒落更生。說經七遍，老者返壯，少者皆強。說經八遍，婦女懷妊，鳥獸含胎，已生未生皆得生成。說經九遍，地藏發泄，金玉露形。說經十遍，枯骨更生，皆起成人。⑲

《度人經》告訴讀者：四面八方的神仙會集在一起，奉侍就座。元始天尊乘坐五色獅子，那獅子懸空五丈，不著物相。說經一遍的時候，三十二天神聖真人都讚歎不已。那時候，大浮黎國中男女眾人凡是得了耳聾病症的通通開聰能夠聽講了。說經二遍的時候，瞎子的眼睛忽然明亮起來。說經三遍的時候，啞巴能夠說話了。說經四遍的時候，跛腳癱瘓的都能站起來行走。說經五遍的時候，得頑固病症長久不癒的人都恢復健康能夠行動了。說經六遍的時候，白髮變成黑髮，已掉下的牙齒又重新長出來。說經七遍的時候，老年人變成壯年人，年少幼弱者都成長壯大。說經八遍的時候，婦女開始懷孕，飛禽走獸結胎含子，不論原來有生育能力或沒有生育能力的現在都可以生成了。說經九遍的時候，大地中的寶藏自發顯露，金玉現出行為。說經十遍的時候，野外乾枯餘骨生肉，恢復人形。

在上述說經功效的描述中，再次出現了「十」的數位。這自然也是對《易》「天地之數」的一種應用。不過，「一」到「十」的普通自然數為什麼被認為可以引起神奇功效呢？原來，在《周易》象數學中，「天地之數」與「五行」又是可以互相轉換的。木

離卦
☲

南
(火)
心臟　東　震卦　(木)　肝臟　　中　　肺臟　(金)　兌卦　西
土
脾臟

腎臟
(水)
北
坎卦
☵

五方 天地之數	東 天三、地八	南 地二、天七	中 天五、地十	西 地四、天九	北 天一、地六
五行	木	火	土	金	水
卦象	震卦	離卦	坤卦	兌卦	坎卦
天干	甲乙	丙丁	戊己	庚辛	壬癸
五臟	肝臟	心臟	脾臟	肺臟	腎臟

火土金水——「五行」既是萬物關係的一種代號，又是人體五臟的標誌（肝臟屬木，心臟屬火，腎臟屬水，肺臟屬金，脾臟屬土）。所以，數的輪轉，引起五行的更替，五行的更替推動了五氣的運行。於是，人體不通之關節重新開通，疾病也就消除。關於這個問題，讓我們先列一個表（九十七頁），再加以說明。

按照傳統的五行與《易》數的對應原則，天一生水於北方，在卦象符號上，北方為坎卦，而人體臟象中的「耳」屬坎。所以，說經一遍，其音像信息便被認為可以輸入北方，與耳朵相感通，聾病的人能夠獲得「開聰」的功能。引而申之，人體血脈好像大地中的河流，元始天尊說經，好像激勵了眾水手戲水飛舟，一氣周流，百神俱暢，所以說「諸天大聖同時稱善」。

在《易》數中，天數與地數是成雙成對的，有天一就有地二，地二生火於南方，南方為離卦，目屬離卦。因此，《度人經》作者在敘及「說經二遍」時自然就想到了此時之信息對「目」的作用，而有「盲者目明」的構想。由二而三，天三生木於東方，東方為震卦，本象為雷，一雷轟鳴，則啞巴說話，所以稱「喑者能言」。由三而四，地四生金於西方，西方兌卦，兌金孕育於坤土。土生金，金生水，水生木。從五行之氣在十二地支的運行上看，金絕於寅，而「懷胎」於卯，故金中含木象。足屬木，所以說「跛痾」起行。由四而五，天五生土於中央。土於天干合於戊己。在五行中，戊己屬土，戊己一陰一陽，所以戊為陽土，己為陰土。兩土相疊成「圭」，道教內丹又叫「刀圭」，簡稱「圭」，是養生延年益壽的一種「聖果」。在道門中人看來，一個人如果懂得養生，不僅可以長生久視，而且還能夠與乾坤同體，所以久病痼疾，通通消除，就不在話下了，這就是《度人經》關於元始天尊「說經五遍」的功效構想。

由五而六，地六⑳成於北方之坎水，人體腎臟屬水，其光華在頭髮，坎水之氣鼓動而成，所以說「髮白反黑」；又因在中醫學裡腎臟主骨，齒為骨之餘，腎臟健康則骨壯，所以「易數」運轉，說經六遍被認為有「骨落更生」的功效。由六而七，天七成於南方離卦之火。離為女，為陰，陰中含真陽，有養生內丹「七返」之功，因易數七在南方，九在西方，由九退至七，是一種逆反運動，道教修煉講復歸，由九退七，所以稱「七返」。七在南方屬火之位，九在西方，西為金位。九退到七，即是金行於火處，金火相鍛，有「真金」百煉之妙用，所以說「老者返壯，少者皆強」。由七而八，地八成於東方之震卦位，與東北之艮相合而水出。東方為木，艮卦本象為山，山上有木則生水，長養聖胎，妙在陰陽感通。這就是《度人經》為什麼把婦女懷胎生子等事歸屬地八的緣故。由八而九，天九成之於西方之兌卦。兌屬金，金生於坤土，所以說「地藏發泄（生），金玉露形（成）」。由九而十，地十成於中之土位，此為萬物生成之本。土分陰陽，天五為陽土，地十為陰土。兩土相重，又成「圭」，這是天地生成的再度周轉，有「大還」之妙用。至此，則五行顛倒逆轉，超凡入聖，起死回生。所以《度人經》以為元始天尊說經十遍可使「枯骨更生，皆起成人」。

說經十遍的此等效果只是宗教性描述，對於信仰者來說，這的確很迷人。從理性科學的角度看，這當然是很難驗證的。假如我們把它當作是信仰的藝術符號化，問題也就十分清晰了。不過，我們這樣說並非是徹底否認其價值。毫無疑問，把某種想像與古代的方術學說摻合起來，這本身就是一種文化思維歷史軌跡的續存。

就本書所探討的課題而言，更重要的在於「說經」的故事和情節渲染，使得道教所崇奉的尊神充分顯示出易學的功力，因為這部《度人經》既然是由元始天尊宣講，靈寶天尊記錄，那麼《經》中所有的易學符號資訊便與兩位元天尊均有密切關聯了。當「三清尊神」再把這種學問廣為傳授，其易學符號種子撒遍道教洞天福地也就可想而知了。

三、天尊屬下眾仙與易學思想之弘揚

道教的神仙組合正如寶塔一樣，分成許多級別。如果說天上「三清尊神」處於寶塔之頂的話，那麼，其他眾仙則有條不紊地構成了寶塔的「身段」。他們處在不同的級別，代表著修道的不同階段和需要。不論寶塔式的神仙組織是人為構造的還是在一定歷史文化積澱的背景下自然形成的，有一點是不可否認的，那就是被納進該體系組織中的成員的種種舉動，往往也打上了易學的符號烙印。

(一)八卦神的故事及其易學理趣

有趣的是，在道教神仙譜系中，「八卦」符號也被賦予人格神的意義。《太上老君中經》卷上說：

八卦天神下遊人間，宿衛太一，為八方使者，主八節日。上計較，定吉凶。乾神，字仲尼，號曰伏羲；坎神，字大曾子；艮神，字照光玉；震神，字小曾子；巽神，字大夏侯；離神，字文昌；坤神，字楊翟，王號曰女媧；兑神，字一世（原注：一云字八世）。常以八節之日存念之，其神皆在臍中，令人延年。㉑

《經》告訴人們：天上的八卦神降下人間遨遊，在九宮中為太一神君值宿，擔任警衛，作為東、西、南、北、東南、東北、西南、西北這八個方位的使者。有了情況，就如實稟報太一神君㉒，以確定吉凶。乾神的名字叫「仲尼」，雅號伏羲；坎神的名字叫「大曾子」；艮神的名字叫「照光玉」；震神的名字叫「小曾子」；巽神的名字叫「大夏侯」；離神的名字叫「文昌」；坤神的名字叫「楊翟」，雅號「女媧」；兑神的名字叫「一世」，或又稱「八世」。如果能夠經常在八個重要節氣的日子——即立春、春分、立夏、夏至、立秋、秋分、立冬、冬至的時刻，凝神存想八卦神，它們就會護守於人的肚臍之中，使人延年益壽。

八卦本來只是代表事物的符號。在《易經》中，八卦並沒有什麼神秘意義，更談不上人格化。但在《太上老君中經》裡，八卦不僅變成「神」，而且與一些歷史人物或傳說人物的名字等同起來。為了弄清八卦神的來龍去脈，我們有必要對其中所涉及的名字稍加追溯與分析。

第一，關於「乾神」，《太上老君中經》稱其字為「仲尼」，這實際上是以孔夫子為乾神的人格形象，因為儒家聖人孔夫子之「字」即是「仲尼」；至於其「號」伏羲，則又表明乾神的形象是多重化的；換一句話來說，乾神的形象符號表現不是單一的。它既可以轉換成為孔夫子，又可以等同於伏羲。在易學傳統中，伏羲是八卦的創立者，素有「卦父」之稱。《太上老君中經》將伏羲與孔夫子一起尊為乾神，一個代表「字」，一個代表「號」，本來不同的形象在乾卦符號的統攝下被合二而一了。

第二，關於「坎神」與「震神」，《太上老君中經》說前者字「大曾子」，後者字「小曾子」。這可能是指曾點與曾參父子。曾點是春秋時代魯國南武城人，孔夫子之弟子，侍奉於孔夫子左右，談論志向，很受孔子讚賞。那時有個叫季武子的人死了，曾點去吊唁，他靠在門邊放聲高歌，所以被後人稱為「士之狂者」。曾點之子曾參，是孔夫子晚年的弟子。據說他奉養雙親很孝順。有一次耕作時，誤斷了瓜根，他的父親非常生氣，拿起木杖狠打，以致昏迷，差點兒就去見「閻王」。過了一些時候，他蘇醒過來時不僅沒有半分的埋怨，而且還彈琴放聲高唱。孔夫子聽到這個消息，就對門人講：「曾參如果來了不准他入內。本來嘛，父親用小木棍打，可以不要躲閃，就承受下來；但遇到大木棍，就應該放聰明點，走開躲一躲嘛！現在，你曾參不躲開，使得當父親的背上了『不義』的惡名，這還算什麼孝呢？」孔夫子的話傳到曾參耳朵裡，他不敢怠慢，趕緊登門拜訪，以懺悔「罪過」。史書稱曾參稟性率直且魯莽，但他卻立志「日三省其身」，每天都反省自己的所作所為三次，悟「一貫之旨」。由於他用心勤苦，後來真的成了「大器」，他的言論彙編成《曾子》一書，原有十八篇，今存十篇，收入《大戴禮記》中。又，《史記》說他作《孝經》，現代許多學者以為《孝經》是曾子的弟子或再傳弟子所作。由於曾點與曾參都是孔夫子的學生，且有建樹，被後人所尊崇。為了區別，遂把曾點叫做「大曾子」，曾參叫「小曾子」。

第三，關於「巽神」與「離神」，《太上老君中經》稱前者字「大夏侯」，後者字「文昌」，這兩位儘管來歷很不相同，但都與經學科舉有密切關聯。「大夏侯」即「夏侯勝」，是西漢時期著名的「今文《尚書》」學者。據《漢書．儒林傳》記載，夏侯勝的祖先夏侯都尉，曾經跟隨山東濟南張生學習《尚書》，後來他把這套學問傳授給了族人，其子夏侯建也獲得真傳。經學史上，人們把夏侯勝稱為「大夏侯」，其子夏侯建稱為「小夏侯」。至於「文昌」本是星名，共有六星，在斗魁之前，其中的第四星俗稱「文曲星」，簡稱「文星」。古代術數家認為此星主文運，文人如果得到文星扶助，則不僅科考可以取得好成績，而且還能官運亨通。道教因襲了這種星宿信仰，尊稱「文昌帝君」，認為這是主宰功名、祿位的神，也是學問、科舉的守護神。隨著時代的更遷，作為星宿信仰的文昌神與民間傳說中的梓潼信仰相匯流，於是「文昌」便由星宿神進一步獲得人格特徵。

《華陽國志》卷十記載，梓潼縣有神，姓張，本名惡子，一說名亞子，晉朝的時候，他因戰鬥而死。人們為了紀念他，建廟祭祀。唐宋以來，梓潼神的地位逐步提高，據說他能預知科舉命運，所以深受士人崇信。唐玄宗（西元七一二～七五六年在位）、唐僖宗（西元八七三～八八八年在位）逃難於四川的時候，據說受到梓潼神的護佑。為了感謝梓潼神，便封了「濟順王」的神號。宋朝很重視科舉考試，各地建立許多保佑功名利祿的神廟，四川的梓潼神廟相傳非常「靈驗」，所以也最風光。當時的士大夫經過梓潼神廟，如果颳風下雨，叫做「得風送雨」，來日就能夠當上「宰相」這樣的大官；如果是進士經過得了「風雨」，在殿試時就可以「奪魁」中狀元。據傳王安石幼年曾過梓潼神廟，風雨大作，後來他果然官至丞相。道門中人曾經託名梓潼帝君降筆㉓，成《清河內傳》一書，敘述梓潼帝君的「身世」。這部書也採取「轉世」的手法，來講述梓潼帝君的「神跡」。書中稱，梓潼帝君本是吳會間人，在周朝的初年就已經降生了，經過了七十三次的變化，但一直都具備士大夫的身份。到了西晉的時候，再度降生。自少年時，他的稟賦與德行便與眾不同，有隱遁的念頭。晚上，他單獨居住在一間屋子，常常發出笑聲。人們探視，發現他的身體會發光，鄰居感到驚異，紛紛祈禱，靈驗的神跡很多。後來，他成仙升天去了，於是，被尊奉為「文昌」。

第四，關於「兌神」，《太上老君中經》稱之「字一世」或「八世」，其神明的原型，現已難知其詳，可能與漢代京房易學的「八宮卦法」有一定關係。京房就《易經》六十四卦分為八宮，每宮統八卦，依據卦爻變化而確定一世、二世、三世等等，所以「兌神」字「一世」或許是由京房八宮卦變通而來。關於「坤神」之字「楊翟」，現在也難於從文獻中稽考其來龍去脈；至於其號「女媧」，倒是大家比較熟悉的。

古傳說中，女媧是個補天的女英雄。《淮南子．覽冥訓》記載，往古的時候，四方毀壞，九州大地裂開，天破損了，無法覆蓋大地，大地也不能運載萬物，燙人的火焰長久不滅，大水氾濫成災沒有停息，猛獸嚼食人民，怪鳥抓捕老弱病殘的人。女媧燒煉了五色石以補損缺的蒼天，砍斷鼇足來支撐四方極限，殺黑龍來救濟冀州，積累蘆灰來止水。作為神話傳說中的女中豪傑，女媧被當作「坤神」，從陰陽性質的歸屬方面看似乎也還不太離譜。

從以上的考察可以看出，《太上老君中經》所涉八卦神的形象原型比較複雜。其中既有儒家的代表人物，又有星宿信仰與神話傳說人物。本來，這是不同系統的，但經過道門中人的整飾，他們都被道教化了，成為八卦神的轉換形式，或者說成為八卦神的符號形象變體。

(二)東王公、西王母的陰陽合和及人體神明

在道教中除了將八卦神化和人格化之外，還運用易學的卦象陰陽理論來整理、改造古老的神話傳說，以作為修煉的指導。如杜光庭《墉城集仙錄》卷一在《金母元君》一節中說：

> 將欲啟迪玄功，生化萬物，（大道）先以東華至真之氣化而生木公焉。木公生於碧海之上、蒼靈之墟，以生陽和之氣，理於東方，亦號曰王公焉。又以西華至妙之氣，化而生金母焉。金母生於神洲（州）伊川，厥姓緱氏，生而飛翔，以主陰靈

之氣，理於西方，亦號王母。皆挺質大無，毓神玄奧。於西方渺莽之中，分大道純精之氣，結氣成形，與東王木公共理二氣，而養育天地，陶鈞萬物矣。[24]

《墉城集仙錄》作者在這裡向人們展示：在往昔混沌之初，大道準備開啟發揮它的玄妙功能以生養化育萬物的時候，首先以東方精華本真妙氣凝結化育而生出「木公」。木公就生長在碧波蕩漾的深藍大海上、東部青氣所起的土丘之中，因為能夠啟運太陽中和之精氣，治理於東方，所以又號稱王公。

大道又用西部最為質樸神妙的靈氣化生了金母。金母降生在神州大地的伊河流域。她姓緱氏，一出世就能夠飛行翱翔，因為她主宰幽渺靈秀之氣，治理於西方，所以又號稱王母。二王都是卓絕至清，心胸宏闊，凝神合道，遁形莫測。西王母在西方悠渺氤氳之中，分得大道淳樸精純之靈氣，凝結而成形，和東王公一起共同調理陰陽感通之氣，養育天地，遙控、調節萬事萬物。

把東王公與西王母說成出於天地之先，這顯然是從信仰立場角度考慮的，但其神話原型卻也是有跡可尋的。有關東王公的傳說，在《神異經・東荒經》中言及：東荒山中有個大石室，東王公就住在裡面，他比一般人長得高大，足有一丈長，頭髮皓白，人形鳥面，還拖著一條老虎的尾巴，載著一隻黑熊，左瞧右看，他長時間一直與一個非常漂亮的女子玩「投壺」的把戲。有關西王母的傳說，以《山海經》的記載較為典型。該書的《西次三經》及《大荒西經》說，有座玉山，是西王母居處的地方。西王母的樣子像人，長著豹子的尾巴老虎的牙齒，善於嘯叫，她的頭髮亂如蓬草，頂上戴著玉勝。據說她的身邊南面有隻三足青鳥陪伴，為她尋覓食物等等。

從古文獻看，古人對東王公與西王母大多是分別敘述；當然，也有一些資料顯示，西王母與東王公在先民的心目中具有特殊的關係。如《神異經・中荒經》說，在崑崙山上，有根銅柱，其高直入雲天，這就是所謂的「天柱」，它的周圍有三千里，非常圓，好像是用刀削過一樣。下邊有間「回屋」，方廣百丈，仙人九府君在這裡治理。回屋上面有隻大鳥，名字叫「希有」，頭朝南方，左邊翅膀覆蓋著東王公，右邊的翅膀覆蓋著西王母。它的背上有一小塊地方沒有長毛，約有一萬九千里。西王母每年登上翅膀，與東王公會面。《神異經》在希有鳥翅膀覆蓋下所處位置的一左一右，這表達了古代先民們對某種對應關係的形象認識。

不過，無論是《山海經》還是《神異經》，我們都看不出他們與《易經》陰陽理論的什麼「瓜葛」。只是到了道教典籍，西王母與東王公才成為「陰陽」對應的形象符號。這尤其典型地表現在杜光庭的《墉城集仙錄》之中。

《墉城集仙錄》在採擷了古老傳說中的東王公與西王母故事基礎上進一步按照易學的陰陽理論來加以改造和重新架構。稍微品味一下杜光庭的描述，我們不難體會到其字裡行間所灌注的易學陰陽理趣。

東王公與西王母的名稱以及所居處的方位、功能都暗藏著陰陽的區別與協和。在這裡，「公」與「母」被明確地對應起來，公是陽，母就是陰了；而他們所處位置，一在東，一在西，這也是陰陽，東屬陽，西屬陰。他們是分工而又合作的關係，分工表現在東王公是「生陽和之氣」，而西王母則是「主陰靈之氣」，這明確地使用了陰陽概念。

在《墉城集仙錄》作者杜光庭神來之筆下，東王公與西王母故事實際上代表著先民對宇宙化生過程的一種思索，其中所貫穿的是易學「太極」生「兩儀」的義理。「大道」可以說就是太極，而東王公與西王母代表了「兩儀」，一個是「東華至真之氣」所生，一個是「西華至妙之氣」所生。這兩種「氣」可以看作是陰陽始氣，即易學中的「太陰」（⚋）與「太陽」（⚊）這兩者的符號。他們化生之後，雖然各有分工，但並非彼此隔絕，杜光庭說他們「共理二氣」，此處一個「共」字既表明了東王公與西王母的共事合作關係，又蘊含著宇宙間陰陽感通的秘義，因為他們兩位的名稱以及所處方位就是陰陽的符號轉換。

易學的陰陽卦象作為一種獨特的符號語言，由於其高度的抽象性，它們可以被使用者用來指稱或描述宇宙間的各種各樣事物，無論是天體星宿，還是昆蟲走獸，無一不可納於其間。道門中人在運用易學陰陽象數思想來重新組織、改造古代神話傳說的時候，也緊緊地把握住這種「代碼」的功能。他們把易學陰陽象數的思想灌注於神話傳說的敘述過程中。由這種敘述，神話傳說的人物名稱、肖像以及故事情節不知不覺地被演變為易學卦象符號的轉換形式。從這個角度看，易學象數符號可以當作神話傳說的凝練概括的表徵，而神話傳說則是易學象數符號的具體形象演繹形式。

如果我們進一步考察，還會發現，在道教中那些凝結著易學精神的神仙人物之名稱、肖像等又成為人體器官臟腑的符號。例如，《太上老君中經》卷上在描述了東王公、西王母的穿著、打扮以及形象特徵之後緊接著說「人亦有之」。意思是講，在人身上也存在著東王公與西王母。

作者首先把人體的器官與某些天體星宿相類比，說人的兩目就像日月，左目為日，右目為月。「王父（即東王公）在左目，王母（即西王母）在右目，童子在中央，兩目等也。」㉕這有兩個方面的含義。其直接的含義是說東王公與西王母就在人的眼睛內；而其潛在的含義就是東王公與西王母乃人的兩目之符號代表。關於神仙人物的符號代表意義，《太上老君中經》在談到八卦神時也有所體現。該書卷上說：

臍者，人之命也。一名中極，一名太淵，一名崑崙，一名特樞，一名五城。五城中有五真人。五城者，五帝也。五城之外有八使者，八卦神也，併太一為九卿。八卦之外有十二樓者，十二太子十二大夫也，併三焦神合為二十七大夫。四支（四肢）神為八十一元士。故五城真人主四時上計，八（卦）神主八節日上計，十二大夫主十二月，以晦日上計，月月不得懈怠，即免計上事，常當存念留之。㉖

在《太上老君中經》看來，肚臍是人的命根子，它有好多種名稱，或叫中極、太淵，或叫崑崙、特樞，或叫五城。五城當中也就是臍中有五位真人把守。這五城真人就是東西南北中的五帝。五城以外，有八位使者，它們就是八卦神，與太一神君算在一起，合稱「九卿」。八卦以外，有十二座樓房，裡面住著十二太子和十二位大夫，它們和「三焦神」㉗合起來共為二十七位大夫。四肢神共有八十一位元士。居住於肚臍中和周圍的「神明」各有分工。五城真人負責每一個季度（四時即四季）向上稟報情況；而八卦神則負責在八個主要節氣向上稟報情況；十二大夫負責每個月向上稟報情況，通常是在「晦日」即每一個月的最後一天稟報，月月如此，不敢怠慢。如果希望神明不向上反應壞消息，就應勤苦修善，存想真神，挽留它們好好地住在裡邊。

《太上老君中經》所描述的「臍中景觀」有三點值得注意：第一，以肚臍為中心，展示出一個場面浩大的「人體宮殿建築群」與配套的名山勝境；第二，每一個建築體都有相應的神明居住：五帝、九卿、太子、大夫、元士，彼此之間具有上下級的關係；第三，人體宮殿中的神明，主要是負責對人的言行舉止進行監督，並根據所察看到的信息向上彙報。

人如果希望健康長壽有福氣和祿位，就應該檢點自己的行動，多做好事不做壞事。這種人體宮殿以及神明監督的觀念在現代人看來，似乎顯得很離奇甚至荒唐可笑；但是，從符號學的立場看，卻又是具有獨特意義的。在這裡，諸如八卦神之類神明都可以看作是人體器官的符號，這種神仙符號是易學卦象符號的具體延伸。

在道教經書中，有關體內神明的描述並非一閃而過，而是反覆大量出現，從魏晉時期流傳的《黃庭經》以及陶弘景的《登真隱訣》到唐宋以來的許許多多法事儀式著述都可以發現這種現象。由此可見，神仙人物形象不僅成為易學象數符號的轉換形式，而且在道門中人的生活中具有特殊的作用。

(三)神仙體系的梳理與易學符號的對應結構

道教神仙既然已經分佈到人體的器官之中，這就進一步顯示了其成員數量的眾多。隨著時代的推移，道教神仙人物的確是呈增加趨勢的。一方面是各種民間信仰的地方性神明由於受到朝廷敕封而升格為道教神仙，進入其仙譜；另一方面是道門中人的修煉活動與儀式的展開都需要種種相應的神明。於是，神仙的戶口簿就不斷地有了新的註冊登記者。神仙人物不斷增加，造成洋洋大觀的局面，這對於道門中人而言，當然是顯得很有氣派的事。正如一個小分隊發展成一個集團軍，置身其中的人都會感到一種「團隊」聲威，道門中人從神仙隊伍的壯大中得到了修道熱情的激發。但是，隨之而來的問題是，如何將集團軍式的道教神仙進行「編隊」以免造成混亂？

為此，道門中的許多傑出人物付出了種種努力，「設計」了諸多方案。由於具體師承不同，各個教派所認可的神仙等級坐次略有區別。經過了較長時間的發展，道教走向全國。因此，各個組織派別的神仙也開始「合攏」，形成了比較公認的神仙體系。在神明坐次的具體排列上，不同的經書自然具有不同的特色，但在觀念上卻與道門中人，關於宇宙生成演化過程的認識有密切的關係。

道教關於宇宙生成演化過程的認識也是不盡一致的。故而，所提出的「模式」也各有千秋。如《淨明忠孝全書》卷二《淨明道法說》言及：「道生一，一生兩儀，兩儀生四象，四象生八卦。」這基本上是沿襲《周易・繫辭》的說法；另外，有些道教學者提出，其演化模式應當是遵循「太易——太初——太始——太素——太極」的「氣化」過程。與這些認識相聯繫，道教神仙譜系便有相應的整飾。不過，最有影響的則是「天、地、人」的三統結構。

如《老君太上虛無自然本起經》說：「天為一，地為二，人為三。」㉘在早期道書《太平經》中也提出了天地人三統的序列，認為「元氣恍惚自然，共凝成一，名為天也，分而生陰而成地，名為二也；因為上天下地，陰陽相合施生人，名為三也。三統共生，長養凡物……」㉙意思說：在元氣混沌模糊的自然狀態，共同凝聚成一，這就叫做「天」；由天再分出陰氣凝結成「地」，這就叫做「二」；由於陽氣上升為天，陰氣下降為地，陰陽互相感應，而施養生成人，這就叫做「三」。天地人構成三統序列，共同生化，長久地養育宇宙萬物。

《老君太上虛無自然本起經》與《太平經》的說法儘管有所不同，但其精神實質卻是一致的。這種「三統」的結構模式是道門中人對宇宙認識的一種結果，在道教思想史上具有十分重大的影響。所以，有關神仙體系問題，自然也就滲透了這種觀念。我們看到，道門中人根據三統模式來安排神仙坐次，在進入鼎盛期中是具有相當的典型意義的。因此，神仙系統也就形成了天地人的三統結構。

⑴ 在天上有所謂的天神，如我們在前面所敘及的三清尊神以及九天上帝、九天真王等等。《雲笈七簽》卷三說：三清境「別有左右中三宮，宮別有仙王、仙公、仙卿、仙伯、仙大夫」㉚；三清境下的「九天」「三十二天」或「三十六天」也有各種「天中之尊、天中之神、天中之魔、天中之靈」。這些神明分佈於各天的十面八方，有「無極無量品」。

在道教的精神世界中，天空中所存在的日月星辰等物體也一樣配置各種神靈，如《道門定制》卷三中詳細羅列了北斗、南斗、東斗、西斗、中斗及紫微垣、太微垣、天市垣、四方二十八宿等星座中的四百多位星神的名單。天中各種主神，還有自己的配偶和屬僚。這樣就使得天神的隊伍更加龐大了。

⑵ 與天界相對應，道教認為「地」也有不同的層次。如《三洞道士居山修煉科》說，上有九天，下有九地。這「九地」按照層次劃分，名為色潤地、剛色地、石脂色澤地、潤澤地、金粟澤地、金剛鐵澤地、水制澤地、大風澤地、洞淵無色綱維地。九地又各分四層，每一層都有一位「土皇」統治，總共有三十六位土皇。《雲笈七簽》列舉了三十六位土皇的姓氏名諱，看起來古里古怪。

與此同時，道教還認為地下有地獄鬼府，是不能成仙的人死後的去處。其中也有管理地獄事務的大大小小的鬼神。「地獄」到底在哪裡？道門中人的說法也不一致，有說在泰山，有說在河海。陶弘景所編的《真誥》一書則以「羅豐山」為地獄所在。該書指出，羅豐山有六個地獄之宮，也就是：紂絕陰天宮、泰煞諒事宗天宮、明晨耐犯武城天宮、恬昭罪氣天宮、宗靈七非天宮、敢司連宛屢天宮。每一宮都有一位「大魔王」主事，它們的職司也各不相同。

(3) 再看人的生存領域——大氣層所包裹的地球。這既是一般凡人所居的地方，又是地仙活動的場所。只是地上神仙居於清幽之處，各種通過修煉而達到延年益壽的神仙，在他們還沒有上升天界的時候，往往在名山海島中自由自在地活動著。像《史記》所記載的三神山上居住著許多道行很高的地仙。後來的《十洲三島記》更為世人描繪了種種地仙的生活情趣。在該書作者的筆下，海上仙島，仙人數以萬計，有的甚至是十萬、數十萬。

道教關於天地人三界神仙鬼魔的種種描繪當然帶有虛幻的性質，但其劃分與坐次安排卻又體現了信仰者關於宇宙事物的相互對應認識。雖然，神仙系列背後所蘊藏的內容是相當複雜的，但其思想基礎則是易學的卦爻對應觀念。《易經》六十四卦，以八卦為「經卦」，每卦三爻（三畫），即代表天地人；其擴展形態的「重卦」（六畫卦）依然具備了天地人的符號代碼意義，只是這種「代碼」被獲得了「升級」。在《易經》中，卦爻不僅處於變動之中，而且還互相對應。六爻的對應關係，具體地說，就是初爻與四爻對應，二爻與五爻對應，三爻與上爻對應。

這種對應實際上就是客觀世界天地人三方面互相對應的符號象徵。追溯一下易學的卦爻符號對應內容，再看看道教的三重架構神仙體系安排，就能夠比較清楚地明白彼此之間的內在聯繫。

法國美學家雅克・馬利坦（Jacques Maritain）在論及宗教與藝術的關係時說：「東方藝術主要同祭儀的客體領域有關，它離開人轉而去尋找由事物所暗示出的聖物和反映在世間的聖貌——一個與人、超人，有時甚至是殘忍的非人無關的神秘世界。在這樣一種藝術中，怎能不潛藏著偶像崇拜呢？只要上帝尚未以凡身出現，只要無形之物尚未顯形，人就會傾向於與種種無形的力——一道去崇拜那些徵象與事物，他是通過他的藝術把這些徵象和事物帶到自己的眼中來的；為使自己的藝術成為更深奧的藝術，或為賦予自己的藝術以更強的象徵性的『善』，人更傾向於這樣幹。」[31]

馬利坦這段話指出了兩個重要事實：一是東方藝術的起源與宗教神秘世界有密切關聯；二是這種藝術體現了人對代表神秘力量的徵象與事物的崇拜。

這些所謂「徵象」或「事物」作為有形的東西是無形的上帝的顯示。他所指的「徵象」或受崇拜的「事物」實際上也具有符號的意蘊，它們是無形的「神」在藝術中的符號表現。這種情況，我們從道教的神仙崇拜中也可以得到印證。

道教中的眾多神仙一方面體現了其信仰者對神秘力量的崇拜，另一方面則架起了通往藝術之宮的長廊。在這個長廊中，崇拜者以斑爛多姿的符號來表達他們的內心願望，神仙不僅是富有特色的思想符號，而且與古老的易學卦象符號存在著互相轉換的理趣。從某種角度看，道教的神仙體系顯得龐雜，甚至還有一些讓人感到混亂，但這種五光十色的神仙體系架構，或許也具備了神秘藝術符號的魅力。

【註　釋】

❶葛洪《抱朴子內篇》卷一五《雜應》；王明《抱朴子內篇校釋》第二七三頁，中華書局一九八五年三月第二版。

❷關於「一變而為七」的數變序列見於道家典籍《列子・天瑞篇》：「易變而為一，一變而為七，七變而為九。九變者，究也，乃復變而為一。一者，形變之始也。清輕者上為天，濁重者下為地，沖和氣者為人；故天地含精，萬物化生。」其根本即易學之「洛書九宮」數理，詳見本書第六章分析。

❸《道藏》第十七冊第七八五頁。

❹這裡的「洪元」「混元」「太初」是道門中人構想出來的宇宙時間運程的「年號」。

❺《道藏》第三十四冊第六一八頁。

❻義理派是形成於魏晉時期的一個易學流派，該派以王弼為代表，因其釋《易》以「義理」為本，所以稱作義理派。

❼樓宇烈《王弼集校釋》下冊第五三五頁，中華書局一九八〇年版。

❽《道藏》第三十四冊第六一九頁。

❾「字」的象形義是女人產子，後用以表示別名。古代男子二十而冠。另外，根據名的意義再取別名就稱「字」。

❿《太上感應篇・舊序》，第七頁，北京燕山出版社一九九六年一月版。

⑪同上。
⑫《道藏》第二十二冊第十三頁。
⑬《道藏》第二十二冊第十三頁。
⑭按，三清尊神各有許多稱號，元始天尊又稱「太上玉晨大道君」，這與靈寶天尊稱為「太上玉晨道君」僅一字之差。
⑮《道藏》第二冊第二九三頁。
⑯《道藏》第二冊第二九三～二九四頁。
⑰關於金丹修煉的問題，我們將在第五章中再作詳細的闡述，這裡從略。
⑱《道藏》第二冊第三三九頁。
⑲《道藏》第二冊第三三九～三四一頁。按，原書「獅子」作「師子」，依張宇初《通義》本校改。
⑳按，古人又以「一」到「五」為生數，「六」到「十」為成數。
㉑《道藏》第二十七冊第一四六頁。
㉒關於「太一」將在本書的末章再來討論。
㉓所謂「降筆」，就是神明附於人體、並控制人寫下詩詞格言警語之類的一種形式。這雖然具有濃厚的神秘色彩，但往往刺激了種種奇思怪想的產生。
㉔《道藏》第十八冊第一六八頁。
㉕《道藏》第二十七冊第一四二頁。
㉖《道藏》第二十七冊第一四五頁。
㉗按，「三焦」本是傳統中醫學的術語。它指的是食道、胃、腸子等部分及其生理功能。《難經・榮衛三焦三十一難》稱：「三焦者，水谷之道路，氣之所終始也。上焦者，在心下下膈，在胃口上，主內而不出……中焦者，在胃中脘，不上不下，主腐熱水谷……下焦者，當膀胱上口，主分別清濁，主出而不內以傳導也。」

㉘《雲笈七籤》卷十，《道藏》第二十二冊第五九頁。
㉙王明《太平經合校》第三〇五頁，中華書局一九六〇年二月版。
㉚《道藏》第二十二冊第十三頁。
㉛雅克·馬利坦《藝術與詩中的創造性自覺》第二十二頁，劉有元、羅選民等譯，生活·讀書·新知三聯書店一九九一年十月第一版。

第三章　仰觀俯察：徵兆與天地說的易學根底

當我們追蹤了「以易解道」的思想軌跡、窺探了神仙典型的符號意義及其易學底蘊之後，就可以進一步來探究道教的「天地說」了。

「天地說」是人們觀察、思考天地自然現象所形成的看法或觀念的學說。從感覺的角度而言，天地說的考察物件主要包括兩個方面：

一是「天」，即人們仰頭所能看見的天體自然界。對「天」的考察、思索，形成了天文、氣象一類學問。

二是「地」，即人們居住的地球，包括大地、山川、海洋等。對「地」的考察、思索，形成了地質、地理一類學問。

出於生存需要，我國先民很早便開始對天地進行種種探測。在古代，因生產力水準相對低下，人們對天地自然現象不可能有準確的科學認識，那時有關天地的學問不可避免包容著神秘內容。所以，古代的天文、曆法常常與「占星術」混融在一起，而關於地質形態的考察也同樣摻雜了某些迷信的因素。這明顯地表現於「風水術」的門類之中。

從修煉升仙的基本思想宗旨出發，道教也積極地考察天地問題，並且形成了自己的一套看法，總結成為一定的理論形態。道教之所以研究天地問題，其總目標當然是為了延年益壽、羽化登仙。從現實一點的立場看，「神仙」既然「由人做」，就得先把「人」做好。人在世間，天地是其生存的前提與基礎。在具體的生活中，人受到天地自然的種種限制。為了避免傷害，發掘有利條件來為人的生存服務，道門中人便非常注意觀察天地自然現象，他們尤其注意事物發生的徵兆，以掌握時機，採取必要的行動。道門中人對天地自然的勘察以及所形成的思想理論，正如他們對「道」的探索以及神仙體系的結構安排一樣，貫穿著易學的思想方法。

一、從「太原有天子氣」說起

道教的天地說是以事物現象發生「徵兆」的認識為入門途徑的。一種事物的發生有前期的現象顯示，這就是徵兆。中國古人認為，人的行動、命運是與天地自然互相影響的，尤其是日月星宿的運行對人的生存具有制約作用；另外，人的行為舉止將導致什麼結果，可以在天地自然的變化現象中得到反映。所以《周易・繫辭》稱：「天垂象，見吉凶，聖人象之。」意思是說：上天以日月星辰作為吉凶的表象，聖人模擬了它的運行軌跡，作卦象加以預測。道教也繼承了這種看法，認為人應該從天地自然徵兆中獲得啟示。這種觀念在中國古代社會中具有極為廣泛而深刻的影響。

在長期的歷史進程中，各階層人物的觀點又互相交融，呈現出相當複雜的情形。比如古代的帝王將相本身有相當一部分是相信天地徵兆所預示的「吉凶」的，而這種情形與道門中人的「術數」活動往往交雜在一起。為了探討該類現象背後所蘊含的易學秘義，讓我們先從「太原有天子氣」的故事說起。

(一)術家預告：天子氣連太原

《感定錄》記載這麼一件事：

> 隋末望氣者云：「乾門有天子氣連太原，甚盛。」故煬帝置離宮，數遊汾陽以壓之。後唐高祖起義兵汾陽，遂有天下。❶

隋朝末年，觀察天象氣色的術家說：乾門有天子的氣色，一直綿延到山西的太原，非常旺盛。所以，隋煬帝下令建造了一座離宮，並且好幾次親自遊歷汾陽以壓制這股即將導致新天子為生的旺氣。後來，唐高祖李淵在汾陽集結兵眾，揭竿而起，於是奪得了天下。

《感定錄》所載這個資料有兩點很值得注意：一是根據天象氣色來判斷「徵應」。所謂「徵」指的就是上面所提及的「徵兆」，而「應」則是與徵兆對應的現象。在古人的心目中，天上的「氣色」有各種不同的情況，對應於各種各樣現象的產生。「天子氣」即象徵著「天子」將要產生的氣色。在這裡，「氣」可以說就是「符號」，而「天子」就是符號所代表的未來結果。既然有新的天子將要出現，那就意味著有人要來爭奪天下。隋朝皇帝對此當然不會安心了。

二是「天子氣」的產生以及隋朝皇帝力圖驅散這股天子氣所建造的宮殿地點，都是以易學之卦來命名的。按照易學的「後天八卦方位」，乾卦在西北方向，所以乾門也應該在西北。「乾卦」的本象是「天」，居於自然界的最高層次；在人間，天子統領眾人。因此，天子與乾卦相應。「乾門」發現了天子氣，按術家的意思，這表明有新天子要入主乾門，這股氣「連太原」，那是意味著新天子將會從太原起事。乾卦在西北，於五行屬於「金」，如何克制「金氣」呢？只有「火」才能取得這樣的功效了。「火」在五方排列上居於南方，其象為「離卦」，也就是說，離卦屬火。所以，隋煬帝下令建造離宮，試圖藉助離宮的火氣以壓制金氣。「離宮」的建造，反映了隋朝統治者企圖通過易學卦象符號來克制不利因素，從而改變運程的目的。

為隋煬帝望氣的術士是個什麼人物呢？《感定錄》沒有直說，但從諸多跡象看，這種望氣之法可能即出於道門中人。因為在道教經書總集中有為數不少的典籍包含望氣內容，而歷代的高道中也不乏以望氣聞名者。如《舊唐書・方伎》載，滑州人薛頤，在隋朝的大業（西元六〇五～六一七）年間當道士，他「解天文、律曆，尤曉雜占，煬帝楊廣引入內道場，令其章醮」❷。

所謂「天文」在隋唐時代還不是一種純科學的概念，而是包含了占星望氣內容在其中的。至於「雜占」當然也不排除望氣的法式。雜占起源相當早，《漢書・藝文志》已列雜占之門，說「雜占者，紀百事之象，候善惡之徵」。可見，雜占是根據物象的情形而進行預測的一種方法。物象的範圍包羅至廣，氣色從某種意義上看也是物象。由此，我們可以推斷薛頤是懂得望氣的道士。

另外，還有一個叫馬頤的道士也很有術數名聲。《冊府元龜》卷八二二稱，河東汾陰人馬頤，自少年起就喜歡玄秘的道門言論，後來脫下俗人服裝，換上了道士服裝，成為一個名符其實的道教信仰者。據說他也「解天文律曆」，隋煬帝把他召進「玉清觀」，對他非常客氣，請他在觀中主辦道教儀式活動。實際上，從許多文獻中也可以看出，隋朝時期，不僅相當多的道士通曉觀星望氣之法，而且朝廷與道門中人的來往相當密切。如劉義慶《大業雜記》談到，當時的北府設立「道術坊」，許多懂得陰陽禁咒奇方秘術的道士被召到這裡，其中所涉及道術門類之多達「百餘家」。

根據《資治通鑒》卷一八一等資料可知，隋煬帝楊廣每出遊，身邊基本上都有道士、女冠隨行，他們的待遇與朝廷中的四品官相當。《歷代崇道記》說，隋煬帝遷都洛陽的時候，在城內及「畿甸」建造道觀二十四所，度道士一一〇〇人。《隋書》言及，楊廣還下令改佛寺為道場，召集一批學者撰寫新道書。從這些情況來看，隋煬帝楊廣與道教的關係是非同一般的。他身邊既然聚集了那麼多的懂陰陽術數、觀星望氣的道士，所以「有天子氣連太原」的預告就很有可能出自道士之口。

從大業年間的背景看，不論那個「望氣者」的身份是否為道士，都可以認定這樣的事實：作為執掌最高權力的隋朝皇帝是很關心「徵應」的，這種術數法式的思想核心乃是易學的象數理論。天象自然的「徵兆」可以看作易學卦象符號的一種延展，或者說自然徵兆是一種廣義卦象符號。

(二)由「天子氣」所引發的徵兆聯想

術家為隋朝統治者「望氣」，這只是古代徵兆故事中的一個小例子。有資料顯示，道門中人所傾力的徵兆術數法式不僅具有廣闊的文化背景，而且其發端也相當悠久。早在「堯帝」的時候，已經留下了徵兆的傳說，後人為之津津樂道。如王嘉《拾遺記》記載，古時候有個國家叫宛渠國。有一次，宛渠國的國民乘坐著「螺舟」到了秦國，說：我們的國家離黃帝軒轅氏居住的山丘十萬里。我們的先聖曾經看到冀州興起一股「黑風」，斷定此處會出一個大聖人。果然，在慶州那地方生出「堯」來。

在這個故事中，「黑風」就是一種徵兆，它象徵著「水德」，或者說是「水德」的自然符號。因為在古代，五行與五色相配，水之色為「黑」，所以「黑風」實有水的意蘊在其中。堯帝是父系氏族社會後期的部落聯盟首領。時人以「黑風」為堯降生之兆，這說明人們關注天地自然兆應之事由來已久。

「兆應」在古代社會無疑具有非常重要的宣傳效果。故而，我們看到，帝王們在起事或奪得天下之後，往往對此類現象抱以極大的興趣。那些所謂「祥瑞」之兆成了帝王受命於天的「自然宣言書」，於是，各式各樣的徵兆故事遂應運而生，如王嘉《拾遺記》載：春秋戰國時期，越王進入吳國的時候，天上有「丹鳥」夾著烏王飛行。後來，勾踐的霸業便起於「望烏台」。顯然，故事中的「丹烏」被人們當作勾踐成就霸業的祥瑞徵兆。

據說在魏明帝的時候，泰山之下凸起「連理文石」，高十二丈，樣子像柏樹，顏色清新亮麗，上面與下面都是相合在一起，唯獨中間隔開五尺。當地的父老都說：秦朝末年，兩塊大石頭距離約有一百餘步，雜草覆蓋，彼此沒有道路可通行。到了明帝初年，兩塊大石頭開始靠近，好像「雙闕」，直到最終合攏了。石頭為地土之堅，兩塊石頭合攏，被人們當作「土德」的祥瑞徵兆。

另外，在沛國（今屬江蘇省）一帶，人們發現有塊寶地，居於戊己的方位。在古代的干支與五行的配合中，「戊己」即代表「土」位，於是被當作「土德」之嘉祥。消息傳到朝廷，即刻下令建造「戊己」神壇。修好的時候，又看見黃星燦爛，光輝耀眼，便又建「畢昴台」舉行祭禮活動。這件事也記載在《拾遺記》中，所言「大石合攏」以及「戊己」之地成為魏明帝興國立邦的瑞應之兆。

有關帝王的兆應故事大多為祥瑞之類。在人們心目中，這意味著「福」或「善」的降臨；但在實際生活中，徵兆並非都預示著福善。據說在商朝末年，紂王昏亂，想殺諸侯。他派遣「飛廉」去誅戮賢良，奪取寶器，埋在瓊台之下，然後又吩咐飛廉潛伏在附近的諸侯國內燃燒「烽燧」作暗號。

紂王登上高臺，觀察烽燧的位置。看清楚了以後，就興師討伐，殺死諸侯國君，囚禁人民，收取女樂，大肆淫亂，導致神人憤怒。當時有一隻朱鳥，嘴巴銜火，好像星星照耀，以亂烽燧之光芒。紂王受到迷惑，只好返回，下令使者熄滅烽燧之光。到了周武王伐紂王的時候，有樵夫牧童爬到樹上去探察鳥巢，發現了巢中藏著個「玉器」，上面寫著：「木德將滅，水祚方盛。」文字是用大篆寫的，記述殷商朝世運已經盡了，而姬氏之盛德剛剛隆起，所以三分天下，有二分歸周。《太平廣記》卷一三五引述了這個故事。其中的「朱鳥銜火」即是徵兆。

與越王勾踐的兆應相比，此處的「朱鳥」似乎與「丹鳥」同屬一種顏色——紅色，但代表的兆應意義卻不相同。如果說越王時期的「丹鳥」象徵著勾踐霸業之興，屬於福善之兆，那麼，此處的「朱鳥」則被當作紂王衰敗的天象符號顯示。作為「天火」「丹鳥」的出現克制住紂王所製造的「人為」烽燧之火。

又據《廣古今五行記》所言，北齊後主武平初年，平邑王氏與同邑人李家結為「百年之好」。辦理婚事過後，他載著羊酒，準備到親家那裡宴會。出門還沒有三里，太陽西沈，天色逐漸昏暗。突然，他看見東南方向五十步之外，有個赤色的東西，其大小和「升」差不多，像流星曳影，直直地闖進車輪中，拉車的牛見狀就不肯走。一行人都感到驚恐。王氏妻連忙下車，面向那赤色東西俯首而拜，接著張開裙子招引，那赤色東西便「滾」到王氏妻的裙子下。於是，策動繮繩，牛把車子拉回家。王氏拿燈一照看，原來那赤色東西乃是真金。王氏把這真金放在庫櫃中。每到良辰，便燒香祈禱謝恩。後來，四方的奇貨異物都集聚到他家中，種田養蠶的收入比過去多了百倍以上。到了春天時，庭院裡長出一顆桑樹，葉子與其他任何樹木都不相同。數年之間，枝葉覆蓋了整個庭院，奇禽異獸都棲集在他家中。從此大富貴，歷經三十年。王氏妻以老病而告終。那時，有隻白鳥像鷺一般樣子，飛到桑樹一側，吐血不止，然後墮地而死。中午時分，西北面一陣大旋風鋪天蓋地而來，旋繞此桑樹，由下逆轉而上，把桑樹轉成一個掃帚形狀。這樣，不到十天，奴婢都逃走，前前後後所得的家資又耗盡。王氏打開庫櫃，準備取金使用，僅見螢火蟲、蚰蜒和腐朽的雜草而已。

故事中最重要的徵兆是那個赤色怪物，它的形態前後發生了變化，先是像個「火球」，到家化為「真金」，數十年後卻是「螢火蟲」。故事向人們暗示：那所謂的「真金」其實不過是螢火蟲而已。雖然，王氏把這個「怪物」攜帶回家，得了富貴，但最終還是衰敗了，家破人亡，一派淒慘。故事以「悲劇」結束，可見那「赤色火球」的東西從其最終結果看，乃是禍惡之兆。還有，王氏妻死的時候，白鳥吐血墮地，旋風繞樹，也都是不祥之徵象。

這個故事貫穿著一種「命定」的思想，帶有比較濃厚的神秘色彩，但卻為我們提供了古人關於「福禍災祥」因時而變的兆應觀念。

古代先民把天地徵兆同人的吉凶命運聯繫起來，這並非是一種偶然的思想閃光，而是具有廣泛的社會思想基礎的。關於這一點，我們從陸賈的談話即可略見一斑。《太平廣記》卷一三五引《小說》謂，樊將軍噲問陸賈：「自古以來，掌握權利的君主都說他們受命於天是有瑞應出現，你覺得有這樣的事嗎？」陸賈回答：「有啊！眼皮跳動，就會得到酒食；燈火閃花，會得到錢財；中午時喜鵲叫喚，那是客人要來；蜘蛛會聚，百事歡喜。小的事情有徵應，而大的事情當然更是這樣。」

《小說》的主要人物陸賈是一位歷史人物，漢朝人，他跟隨漢高祖劉邦打天下。後來曾經作為使者說服南越尉佗，賜印，封為王。陸賈勸尉佗向漢朝稱臣。還朝，拜大中大夫。他不時地向高祖講述《詩》《書》。高祖吩咐陸賈對秦漢興亡的原因進行探討和總結。於是陸賈著書十二篇，號為《新語》，今存於《諸子集成》等叢書中。

《小說》所記陸賈的話雖然不見於《新語》，但該書卻有不少徵應的思想。如其開篇《道基》即說：「天生萬物……改之以災變，告之以禎祥，動之以生殺，悟之以文章。故在天者可見，在地者可量，在物者可紀，在人者可相。」❸他認為，災變、禎祥、生殺、文章（事物發生的紋理）都是上天對人類的一種預告，天地人物的各種現象可以通過觀察而得知。這其中貫穿著天人感應的思想，而其徵兆觀念也是明顯的。陸賈是一個很有影響的知識份子，也是一個高官。他的思想具有典型的代表性，說明了「徵兆」觀念在中國的確是根深蒂固的。

作為一種具有廣泛社會基礎的思想現象，「徵兆」的觀念乃先於《易經》而存在，它曾經是易學創始者畫卦的一種依據。故《易・繫辭下》說：「古者包犧氏之王天下也，仰則觀象於天，俯則觀法於地，觀鳥獸之文，與地之宜，近取諸身，遠取諸物，於是始作八卦，以通神明之德，以類萬物之情。」

意思講：古時候，包犧氏（即伏羲氏）作為首領治理天下，他抬頭觀察天上的各種自然現象，俯身觀察大地的形狀，還有飛禽走獸身上的種種紋理，以及適宜於存在地上的諸多事物，在近處乃以人的身體為法象，在遠處則以各類物形為表徵，以使神明的德行獲得貫通，以使萬物的情狀得到概括歸類。

從某種程度上看，《繫辭下》所言及的「象」「法」「文」「身」「物」等都包含著徵兆的意蘊，因為徵兆本身也是一種物象。

由於徵兆是卦象符號創制的一種原始根據，當《易經》在社會上廣泛流行時，人們關注天地自然徵兆的所謂「啟示」意義，這便不足為奇了。人們從自身的生活經歷中搜羅各種徵兆故事，配合易學卦象的比擬推演，以作為往後行動的參照；同時，在發現新的自然特異現象時又繼續加以引申，這又反過來促進了易學中的「術數」流派的發展。在這種活動過程中，道門起了推波助瀾的重要作用。

考查一下道教文獻可以發現這樣一種有趣的現象：許多被道教奉為神仙的異人往往

末卜先知，當周圍的人向這類人物諮詢有關生活、生產、戰事諸方面問題時，這些道教異人往往不直說真相，而以徵兆手法向人們暗示。例如，李意期就是這樣的異人。據說，李意期是漢文帝時人，到了三國時期尚健在。平常，他喜歡搞些泥塑之類活動，可以把人們所說的四方郡國宮觀鄉里情形很快轉換成泥塑之像，雖然做得很細小，但卻非常相似。令人感到奇怪的是，他把形象捏好之後，過不了多久，又會自動消失。當然，更為奇特的是他的「撮土成兆」手法。《仙鑒》卷十五載：

先主（指劉備）欲東伐吳，報關羽之怨，使人迎意期。意期至，先主問以吉凶。意期不答。索紙筆畫作兵馬器仗十數，便以手裂壞之。又畫一大人，掘土埋之，便徑還去。先主不悅，果出軍為陸伯言所敗。師屠十餘萬眾，僅得數百人還。❹

《仙鑒》所記載的這個故事發生在三國時期。書中這樣描述：劉備計劃攻打吳國，為關羽報仇，他派人迎請異人李意期。意期一到，劉備便問出兵打仗的吉凶問題。李意期沒有回答，只是索取紙張和筆，隨手畫了數十個攜帶武器的騎馬將士，然後又用手把它們扯破。又畫個大人物，挖了個土坑埋了，二話不說就徑直回去了。劉備很不高興。後來一出兵，果然被陸伯言打敗了，損失了十多萬人，只有數百人生還。

《仙鑒》這條資料不見於《後漢書》，亦不見於《三國志》，有關他的壽命如此之長也令人生疑，大概其故事多出自傳聞，史家不取。不過，從徵兆學的角度看，卻有其獨特之價值。本來，蜀主劉備向李意期詢問軍機大事，李意期完全可以把自己預測的關於失敗的結果告訴劉備，但李意期卻採用了「具象暗示」法式。他的暗示乃是把自己認為即將發生的事以徵兆形式體現出來。

他的具象暗示主要體現在兩點：第一，用手撕裂所畫的兵馬器仗，這象徵蜀國出師不利，終要損兵折將、一敗塗地的結局。第二，掘土埋大人像。這個「大人」代表了蜀主劉備，以土埋之，象徵劉備壽終正寢。按照《仙鑑》的記載，這場蜀吳之戰的結局是與李意期作畫的涵義相符合的。在描述了損兵折將十餘萬人之後，《仙鑑》進一步指出，劉備因不堪如此嚴重打擊，遂「發病而卒於永安」。關於蜀軍出師敗北之事，《三國志・先主傳》有一段話可資佐證：章武二年（西元二二二年），「夏六月，黃氣見自秭歸十餘里中，廣數十丈。後十餘日，陸議（伯言）大破先主軍……將軍馮習、張南皆沒。」在這段記載中，《三國志》作者雖然沒有言及異人李意期，但卻有意識地渲染了兵敗之前的「徵兆」——出現了範圍廣大的「黃氣」。這說明李意期運用徵兆法暗示蜀軍敗局在當時是有思想大氣候的，同時也說明了道教異人是善於抓住契機以廣徵兆之學的，其背後所蘊含的易學符號資訊在引人注目的「畫像」中得到了彰顯。

(三)從「梅花易數」看天地徵兆與卦象的關係

徵兆作為天地自然之「象」既然在遠古的時候便已經成為《易經》卦畫創始者類比攝取的物件，當《易經》成為一種顯學之後，有關徵兆的術數法式在長期的發展過程中受到《易經》占筮的推動，兩者交雜便勢在必然。關於這個問題，我們從民間秘行的《梅花易數》可得到進一步的啟迪。該書又稱《心易梅花數》，據說這是由宋代的《周易》象數學大師邵雍「發明」的。其真實情況如何，我們姑且暫不評論，先看一看其中的序言再說。

《梅花易數》的序言是以極富敘事色彩的筆調寫的。序稱，宋慶曆（西元一〇四一～一〇四八）年間，邵雍（康節）先生隱居於山林之中，冬天不起爐火，夏天不用扇子。因為他一心都掛在「易學」上，以致忘記了嚴寒酷暑。不僅如此，他甚至寫了一個大大的「易」字，糊在牆壁上，心裡想著「易」，眼睛看著「易」。一天午睡的時候，有一隻老鼠從床前經過，咕嚕嘎啦把康節先生驚醒，他拿起陶瓦製作的枕頭砸了過去，老鼠溜掉，而陶瓦枕頭破裂。

邵康節爬起來一瞧，發現枕頭上有字，寫著：「此枕賣與賢人康節，某年月日某時擊鼠枕破。」康節先生感到很奇怪，就訪問了製作陶枕的工匠。陶工說：「從前，有一個人，手裡拿著《周易》，靜心坐下，拿起枕頭寫字。那字恐怕是那老者寫的吧。他已經好久沒有到我這裡來了，我知道他住在哪裡。」陶工說完，帶領康節先生到老者家拜訪。到了老者家，老者已經告辭人世，只留下遺書一冊，對其家人說：「某年月日某時有一位聰穎雅秀之士會到咱家來，可以將此書授予秀士，這就能夠終了我一身的後事了。」老者家人把書授給康節先生。康節先生打開書一讀，原來是《易》之文，並且有推算的「口訣」、例子。康節先生按照其中的口訣推演之後，對老者的兒子說：「你的父親在世時把白金藏在睡床西北向的窯內，可以拿出來辦理喪事。」老者家人按照康節先生的話辦事，果然得到了白金。

康節先生拿了書以後就回家，後來看見梅樹上有幾隻麻雀爭高低，他捏指頭一算，知道第二天晚上鄰居有女子摘花會從梅樹上掉下並且摔傷大腿。

「梅花易數」，據說就是從邵康節推斷摘花女子摔傷腿的事開始。這篇序言所講的「故事」或許是術家「自神其說」的產物，但我們從中卻可以理會貫穿始終的「徵兆」思路。甚至可以說，故事的情節本身已構成了「徵兆鏈」，即一個徵兆引起另一個徵兆。故事引人入勝之處首先是「老鼠過床」，這可以看作第一個徵兆；由於老鼠發出響聲導致邵康節先生砸「陶枕」，這可看作第一個徵兆引出的「結果」，與此同時，它又是下一個現象——訪問陶工、得奇書的徵兆。

序言作者就是這樣，通過徵兆的環環相扣來推進情節，最終以「梅樹雀爭，女子斷腿」作為點睛之筆，交代了「梅花易數」的來歷。

實際上，「梅花易數」是《周易》象數學的一種擴展形式。它的特點在於對自然徵兆進行「卦象符號翻譯」。即把天地自然中的各種現象看作互相聯繫、並且與人的行為可以相互感應的「資料庫」。不論是雞鳴狗叫，還是山呼海嘯；不論是風吹落葉，還是虎鬥熊爭；不論是蜂蝶亂舞，還是龜蛇交歡……自然界中的各式各樣的現象都可以成為人的未來命運的先兆。

作者告訴人們，只要能夠細心領會，都能從中悟出妙諦。如何掌握和運用「梅花易數」呢？一是要注意對天地自然進行認真細緻的觀察，再一是學習有關自然徵兆與易學卦象數理符號的轉換技巧，這個轉換還包括把自然徵兆轉換成「五行」或「天干地支」，然後分析出其中的陰陽對應。

在《梅花易數》的作者看來，作為命運「資料庫」的徵兆不僅表現在天地這個「大文本」之中，而且也表現於人自身，例如人的書寫筆畫即可看作一種最具表現力的「自然徵兆」。中國的漢字有橫、豎、點、折、鉤、撇、捺等各種筆畫，而每一個人由於性格與體態的差異，其書寫的形狀又是千姿百態的。為了便於分析，《梅花易數》的作者把各種筆畫轉換成天干地支，在該書的卷四有一首《干支辨》概括了對這種出自人手的天然徵兆的判斷法式：

直長為甲亦為寅，細短均為乙卯身。
孤直心鉤兼濕木，干支無位不須論。
撇長丙巳短為丁，午火同居短撇中。
八字螣蛇兼四點，天干不合地支沖。
橫中有直戊居中，畫短橫輕作己身。
禾點勾陳皆丑未，長而粗者戊辰同。

金字為庚亦作甲，挑從酉用捺從辛。
空頭頑鈍囊金妙，不在干支數內尋。
點在當頭作癸稱，腹中為子要分明。
點足為人腰在亥，餘皆野水不同群。

這首「順口溜」按照筆畫之形狀特徵，分別轉換成甲乙丙丁戊己庚辛壬癸十天干和子丑寅卯辰巳午未申酉戌亥十二地支。作者這樣做的目的是為了進一步把它們轉換為「五行」，然後根據相生相剋的規則，判斷現實生活中的力量對比、人與社會中諸因素之關係。這種轉換的背後實際上蘊藏著一種深刻的象徵意味，無論是天干或者地支，它們都具有代碼的功能；因為它們的命名本是從天地自然的某些特出形態出發的，或者說代表了天地的「自然徵兆」。

根據《史記・律書》以及《漢書・曆律志》的記載，天干本是概括樹木生長盛衰之兆而成。「甲」象徵著草木破土萌芽，陽氣在內被陰氣包裹；「乙」象徵草木初生，枝葉柔軟屈曲；「丙」象徵太陽光輝炎炎，萬物因而炳然著明；「丁」象徵草木成長壯實，「戊」象徵草木旺盛繁茂；「己」象徵萬物抑曲而起，可以為紀；「庚」象徵秋收季節的到來；「辛」象徵草木結果而有滋味；「壬」象徵萬物懷妊，陽氣潛藏在地中；「癸」象徵萬物閉藏。就地支而言，「子」象徵種子為萌；「丑」象徵草木之芽伏潛地下，即將破土而出；「寅」象徵草木在寒冷中迎著春陽之氣從地面伸展；「卯」象徵萬物在東陽的照耀之下滋茂生長；「辰」象徵萬物陽氣漸旺，震起而長；「巳」象徵萬物陽盛而陰盡；「午」象徵萬物陽極而陰始發，體態豐滿；「未」象徵萬物果實成熟而有滋味；「申」象徵萬物體健而碩大；「酉」象徵萬物果熟而收斂；「戌」象徵草木凋謝，生氣近於滅絕；「亥」象徵萬物為陰氣所克殺，終而反始。

就上面的象徵意味而言，天干地支可視為天地萬物生長變化徵象的「縮影」。《梅花易數》將人的書寫筆畫轉換成天干地支，這不僅是把其書寫形態當作人的「命運徵兆」，而且把人同客觀的天地自然界聯結起來。當然，作為易學的一個支流，《梅花易數》沒有忘記將各種客觀兆象轉換為卦象符號，這也同樣貫穿在書寫筆畫的判斷中。該書卷五錄有《八卦辨》的口訣一首：

> 口形為兌捺為乾，三畫無傷乾亦然。
> 三點同來方是坎，撇如雙貝作離占。
> 土由居上名為艮，居下為坤不必言。
> 蛇形孤撇皆從巽，雲首龍頭震佔先。
> 詳明八卦知凶事，學者參求理自全。

這首口訣將字形筆畫結構套入八卦的模式。如果聯繫上面所引用的《干支辨》，那麼我們就會發現，八卦與天干地支也是關係密切的，因為筆畫既然可以轉換為天干地支，又可以轉換為八卦，則八卦與天干地支也就被會通起來了。

在《梅花易數》中，八卦與天干地支或者單獨成為天地自然徵兆的符號代碼，或者協同成為術家解讀天地徵兆的有利工具。至此，我們已經可以清楚地看出，作為自然兆象的一種解讀「法度」，《梅花易數》在思想上把易學的象數法門加以充分的發揮，它採擷了古代許多符號代碼彙成一個多重結構，以便對天地徵兆進行「編輯」處理，使之「有序化」，從而推斷個人或社會的運程。

由於《梅花易數》序言中所敘述的神奇故事，後來一些人乾脆說該書是宋代象數學大師邵康節寫的。這當然不足為信，因為《宋史》中並沒有記載邵康節作有《梅花易數》，而書中的許多內容言及宋代之後事，故足以說明該書並非出自邵康節之手。不過，也不能說該書與邵康節一點關係都沒有。作為一位精通古代學術傳統的著名學者，邵康節曾隱居蘇門山百源之上，後人稱為「百源先生」。他少年時代即有雄心壯志，慷慨欲樹功名，據說於書無所不讀。又曾周遊天下名勝古蹟，歸而慨然歎曰：「道在是矣！」遂不復出，潛心研討象數之學。作有《皇極經世》，他將《易經》的象數之法與老子《道德經》的天地演化的「三重」模式會通起來，以六十四卦分配「元會運世」及「年月日辰」，證之於史事，推導古今之治亂，而成「內篇」；又比物引類，發揮蘊奧，而成「外篇」。

《四庫全書總目》將邵康節的《皇極經世》當作「物理之學」，也就是探究天地萬物生長變化道理的學問。對於這部象數學名作，宋代理學大師朱熹給予很高的評價。在

《朱子語錄》中有所謂「康節《易》看了，都看別人的不得」❺，足見其推崇備至。

邵康節的《易》象數學本具有深刻的徵兆意味。這從他的《觀易吟》一詩即可得到說明：

一物其來有一身，一身還有一乾坤。
能知萬物備於我，肯把三才別立根。
天向一中分體用，人於心上起經綸。
天人焉有兩般義？道不虛行只在人。❻

康節先生這裡所指的「物」是個全稱概念，它是包羅萬象的，即整個宇宙的所有事物都在範圍之中。而「其來」二字是說的「產生」，至於「身」是指它的存在或表現形態。在康節先生看來，每一種事物的產生都有自己的存在狀態或表現形態。如果再進一步發掘，那就可以看出其中的「徵兆」觀念，因為「事物」的產生並非突如其來，而有一個過程，這就包含了前期跡象的顯示。

所以，完全可以把每一種事物看作一個「乾坤」，這既意味著事物的現象及其徵兆可以概括成為卦象，又意味著它們的相對獨立與互相聯結。一方面，這個「乾坤」表明了每一種事物構成了自身的內在「天地」；另一方面，它們又都是宇宙大乾坤的縮影。正因為事物的這種相互區別與聯繫，人才能夠由徵兆與結果的把握來加以認知。按照邵康節的意思，人與天並沒有「兩般義」，這就是說在本質上人與天是一體的，要明瞭大道之義關鍵在人自己。

從整體上看，邵康節是比較強調「人」的作用，但他這首詩既然是因「觀易」而發，則其中也就蘊含著對易學卦象與天地徵兆符號的關係之認知。

邵康節自宋代以來在易學界具有很大的影響，這就難怪《梅花易數》的序言會把其運用自然徵兆起卦的術數法式歸功於他。儘管把《梅花易數》當作邵康節的著作不能找到確鑿的證據，但我們經過分析康節先生的《皇極經世》一書以及有關詩文的意義卻可以看出，將「自然徵兆」轉換為卦象的法式，的確與邵康節具有密切關聯。然而，這並非是筆者的最終結論。筆者所感興趣的是繼續追溯邵康節先生的學術淵源，看看這種從天地間尋找自然卦象的「原始符號學」到底與道教有沒有關係？

按《宋史》邵康節（雍）本傳以及其他有關資料看來，康節曾經受學於北海李之才。李氏，字挺之。宋天聖八年（西元一〇三〇年）同進士出身，為人樸率而自信。李之才的老師叫穆修，穆修向種放學《易》，而種放之學出於北宋初著名道士陳摶。朱震《進周易集傳表》在敘述「先天象數學」的來歷時說：「濮上陳摶以《先天圖》傳種放，放傳穆修，修傳李之才，之才傳邵雍。」這個傳授系統在朱熹的《周易本義》卷首中也敘及，雖然其說法略有差異，但其源頭都追溯到了華山道士陳摶那裡。可見邵康節的象數學乃出自道教，他的那一套物象徵兆與卦象的轉換法式儘管經過了自己的變通，但在思想旨趣上依然是沿著道教觀念軌跡前進的。

稽考一下《道藏》可知，邵康節的《皇極經世》以及《伊川擊壤集》都被收入，這說明道教是把邵康節當作本門派系中人看待的。由於邵康節的書被收入《道藏》，成為道門之重要經典，這必然對後來的道士們產生影響。

透過上面的追溯，我們可以得出這樣一個看法：對天地徵兆的觀察與轉換，這是古代一種特殊的「符號學」，它與《周易》象數學具有非常密切的關係；道教在發展過程中把「徵兆」的觀察與預測納入了「天地理論」之中，由一些著名學者的演繹發揮與張揚，這種術數之法在社會上獲得廣泛傳播。

二、風雲變幻悟真機：天地認識的昇華與易學比應

徵兆考察與預測，作為一種自然的「原始符號」解讀方式，它是天地問題探討的門徑，也可以說是古人對天地現象認識的內容之一。就上面所涉及的例證看，道門中人有關徵兆的認識還顯得比較零散；不過，那並不代表道教天地現象認識的全體。如果我們較多地接觸一下道教經書總集，那就會看到道門中人對天地現象的認識，並非停留在觀察階段，而是有一定的理論昇華。儘管這種「昇華」與現代的天文、地理科學尚有很遠的距離，但卻體現了他們在這個問題上的用心思索精神，而令人感興趣的，當然是那些貫注了易學的義理與象數符號的論述。

(一)觀天文察地理與經教暢詠

天地徵兆現象的觀察是靠視覺來進行的。俗語中有所謂「眼見為實」的說法。因此，凡是眼睛所能觀察得到的天地事物跡象都可以叫做「實兆」。面對一種物象，只要觀察者賦予它某種象徵意義，並同觀察中所假定的未來即將產生的事物聯繫起來，當作未來事物的「信使」，那麼，這就是「實兆」了。就傳統的形態分類來看，「實兆」無非分佈於天地人三界。在中國傳統思維模式中，人被當作一切問題研究的中心。人處天地之中，所以，觀察兆象主要就是觀天文、察地理。這種思想深刻地表現在《太上洞玄寶元上經》之中。

《太上洞玄寶元上經》從徵兆學的角度對天文、地理的內涵作了說明。關於天文，該書說：

> 天文者，三光也。名為『觀』者，占三光也。三光者，日月星也。周睇三道，推步璣衡。日往月來，迴旋無極。歲及熒惑，太白辰鎮。行常為戒，示禍顯福。北斗九星，二隱七章，皎昧相表。斟酌玄津，潤洽含炁，生成無央（殃）。觀春之詠，十有六篇也。陽律陰呂，唱和調通，繼朔十二，炁蘇為端。立春春分，立夏夏至，立秋秋分，立冬冬至，八節克會，屬於八音，相資繼用。觀夏之詠，暢篇二十，而火以抹（沫）木為禮，木以生火為仁，春以萌育為德，夏以滋長為功。律呂

既協，八音亦諧。三光無忒，歲序宣明，攝此朔節，謂之為年，是為屬天。[7]

這段話比較難懂，我們還是先把它的意思搞清楚以後再來看其易學意蘊。作者告訴我們：「天文」主要是指日月星「三光」。所謂「觀天文」的「觀」字，就是細心察看的意思，這又叫做「占」。傾斜視線，反覆觀察日月星的運行軌道，推測步量北斗中的璿璣玉衡之星。日月運行，一往一來，晝夜交替，沒有窮盡。每年忽隱忽顯的火星一出現，總有一種「炫惑」的感覺；金星太白，早晨出於東方，所以又稱為明星，金主肅殺，它的出現意味著兵戎之事。從星宿的運行中得到告誡，明白禍殃與福祿的根本。北斗九星，兩顆隱潛，七顆顯明，皎白暗昧，互為表裡。仔細琢磨玄妙的津途，滋潤諧調而一氣含融，生長化成則沒有窮盡。

檢查一下《道德經》八十一章在春夏秋冬四季中的分配，春季中誦讀十六章（篇），依照陰陽十二律吟詠唱和，直到胸中之氣舒暢為端倪。由立春到春分，由立夏到夏至，由立秋到秋分，由立冬到冬至，按八個節氣循序而進，和於八音，陰陽往復，相互對比而發生效用。夏季中誦讀二十章（篇）。夏火以反沫於春木為有禮，春木則以生養夏火為有仁，春天以萌生化育為大德，夏天以滋潤生長為天功。陰陽律呂既然已經協和，八個音階也就運用順暢。日月星三光沒有反常現象，歲時明朗有序，依照這樣的規律定下節氣晦朔，這就叫做「年」，它從根本上看是屬於「天」。

《太上洞玄寶元上經》所謂「天文」是與自然徵兆判斷相聯繫的，因為作者把

「觀」與「占」同等看待，這即是借助日月星之象的觀察以推斷吉凶，呈現於眼前的日月星三光之象，只要同某種即將產生的喜事或凶事聯結起來，便具有徵兆的意蘊。

這就說明該書作者的「天文」之論是因徵兆而發的。在表達了什麼叫「天文」的意義基礎上，《太上洞玄寶元上經》進一步指出諸天體的運行是有規律的。日月往來，周而復始，迴旋不盡。掌握了其運行規律，人們就有了相對的自由。當然，天體運行也有失常的時候。在該書作者看來，那是天對人的一種警戒。作為修道者，應該從無體運行的「有常」與「失序」中悟出吉凶之理，以便作出預先的行動抉擇。

作者在這裡取一年四季中的春夏兩季歸屬於「天」，配上詠誦經文三十六篇，暗合崑崙之數一，共為三十七，與《道德經》上篇之數亦相應。其易學意蘊在於「數」的匹配。天上的日月星之「數」是「三」，顯然其中尚含有易學的三重結構；至於陰陽律呂、八音、八節的配合，當然也是易學經常使用的多層符號顯示，而「火」與「木」的母子關係以及仁義禮智信「五常」的引入，則使易學本有的符號轉換更為多樣化了。

關於「地理」，《太上洞玄寶元上經》說：

地理者，三色也。名為「察」者，候三色也。三色者，土山水也。歷覽五方、干支位次：甲乙丙丁戊己庚辛壬癸、子丑寅卯辰巳午未申酉戌亥。此二十有二，以為秋詠，嚴明分段，不相參雜也。次豫、兗、青、徐、揚、荊、梁、雍、冀九州也。太山、衡山、華山、恒山、嵩高山五嶽也。江、河、淮、濟四瀆也。四海環

> 回，州土，山水，分支幹二十二。又二十二章，以為冬詠。崑崙極中，鎮四序之際，四十五章是為屬地。推功歸天，揖斂讓上，則下有四十四章矣。❽

這段話的字義與上面關於「天文」的闡述一段相比，明白得多，大抵是講：地理的名義可以簡單歸結為三種具有代表性的顏色。之所以叫做「察」，是因為地理之學的主要任務就是守望與察勘這三種顏色。哪三種顏色呢？就是地上的土、山、水這三種東西的色澤。中華國土，其面積分布一般劃為東西南北中五個方位。用天干、地支來標示，它們的次序是甲乙丙丁戊己庚辛壬癸為十幹，子丑寅卯辰巳午未申酉戌亥為十二支，合起來是二十二，作為秋天詠誦的數位依據，時序推移，地域變遷，五方依次輪轉，界限分明，沒有雜亂無章的感覺。再下來是行政區域分野，豫州、兗州、青州、徐州、揚州、荊州、梁州、雍州、冀州合為九州。還有太山、衡山、華山、恆山、嵩高山合為「五嶽」。長江、黃河、淮河、濟河叫做「四瀆」。東西南北有四海環繞在州土之外。它們合起來的數目也是二十二，因此分二十二章作為冬天詠誦之用。崑崙山是天下九州的中極，作為東西南北的規準，干支、州土、山水與崑崙之數共四十五，這屬於「地理」。因地順成輔助於「天」，歸功合本，作揖禮讓，將其中的「一」數屬之於「天」，所以冬天與秋天所詠誦者為四十四章。

《太上洞玄寶元上經》關於地理論述的易學蘊含主要有兩個方面：

第一，因襲易學固有的「占候」思想，以作為考察地理的依據。所謂「候」其本義是觀察，守望。《說文解字》稱：「候，伺望也。」《國語・晉語八》：「攀輦即利而舍，候遮扞衛不行。」韋昭注：「候，候望。」又《後漢書・鍾離意傳》說：「故分布禱請，窺候風雲。」此處數例所講的「候」是就觀察、等候的意義上來使用的。觀察物象，主要是為了弄清事物的真實面貌，但在古代往往又力圖在此基礎上探討未來之事變，於是「候」便被賦予了「占驗」的意義。如《史記・封禪書》所稱：「上乃遣望氣佐候其氣。」其中的「望氣佐」是一種官名。皇帝派遣這位官吏占察雲氣，說明當時朝廷對這種占驗活動是相當重視的。透過追溯與比較，不難看出，《太上洞玄寶元上經》所謂「察地理」實際上包含了對土山水的占驗思想。這種占驗的思想原則實與《易經》相吻合。《繫辭上》說《易》有「聖人之道四焉」。這四種所謂「聖人之道」就包括了「占」在內，所以《繫辭上》作者緊接著說「以卜筮者尚其占」。卜問決疑的人所推崇的是其中的「占筮」方式與道理。《繫辭上》又說：「是故君子居則觀其象而玩其辭，動則觀其變而玩其占。」君子平時安居就觀察《周易》的卦象和推究玩味它的文辭，有所行動的時候就觀察它的變化跡象且把玩其占筮的理趣。朱熹曾經直截了當指出《周易》是一本「卜筮」的書：「聖人作《易》本是使人卜筮，以決所行之可否，而因之以教人為善，如嚴君平所謂『與人子言依於孝，與人臣言依於忠』者，故卦爻之辭只是因依象類，虛設於此，以待扣而決者，使以所值之辭，決所疑之事。」[9]

按照朱熹的看法，古代的聖人創作《易經》本來就是為了教導人們卜筮的，以便決定所要採取的行動是否可以，從而設立文辭，在具體占卜過程中引導人們棄惡從善。這就如漢代的易學大師嚴君平所講的那樣：對作為兒子的人就通過占筮而勸告他們應依孝道行事，對作為臣子的人就勸告他們盡忠守職。可見卦爻的文辭只是根據卦象設立象徵類比，虛擬假設而已，以便在有人祈求叩問的時候，就根據所遇上的卦，決斷祈求者的疑問。朱熹的話可以說是點到了《易經》產生的性質問題。在「占察」的意義上看，道教《太上洞玄寶元上經》與《易經》之理是一致的。

第二，延擴了易學數位記號的象徵功能。易學的卦象符號本來就具備了「數」的內涵，每卦六爻符號，這就是最基本的「數」，還有所謂推演卦象的「大衍數」「天地數」等等；至於天干、地支的配合，在《易經》卦爻辭中已經有所涉及，如《蠱》卦辭所言「先甲三日，後甲三日」以及《巽》卦九五爻辭所言「先庚三日，後庚三日」，就可以證明干支的應用。《太上洞玄寶元上經》將這種數位記號加以引申發展，把老子《道德經》經文分納於其間。本來《道德經》是沒有分章的，後世作了許多不同的分章，最流行的要算八十一章次序。八十一章又分為上下篇，上篇三十七章，下篇四十四章。關於「地理」問題，《太上洞玄寶元上經》特別提出了「崑崙」的「極中」地位。這個「極中」就是「居中」之「極」，它有地上「太極」的符號意義。因為它既然是「四序」的中準，這也就具有主宰的內蘊。在考慮秋冬詠誦篇章時，《太上洞玄寶元上經》又以崑崙歸屬於「天」。於是，原來的干支二十二、九州、五嶽、四瀆、四海、崑崙總數之和四十五因去崑崙之數一，也就只剩下四十四。這實際上蘊含著《易經》中的「大衍」卦筮數理，《易經》演卦以五十根蓍草為基本的籌算單位，掛一不用，象徵「太極」。《太上洞玄寶元上經》「虛」崑崙以屬於「天」，這在思想旨趣上乃暗藏著「太極」符號的理念。

(二)觀天文察地理的原因

道門中人不僅對什麼是天文、地理作了解說，而且還具體闡述了觀天文察地理的重要意義。在闡述這個問題時，《太上洞玄寶元上經》依然貫穿著《易經》的學理。為什麼要觀天文、察地理呢？《太上洞玄寶元上經》從道教哲學的高度進行分述。概括起來主要包括三方面內容。

首先，該書認為這是由《易》「三才之道」所決定的：

> 法地則天，守道自然。自然妙炁，應以三位。三位之源，源本同質。實以鎮虛，以文成質，內外相須，混而為一。一接三才，才人出類，合德二儀，拔夫其萃。⓾

又說：

> 人道、地道、天道，謂之三才。才者，裁也、能也。裁制偏邪，同歸中正，能反流末還至本源。源即道也。道，元尊也。尊為人首，積善所宗，暗塞得通。總名

三道。本一，應化分形，上者清暢為高，下者安順為貴，中者合二為尊。尊貴至高，名殊實一。⓫

這裡所引用的第一段話是講：以地為效法的楷模，以天為衡量的準繩，恪守大道的自然本性。自然神妙，一氣流行，與天地人三重位序相感應。推究三重位序的根源，它們之間的實質本來是一樣的。實在的東西可以鎮守虛無，自然的文章輔成質樸，內與外相互依賴而發生作用，混融無間則合為「大一」。一與天地人三才相交接。天地交感，有才學的人應運而生。他們與天地之大德相符合，所以顯得出類拔萃。

第二段話是講：天地人的運作法則，合起來就叫做「三才」。所謂「才」有兩方面的基本含義：一是「裁斷」，二是才能。有才幹的能人裁斷和制約偏移和歪斜，輔導萬物一起歸於居中的正道，這就能使支流末葉回歸本根和源頭。所謂「源」就是「道」。道是無限環宇的元首，最為尊貴。人如果能以「道」為尊貴，崇尚大道而行事，積善行德，有所歸宗，那就可以使暗中堵塞的渠道獲得暢通。天地人的運行法則總稱之為「三道」。論其本源，不過是「一」而已，一有感應而分化形狀，在上的通暢而升到高處，在下的安詳順從就獲得富貴，居中的與上下之氣感通就成為尊者。尊貴以及高尚，其名稱雖然不同，但其實質卻是一樣的。

正如在前面二章所探討的「道論」以及神仙系統結構一樣，《太上洞玄寶元上經》的作者緊緊地扣住了易學的「三才」理論模式，並把老子《道德經》的「三分思想」會通起來。該書告訴人們：觀天察地，就是為了以天地為法則，返本歸道，合於自然。它指出，有才能的人之所以出類拔萃，是因為他們的舉動與天地二儀合其德。所言「二儀」即《周易》的「太極」所化生的「兩儀」，也就是號稱天地「大父母卦」的乾坤。由此，該書進一步指出，「合德」必須守「中道」。這個「中」的直接思想來源是老子《道德經》，但其根本所在又與《易經》相合。因為《易經》是非常推崇「中位」的。

《易經》的卦象符號，以兩個三畫卦相重，每一個三畫卦都有中爻，凡占筮遇上中爻，其爻辭往往斷之以「吉」，如《離》卦六二爻辭說：「黃離，元吉。」《象》解釋說：「黃離元吉，得中道也。」這體現了以「中」為「正」的觀念，《太上洞玄寶元上經》汲取了《易經》這種觀念，告誡人們居中得正，以裁斷那些歪斜的東西。

這種「裁斷」是從人的角度看的，但如何裁斷卻又是以天地為衡量的準繩的，這就把《易經》的「觀物取象」思想與人的「德操」修養融合起來了。

其次，人之所以要觀天察地，是因為宇宙是普遍聯繫的。只有如此，才能明瞭各種關節，為人的生存服務。故《太上洞玄寶元上經》指出：

> 自然源一，應夫萬物為三。萬物作，復由乎四炁五行，周流六虛，同歸宗一。一為道子生二，二生三。三一之中有數無量。一、二、三、四，爰及五、六。學者所修，以寡其慾。慾寡私少，道乃可弘。是以聖真尊一為主，事二為師，宗三為友，親四為朋，尋五為侶，遊六為常。常六者，合通不可離也。⓬

照《太上洞玄寶元上經》看來，天地（即「二」）自然的本源只是「一」而已，一氣感應而化生萬物才有了「三」。萬物興作，又因為一年春夏秋冬四季之氣與金木水火土的交互作用，周而復始，來回流行於四方上下；但無論如何，這一切都以「一」為宗主。這個「一」是大道的兒子，它內在具備了陰陽兩面，所以能化生出「二」，「二」的感通而生「三」。由「三」回溯而得「三一」，其中包含著無窮無盡的事物。由一、二、三、四而進展到五、六。

修行道法的人，應當減損自己的慾望，能夠自覺地減損慾望，不斷地去除私心雜念，大道才可以獲得弘揚。因此，上聖真人，尊崇「大一」為祖宗，侍奉「二」為老師，宗法「三」為友義，親近「四」為朋輩，尋找「五」為伴侶，神遊於「六」為不變的法則。恆常的六爻卦畫，應是上下感通而不可分離。

《太上洞玄寶元上經》是從時空統一、事物普遍聯繫的角度來討論天文地理問題的。為什麼這樣說呢？因為文中所講的「四炁」既然是春夏秋冬之氣，那麼，這本身即已包含著時間的變化觀念；而木火土金水「五行」作為符號又代表東南西北中「五方」的空間格局。春夏秋冬與東南西北相應，「長夏」與「中」相應，這就是時空統一。再說，春夏秋冬「四炁」流行是由於日月星辰的輪轉造成的，這就佐證了觀天文的重要意義，而「五行」與「五方」的配合，自然也支援了「察地理」的主張。可見，此處所謂「四炁」與「五行」的引入，實際上是通過傳統的時空「代碼符號」來說明道教關於

「觀天文」與「察地理」的必要性。

從根本上看，《太上洞玄寶元上經》的論述又是合於易學「卦時」的思想的。《易經》的卦本身具有空間結構，每個「經卦」三畫（爻），這是一種空間的存在狀態；將兩個「經卦」相疊而成六畫重卦，這依然是一種空間存在狀態。卦爻的變化既是陰陽的轉換，又體現著時間的推移。比如《易》之《乾》卦以龍為配合的物象；初九之時，龍潛於地下；九二之時見龍在田，九三之時龍進一步上升，九四之時龍躍在淵，九五之時龍飛上天，上九之時龍高亢而有悔。龍的逐步上升，出現在不同的場合，由地而天，這個變化本身又是一個過程，而過程就意味著時間。這裡隱隱暗示著時空統一與天地的相應。《太上洞玄寶元上經》對此是心領神會的。書中由數字意義的發明，巧妙地將《易經》的時空統一與事物變化聯繫的思想蘊含於其中。

上引該書的一段話中最重要的數位是「一」「三」「六」。第一個數位「一」，書中明確說它是「道」之子，按照道家的宇宙本體演化序列，「道」是「無極」，而「一」就是「太極」。太極化生陰陽兩儀，兩儀相感而生「三」，這個「三」在《易經》上的表現就是三畫經卦的形成。三畫經卦形成之後並非就是拋棄了「太極」，而是將其包容在當中。因此，三畫經卦依然存在著「太極」，既然「太極」等於「一」，所以就有了「三一」的概念由來。

《鍾呂傳道集・論大道》說：「上、中、下列為三才，天、地、人共得一道。」從卦象來看，所謂「上、中、下」就是疊合而成的三畫卦，它們本孳生於「太極」，故天地人各有太極，這就是「一道」。

再看「六」這個數碼符號。《太上洞玄寶元上經》所謂「周流六虛」其中即包含了「六」。此處之「六虛」是什麼東西呢？只要追溯一下它的出處就明白了。「六虛」之言，本於《易・繫辭下》：「變動不居，周流六虛，上下無常，剛柔相易，不可為典要，唯變所適。」所謂「六虛」指的是重卦六爻，又稱「六位」。《繫辭下》的意思是說：陰陽運動變化沒有停止，周而復始流動於各卦六爻之間，上下往來沒有定準，剛柔的位置相互替代，不可固執地持守典常綱要，只有明瞭變化才是最為適合的。推究一下《易・系辭下》，我們就可以看出《太上洞玄寶元上經》的「六虛」之說並非無源之水。該書從《易》之經卦擴展到重卦，並與「聖」「師」「友」「朋」「侶」「常」相比應，從卦象所標示的天地六階層中尋找對應的人際社會關係與道義。由於作為「太極」的「一」在卦象推演中是個源頭，崇尚返本歸根，這必然提出「尊一」的主張。所以，遊於「六」就不能停止，而最終返歸到「一」的本源。與二、三、四、五、六相比，「一」當然是「少」。崇尚「一」，引申到修行問題上來，也就有了「寡慾私少」的主張。

復次，觀天文、察地理，歸根結底，這是修道養生的需要。《太上洞玄寶元上經》說：

> 天文明清，地理寧平，是其常也。不明生妖，不明發怪，非其常也。非常之兆，非天地所為，為之欲以戒物，賞善罰惡，顯彰非常。由人失法，法不法地，妄動違天，天地妖怪，戒語之也。仰觀俯察，占怪候妖。妖怪各有所主。修德立功則消。能知改惡，唯善是從爾，乃法地守靜篤也。運至應動，動則則天，則天之動，動以入道。入道之由，由於抱一。抱一無忒，三一可明。三一者，與道合真。真人學之，堅存三一。⑬

《太上洞玄寶元上經》這段話從「常」與「非常」的立場來闡述天文、地理的狀態。它指出，天上的自然紋理明朗清晰，地上的組織條紋一如既往，這就是正常的表現。如果不明朗清晰，就要產生妖怪現象，這就叫做不正常。不正常的徵兆，並非是天地自然法則的體現，天地顯示這種不正常的徵兆，那只是為了勸戒天地之間的生靈，這帶有獎賞善良懲罰邪惡的意味，所以，才使異常的東西顯示出來。

為什麼會有異常現象？那是因為人的活動失去了基本的法度，他們所效法的不是大地的仁厚載物的品性，狂妄地只依自己主觀的意志行事，在根本上違背了天道，因此，天地生出種種妖怪來，這是天地勸誡人們的「物象語言」。頭觀看天象，俯身勘察地理，預料推斷妖怪的來由以及象徵意味。怪異性的現象各有象徵意味。如果注意修養道德，多行善事，為天地社會建立功勞，那麼妖怪之事就會消失。有了錯誤，知道改正，唯有良善的做法才跟從，這才是正道，其根本的特點就是效法大地的柔靜與篤實。天地自然有運行的周期，人類生命也有時空的運數，這就是所謂「命運」。

生命活動存在不同的階段性，那是與天地自然相感應的啟示。運期到了就應該採取相應的行動，其基本的原則就是以「天」為法則。效法天的運動規律，人就能夠「入道」，也就是與「道」的本性相符合。入道的門徑是從「抱一」開始的。能夠抱一而沒有差錯，「三一」就能夠逐步明白。所謂「三一」說到底就是與大道的真實本性相合拍。

《太上洞玄寶元上經》在這裡主要闡述了兩個方面的內容：一是指出天地運行可以給人們能夠觀察得到的種種現象，其中有正常的，也有異常的。人們要善於觀察天地呈現的兆象，判斷吉凶的意味；二是指出人應該從天地自然「徵兆語言」中得到啟迪，明白自己的過失。這就是法地則天的修道養生思想，其背後所貫穿的是《易經》的「知崇禮卑」（即智慧崇高而禮節謙卑）的理念。但是，效法天地而養生的具體門徑如何進入呢？《太上洞玄寶元上經》提出了「抱一」的方法。

「抱一」的提法首出於老子《道德經》第十章：「載營魄抱一，能無離乎？」老子向世人發問：「精神與肉體能夠相抱合一而不分離嗎？」道教從這裡得到了重要啟發，把它發展成為一種修道養生的法門。從「天人一體」的立場出發，「抱一」也就意味著與天地運行法則相合而無差錯。對於「抱一」所蘊含的易學理趣，元代的著名道教學者鄧錡在《道德真經三解》卷一中說：

日月合度，會於天地乾坤。雖曰「抱一」，能無離乎？日月合度，離坎之離，抱元守一，附麗之離；五十九日而再會，別離之離。離，至文也。坎中一陽，乾之專氣也，故日有食。既乾坤天地而生坎離。坎離者，日月之道也。[14]

鄧氏以為，日月的運行，遵循一定的法度，交會於天地乾坤。雖然說「抱一」，能夠永久不相離嗎？所謂「日月合度」，從卦象上看，就是「離」「坎」兩卦陰陽相交，由坎卦之中一陽爻交於離卦中一陰爻，抱住元氣而守中虛之一陰，這就是「離卦」象徵太陽附麗於天的本義。陰陽往來，經過五十九天而再相會，則「離卦」又象徵著「別離」。從根本上說，「離」是無上光明的文采之象。坎卦之中一陽爻，那是歸屬乾卦專利的陽氣，它的外表圍繞著兩個陰爻，被陰氣所布，所以我們看到有「日食」的現象產生。乾坤天地相交而衍生出坎離，所謂「坎離」就是「日月」的大道理。

鄧氏的闡述是從大地自然現象的歸類入手的，因為他一開始就言及「日月」，這可以說是人們肉眼所及的天地「大兆象」。然而，鄧氏筆鋒一轉，即刻從易學的象數角度對「載營魄抱一」進行解釋。他的話概括起來，其核心所在就是講乾、坤、坎、離這四卦的關係。乾卦純陽，即三畫都是陽爻；坤卦純陰，即三畫都是陰爻。乾卦中爻交於坤卦則成坎卦，坤卦中爻交於乾卦則成離卦；而離卦交於坎卦則復歸乾卦，坎卦交於離卦則復歸坤卦。這就叫做「載營魄」。不論是乾坤相交還是坎離相交，都是以一陽爻會於一陰爻，陰陽互相抱守，這就叫做「抱一」。

思索一下鄧氏《道德真經三解》對「抱一」的解說，我們再回頭看看《太上洞玄寶元上經》上面的闡述就不難看出其中所蘊含的「天人相應」的養生觀念。它告誡人們，應從天地日月法象中得到啟示，從而修魂魄相守的長久之道。

(三)道門中人對觀天察地的經驗總結

道門中人不僅以易學的理論來說明觀天文、察地理的重要意義，而且開展了具體的觀察活動，並進行總結，撰寫了許多此類著作，最具代表性的有《盤天經》等。如何觀天文、察地理並從天地兆象中獲得修道養生的啟示呢？道門中人以為必須遵循易學的「陰陽應象」法度。如《盤天經》一開始作者即明確指出：

夫高明者，天也，性雖至剛而有柔克，謂能行健不息，運三光而照臨下土也。君尊象天，當以柔克而納賢直之言……沈潛者，地也，性雖至柔而有剛克，謂能興雲雨，調四時，成百實，產金石也。臣象地，當以剛克，揆文武、均賞罰、勸諸侯、法五常、正三綱也。是為三才之象。天垂七曜，曆數之本，無違地出，五雲升降之元長定。君王修德，則五嶽不差；將相謙和，則四時成序。上下一而時雨降，天地交而萬物亨也。⑮

《盤天經》告訴人們：高高在上而大光明，這就是「天」的表現，它的品性雖然至為堅剛卻也有溫和的功能；稱它剛健運行沒有停息，裝載著日月星「三光」而照耀下方地土。君王尊貴，其品位與天相像，應當以柔和之道治事並且廣納賢良忠臣的直言進諫……低沈居下，這就是地區別於天的表現，它的品性雖然至為柔和，但也有剛強的攻克能力，稱它可以興雲降雨，調節春夏秋冬四時之氣，成就天下百物的果實，生產金屬礦石。臣下，與大地的柔和溫順品性相類似，應當以剛健的作風來為天下服務，管理文武諸事，賞罰分明而均等，規勸諸侯，遵循仁義禮智信「五常」的基本原則，扶正君臣、夫妻、父子這維持人倫大序的「三綱」。君臣治事的人道，法於天地自然，三者對應，這就叫做「三才」之象。蒼天顯示日月五星「七曜」，這是曆法數理的根本，不要違反大地生為萬物的規律，五方雲氣上升下降的本元就可以長久安定而不亂。君王修養上善德操，則東西南北中五嶽不會發生意外變故；文武百官將相謙虛而隨和，那麼，春夏秋冬四季的轉換就有了秩序。君臣民上下並力同心行動的理念不相背離，那就可以使雨水有規律地下降，天地互相交感，則萬物興旺亨通。

這段話的核心所在是人事與天地自然的關係，其中有兩個方面應稍加琢磨。第一，作者講人間的「三綱」「五常」以及君臣民的行事要求，從廣義上看也包含著「養生」的意義，因為人類社會如何組織，其根本的目的就是為了人的生存，但是僅僅注意到處理人際關係，這是不夠的。人的生存離不開自然大環境，這就必須進一步處理人與自然的關係。

第二，如何處理人與自然的關係或者說處理「天人關係」呢？《盤天經》引入了

《易經》的類比手法，把天地自然的諸種品性與功能同人的行為對應起來，指出人的行為舉止將會對天地自然發生影響，人應該從天地自然災變中獲得「遣告」的信息，從而對自己的行為進行反省。儘管作者的論述表現出比較明顯的「天人感應目的論」的思想色彩，但他對於易學思維方法的貫徹卻是富有特色的。

徵兆的發現與辨別是有指向性的。出於空間視覺考慮，道門人也注意對徵兆進行劃分。根據固有傳統，道門中人對天地自然徵兆的觀察主要分為兩大系統。就「天」的系統而言，凡是天空中出現的各種物象都是辨兆者觀察的範圍。這包括天體諸恆星、行星以及風雲雷電雨等各種發生於天空中的自然現象。當然，通過長期的觀察，道門中人確定了七種物象為主要物件：太陽、太陰、天罡、北斗、龍氣、白虎、河氣、雷牌。前兩種，人們比較熟悉，至於「天罡」乃是北斗七星的「斗柄」。《周易參同契》有「三月榆落，魁臨於卯。八月麥生，天罡據酉」之句。其中的「天罡」就是斗柄的意思。把「天罡」與「北斗」並列，在邏輯劃分上看是不科學的，但在辨兆過程中卻可以起到強調的作用。

應特別注意的是，道門中人在運用易學象數思想指導辨兆的過程中是相當重視北斗的。《盤天經》賦體本文說：「占斗光之明暗，分月色之初新。魁畔黑雲，見沾滋於當夜；罡前黃炁，知潤澤於來辰。遍掩映於三日，獨溟濛而半旬。」[16]其中所謂「斗」也就是「北斗」；而「魁」乃是北斗七星中的第一顆星。《玉篇・鬼部》明確表示「魁」

是北斗之名。其他如《史記》等書也可以找到例證。由於「魁」乃是北斗第一星，後來中了狀元或在比賽中獲得第一名就稱作「奪魁」，如《紅樓夢》第三十八回回目：「林瀟湘魁奪菊花詩，薛蘅蕪諷和螃蟹詠。」

根據這些例證，我們可以明白《盤天經》所謂「魁」應當具有「第一」的意義。而下文所稱之「罡」與「魁」相對應，也是北斗星中的成員（前已敘及）。在根據易學思想對天體星宿進行觀察時，道門中人對北斗星的每一顆星的狀況還作了仔細分辨，但從總體上看，「魁」與「罡」往往又具有修辭學上的借代功能。就是說，在一定條件下，它們又可以代表北斗七星。所以《盤天經》在釋文中說：「魁，乃斗也。」這裡的「斗」即泛指北斗。

在《盤天經》中，有關北斗的文字佔有相當分量。該書的釋文說：「旦日夜斗。斗居中天，以主四極。」不難看出，這是以北斗星作為盤天的中心，可見其地位的重要。這種「主北斗」的象數占候觀念在《雨暘氣候親機》一書中有更明顯的表現。該書以圖配文，短短十五頁中出現十二個不同的北斗運轉圖像。作者對其不同情況分別作了介紹。他將環繞或飄散在北斗星不同位置的雲氣取了不同的名稱，或叫「使者」，或叫「都水使者」，或叫「紫微察訪人」等等。此處略舉數例，以見一斑。

其一，「使者領大雷，五雷使者出遊」。這是指雲氣流散於魁星等四星中間的情況而言的。所謂「五雷使者」，又稱五氣「雷公」。這種徵兆的出現意味著第二天未申時刻有雷雨產生。

其二，「使者會北斗都水使者」。這是指雲氣濃厚地聚集在魁星四周。它意味著第二天未申戌亥時刻有大雷伐樹，人畜也將遭到襲擊。

其三，「使者令天罡趕煞」。這是指雲氣聚集於北斗的斗柄與斗勺的連接點。它表示一兩天內有雷雨大作。

其四，「白炁風伯朝斗」。這是指流雲環繞勺底二星（即魁星及與之相臨之星）。它表示第二天將刮起狂風，飛沙走石，最終出現雷雨。

其五，「使者會雷師出遊」。這是指雲氣如雁鳥列隊由東南向西北，穿過斗柄。它意味著第二天將狂風大雨，霹靂誅妖。

其六，「使者會都水水晶」。這是指雲氣成花瓣狀，斜穿斗柄，它意味著第二天有雷雨。

其七，「都水使者出遊」。這是指雲氣如雁群，成南北向，過北斗七星。它意味著第二天未申時刻有大雨。

其八，「紫微察訪人」。這是指雲氣如鳥狀，蹲於魁星，兩眼遠眺。它表示三日內將有雨。

其九，「天罡會太乙」。這是指雲氣成線狀，與斗柄重交。它表示七天內將有大雨，陸地變成河流，霹靂擊伐廟宇，誅殺妖精，傷及人畜。

其十，「太乙交宮」。這是指黑氣如雲，劈天蓋地而來，佈滿北斗七星。它意味著當天夜裡就會下雨。如果雲氣比較疏散，那麼在第二天未申時刻降雨。如果有大風雷沖著北斗勺口，未來情況也與前同。

其十一，「青色光芒九九旱」。這是指雲氣籠罩於北斗勺口及斗柄連接處。它意味著將有蝗蟲大發，祈禱都來不及。

其十二，「使者如黑豬過河或成陣」。這是指雲氣如黑豬之狀，由東向西，三三兩兩匆匆而過，或列陣穿北斗。它意味著第二天未申時刻有大雨。如果天河中有聲似很響，這叫做「使者卷水」，第二天必然大雨。

以上十二例都是圍繞著北斗七星來作文章的，說明北斗在道教運用易學象數方式進行徵兆預測過程中也成為相當重要的觀察物件。道門中人對於北斗的關注不是偶然的，而是有其信仰的歷史基礎的。漢末的五斗米道，信奉五門經，崇尚五方星斗，尤其重視北斗。徐道齡在《太上玄靈北斗本命延生真經注・後序》中說：「洪惟北斗……乃天地之樞機，人物之陶冶，司性命，判生死，運陰陽，建歲時，分晝夜，立寒暑，明貴賤，化賢愚，主禍福，振紀綱，開解謝之門，指延修之徑。上至帝王，下及士庶，皆由七星之主宰，三台之生養也。」

意思是講，人們是多麼推崇北斗啊！因為它是天地開合的機關樞紐，像製作陶器冶煉鋼鐵一樣主管人物出生成長，它管理人的性命問題，判斷生與死的氣數，運化天地陰陽往來，制定年歲時間的曆法，區分白天與黑夜，確定寒冷與酷暑的節氣轉換，明瞭高貴與卑賤的區別，化導愚昧歸於賢良，主持人們的禍福，整頓人們遵守紀綱的風氣，開啟化解災難與感謝恩典的大門，指明延年益壽修身養性的道路。無論是帝王還是一般的士庶，其命運都是由北斗七星主宰著，其生活則歸於三台星光的照耀與吉祥之氣的供應。徐道齡這篇後序把北斗的功用推到了極點。儘管這是他主觀想象的產物，但在一定程度上也反映了道教對北斗的崇尚。

道教崇尚北斗，從思想淵源方面看應追溯到古老的易學「歸藏」系統。按照《周禮》等書的記載，上古的易學著作文本不只是《周易》一種，還有《連山》和《歸藏》，這兩種原始的易學著作與《周易》一起並稱「三易」。

據說，它們都有經卦和重卦。其經卦都是八個，其重卦符號都是六十四。其不同所在是卦序排列。《連山》以「艮卦」為首，艮符號象徵著「山」，重卦兩山相疊，所以有「連山」之稱。至於《歸藏》乃以「坤卦」為首，坤卦符號主陰象地，謂萬物生於地，且最終歸向於地而藏之，所以稱作「歸藏」。

由於《歸藏》中的坤卦是為陰的元首，而「北斗」在方位上屬於北方，這是陰氣的歸宿所在，與「歸藏」的思想旨趣相合，加上北斗七星本身的某種神秘性，道門中人在徵兆觀察過程中便特別重視北斗了。

三、遊山玩水的易學妙趣與洞天環境選擇

有關天地問題，本章還準備對道門中人關於居住環境的選擇以及完善的舉措作專門的探討。不言而喻，道門中人觀天察地乃是為了更好地生存。人的生存離不開環境，從不同的立場出發，人們對環境的認識與選擇也是有區別的。出於修煉升仙的目標，道門中人也就注意選擇有利延年益壽的居處場所。他們把自己所選擇與經營的居處空間統稱作「洞天福地」。依其所處地位，或為「洞天」，或為「福地」。如果說道門中人對天地自然徵兆的觀察與認識主要是從預測周圍事物在未來對人的影響角度所採取的舉動，那麼，居處環境的選擇與完善加工則是為其具體的修養實踐奠定物質基礎。

大量的文獻資料顯示，我國先民們在很早的時候即已注重居處環境的選擇，道門中人在這個問題上可以說傾注了更多的心力。不過，這並非意味著他們是在刻意追求。有事實表明，道門中人儘管耗費時間尋找居處環境並且在選中之後進行精心「營構」，但其選擇有許多時候又是在漫不經心的狀態下進行的。

(一)遊山玩水：靈機一動有卦意

道門中人是怎樣在遊山玩水過程中來選擇居處環境並從天地自然中悟出「卦意」靈

感呢？為了說明這個問題，讓我們先對南宋時期的著名道士——白玉蟾的遊覽經歷稍作介紹再加探討吧！

白玉蟾，原姓葛，名長庚，其籍貫史籍記載不一，或謂瓊州人，或稱世本閩清。《祁陽縣誌》謂其父亡，母氏他適，因改姓白，名玉蟾。但據《仙鑑》卷四十九的記載，白玉蟾名字的由來是因為應夢。據說，其母懷孕之時夢一物如蟾蜍，即以玉蟾呼之。該書本傳稱玉蟾「字以閱眾甫，一字如晦」，又稱之世為閩人，以其祖任瓊州之日，故生於海南，乃自號海瓊子，或號海南翁，或號瓊山道人、武夷散人等等。

作為一位出身高門的道人，白玉蟾自幼稟性聰慧，少年時即熟諳九經，能詩賦且擅長書畫，尚舉童子科。後因「任俠殺人，亡命之武夷」。及長，遊方外。《仙鑑》卷四十九陳楠本傳謂陳氏曾以丹法授瓊山白玉蟾，「其出入，玉蟾常侍左右」，可知白玉蟾是直接師承陳楠的。陳楠仙逝之後，白玉蟾又遊歷羅浮、龍虎、天臺諸名山。據說他時而蓬頭赤足，時而青巾野服，或狂走，或靜坐，或終日酣睡，或長夜獨立，或哭或笑，狀若瘋癲。這種情形說明他經過了一段頗為神秘的修行時光。

在遊山玩水的過程中，白玉蟾寫了許多歌謠。其中一些敘述個人經歷的作品寫得樸實逼真：

雲遊難，雲遊難，萬里水煙四海寬。說著這般滋味苦，教人怎不鼻頭酸。初別家山辭骨肉，腰下有錢三百足。思量尋思訪道難，今夜不知何處宿。不覺行行三兩程，人言此地是漳城。身上衣裳典賣盡，路上何曾見一人？初到江村宿孤館，烏啼花落千林晚。明朝早膳又起行，只有隨身一柄傘。漸漸來來興化軍，風雨瀟瀟欲送春。⓱

這裡引用的是《雲遊歌》裡的一小段。詩分兩部分，共有一一九二字。如此大的篇幅在宋代以前中國詩壇上是少見的。這首詩的作者將自己如何雲遊以及雲遊過程中所遇到的種種困難如實地記載下來。

詩中言及他雲遊時曾經「艱辛腳無力」，甚至滿身瘙癢，生了蝨子。他隱姓埋名，忍饑挨餓，年復一年地雲遊，在開頭雖曾有過短暫的猶疑，但還是堅定道心，繼續遊歷下去。「江之東西湖南北，浙之左右接西蜀。廣閩淮海數萬里，千山萬水空碌碌。雲遊不覺已多年，道友笑我何風（瘋）顛癲。」他雲遊的地域是很廣的，經歷的時間也比較長。他吃過許多苦頭和辛酸；但他沒有後退。正如許多宗教創始人一樣，他的行動顯得怪異。在別人眼中，他簡直就是一個瘋子，但他卻以之為樂。

由雲遊，白玉蟾結識了修道前輩，拜師入門；與此同時，雲遊也使他的心性獲得陶冶。所以，此後他又寫了表達自己喜悅心情的《快活歌》。當然，他的遊歷也不是漫無邊際的。在廣涉名山大川之後，他終於看中了天地間一塊修煉的「寶地」，這就是武夷山，而最為欣賞的則是山中的「止止庵」。在這裡，他悟出了道教洞天福地的易學象數妙趣。白氏於《武夷重建止止庵記》中首先描述了止止庵地理位置的神妙所在，接著筆鋒一轉，揭示止止庵的《易》理蘊含。他說：

《周易．艮卦》兼山之意，蓋發明止止之說。而《法華經》有「止止妙難思」之句。而《莊子》亦曰：「虛室生白，吉祥止止」。是知三教之中，止止為妙。義有如鑒止水，觀止月，吟六止之詩，作八止之賦。整整有人焉。止止之名，古者不徒名止止之庵，今人不徒復與。必有得止止之深者宅其庵焉。然則青山白雲無非止也；落花流水，亦止止也；啼鳥哀猿荒苔斷蘚，儘是止止意。思若未能止止者，參之已有止止。所得者政，知行住坐臥，自有不止之止。非徒滯枯木死灰也。予特止止之輩也。今記此庵之人同予入止止三昧，供養三清高上天一切眾生證止止。止止，非止之止。止實謂止其止之止而已矣。

這段話的字面意思是：《周易．艮卦》具備了兩山相重的意蘊，這是為了揭示「止止」的基本思想，而佛教的《法華經》中有「止止神妙難於用世俗觀念來臆測」的句子。《莊子》一書中言及，中虛的神室閃爍著白光，吉祥的氣運出於「止止」的法則。由此可以知道儒釋道三教的理論中實在是以「止止」為精神妙境。其微言大義正像反照波平如鏡的水、觀察不動的月亮、吟詠風雅頌賦比興「六詩」極思冥想以創作歌賦。這一切並非向壁虛造，早已有人嘗試過了。

「止止」這個語詞，古代的人們並非僅僅作為居住的廟庵名稱，今人也不只是為了把一座道庵修復而已。一定是有獲得「止止」真意的高人住在庵中。然而，放眼望去，蒼翠欲滴的青山以及上下繚繞的白雲無非是「止止」的外象，而落花流水也同樣是「止止」的大寫照；還有啼叫著的鳥兒、發出哀怨聲音的猿猴以及荒坡野嶺的苔蘚，都蘊含著「止止」的秘意。如果還未能從觀念上明白「止止」的深意，那麼，從山水的參觀考察中應是可以悟出「止止」的玄妙意蘊的。所得到的意義正確，自然可以在日常間的知行住坐臥活動獲得「不止中的停止」的旨趣。這並不是追求一種枯木死灰式的靜止，而是在精神上真正做到「以動達靜，以靜觀動」的「沖虛」境界。

我白玉蟾就是一個對「止止」勝境有特別追求的人。現在記述這座道庵的來歷，但願自己能與先人一起進入「止止」的訣竅，用虔誠的一顆心供養三清勝境中的神仙，願神仙與宇宙產生都能以自己的舉止證明「止止」的聖意。「止止」，這並不是說以強制的辦法來達到停止的目的，不過是意味著「當止則止」罷了。

白玉蟾走過千山萬水，來到了止止庵，被這個神秘的「洞天」境界所吸引。他不僅身體力行倡導修庵，而且在修復時寫了這麼一篇富有哲理的記敘文章。圍繞「止止」的主題，他大發議論，這不是沒有來由的。

「止止」之說本於《周易・艮卦》。按「艮卦」上下兩個三畫卦都是「艮」，換一句話來說，這是由兩個相同的三畫卦——「艮」重疊而成的。「艮」是山的象徵，兩個三畫卦的「艮」表示山山相重。在易學中，「山」代表的是「止」的意義。從卦象上看，作為經卦的「艮」（☶）下面兩畫都是陰爻，而居於上面的一爻是陽爻，兩陰順行，遇到一陽則「止」，止上加「止」，這就叫做「止止」。

關於這種意義，白玉蟾在《艮庵說贈盧寺丞子文》有進一步的闡述。他引《周易·艮卦》辭說：「艮其背，不獲其身；行其庭，不見其人，無咎。」又引《彖》云：「艮，止也。時止則止，時行則行，動靜不失其時。其道光明。艮其止，止（其）所也。上下敵應，不相與也。是以不獲其身，行其庭，不見其人，無咎也。」又引《象》云：「兼山艮，君子以思不出其位。」接著，他發揮說：「艮有兼山之意。山者，出字也。雖止於晦而出於明。所謂行到水窮處，坐看雲起時也。」⓲

按《周易·艮卦》辭，「艮卦」乃象徵著抑止。恰如一個人抑止於背後，不讓身體直接面對可以起心動念的前方；又像兩人在庭院中背向而走，誰也看不見誰，這就沒有咎害。對於《艮卦》辭的這種意義，《彖》與《象》作了引申，以為「艮卦」的抑止之意在於教人做到行止依時。抑止的時機出現了就應堅決地採取措施加以抑止，但到了「行」的時機來的時候又必須果斷地立即行動，做到動靜不失時機。這樣所顯示的大道就是無上光明的。

艮卦六爻符號，陰陽上下之位元處於相互敵對狀態：初爻與四爻，二爻與五爻，都是陰性之爻相對，互相排斥；而三爻與上爻則是陽爻相對，也是互相排斥，這就叫做「上下敵應」，所以不能相親而交往。兩經卦相疊的艮卦符號正如兩座大山，象徵雙重的抑止，君子從艮卦象中獲得抑止的啟發，就應該謹守正道，不可逾越常規。白玉蟾在這個基礎上進一步對其符號象徵的意蘊作了發掘。他認為，艮卦既然代表著兩座山，把它轉換成字形符號，則「山」上疊「山」，就成為一個「出」字。這個「出」意味著行動。在「晦」的時候，就靜止；但正如太陽與月亮一樣，晦與明是交替出現的，所以靜止之後必然有行動。

白玉蟾從卦象符號與文字符號的轉換伸展開去，想到了天地中「水雲」之類自然符號，力圖從自然符號中找到艮卦之象的對應，以進一步佐證「止止」的妙用所在。

白玉蟾宣稱自己乃是「止止」之輩，這一方面表明了他對洞天福地居處環境的選擇是以「止止」為要義的；另一方面也意味著這種選擇乃是把客觀自然的符號作為修道養生、內心精神昇華的法象。「止止」首先是抑制非分念頭，使紛繁複雜的心思歸返，由雜而還純，達於「至一」。在白玉蟾的心目中，「止止庵」既是修道養生的居處條件，又是精神錘鍊與昇華修命法的物化濃縮。自然中所暗示的「止止」意義時隱時現。一個修道者應該懂得在日常生活起居中運用外界事物作媒介，來抑止不正之念，使自己的心靈定位在求道的軌道上。從這個立場出發，那就可以把周圍的一切事物都看成行止止之道的手段或鍛鍊自己心性的「熔爐」。所以，他把青山白雲、落花流水以及啼鳥哀猿都當作「止止」的符號表徵。

事實上，這就是借助外物以煉意的思想。這種思想導致了他「遇境而止，止而反觀」的舉動。

白玉蟾的漫遊與重建止止庵的經歷，這只是道教環境選擇的一個小例子。在道教中，居處之勝境有所謂「三十六洞天，七十二福地」之說，每個「洞天」或「福地」的選址以及營構都包含著精心的考慮，且經歷了不斷完善的過程。自漢末時，五斗米道就有所謂「二十四治」的地理區域劃分，這已將天上星宿地形位置對應起來。後來，道門中人更加重視這種對應關係。可見，道教的「天地說」最終又走向依據易學原理進行居處環境選擇與經營的實處。其具體過程交織著道教風水實踐與理論的形成和逐步發展。

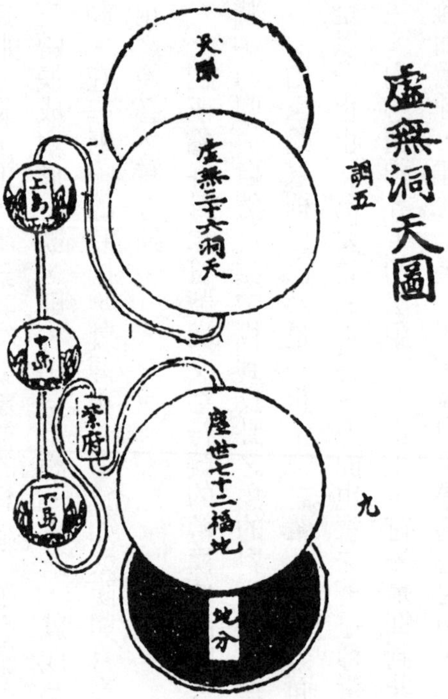

圖 3-1　虛無洞天圖

因此，對於道教天地說與易學關係的探究還必須結合「風水」問題來加以考察。

(二) 風水幽趣·八卦五行示氣機

道教洞天福地選擇及經營，是怎樣與風水實踐活動相伴隨並導致風水理論的形成與發展的呢？其間又有什麼易學的符號理趣呢？為了說明問題，我們有必要對「風水學」的概念以及有關內容略作闡述。

提起「風水」來，當今的許多學者往往嗤之以鼻，以為那是一套「封建迷信」的鬼把戲，不值得一談。其實，歷史上任何一種文化現象都不可全盤否定或者全盤肯定。從文化學的角度看風水，自然也不能以「一言以蔽之」的話作籠統絕對的斷定。固然，中國的「風水」學說包含著許多封建糟粕在其中，但它得以續存數千年，這本身就值得深思；甚至到了今天科學技術以突飛猛進的速度發展的時代，現實社會中相信風水者還大有人在；在國外，洋人們也注意到中國的「風水」，且有加以「開發應用」的事實。

那麼，「風水」到底是一種什麼東西呢？簡單講，它首先是一種自然現象，即「氣」運動的一種形式；其次，這又是一種「相地」的術數活動形式。前者是客觀的；後者則是主觀的。

「風水」一詞最早見於《淮南子・時則訓》中：「天子衣青衣……服八風水。」這是從自然現象的意義上使用「風水」概念的。不過，在中國古代，更多的場合是把「風水」作為術數學中的一個門類看待的。舊題郭璞撰的《葬書》說：「葬者，承生氣也……氣承風則散，界水則止。古人聚之使不散，行之使有止，故謂之風水。」《葬書》是從喪葬的角度提出「風水」這個術語的。它認為埋葬死者應該選擇有生氣的地穴，這樣才能使之再生。氣是萬物之源，有聚有散，有行有止，聚則成形，散則化體。大自然中運行之氣因風與水的激蕩與調和關係而凝於地穴。透過地形查看，認識「風」與

「水」的特有關係，選擇地形，這就是具有術數意義的「風水」。

由於諸多原因，「風水」還具有許多不同的名稱。或稱之為「刑法」，或謂之為「堪輿」，或目之為「青囊」「相宅」「相地」等等。

作為一種源遠流長的術數學，風水學與中國傳統文化的諸多門類具有互相交錯的關係。在長期的歷史發展過程中，「風水」的理論實際上起著引導中國先民選擇居住環境和房室建築的作用。它的直接物件是「地」。因此，有人把風水學說又稱為「地理學」。如顧陵岡彙集、徐試可重編的「風水」文獻叢書就叫做《地理天機會元》。從這個意義上看，風水問題也屬於「天地說」的一個方面。

「風水」理論與地形勘察是互相關聯的。一方面，地形勘察與房室建造是風水理論形成的實踐基礎；另一方面，在一定文化背景下形成的風水理論又反過來影響著具體的地形勘察與房室建造。

道教作為中國的傳統宗教，它本身是以中國古老的傳統文化為根基的。所以，道門中人或崇道方士關心風水問題，從事地形勘察一類的風水實踐活動，並且對其具體的活動進行理論總結，這也就勢在必然了。筆者這樣說，並非只是邏輯的合理推想，而是有事實為根據的。

為了說明問題，不妨先讀一讀《茅山志》卷二十一《陶先生朱陽館碑》（梁武帝造）中的一段文字：

昔太和中，有許遠遊者，乃雲霄之勝友，太虛之選客。先生規同矩合，實踵高步。曩基先構，即架胥宇。千尋危聳，憑牖以望奔星；百拱高懸，倚闌而觀朝日。飛流界道，似天漢之橫波；觸石起雲，若奇峰之出岫。

這段碑文說的是這樣的情形：往昔「太和」年間，有一個叫做「許遠遊」的人，他是飛升雲霄一類異人的好朋友，太虛仙客的候選人。遠遊先生嚴格按照神仙修煉的原則辦事，跟隨早先的神仙步履前進。

在一個美妙的地方，他先構築宮室的基礎與框架，然後建造了居處的殿堂。它坐落於千百米高的懸崖峭壁之間，憑藉著窗臺可以看到迴旋的星座；那支撐著屋樑的斗拱一根又一根，高高聳起，他倚靠在欄杆上觀看早上的太陽。溪澗飛流直下的瀑布緊緊與行進的小道臨界，好像天上的銀河橫向湧起波濤。瀑布瀉下衝擊石塊，泛起層層水雲，正如奇峰上屹立的柚了樹高高掛著一顆顆誘人的果實。

《茅山志》所錄這一則碑文中的「許遠遊」即許邁，小名映，丹陽句曲人。他是道教上清派道士，出身豪門世族，自青年起便雅好道術。他與當時的易學大師郭璞過從甚密。《仙鑒》卷二一載：許邁「曾從郭璞筮卦，遇『大壯』之『大有』，上六爻發。璞謂映（許邁小名）曰：『君元吉自天，宜學輕舉之道……一旦辭家，往而不返，東入臨安懸霤山中，散發去累，改名遠遊』」。按，文中所謂「大壯」是《周易》第三十四卦；「大有」是《周易》第十四卦。「之」是變的意思。

從卦象上看，「大壯」與「大有」僅一爻之差，「大有」上爻為陰，「大壯」上爻為陽，「大壯」之「大有」，即上爻由陰變陽，這就是所謂的「上六爻發」，這裡的「發」即「變」的意思。《大有》上九爻辭：「自天佑之，吉無不利」，此即郭璞所說的「君元吉自天」的由來。郭璞筮卦之後勸許邁「學輕舉之道」，就是勸他歸入道門。許邁聽從郭璞的建議，終於皈依道教上清派。由於許邁與郭璞有如此密切關係，兩人在思想與學業上互相影響也就完全可能。作為道教「天地學說」之考察，這裡所關注的當然是他的風水活動問題。

從上引碑文中，可以看出許邁「風水實踐活動」的什麼信息呢？關於這個問題，我們追蹤一下其中所涉及的「胥宇」可以獲得重要線索與佐證。「胥宇」是古代的一種擇居行為。《詩・大雅・綿》云：

古公亶父，來朝走馬。率西水滸，至於岐下。爰及薑女，聿來胥宇。

詩裡所謂「古公亶父」是西周王朝古史傳說中的祖先之一，係王季的父親，文王的祖父。周人始祖「後稷」的後裔公劉曾遷都於豳（即今陝西省旬邑西南）。到了古公亶父時，因為昆夷的侵略，被迫遷都於岐（即今陝西省岐山縣）。《綿》所敘述的就是古公亶父遷都岐山的事。既然要遷都，就必須慎重從事。因此，古公亶父在一天早上，騎上快馬，循著豳城西邊的河岸，到了岐山之下。同行的還有古公亶父之妻姜女。他們到了岐山，目的是為了「胥宇」，即選擇建造宮室的地址。

按《說文解字》，「胥」字本義作「蟹醢」解，以為祭祀之用，引而申之，則有「相」義。有清段玉裁《說文解字注》引《春秋公羊傳》曰：「胥命者，相命也。」又引《穀梁傳》曰：「胥之為言，猶相也。」由此可知，「胥」字的確可作「相」解，含有「相與」「相視」之義。至於「宇」，則指宮室。故而「胥宇」就是勘察宮室建造的地址。作為先秦風水實踐活動的一種法式，「胥宇」被道教中人當作宮觀建設之中的考察方法。和民宅的建造大體相似，道教宮觀建設伊始，也得先對地形進行一番考察。首先是尋找龍脈，接著還要全面地考察一下主山四周的小山，還有水流的形勢等等，透過考察，選擇最佳之地。

許邁選擇了什麽樣的勝地來修造「朱陽館」呢？從其描述當中不難發現，這是一個風景頗佳的地方。靠著欄杆可以看見早上初升的太陽，一條河流在前方閃現，好像天上銀河掛在門前，奇峰秀麗，祥雲繚繞，真有沁人心脾之功。這種景觀的描述雖然出於《茅山志》作者之手筆，但卻也透露出許邁堪輿實踐活動的某些資訊。

像《茅山志》所記載的許邁一類愛好風水活動的人物在道教中是很多的。如早期道派五斗米道創始者張道陵以及金丹派中的異人左慈、張祖常、劉平阿、呂子華、蔡天生、龍伯高等等都在這方面具有建樹。其實例不勝枚舉。

當然，道門中人並非只是進行風水活動而已。透過具體的活動，他們還作了許多總結和理論探討，寫下了為數不少的風水著作。如唐代的道士李淳風、卜應天、宋代的吳景鸞等人的著述都為好風水者所推崇。另外，在《道藏》收有幾種風水學著作，諸如《黃帝宅經》《儒門崇理折中堪輿完孝錄》等等，此類著作雖然不能確定出於道門中人之手，但既然收入道教經書總集內，便表明了道教人士對風水理論的重視。

不過，我們在這裡並不想對道門中人的風水實踐與理論作全面而詳細的闡述。我們的目的是要追蹤其背後所蘊含的易學內容。所以，當我們對其風水問題有了少許瞭解之後就可以進一步來做發掘的工作。

關於風水與易學的關係，道門中人有許多闡述。如唐代道士卜應天在他的一部以賦體所寫的風水專著《雪心賦》中說：

脈認來龍，穴總三停，山分八卦。存乎人者，莫良於眸子；昧於理者，孰造於玄微？惟陰陽順逆之難明，抑鬼神情狀之難察。布八方之八卦，審四勢之四維。有去、有來，有動、有靜。

作者告訴人們：察看地理，應認清發端的龍脈，地上氣穴是由上中下三個部分構成的，而山的走勢則可以按照八卦來作劃分。對於察看地形的人來說，最好使的「工具」也就是自己的一雙犀利的眼睛；但假如沒有明白事理，怎麼能夠入於玄妙精微之所在呢？在具體的察看過程中，惟有自然地形的陰陽順逆最難於判斷清楚，這就好比鬼神的外貌形狀非常不容易瞭解一樣。把八卦佈局於八個方位，審度東、西、南、北與東南、東北、西南、西北的具體位置。地理形狀變化萬端，有來龍，有去脈，有湧動之勢，有靜止之形。

此段是《雪心賦》第一章，原書標明是「地理之宗」，可以看作《雪心賦》全書的總綱。作者用簡潔的語言指出了隨龍認脈的要領。按照八卦方位，判斷各種山勢的歸屬，認識其陰陽變化的性質，這是首要的任務。要能如此，不但得充分發揮「人身之精華」——眼睛的特有功能，而且要有敏銳的洞察力。如果眼力過人，卻無心慧之功，那也是茫然的。雖然作者旨在「相地」，但卻強調了觀察與理性思維兩者不可偏廢的道理。就這一點來說，在其他場合也是有意義的。與此同時，我們看到作者把《周易》的八卦原理貫穿於其中，說明堪輿之術數背後乃潛藏著中國傳統的象徵哲學思想。關於這一點，我們從其基本術語的解讀中即可獲得精神旨趣。

第一，「龍脈」的辨認遵循易學的象徵法度。所謂「脈」本指血脈，如動脈、靜脈。《周禮・天官・瘍醫》說：「凡藥以酸養骨，以辛養筋，以鹹養脈。」《黃帝內經・素問・脈要精微論》：「夫脈者，血之府也。」王冰注：「府，聚也，言血之多少皆聚見於絡脈之中也。」引申之，像血脈那樣連貫自成系統的事物也稱脈，如山脈、礦脈等等。《雪心賦》使用了古代地理學中的一個重要術語——「來龍」，這是指山脈之所由。清人葉九升《山法全書》稱：「龍者何？山脈也……土乃龍之肉，石乃龍之骨，草乃龍之毛。」這些解釋表明《雪心賦》關於龍脈的說法不僅是有來由的，而且是暗合易學取法物象的理趣的。

第二，選擇地穴依據易學天人對應之理。所謂「穴」在古代即指土室、洞窟、墓坑之類，又指人體可進行針灸的部位。看風水，「點穴」是一個大關鍵。《玄女青囊海角經》卷三說：點穴之法「如人之有竅，當細審陰陽，熟辨形勢，若差毫釐，謬諸千里，非惟無福蔭佑，抑且釀禍立至，可不慎歟？」由此可見，風水點穴是從人體的針灸得到啟發而形成的一種法度，但其理趣根本所在仍然是易學的「三才之道」。風水術以易學的天地人三才之分來定基本的穴道。地穴的判斷與選擇正如人體穴位的確定。人有「三停」，即三大孔竅，人心為天穴，人陰為地穴，人臍為人穴。有生機的地理穴道正像一個活人，可依《易》之「三才」而理三停。

第三，陰陽順逆之斷合於易學剛柔感通之功。按照古文字學的闡釋，陰陽本義乃指日照向背。後來用以指兩種相互對立的氣或氣的兩種狀態。易學以一陰一陽為卦象構成的基本元素，所以《繫辭傳》有「一陰一陽之謂道」的說法。地理之學以易學的陰陽為其綱領，來判斷山體的氣勢形狀。地理名家廖金精說：山體以高壟為陽，平支為陰；結穴乳凸之處為陽，凹陷之處為陰；高而俯下者為陽，低而仰視者為陰；就山水的配對來說，山靜為陰，水動為陽；山隨著水而下叫做「順」，山挽水而上者叫做「逆」。中國古代風水學中有所謂「巒頭派」與「理氣派」之分。「巒頭派」所講陰陽順逆是就山形變化而論的。徐試可說：陽龍陰穴，陰龍陽穴，順來逆受，逆來順受。而理氣派照樣講陰陽，他們把易學的八卦與十天干、十二地支配合起來印在一個圓形的儀器上，稱作

「羅盤」，以定方位和判斷穴道的性質。乾甲坤乙離壬寅戌坎癸申辰為陽，艮丙巽辛震庚亥未兌丁己丑為陰。古易家指出，孤陰不生，獨陽不育。所以，一陰一陽，應該像夫婦那樣配對，以求和諧。按行龍的性質來說，從子到丑，自寅而卯，依順時針方向由左下角起運行而往右下角者為陽；由子轉亥，由亥轉戌，依逆時針方向由右下角起而旋轉者為陰。這就是所謂的「陰陽順逆」。

第四，「四勢」與「四維」的確立遵照易學八卦的模式。《雪心賦》所講的「四勢」「四維」也就是八方。「四勢」即東西南北「四正」方位；「四維」即東南、東北、西南、西北。風水術中有所謂「八卦管二十四山」，以易學的「後天卦位」作嚮導，以坎離震兌鎮北南東西，這就是「四勢」；而以乾坤艮巽分指西北、西南、東北、東南，這就是「四維」。其「四維」居於「四正」之偏，「四正」與「四維」可謂經緯八方而相聯。大凡山之起祖入局，雖然千變萬化，但卻不離八卦之宗。

當然，卜應天的《雪心賦》並非只是汲取易學的某些詞句而已，更重要的是作者把易學的象數理趣融貫於風水理論之中。他在該書第六章《論龍脈行度》裡說：「八卦五行，必須參究。浮花浪蕊，枉費觀瞻。死絕處有生成氣局，旺相中審休廢綜由。」卜應天認為，考察環境的「風水」問題，應當參考和推究八卦與五行的理論。看清假象，認準真穴。所謂「浮花浪蕊」是一種比喻。

他指出，正如那些虛而不實的花蕊不會結果一樣，輕浮的山脈也是沒有真氣機的，停留在這種虛浮的地方無論怎樣認真總是枉費心機。另一方面，外表不美的東西有的又有真內涵，而看起來好像很旺盛的地方從發展歷史的角度來考慮往往已經進入了「休廢」的階段。因此，應從辯證的立場來處理。卜應天的這種看法包含著「透過現象看本質」的思想，在道教中具有相當代表性。像他這樣認真研究風水問題，並將易學的象數符號思想與義理融貫其中的道教人士為數不少。這從一個側面反映了道教中人對居處環境的高度重視。

(三)協和有情：道教建築佈局的易學符號模式

應當看到，道門中人對環境風水的重視與易學象數符號與義理的提倡，這並非只是看看和說說而已。有資料顯示，在具體的宮觀建築中，道門中人也是注重以易學符號象徵的觀念作指導的。尤其是在佈局手法上更是這樣。關於這一點，我們可以江西省上饒三清山的建築群體為例來進行分析。

三清山，原名少華山。宋乾道六年（西元一一七〇年），王鑒公之十世孫王霖於該山首建三清宮，供奉三清尊神，故改稱三清山；但道教在該山的傳播則早在三國時期便有之。宋代以來，該山的道觀建築日趨興盛，並表現了正一派與丹鼎派相互融合的趨勢。從地理形勢看，三清山位於一個山谷小盆地內，構成一個「壺中之山」的自然格局，它符合金丹修煉[19]的爐鼎架構。海拔一千五百公尺的三清山，四周崗巒起伏環抱，風卷林梢，而中間谷地則伸展如凹，綠草如茵。就在盆地的周沿，按八卦方位，排列著八大建築。北面有天一水池，南面有雷神廟，東有龍虎殿，西有涵星池，西北有飛仙台，東北有王佑墓，西南有演教殿，東南有詹碧雲墓，這是三清山道教宮觀建築群的主體。在理論上，這組建築群不僅合於陰陽五行學說，而且體現了丹鼎派依卦煉功的觀念，是宇宙真氣運行的一種象徵。

按洛書之法，一居北方為坎，配水，故於此建「天一水池」，以象坎水之徐出；二居西南為坤，坤象地，地色黃，中土寄西南於坤位，坤以正位居體，厚德載物，故於此設演教殿；三居東方為震，配木，與北方之坎及南方之離構成一個三角形；離之數九，配火，南北相對，坎離交媾，則春風得意，龍騰虎躍，故於東方立龍虎殿；四數居東南，為巽卦，巽為風，風能長養，故立詹碧雲墓，以示風行而肉身不腐。八數在東北，在卦為艮，其象山，有止之義。王佑之墓「止」於此，以為萬年定基。七數在正西，在卦為兌，兌象口，又象沼澤，故有涵星池之設。六數在西北，在卦為乾，六爻純陽，有脫胎換骨之義，故於此位立飛仙台。整個建築群雖是按後天八卦方位布局的，但又體現了由後天而返先天的煉丹旨趣。由於該山建築佈局合於仙道秘義，知其底蘊者備加讚賞。明代詩人餘朝楷在《遊少華山》一詩中頌曰：「何必訪崆峒，何必登泰岱，平接蓬萊煙，遠奪峨嵋黛。」其讚歎之情溢於言表。

在道教建築中，更有取法自然，按先天八卦方位來佈局的。福建省寧德市轄區內的霍童山道觀建築即是一例。

霍童山，古名霍桐山，在今福建省寧德市區約五十公里的霍童鎮境內，唐宋時期屬福州府長溪縣。《雲笈七籤》卷二七《洞天神地・天地宮府圖》載：「太上曰：其次三十六小洞天在諸名山之中，亦上仙所統治之處也，第一霍桐山洞，周回三千里，名霍林洞天，在福州長溪縣，屬仙人王緯玄治之。」這說明霍童山很早的時候已是道教傳播的聖地之一。相傳自漢代以來便有道人居此修煉，宮觀建築累代更變。今之霍童山道教遺存僅剩仙岩寺。寺中主持則佛道合修。仙岩寺之建造，以自然山形為先天八卦，會八方之氣而成寺體。該寺坐南於丙午丁之位，後有五葉蓮花峰、五馬下洋峰、大小童峰，霍林洞諸名勝，構成「乾山」之總體態勢；向北於壬子癸，前有案桌峰、獅頭官印峰、獅子峰、香爐峰、仙橋峰、木魚朝西峰，又構成坤母山的總態勢。南為火，北為水，乾坤定位，水火既濟。東方，甲卯乙屬木位，雙劍峰、獅子戲球峰、觀獅台、千年水松、金鐘、金峰諸勝構成離女峰，以示坤陰求合乾陽，索之而得女；西方，庚酉辛屬金位，其筆架峰、石鼓峰、銅鑼峰、展旗峰諸勝構成坎男峰。乾坤生六子，坎離居中位，舉中以概其餘，以示日月運行之義。仙岩寺居於八卦方位之中土，得真元之氣。據稱，寺院四周能測天氣晴雨風之際臨，夜中常可見渾圓火球繞峰回轉。由於霍童山這種特殊的地理位置和建築的合於「仙韻」，許多統治者為之傾慕。

據載，宋真宗曾因無嗣而憂心忡忡，忽夢道人告曰：「洞天仙岩有為仙，救得上帝敕賜嗣。」至宋景德四年（西元一〇〇七年）十一月二十七日，真宗夜半而寢，忽見神人星冠絳衣，迎赤腳大仙降胎李氏，生趙禎，後為仁宗。此等傳聞雖多有附會，但亦可見霍童山道教建築的卦理命數蘊含。福建霍童山與江西的三清山道教建築，這種卦位安排只是洞天福地中各類道教建築的兩個小例子，但從其現象上已可看出道教建築藝術與「易學」的奧妙關係。

道教的建築主要是作為道人進行宗教活動場所和生活場所，但由於其設置多在名山勝境，故該等建築又是園林化的。中國歷史上的園林建築一般分為四種類型，即皇家園林、寺觀園林、第宅園林、名勝園林。

道教建築以道觀為主體。從某種意義上說，這可稱為道觀園林，它屬於中國園林四大類型中的寺觀園林中的一種。不言而喻，道觀園林在主旨上是合於道教修行情趣的；隨著魏晉以來大批文人對道教的信奉，道觀園林建設又成為士大夫們隱逸修真的場所。因古老仙話傳說那種清幽飄逸在道士和奉道文人們看來具有奇妙的陶冶性情的功用。因而，道觀園林往往又根據仙境傳說來架構，自然的山山水水和人工建築物合成一體，表現了「巧奪天工」之魅力。道觀園林與道教的繪畫、雕塑藝術一起將「道的旋律」蓄存在這玄妙的空間裡，以特殊的「靜止」襯出了永恆的流動。

【註釋】

❶見《太平廣記》卷一三五，上海古籍出版社影印本第一冊第七四八頁，一九九〇年十二月第一版。
❷《漢書》第十六冊第五〇八九頁，中華書局一九六二年點校本。
❸《新語・道基》第一頁，《諸子集成》第七冊。
❹《道藏》第五冊第一八五頁。
❺《四庫全書總目》上冊第九一五頁，中華書局一九六五年版。
❻《道藏》第二十三冊第五五二頁。
❼《道藏》第六冊第二五四頁。
❽《道藏》第六冊第二五四頁。
❾朱熹《晦庵先生朱文公文集》卷三十一《答張敬夫》。
❿《道藏》第六冊第二五二頁。
⓫《道藏》第六冊第二五三頁。
⓬《道藏》第六冊第二五二～二五三頁。
⓭《道藏》第六冊第二五五頁。
⓮《道藏》第十二冊第一九一頁。
⓯《道藏》第三十二冊第六〇二頁。
⓰《道藏》第三十二冊第六〇二頁。
⓱《道藏》第四冊第七八〇頁。
⓲《道藏》第四冊第七九四頁。
⓳關於金丹修煉的問題，我們將在下一章中仔細來討論，這裡從略。

第四章　易學在金丹養生中的貫通

人的生存離不開環境。道門中人重視居處環境的選擇，關注環境對人的影響。這也就形成了具有道教思想觀念的「天地之學」，因為天地可以說是最大的生存環境。但是，僅僅注意天地環境對人的影響，考慮如何選擇一個好的居處場所，從道教根本目標看來，這是遠遠不夠的。為了能夠更好地實現其升仙理想，道門中人在長期的歷史中還相當注意具體的延年益壽方法的探討，追求所謂「不死之道」。這雖然僅僅是一種行動方向，但他們由於有了這樣的方向而不懈努力，從而創造了一套養生的理論，並且具有相當豐富的內容，如果要仔細加以闡述的話，恐怕得花相當多的篇幅。在本章中，我們將選擇與易學關係密切的金丹養生來作為討論的中心。

「金丹」本是一種由礦物石燒煉而成的「藥物」，後來進一步加以引申，把人體精氣神的鍛鍊也叫做「金丹」之學。這樣一來，金丹便有了「內丹」與「外丹」之分。這裡把「金丹」與「養生」聯稱是指以「金丹」為主要內容的一套養生法式。當然，其具體內容不止金丹一項，還包括日常生活起居方面的許多養生方法。他們在思想上和理論上的描述方面貫穿著易學的蘊含。這就是我們為什麼要加以考察的基本緣由。道教的金丹養生理論與實踐是受到其「不死」觀念的推動；在這種觀念推動下，道門中人之所以採擷了易學的思維模式及其符號表徵法式，又是具有時代大背景的。為了能夠使其討論能夠更加深入且便於人們全面把握，我們擬先對有關「不死」觀念的情形，以及道教金丹實踐與理論的思想淵源作一必要的介紹。

一、不死之道的符號隱喻與金丹思想淵源

著名道教理論家葛洪在《抱朴子內篇》卷二《論仙》一開始就提出了關於「不死之道」的命題：

或問曰：「神仙不死，信可得乎？」抱朴子答曰：「雖有至明，而有形者不可畢見焉。雖稟極聰，而有聲者不可盡聞焉。雖有大章、豎亥之足，而所常履者，未若所不履之多。雖有禹益齊諧之智，而所嘗識者，未若所不識之衆也。萬物云云，何所不有，況列仙之人，盈乎竹素矣。不死之道，曷為無之？」❶

有人問起說：「神仙不會死亡，這是可以相信的嗎？」抱朴子回答：「雖然有視力極好的奇才，但是天下有形的事物實在太多了，這是不可以全都看見的。雖然有聽力極好的高人，但是，宇宙間的聲音同樣也是非常之多的，那是不可能全部都聽盡的。古時候有叫做『大章』與『豎亥』的人，他們是善於走路的能手，但所走過的還是比不上沒

有走過的多。雖然有大禹與舜之臣子——「益」以及「齊諧」這樣富有智慧的人，但所試驗與認識的還是比不上那些沒有試驗與認識的來得多。天下萬物，芸芸眾生，什麼東西都有，何況已經成為神仙的人，以竹簡白絹寫成的書史有很多的記載。長生不死的道理怎麼會沒有呢？

葛洪堅信經過修煉而長生不死的神仙是存在的。他的這種觀念代表了早期道門中人的主流思想。不過，若追溯歷史，我們卻可以發現，在道教產生之前，有關「不死」的觀念早已存在。從形式上看，這種觀念往往藉由故事傳說或其他符號來表現，所以也就具備隱喻的特徵。

(一) 黃帝騎龍升天——「不死」觀念的一種隱喻原型

唐代大詩人李白在《飛龍引》一詩中寫道：

> 黃帝鑄鼎於荊山，煉丹砂，丹砂成黃金，騎龍飛上太清家，雲愁海思令人嗟。宮中彩女顏如花，飄飄揮手凌紫霞，從風縱體登鸞車。登鸞車，侍軒轅，遨遊青天中，其樂不可言。❷

對於詩中言及的「黃帝」，我們在第一章中已經從修道的角度介紹了有關黃帝的一些神話故事。現在，從「不死」觀念的寄託形式方面再作進一步的稽考。

據說，黃帝是有熊國君少典的次子。他的出生就很不平常。根據先秦的許多古文獻的記載以及漢代史學家的描述，黃帝的母親叫做附寶，有一天，夢見電光繞著北斗樞星，她受了感應而懷孕，二十四個月才生下黃帝。自小，黃帝就十分聰明，十五歲的時候，接收了國土的襲封。他還設計製造了車，所以又稱作「軒轅」氏。「軒轅」就是「車」的意思。李白詩中所言「軒轅」正是黃帝的另一個名稱。

在中國古代，諸子百家幾乎都推崇黃帝，敘說許許多多有關黃帝的神跡；但由於立場不同，各家各派的故事又是各有特色的。道教產生之前的「神仙家」出於「不死」的信仰，他們不僅把黃帝當作一位神仙人物典型，而且將許多修煉的門道也融入黃帝的生平故事之中。這種情況從漢武帝時期「古鼎」的發現尚可得到印證。據司馬遷《史記》所載，漢武帝在位年間（西元前一四〇～前八七年），汾陰挖出了一個古鼎，送到朝廷，漢武帝請方士公孫卿說明古鼎的來歷。公孫卿說，寶鼎由來已久。黃帝採首山之銅，鑄造寶鼎於荊山之下。寶鼎成，有一條巨龍垂下鬍鬚來迎接黃帝。於是，黃帝攀上龍背，群臣後宮嬪妃有七十多人跟著攀了上去。龍搖頭擺尾，飛升而去。剩下來的官職卑微的小臣在龍起飛的時候紛紛上前抓龍頭兩邊的鬍鬚。由於抓的人太多，龍鬚被拔了下來，小臣墜落於地，還有黃帝使用的一把弓箭也一起掉到地上。百姓們看著黃帝冉冉上升，激動地抱起黃帝遺留的弓箭和龍鬚哭號，所以後來黃帝升仙之處就命名為「鼎湖」。這就是公孫卿所說的「鑄鼎」故事，其詳情見於《史記・封禪書》，稍後於《史記》的《尚書中候・握河紀》也敘及此事。李白《飛龍引》一詩的典故即出於此。從眾多古文獻的敘述情況看，有關黃帝鑄鼎乘龍升天的故事絕非是從漢代才開始的。它表明，在道教產生之前，黃帝已經成為「不死」升仙觀念的一種象徵。

黃帝乘龍升天故事作為不死觀念的隱喻，它是由許多「符號」單元組合而成的，其中最為重要的是「鑄鼎」與騎龍「飛升」。從表面看來，「鑄鼎」似乎只是一種工藝活動，但若進一步發掘自可看出其深層次的符號表徵意義。它所暗示的是先民對「生命短促」的抗爭，力圖由自我的努力而延長生命，因為鑄鼎的目的是為了煉丹砂，而煉丹砂則是為了提供「黃金」的原料，然後再製造黃金，使用黃金鍛鑄而成的器皿，以便延年益壽。

一方面，這個「鑄鼎」意味著金丹生產工具的發明具有著十分古遠的文化根基。在理論上，「鑄鼎」乃是生命自我更新的一種象徵符號，它與《周易》中的《鼎卦》理通而意合。《鼎卦》辭曰：「元吉，亨。」意思是說，鼎卦是鼎器的符號代表，象徵著吉祥而大亨通。「鼎」首先是一種器物，是供烹飪之用的；但在古代它又具有「法象」的意蘊。從卦象上看，「鼎卦」的下卦是「巽」，上卦是「離」。「巽」所代表的原始意義是「風」，「離」所代表的原始意義是「火」，以風來吹火，就能把火越燒越旺。起火使物質燃燒，這在客觀上是一種變革。

按孔穎達《周易正義》的解釋，以風吹火的「鼎卦」指明了聖人革命的意義。「聖人革命，示物法象，惟新其制，有鼎之義；以木巽火，有鼎之象，故名為鼎焉。」這是講，聖人發動思想革命，用器物來作為方法條規的象徵，目的只是為了更新制度，這就有了「鼎」的意義；而以木頭來燒火，這也就有了「鼎」的形象，所以，這個卦的名稱就叫做「鼎卦」。黃帝「鑄鼎」的故事也具有這種「示法於象」的意義，因為「鼎」本身就是一個可以通過視覺而感知的器物，將水以及其他物品置於鼎中燒，引起性質變化，這就是一種「革命」，所謂「革故鼎新」，其意就在於此。

另一方面，從個人的養生來看，黃帝鑄鼎故事也具有獨特的隱喻意蘊。古代道教煉丹家把人體比作「鼎器」，以煉自身體內的精氣神，目的也是為了促成其自我的日新，以便「返老還童」。另外一個符號單元——騎龍「飛升」，這同樣包容著易學的資訊。我們知道，「龍」本身是先民所崇拜的一種靈物，具有很高的品格。黃帝騎在龍背升天，那是多為誘人的舉動，難怪後宮嬪妃要跟著他繼續去享受天上的美好時光了。

在《周易》中，龍是一個重要的象徵物，「乾卦」中貫穿著的正是「龍」的意象。再說，飛龍升天之「升」還蘊含著《周易》「升卦」的理趣。《升卦》辭云：「升，元亨，用見大人，勿恤，南徵吉。」這是說：升卦象徵著上升，遇上此卦可以達到極好的運氣，這就是所謂的「元亨」，所以有利於出現「大人」，不必憂慮，向南方的光明境地進發必然獲得吉祥。升卦之象，下卦為巽，上卦為坤。按古易家之言，巽具「木」之意，而坤為土，「木」出於地上是為升。所以《象》曰：「地中生木，升；君子以順德，積小以高大。」地中生出樹木，這象徵著「升」；君子順行美德，累積小善以成就宏偉大業。足見「升」是一個很好的符號意象。黃帝鑄鼎的結局是騎龍升天，這正意味著易學中「升」的吉祥美意。由於黃帝鑄鼎故事具有如此深刻之秘義，後來的道門中人對此也就津津樂道了。

(二)扁鵲禁方與不死隱喻的變形

作為「不死觀念」的一種結晶，道教金丹理論還與古代神方秘術的流傳有密切關係。關於這一點，我們可以「扁鵲」的故事為例，來加以探究。

「扁鵲」這個神異人物，讀者大概是不會陌生的。按司馬遷《史記》卷一〇五所載，扁鵲是渤海郡河間人，姓秦，名越人，年輕時曾經當過「舍長」，也就是管理客館的「老大」。當時，有個隱者叫做「長桑君」來到旅館住宿。扁鵲知道這是個「奇人」，就非常恭謹地對待他，而長桑君也認為扁鵲不是個等閒之輩。就這樣，長桑君來來往往，與扁鵲私交達八十多年。有一天，長桑君對扁鵲說：「我有禁方，因為年老，想找個傳人，就傳給你吧。希望你能夠保守秘密。」扁鵲回答：「我一定照辦。」於是，長桑君從懷中取出「禁方」——神藥交給扁鵲，吩咐扁鵲以上池之水送服。長桑君告訴扁鵲，只要你能夠這樣堅持三十天，就會看見神奇的東西。一番交代之後，長桑君把禁方神藥與書交給扁鵲，就不見蹤影，人們這才相信長桑君不是一個凡人。

扁鵲依照長桑君的吩咐，堅持服藥三十天，忽然看見牆壁對面的人。他按照這種

「透視」方式來為人看病，據說可以很清楚地看到病人的五臟六腑癥結所在，但他依然以診脈為名，往來於齊國與趙國之間。

司馬遷《史記》還記載，扁鵲到了虢國，聽說虢國太子死，他趕到宮門下問中庶子喜方：「太子得了什麼病？」中庶子回答：「太子的病乃是血氣不能依時而行，交錯而不得泄，暴發於外就成了臟腑之內的危害，他的精神不能抑制邪氣，所以，邪氣積蓄不能排除，造成陽緩而陰急，突然得病而死。」扁鵲又問：「太子死於什麼時候？」中庶子答：「雞叫的時候。」聽說還沒有將太子埋葬，扁鵲非常肯定地說：「我可以讓太子起死回生。」中庶子不相信，以為這是很荒唐的事，他疑慮重重地說：「我聽說上古的時候，醫家有俞跗，治病不用湯液醴釃，也不用石針來鑽紮體膚，不用按摩或膏藥黏貼，只是使用割皮解肌、訣脈結筋一類的方法，先生的治療如果是像俞跗一樣，那麼太子就有救了。」扁鵲仰天長歎，說：「夫子所講的這種醫方，正像以管窺天，以郄視文。越人治病的方法，不用切脈望色聽聲察形，也不用指出病在哪裡。聽說病在陽，就可以推知其陰；聽說病在陰，也可以論治其陽……如果先生覺得我的話不可信，那就進去診斷一下太子好了。你可以聽到耳鳴的聲響，看到他鼻翼起伏的樣子，循著大腿兩側以達到陰部，你可以感覺到還有體溫。」

中庶子聽了扁鵲的話，十分驚訝，趕緊報告虢君。虢君也非常驚訝，連忙在中闕會見了扁鵲。見面之後，扁鵲說了一通陰陽脈象的問題，斷定太子是因為陽脈下遂，陰脈上爭，造成氣閉不通，因脈亂致使形靜如死。扁鵲讓徒弟子陽用石針紮外三陽經。不久，太子就蘇醒了。再經過一段時間的調理，太子恢復健康。

在世人的心目中，扁鵲不愧是一個神醫，「死人」也被他醫活了。他對脈象的陰陽分析，處處貫穿著易學的象數與義理精神。在中國古代，有所謂「易醫相通」的說法，扁鵲的故事充分地證實了這一點。就本章的研究來說，扁鵲故事最為誘人的地方是長桑君送給他的「禁方神藥」。所謂「禁方神藥」就是秘傳的特別靈驗的方藥，即後來極受道門中人所推崇的「神丹秘藥」。

從《史記》的描述可知，這種「神丹秘藥」不是產生於人體自身，而是從外界取得原料，由一定的製作程式形成的。其實際功效如何，我們現在已經無法作出檢驗，其中不免有些神秘因素；但是，扁鵲的故事絕非是靠想像而出的，其字裡行間蘊含著先民尋找秘方以達到「不死」境地的願望。

如果說，黃帝煉「丹砂」是先民們追求「不死」願望的一種初步的神話表現，那麼扁鵲得「禁方神藥」則顯示了這種願望的深厚「張力」，它所體現的不是一種個人行為，而是中國先民與「死亡」抗爭的集體「潛意識」的凝聚形式。從這個角度看，扁鵲故事也具有符號學的意義，它是「不死」隱喻的符號變形與擴張。

就時間的方面而言，故事中的扁鵲是「春秋」時期的「神醫」，所以有關「禁方神藥」的事乃是由來已久的。實際上，如果我們更多地考察一下古史資料，就會看出有關

「不死」神藥思想的發端是相當早的。這從「嫦娥奔月」的故事可以得到進一步的說明。「嫦娥」又稱「常娥」等，據《淮南子・覽冥訓》的記載，「羿請不死之藥於西王母」，嫦娥「竊以奔月，悵然有喪，無以續之」。按照漢人高誘的解釋，嫦娥是羿的妻子，羿向西王母討得「不死之藥」，還來不及吃，就被嫦娥偷去吃了。她一吃，就飄飄然飛向月宮，成為「月精」，據說月亮中的「蟾蜍」乃是嫦娥的化身。「嫦娥奔月」的故事最早出於古代的一本易學專書——《歸藏》。《文選注》兩次引用了《歸藏》，都言及嫦娥服不死藥而奔月的事，可見這個故事在「春秋」以前早有流傳，因為《歸藏》據說是商代的易學書。這樣看來，被道教所大大發展了的「不死」觀念不僅發端早，而且與古代易學存在著千絲萬縷的關係。

《歸藏》這部書，古代有些學者把它歸屬於黃帝名下，稱黃帝為「歸藏氏」。這儘管多屬傳說，但卻也反映了「不死」觀念原本與易學糾葛在一起。據說黃帝也是一個演卦的高手，他曾經把八卦推演為六十四卦❸，並作了新的排列。賈公彥在對《周禮・太卜》進行解釋時說：「《歸藏易》，以純坤為首，坤為地，故萬物莫不歸而藏於中，故名為《歸藏》也。」意思是講，《歸藏》這部易學專書，以純陰的坤卦為首卦，坤卦是「地」的符號表示，所以萬物都歸往而藏在其中，這就是《歸藏》得名的由來。

在易學的符號表示中，色彩往往可以同卦象互相轉換或借代，坤卦屬於地，而「地」的顏色在古人心目中是黃的，這與「黃帝」之名暗合。從這種符號轉換和借代的角度看，黃帝鑄鼎煉「丹砂」的傳說以及「嫦娥奔月」的故事，實際上是同一觀念的不同符號表現形式。

春秋戰國是所謂百家爭鳴的時代，各種學說紛紛問世。在這樣的背景下，「不死」觀念不僅得到了傳播，而且被許多人付諸行動。於是，社會上出現了種種求不死神藥的舉動。據《史記・封禪書》等所載，戰國時，燕齊一帶的方士聲稱海中有蓬萊、方丈、瀛洲三神山。山中有長生不老的仙人和不死神藥，還有渾身都是白色的禽獸以及用黃金、白銀建造的宮闕。據說，三神山就在渤海中，離中國並不太遠，這當然很有吸引力，對那些抱有「長生」願望的帝王而言，更是如此。於是，入海求不死神藥的浪潮一浪高過一浪。齊威王和齊宣王（西元前三七八～前三二四年）先後組織起船隊，由那些聲稱到達過三神山的方士率領，向海中進發求仙人和不死神藥去了。

後來的秦始皇更是一個對「長生」極為渴望的人，他委派徐市以大船載著數千名童男童女也入海去了。儘管童男童女再沒有回返，方士徐市也逃之夭夭，但卻從一個側面反映了求不死神藥的願望具有深厚的社會思想基礎。

秦漢之際，有關神藥偏方「起死回生」功效之傳說更加盛行。馬鳴生的故事就是一個見證。據稱，他是齊國臨淄人，青年時當了「縣吏」，奉命追捕盜賊，被盜賊殺傷，幾乎喪命，昏昏沈沈。忽然，有一位十六、七歲的漂亮女子走到他的身邊，問起馬鳴生為什麼受傷？馬鳴生有氣無力、斷斷續續地說了原由。年輕女子看了看傷勢說：「你這傷是被大刀猛砍造成的，現已傷及肺臟，血液凝固於其中，大腸小腸之週邊又被渾氣所激，這是將要死亡的跡象。」馬鳴生知道來者是個神人，哀求她救一救性命。年輕女子從肘後竹筒中倒出一粒藥丸，這藥丸和豆子差不多一樣大，叫馬鳴生吃下去。馬鳴生一吃，還在流血的傷口即刻癒合，血也不再流，恢復了健康。馬鳴生萬分感激地說：「家財全部獻給恩人，也表達不盡我的謝意。從今以後，我就當你的奴僕。」馬鳴生到了東嶽泰山，原來那女子就是西王母的女兒，號太真夫人。

儘管這個傳說融合了古老的西王母神話，為馬鳴生治療刀傷的女子之醫術是否如此高超也值得考慮，但傳說本身卻表明「神藥偏方」在秦漢間頗為世人所嚮往。

漢武帝時，社會上的求仙空氣很濃厚，製煉丹藥的方士不計其數。當時的淮南王劉安召集賓客方士數千人，討論道家之學和煉丹之事，創作《內書》二十一篇，《外書》甚眾。據說方士們還在劉安的組織下，寫了《中篇》八卷，大約二十餘萬字，內容是關於成仙方法以及煉製黃金、白銀、神丹延命之事。

據《漢書・楚元王傳》的記載，這部書又叫《枕中鴻寶苑秘書》。書名裡「枕中」二字是表示它被置於枕頭邊常常翻閱，而「鴻寶」則是表明此書的非同尋常。淮南王把這部書獻給了漢武帝，這個癖好神仙偏方之道的帝王愛得不得了，就秘密地收藏起來。可見，西漢時神藥仙丹在社會上很受推重。無疑，這成為東漢以來道門中人「金丹」燒煉方術的直接源頭。

(三)彭祖故事與「內丹」之前身

不過，必須指出，道門中人「金丹」燒煉與理論的源頭並非只是「禁方神藥」一條，因為「金丹」在東漢以後已經包括了比較複雜的內容，其最重要的一點就是由外丹程式的描述來達到「內丹」隱喻的效果。「內丹」的一系列術語儘管不容易理解，但其基本要點還是明確的，那就是透過自身精氣神的「燒煉」，即內在調理而延年益壽。這一層的意義與古代的「導引行氣」之類養生術又密不可分的。

《莊子・刻意》說：「吹呴呼吸，吐故納新，熊經鳥申，為壽而已矣。此導引之士，養形之人，彭祖壽考者之所好也。」意思講，吐出廢舊之氣，吸收新鮮之氣，像老熊一樣挪動肢體，如飛鳥一般翩翩展翅，這不過是為了使自己長壽罷了。此等活動是導引行氣者和善於保養形體的人，如彭祖這樣的老壽星所喜愛的養生方式。

《莊子》書中這段話提到一個赫赫有名的人物，這就是「彭祖」。道教中的丹家養生高人大多推崇彭祖。為了使金丹養生與易學之關係的探究能夠更加全面，我們有必要對彭祖的事跡稍作介紹。

在中國民間，彭祖的名字幾乎家喻戶曉。筆者在孩提時代就已經聽到彭祖的故事。老輩人說：很久很久以前，有個人叫做彭祖，他活了八百歲，皮膚卻和兒童差不多。據說，彭祖有蛇的特性，每過十年八年，就會蛻皮一次。他要蛻皮的時候，就住進一間秘密的屋子裡，躺在裡邊睡上三個月，像蛇冬眠一樣。醒來以後，皮就自動蛻下來，恰似換一件衣裳那樣簡便。這樣，過了八百年，那間秘密的屋子裡裝的皮幹差不多已經疊到大樑。

彭祖蛻皮之事，是真是假，不得而知。不過，彭祖其人在歷史上倒是真實存在的。司馬遷《史記・楚世家》談及陸終生了六個兒子，其中第三個兒子就是彭祖。《列仙傳》卷上說，「彭祖者，殷大夫也……帝顓頊之孫，陸中（終）氏之中子。歷夏至殷末，八百餘歲。」《列仙傳》所記載的彭祖不僅有名有姓，有官職，而且生活的時代也較明確。晉代葛洪廣泛搜羅了當時流行的傳說，寫了一部《神仙傳》。

在這部書裡，葛洪很細緻地敘述了彭祖的一生事蹟，其中談到彭祖「遺腹而生」（婦人有孕未產而夫死，腹中嬰稱「遺腹」，由此產下之子稱「遺腹子」），三歲時，母親就離開人世。彭祖成人的時候，中國西部「犬戎」族發起動亂，楚地受到侵擾，彭祖離鄉背井，流寓於西域一百多年，有四十九個妻子和五十四個兒子在彭祖尚健在時便死亡了。到了商朝末年，紂王知道彭祖高壽，想向彭祖學習養生方法。當彭祖通過「採女」授給「房中術」（一種性生活的技術）後，紂王企圖將這種養生方法作為秘密，於是發佈詔書：凡是懂得彭祖房中術的人通通殺頭，又暗中派人跟蹤彭祖，企圖把彭祖害死，彭祖逃走。傳說有人在流沙之國看見過彭祖。

以上這些情節因採自民間，沒有別的旁證，所以不能盡信；不過，彭祖其人的壽命比一般人長，應該是沒有疑問的。

大概彭祖當過商朝大夫，有封地。《地理志》載，彭城縣係古之彭祖國，位於今江蘇省銅山一帶，有人考訂彭祖國就在今日的徐州。彭城縣，古稱大彭氏國，春秋時代為宋楚之地域；楚懷王曾經以彭城為國都，項羽自立「西楚霸王」時也在彭城建都。據稱，彭城裡還有一座彭祖樓。酈道元《水經注・獲水》謂：「獲水於彭城西南回而北流，經彭城……城之東北角，起層樓於其上，號曰彭祖樓。」又據《世本》所載，彭城內還有一個彭祖的墳墓。彭祖樓與彭祖墓或許是後人為紀念彭祖而修建的，但卻也表現了民間對彭祖的尊崇。

彭祖的後裔紀念彭祖，這是沒有什麼奇怪的，關鍵在於長期以來人們為什麼對彭祖崇尚有加呢？在道教中，許多神仙故事書都有彭祖的傳記，金丹派自然也是把彭祖當作一個長壽的榜樣，如武夷山這個金丹派的大本營之一就與彭祖很有關係。「武夷」之名據說是因為彭祖的兩個兒子，一個叫「武」，一個叫「夷」。魏晉以來，許多修道者聚集於此，金丹派南宗更以武夷為據點，收徒傳道。金丹派崇尚彭祖，這除了他特別長壽之外，恐怕還與彭祖的養生方法有關。

據許多道書記載，彭祖的養生有許多法式，而其中與金丹修煉關係密切的是「導引行氣」之類。葛洪《神仙傳》說：彭祖「常閉氣內息，從旦至中，乃危坐拭目，摩搦身體，舐唇咽唾，服氣數十，乃起行言笑。其體中或疲倦不安，便導引閉氣，以攻所患。

心存其體面、九竅、五臟、四肢、至於毛髮，皆令俱至，覺其氣雲行體中，故於鼻口中達十指末，尋即體和。」

由此可知，彭祖經常進行胞胎式內呼吸功法，每次行功從早上一直到中午才停止。然後他開始按摩自己身體的各部位，從眼睛到軀幹，有秩序有步驟地進行按摩，並以舌頭舔嘴唇，等到口中唾液多起來時就咽到肚子裡去。接下來，他吮吸精氣幾十口。這樣，他才站起來走動言笑。假如感到疲倦或身體不舒適，他就引導內氣，進攻病灶，並且將意念貫注於身體、面部、九竅、五臟、四肢，以及毛髮，讓身體各部分都得到心神的察照。於是，隱隱覺得氣息像流雲一樣在體內飄動，從鼻孔接納來的外氣化成內氣，一直運行到十個指頭的末端，用不了多久，身體就舒適了。

彭祖的養生方法與丹道有什麼關係呢？最重要的有兩個方面。

首先，關於「閉氣內息」，這實際上就是一種「胎息功」。所謂「胎息」乃是類比嬰兒在母腹中內呼吸的方法。嬰兒在母體中不能直接用自己的呼吸器官來與外界交換氣體，而是通過與母親相連的臍帶交換氣體。與常人相比，這具有封閉特點，因此有「閉氣」之稱。道教內丹功到了比較高的階段也表現為氣的內循環。從這個角度看，彭祖「閉氣內息」可視為道教內丹術的前身。

其次，關於「服氣」，實際上是效法靈龜採氣。我們知道，龜的壽命在動物界中算是比較長的，它們的呼吸方式也很特異。古人向來也有崇拜「龜」的傳統，把龜當作

「四靈」之一。司馬遷《史記》中有許多關於龜的靈異故事。民間也有種種效法靈龜採氣的傳說。漢人陳實《異聞記》記載，古時候，有個姓張名廣定的人，為了逃避戰亂，打算離鄉背井到異域謀生。無奈，他有個剛剛滿四歲的千金，自個兒沒辦法走遠路，這

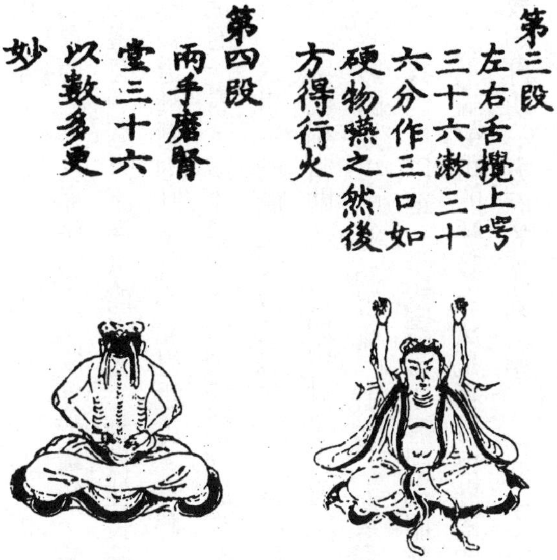
第三段
左右舌攪上腭
三十六漱三十
六分作三口如
硬物嚥之然後
方得行火
第四段
兩手磨腎
堂三十六
以數多更
妙

圖 4-1　咽津行氣圖

可苦死了廣定夫婦：將女兒丟掉肯定會活活餓死；不丟掉呢，千山萬水的跋涉實在又不是辦法；如果讓孩子的屍骨暴露在荒山野地裡，當父母的又於心不忍。無良策可行時，夫妻倆想起村頭有一座大古墳，恰好墳墓頂端有個現成的窟窿，便橫下一條心把女兒放在筐裡，以繩綁上後，吊放進古墳裡邊，留給可充饑的幾個月的乾糧和水，與孩子泣別。等到平定戰亂，張廣定回歸故里，已經過去三年時間。懷著懺悔之心，張廣定準備撿拾孩子的骨骸，換塊地皮安葬。奇怪的是，當他跑到古墳邊，卻發現女兒仍然活著，好端端坐在墓穴裡，

而且還認識父母。開頭，張廣定夫婦都懷疑墓中人是女兒陰魂不散、幻化出現驚嚇父母的。當證實孩子的確還活著的時候，廣定喜出望外詢問女兒：「你這幾年從哪裡弄到吃的東西？」女兒應答：「吃完乾糧後，我餓得眼冒金星，彷彿就要死了，忽然發現角落那邊有一個黑不溜湫的怪物，整日伸長脖子吞氣，我也學著它的模樣，伸長脖子吞氣，哪知道漸漸地肚子就不覺得餓了。」聽女兒一說，張廣定就去找女兒所講的那個怪物，走前一看，這才發現那所謂的怪物原來是一頭大烏龜。

故事中的廣定女效法烏龜「吞氣」雖然出於偶然，但卻說明民間對烏龜的「採氣呼吸」法已相當關注，從中得到了啟發。

彭祖故事中的「服氣」與廣定女學習烏龜「吞氣」具有同樣的功用。透過這種追蹤，我們可以進一步認識彭祖導引「服氣」的自然基礎。

不論彭祖的呼吸方法是否得自烏龜的啟迪，我們都可以發現他在道家以及後來的道教「丹功」方面的深刻影響。《莊子》在討論「大道」的時候說「彭祖得之，上及有虞，下及五伯」。《呂氏春秋・離俗覽・為欲》謂「天下至富也，彭祖至壽也」。《抱朴子・對俗》說：「人有明哲，能修彭老之道，則可與之同功矣！」這些論述表明彭祖不僅被道家與道教當作長壽的典型，而且成為修道的一種象徵。尤其值得注意的是葛洪作為金丹派的主要傳人之一，在言及彭祖的時候將其修道方法與「龜鶴」聯繫起來，謂「龜鶴之遐壽，故效其道引以增年」。可見，彭祖的養生法式的確為金丹派所效法。因此，把彭祖的「閉氣內息」與「服氣」看成內丹學的一個源頭應是在理的。

當然，彭祖只是道教金丹派所推崇的養生模範之一。在道教文獻中涉及的古代養生手段相當之多，我們在這裡之所以特別地介紹了彭祖，是因為他具有典型意義。由認識彭祖故事中的養生方法，可以進一步看清道教金丹養生理論是有深厚的文化基礎的。東漢以來，道教金丹派的許多重要傳人的著作，為什麼將外丹燒煉與道引行氣的養生法式結合起來，並統一在易學卦象符號的表徵上？如果我們能夠從這種古老的文化背景來加以認識，也就可以發現其根深蒂固的思想內核。

二、《參同契》與金丹養生理論的易學符號表徵

從上面的闡述中我們已經知道，道教金丹學是以先秦禁方神藥之追求及外丹燒煉的經驗為「先導」的，同時又受到彭祖一類高壽者導引行氣方法的啟迪。換一句話說，古代的禁方神藥之製造、外丹燒煉以及導引行氣之類養生形式，實際上成為道教金丹法門的淵源。但是，僅僅這些方面還不足於導致道教金丹養生學的最終形成。因為東漢以來的道教金丹養生已經不是作為一種經驗形態存在，而是具備了理論特徵，其最重要的表現就在於它貫徹了易學的象數思維模式，大量借助卦爻符號。在本節中，我們將由一些有影響的人物與著作的考察來說明這個問題。

(一)魏伯陽與《周易參同契》的名義

金丹養生理論是道教金丹派形成的一個重要標誌。其早期代表作就是魏伯陽的《周易參同契》。這部被後人奉為「萬古丹經王」的奇書多方採擷秦漢以來的易學成果，第一次系統地把易學卦象符號引入金丹學體系之中，並賦予新意，以暗示金丹修煉的操作程式。從思想層次看，魏伯陽的金丹學說既不是單一的外丹燒煉方法的演示，也不是純粹的導引氣功的翻版，而是將原有的外丹燒煉與導引氣功法式結合起來，巧妙地統一在易學的符號框架之中。為了更好地認識其基本內容與來龍去脈，讓我們從作者的有關情況談起吧！

關於魏伯陽的生平事蹟，官修正史無載，倒是葛洪的《神仙傳》有生動的描述。其大體情況是這樣的：

吳地人魏伯陽，出身高貴，雅好道術，他不肯當官，祈求清居閑處，涵養性情，曾入山燒煉金丹。魏伯陽進山煉丹的時候，帶了三個弟子和一條狗。他知道有兩個徒弟心不夠虔誠，就告誡他們：「丹煉成，要先試驗，讓白狗吃一吃，如果白狗一吃就能起飛，人就能吃；如果白狗一吃就死，人就不要吃了。」據說，燒丹要掌握「火候」。火候的情況用「轉數」來表示，一般分作「九轉」，即經過九次的變化才算達到所需火候的標準。如果轉數不足，「和合」不充分，丹就含有毒素，吃下去就會暫時處於「昏死」狀態。魏伯陽故意把這種「轉數」未足的含有毒素之丹給白狗吃，白狗馬上就死了。魏伯陽對三個弟子說：「煉丹惟恐不成，今日煉成了，讓狗吃，狗死了，恐怕是沒有得到神明的旨意，再吃下去其命運恐怕還是與狗一樣，你們以為如何？」弟子們問：「師父您打算服下金丹吧？」魏伯陽答：「我已經違背世情，離家入山，現在沒有求得成仙的大道，再回家去實在羞恥得很哪！不論是生是死，休管成仙成鬼，我只有把金丹吃下去！」魏伯陽說罷，拿起金丹就吞服。丹剛剛入口，魏伯陽就「死」了。弟子們你看我，我看你，不知如何是好。有兩個猶豫地說：「咱們跟隨師父進山來煉丹，目的就是為了長生不死，現在師父一吃就死了，該怎麼辦呢？」另一個弟子說：「咱們的師父非凡庸之輩，吃了丹就死，恐怕另有天意吧？」他又拿起丹來吃，其結局與師父一樣。剩下兩個弟子說：「煉丹就是為了永生，現在吃丹反而丟了性命，幹嘛還要煉丹呢？如果不服用金丹，還可以在人間快活幾十年。」於是，兩人決定不再服丹。一起出了深山回家，準備為師父和死去的師兄弟買棺材，收埋屍體。

兩位弟子一走後，魏伯陽立即就從地上躍起，抱起那位吃了丹的弟子和白狗，求仙去了。在路上，遇到入山砍柴的樵夫，魏伯陽親筆寫了書信，託付給這個從家鄉來的樵夫，對兩位籌備棺材的弟子表示感謝。兩位已回家的弟子看了書信，又後悔又氣惱。

按照葛洪的描述，魏伯陽不僅具有外丹燒煉實踐經驗，而且對所謂「不死」之道堅信不移。這在他的著作中是有所體現的。他說：「委時去世，依託丘山，循遊寥廓，與

鬼為鄰。化形而亡，淪寂無聲。百代一下，遨遊人間。」❹

這段話中的「委」字和「鬼」字乃是由其姓「魏」字分離而成。依照陰長生的解釋，魏伯陽並不是真的與「鬼」作鄰居，而是透過隱語來表示其隱形升仙的理想。他所講的「亡」據說是暗示自己初服丹時的「化形」情況，爾後與白狗一起升仙。

除了葛洪《神仙傳》的記載之外，南朝的著名道士陶弘景以及後蜀彭曉等人對魏伯陽的事蹟也有敘及。

魏伯陽所作《周易參同契》，一般略稱為《參同契》。顧名思義，該書乃是借用《周易》卦爻象數的思想來闡釋煉丹術，正如葛洪在《神仙傳》中所說的：「伯陽作《參同契》《五相類》凡三卷，其說似《周易》，其實假借爻象，以論作丹之意。」根據葛洪的這個解釋，魏伯陽所作書在基本宗旨上原本與《周易》不同，它只是借用了《周易》的卦象符號來為構築金丹理論服務罷了。

至於書名意義，朱熹有一段說明。為什麼叫《參同契》呢？朱熹指出：「參，雜也；同，通也。契，合也；謂與《周易》理通而義合也。」朱熹的話與葛洪的解釋似乎有矛盾，其實他們是從不同角度講的。葛洪所言在性質，《周易》本是一部占卜之書，而金丹學則不是用以占卜，可見思想宗旨的確不同；但在理趣上卻又有一致之處，因為《周易》的占卜法式遵循的是推天象以明人事的「天人相應」思想，其卦象本身也可以指代天體運行規律，具有一般的符號意義，這一點恰好可以被金丹學所借用，所以朱熹才指出彼此之間「理通而義合」。

《參同契》以《周易》的卦象符號作為基本構築材料，又融合黃老之學與外丹燒煉的爐火程式，形成一個包容「三道」的金丹學體系。《參同契》對此明確地表示：「大易性情，各如其度。黃老用究，較而可禦。爐火之事，真有所據。三道由一，俱出徑路。」文中所謂「大易」指的就是《周易》，「黃老」就是以黃帝、老子為代表的道家之學，「爐火」則是外丹燒煉之法門。由於「黃老」養生法度本有「內功」意義，《參同契》提「黃老」這實際上已經把「導引內功」的精神貫注在其中。

(二)《參同契》的幾個基本術語與易學的關係

任何一種成體系的著作都必須建立一套概念，使用一些術語，魏伯陽《參同契》也不例外。這部書的宗旨是暗示金丹修煉法門。其基本精神是把「外丹」與「內丹」的操作原理統一起來。根據易學的象徵旨趣，魏伯陽所講的「外丹」燒煉方法同時對內丹的操持也具有「法象」的指示作用。古代的金丹燒煉有三大要素，這就是「鼎器」「藥物」「火候」。從辭源學方面看，這三個術語顯然肇始於外丹術，但經魏伯陽灌入象徵意蘊，它們同時也就成為內丹操持的基本術語了。

1.鼎器

鼎器包括鼎與爐兩件東西，這是煉丹的基本工具。《參同契》以乾坤兩卦表示鼎器，這是因為易學的「先天卦位」排列，乾坤定南北，乾為天，坤為地，乾在上，坤在下。這種定位法恰好與金丹燒煉的鼎器安置法相合。外丹燒煉所用鼎器也由兩部分組成。根據魏伯陽《鼎器歌》的描述，鼎之下部為盆狀，周圓共一尺五寸，內含三個「五」，所以有「圓三五」的口訣。鼎的厚度一寸一分。鼎口偃開如鍋釜，周圍約三尺二寸，因「四八」為三十二，所以稱「口四八」。鼎之口唇增加厚度一寸，達到兩寸。整個鼎的長度有一尺二寸，這就叫做「長尺二」。通身厚度一寸一分，不能有差別，這就叫做「厚薄勻」。鼎分身腹底三部分，這就是所謂「腹臍三」。鼎懸於灶中，不著地，這就叫做「坐垂溫」。

以十二地支來劃分鼎器的陰陽進退，前六個地支子丑寅卯辰巳為陽，後六個地支午未申酉戌亥為陰。「巳午」為陰陽交界。鼎之上器為罩形，底部有三隻支腳，中間置加熱源。整個昇華器之外形如「鼎」，故有「鼎器」之稱。上有水鼎以潤下，下則運火以炎上，這就叫做「陰在上，陽下奔」，體現了施行過程中的冷熱變化，高下相召。外丹鼎器符合乾坤定位之法，內丹「鼎器」也是這樣。

無名氏《周易參同契注》說：「乾坤，謂鼎器也。乾為上釜，坤為下釜。」清劉一明《參同契直指》稱：「金丹之道，《易》道也。《易》道以乾坤為父母，丹道以乾坤為鼎爐。」就人體來說，首為天，屬乾，腹為地，屬坤，一上一下，即為鼎爐。這就是說，人體本身也可以看作一個鼎爐，透過精氣神的「燒煉」，最終可以結成內丹。

2.藥物

為這是製煉金丹的主要物品。外丹燒煉以鉛汞為藥物。「鉛」是一種重金屬，化學式為Pb，固態，呈銀白色；「汞」是一種特殊的二價金屬，其化學式為　，常溫下呈液態，銀白色，常稱水銀。我國先民大約在春秋戰國時期即已發現鉛汞，古代煉丹家以鉛汞為原料來製煉金丹。後來，外丹成為內丹的比喻，藥物的術語也為內丹學所沿用。內丹家所謂鉛汞、藥物指人體先天的生命元素，他們認為此等藥物可以扶正祛邪、維持人的生機。《玉皇心印妙經》說：「上藥三品，神與氣精。」三者之中，精是基礎，氣為動力，神為主宰。《參同契》以易學中的「坎離」二卦代表藥物，將內、外丹統一起來。它說：「坎戊月精，離己日光。日月為易，剛柔相當。」坎、離原為易學經卦之二。漢代象數派易學家以坎離加上震兌構成「四正卦」分別屬東南西北與春夏秋冬。坎離對應於北南，又為月日。古《易》以天干同八卦、五行相配，戊己配坎離，表示日月之運行，所以《參同契》有「坎戊」與「離己」之稱。戊己居中屬土位，土旺四季，羅絡始終，周流不斷。

就外丹而言，坎離就是鉛汞；就內丹而言，坎離就是一元之氣內在陰陽兩個方面，引而申之，就是精氣神。坎離是由先天的乾卦與坤卦中爻互換位置而成的。《參同契》認為，將欲養性延命，應該考慮人之本初。人之成形，乃是陰陽相感所致，氣布精流而成。元始之際，是為先；成形之時，是為後。為了歸根還元，返老還童，就得調理藥物，使坎卦中的「陽爻」回復到離卦中的「陰爻」位置，讓離卦變成純陽的乾卦，這就叫做「後天返先天」，或曰「會乾坤」。

3.火候

這是指煉丹過程中陰陽變化的數量界限。掌握「火候」是至關重要的一環。《參同契》所謂「謹候日辰，審察消息」，即表明了掌握火候的謹慎態度。宋張伯端《悟真篇》說：「縱識朱砂與黑鉛，不知火候也如閑，大多全借修持力，毫髮差殊不作丹。」意思講，縱然你懂得朱砂、黑鉛之類藥物，但如果不明白如何掌握火候也是枉費心機。火候的掌握全靠自己的體驗與悟性，只要有絲毫的相差，丹也就煉不成了。故古人有所謂「藥物易知，火候難準」的說法。

陳致虛《金丹大藥》卷七《運火行符須知》說：「火者，藥火也；候者，符候也；將者，符合也。聖人下工煉丹之初，須知鉛汞。兩相逢迎，真一之鉛將至，運己汞以迎之。鉛汞一合，而即得黍粒之丹餌，歸黃金室內，以為丹頭也。」前人這些解釋，無非是說明，火候的掌握就是懂得陰陽和合之度。關於這一點，《參同契》以《易》之坎離作為符號表徵，又以月亮的晦朔弦望的運行規律來比喻，具體地說，它以月亮在三十天內運轉的一定軌跡中的「點」配以卦爻方位，如用震、兌、乾表示月亮由「上弦」而至「望」，體現了陽的增長；用巽、艮、坤表示月亮由「下弦」而至「晦」，體現了陰的增長。陰陽轉化是一個量變到質變的過程，內外丹的修煉也符合這一陰陽消長的規律。

所以，煉丹就必須掌握好這個變化的「度」，這就叫做「火候操持」。

(三)《參同契》與「納甲法」

具體怎樣修煉金丹呢？魏伯陽《參同契》創造了一種以易學卦爻象數符號為貫穿鏈條以天體運行為表象、以陰陽五行為準則的具有多層次描述方式的理論體系。在這個體系中處處貫徹著易學精神，而最為重要的就是「納甲法」的應用與變通。

什麼是「納甲法」呢？簡單說，這是易學中一個具有鮮明符號特色的流派。朱熹說：

《參同契》本不為明《易》，如借此納甲之法，以寓其行持進退之候……然其所言納甲之法，則今所傳京房占法見於《火珠林》者，是其遺法。所云甲乙丙丁庚辛者，乃以月之昏旦出沒言之，非以分六卦之方也。此雖非為明《易》而設，然《易》中無所不有，茍其言自成一家，可推而通，則亦無害於《易》。❺

按照朱熹的看法，《參同契》這部書本來並不是為了闡明《周易》的道理，它只是借助易學的納甲法，以暗示金丹修煉中的陰陽進退、火候操持……其中所涉及到的納甲法，在今日還可以見到的《火珠林》所傳的「京房占法」就是納甲法的遺存。《參同契》書中所說的甲乙丙丁庚辛這些天干數位，是為了表示月亮的升降出沒，並不是用以劃分震、兌、乾、巽、艮、坤六卦的方位所在。這雖然不是為了明示大《易》原理而創作；但《易》書之道廣大，無所不包，假如它的學說可以成一家之言，可以推導而獲得溝通，這樣看來，對於《易》學也不會有什麼害處。

朱熹告訴我們，易學納甲法在《火珠林》可以得到檢索，但其創始者是「京房」。考漢代之易學傳授，可知當時有兩個「京房」，一個是著名易師楊何的弟子京房，此人當過齊郡太守；另一個是焦延壽的弟子京房，此人是東郡頓丘人，本來姓李，他推演曆律，自定為「京氏」，係漢代今文《易》「京氏學」的開創者。漢元帝時期，他當了《易經》的博士，一生著述很多，見載於「史志」的有二十餘種一百多卷。據說他每每以《易》卦解說自然災變與社會政治問題，許多事情往往被言中，因得罪石顯等人，被下獄處死，年四十一歲。

京房的「納甲法」前人多有闡述。朱震《漢上易傳‧周易卦圖說》謂：「納甲何也？曰：舉甲以該十日也，乾納甲壬，坤納乙癸，震巽納庚辛，坎離納戊己，艮兌納丙丁，皆自下生，聖人仰觀日月之運，配之以坎離之象，而八卦十日之義著矣。」從古人的諸多論述看來，所謂「納甲」大體上包括以下幾方面內容：

(1) 五行與方位的組合。東方：甲乙木；南方：丙丁火；中：戊己土；西方：庚辛金；北方：壬癸水。

(2) 《周易》原理的應用。讀過《周易》的人都知道，其中的「卦」以乾坤最為基本。先民以為萬物之氣變，無不由乾（陽）坤（陰）之消長盈縮錯綜化生。而乾坤生

「六子」——震、坎、艮、巽、離、兌，其中之坎離二卦特為重要。

《參同契》說：「天地設位而易行乎其中矣。天地者，乾坤之象也；設位者，列陰陽配合之位也；易謂坎離，坎離者，乾坤二用。」❻這是講，天地自然設立了方位，「易」❼就在天地間運行。天地是乾坤二卦本體之象；而所謂「設位」就是為多陰陽的刻度方位。「易」就是日月坎離，而坎離是天地乾坤的兩大功用。因為坎卦乃是由坤卦之中爻陰變為陽而得，離卦是由乾卦之中爻陽變陰而得，坎離之「重卦」（即六畫卦）包含著震、兌、巽、艮之象，即一個六畫卦中包含著兩個三畫卦。具體說就是六畫卦的坎卦包含三畫卦的艮與震，而六畫卦的離卦則包含著三畫卦的巽、兌。可見，坎離之地位尤為突出。因坎離即是日月的符號，所以說乾坤為天地之定體，而坎離為其流行。

(3) 日與月的關係。月之盈虧，因受太陽之光而起，這同樣表現了陰陽消長。

為了進一步說明，茲列表如下：

木	火	土	金	水
東	南	中	西	北
乾〔甲〕 十五日	艮〔丙〕 二十三日	坎〔戊〕	震〔庚〕 三日	乾〔壬〕
坤〔乙〕 二十九日	兌〔丁〕 八日	離〔己〕	巽〔辛〕 十六日	坤〔癸〕

如表所示，「納甲」之意是「乾」納甲壬，「坤」納乙癸，「震」納庚，「巽」納辛，「艮」納丙，「兌」納丁，「坎」納戊，「離」納己，表示十天干分納於八卦。舉一干以概括其餘，所以有「納甲」的名稱。八卦符號的意思是，震表示初三之月象，兌表示初八之上弦，乾表示十五之滿月，以上為望前三候，象徵陽息陰消；巽表示十六日之月由圓而漸缺，艮表示二十三日之下弦，坤表示三十日之晦，以上為望後三候，象徵陽消陰息。坎離表示日月。

卦象與十天干之所以如此配合，是因為：震，一陽始生，於月為生明，三日夕出於西方之庚，故曰「震納庚」；兌，二陽為上弦，八日夕見於南方之丁，故曰「兌納丁」；乾，純陽，望，十五日夕盈於東方之甲，故曰「乾納甲」；巽，一陰始生，於月由圓而漸缺，十六日晨落於西方之辛，故曰「巽納辛」；艮，二陰為下弦，二十三日退於南方之丙，故曰「艮納丙」；坤純陰，晦，三十日晨消於東方之乙，故曰「坤納乙」。乾坤兩卦已經納了甲乙，為什麼又要納壬癸呢？這是表示陰陽始終之意。此外，納甲法中的八卦，其卦爻陰陽之別，又以十二地支示之，偶表示陰，奇表示陽，根據重卦之理，乃可推演變化。這就是納甲法的基本內容。

京房所作納甲法，無疑地是對天體運行的某些現象的一種概括，同時也是歷史上許多寶貴的哲學思想以及天文、地理知識的總結。所以，它為後代所廣為應用。魏伯陽可以說是應用納甲法的一個重要人物。不過，應該看到的是，魏伯陽《參同契》應用納甲法與京房之造作納甲法的目的是不同的。京房造作納甲法的目的乃是為了占卜，他撰寫了許多易學的專書，基本上是為其占卜活動服務的；而魏伯陽《參同契》應用納甲法則是為了養生，即為延年益壽的方法提供理論根據，具體地講，就是為金丹燒煉尋找最佳的符號描述體系。

為了分析魏伯陽對「納甲法」應用的特點，我們這裡不妨先讀一讀原文。《參同契》說：

> 故《易》統大心，復卦建始萌。長子繼父體，因母立兆基。消息應鍾律，升降據斗樞。三日出為爽，震庚受西方。八日兌受丁，上弦平如繩。十五乾體就，盛滿甲東方。蟾蜍與兔魄，日月氣雙明。蟾蜍視卦節，兔者吐生光。七八道已訖，屈折低下降。❽

又說：

> 十六轉受統，巽辛見平明。艮直於丙南，下弦二十三。坤乙三十日，東北喪其朋。節盡相禪與，繼體復生龍。壬癸配甲乙，乾坤括始終。❾

在第一段中，作者指出：《周易》的卦象符號與義理代表著天地自然的精髓。其中的「復卦」是十二消息卦的開始，正如植物發芽一樣，蘊含著無窮的生機。長子繼承父親的事業，他也因為母親的孕育栽培而奠定了基礎。陰陽的消長變化與黃鍾律呂是相對應的，往來升降可以根據北斗中樞而得知。初三日，月亮微露一點清明，表現在「納甲」圖像上，這就在西方的震卦庚的位置；初八日，月亮出現於南方，這對應於丁與兌卦的位置，它處於上弦的態勢，其平整如繩墨。十五日，圓滿的月象出現在東方，表現在卦象上，就如純陽的乾卦，於天干則在甲位。蟾蜍和玉兔，它們成雙成對，正如日月交相輝映一般。從月中蟾蜍的形象變遷可以推知卦位與節氣，玉兔那咧開的嘴形好像就如吐出無窮的光芒。「七」與「八」共為十五，那是月圓的日期，月滿必然走向虧損，這就叫做「道已訖」，即道窮則「反」，到了最高點也就走向下降之路。

在第二段中，作者指出，十六日意味著由「陽統」而轉為「陰統」，此時乃巽卦用事，月亮見於西方之辛位。月亮由西而南，到了「丙」的方位，艮卦用事，那是二十三日下弦月的象徵。坤卦配合著天干之「乙」，那是三十日的月象表徵，坤卦於「後天卦位」來說在西南方向，《易經》謂「西南得朋」，而於東北則「喪朋」。陰陽變化，節氣流遷，正如古代的明君禪讓帝位一樣，繼承者開始了新的一輪運程，龍氣再生，周而復始。因此，「壬癸」就與「甲乙」銜接起來，而乾坤便統攝了開始與終端。

魏伯陽此處描述出現了「三」日、「八」日、「十五」日、「十六」日、「二十三」日、「三十」日一類時間以及「震」、「兌」、「乾」、「巽」、「艮」、「坤」的卦象名稱，這些與京房「納甲法」的內容相吻合，足見其言說的基本思路和框架乃出自納甲法。他結合易學中十二消息卦之第一卦——「復」的爻象來表示納甲的意蘊。「復卦」六爻，五陰爻在上，而一陽爻在下。復卦是由三畫卦的「坤卦」（經卦）和三畫卦的「震卦」組合而成的，其上為坤，其下為震，純陰之坤卦最下一爻交於「乾卦」之陽爻，則「內卦」成為震卦，可見震卦乃是由坤卦孕育而來，魏伯陽文中所言「立兆基」者即是此意。震卦之下一陽得自於乾，在乾坤「大父母」所生「六子」——震、坎、艮、巽、離、兌中，震卦居長子地位，從此隨時漸變，到了十五日，陽氣大盛，這就是所謂的「長子繼父體」。

在這裡，魏伯陽將卦象與月象結合起來，體現了他對納甲法的諳熟；當然，他並非是在故弄玄虛或者顯揚自己易學知識的「淵博」，而是有所寄託的。其用意所在是為了暗示金丹修煉的「火候」，月從三日生形到了八日上弦，陽數得半，比喻煉丹鼎器中金水各半，而蟾蜍與兔魄則象徵鼎器中金水圓滿，為得「火候」之兆。十五日月亮的變化有「三候」，比喻煉丹半日六個時辰「抽添」於鼎器中。自十六日開始，月象由陽而轉陰，表示煉丹退「陽火」而用「陰符」。陽消陰長，周而復始，一月之後再用「復卦」，這就是所謂「繼體復生龍」。

文中的「復」字有「再」的意思，但更重要的是「復卦」之「復」，陽氣回復，陰陽始終，乾坤統括，鼎器之中「陽龍」與「陰虎」相資配合。魏伯陽在此所用納甲法，無非是暗示煉丹，一月運火當遵循八卦與列星之行，抽添升降，則陰陽舒卷，金水調和，外丹燒煉如此，內丹也不例外。

從《參同契》中，我們可以看出，納甲之法不僅納八卦，而且也納六十四卦。但用其事者則為六十卦。魏伯陽《參同契》說：

月節有五六，經緯奉日使。兼併為六十，剛柔有表裡。❿

對於這四句話，朱熹有一段解釋：「月以五日為一節，六節為一周，兼晝夜為六十，以配六十卦。晝剛夜柔。蓋六十四卦，除乾坤坎離為爐灶丹藥，所用以為火候者，止六十卦也。」⓫本來，依照易學八卦的推演原理，六十四卦皆可與天干、地支相配合，但運用到煉丹火候方面，則「虛」乾坤坎離四卦而不用，這是因為乾坤已經代表了鼎器，而坎離代表了藥物。一月之中有六十個晝夜，配以六十卦，藉以說明每日早晚用火之規則，這就是《參同契》中的「六十卦納甲說」。

關於「重卦」與天干、地支的配合問題，《參同契》曾舉例加以闡述：

屯以子申，蒙用寅戌。餘六十卦，各自有日。聊陳兩象，未能究悉。立義設刑，當仁施德。逆之者凶，順之者吉。按曆法令，至誠專密。謹候日辰，審查消息。⓬

此處之「屯」與「蒙」都是《易經》中的卦，而「子申」「寅戌」則是地支。其行文大抵是講，屯卦配子與申，蒙卦配寅與戌。除了乾坤坎離四卦之外，其餘的六十卦，各自都有配合的日辰。粗粗地陳述兩個卦象，不能把全部的卦象與干支的配合問題都說清楚。效法天地而立下「道義」與「刑法」，天地好生惡殺，廣施仁德。逆天而行則凶，順天而作則吉。按照曆法與時令辦事，成行正意，合於細微之精神。恭謹地依照日辰來修煉，審查陰陽的進退消長。

為什麼將屯卦納子申、蒙卦納寅戌呢？這對於修煉金丹有什麼指導意義呢？要明白其中大義，必須由其「納甲重卦」入手。朱熹說過：依據《易經》八卦相重原則，天干、地支在納甲法體系中的配合是有規則可尋的。「乾下三爻納甲子寅辰，上三爻納壬午申戌；坤下三爻納乙未巳卯，上三爻納癸丑亥酉；震下三爻納庚子寅辰，上三爻納庚午申戌；巽下三爻納辛丑亥酉，上三爻納辛未巳卯；坎下三爻納戊寅辰午，上三爻納戊申戌子；離下三爻納己卯丑亥，上三爻納己酉未巳；艮下三爻納丙辰午申，上三爻納丙戌子寅；兌下三爻納丁巳卯丑，上三爻納丁亥酉未。」⓭《易經》重卦均由兩個經卦構成，經卦三爻，重之而成六爻，由下而上，所以有「下三爻」與「上三爻」之稱。

《參同契》所舉「屯卦」乃由震卦與坎卦重疊而成，震卦在下，坎卦在上，六爻所納是：初九庚子，六二庚寅，六三庚辰，六四戊申，九五戊戌，上六戊子。「蒙卦」由坎卦與艮卦重疊而成，坎卦在下，艮卦在上，六爻所納是：初六戊寅，九二戊辰，六三戊午，六四丙戌，六五丙子，上九丙寅。「屯以子申，蒙用寅戌」即指屯卦初九庚子之爻、六四戊申之爻、蒙卦初六戊寅之爻、六四丙戌之爻。略去天干，則庚子為子，戊申為申，戊寅為寅，丙戌為戌。「子、申、寅、戌」四爻的強調，是為了說明煉丹的時刻。《參同契》說：「春夏據內體，從子到辰巳。秋冬當外用，自午訖戌亥。」此處的「春夏」借代早晨，而「秋冬」則借代暮晚。子丑寅卯辰巳午未申酉戌亥為一日十二時辰，十二時辰與屯蒙兩卦十二爻相對應。所以，朝屯，初九庚子之爻當子時，六四戊申之爻當卯時；暮蒙，初六戊寅之爻當午時，六四丙戌之爻當酉時。這暗示了煉丹時刻乃取用子午卯酉四時。

為什麼要以此四時為煉丹時刻呢？因為這是一日中元氣運行陰陽變換的關節點。中國醫學認為，人體有十二經絡，元氣運行要在十二時辰中經過十二經絡，從起始的手太陰肺經到足厥陰肝經，循環往復，上下周流。從子時到巳時，元氣為陽占主導地位；午時之後轉陰。這就是所謂的「子午流注」。

《參同契》以屯蒙兩卦納十二時辰，以子午卯酉為煉丹的時刻，恰好與中國醫學「子午流注」學說相吻合。由此，我們可以看出，《參同契》不僅將易學卦象同天干地支相結合，而且蘊含著醫學養生之妙理。

魏伯陽的《周易參同契》由於巧妙地運用了易經的卦象符號，將外丹與內丹的修煉程式統一在易學「納甲法」體系中，所以此書成為日後丹家遵循的「寶典」。

三、易學象數符號在金丹養生中的延展輻射

隨著煉丹活動的展開，易學卦象符號思想對道門的丹經著述發生了進一步的影響，並且滲透於日常生活起居中，從而產生了新的一批內丹養生學著作，其中較受關注的有

《黃庭經》《無極圖》和《悟真篇》及其註疏系列。

(一)《黃庭經》的由來與易學符號秘義

在道門中，《黃庭經》是一部幾乎可與《周易參同契》比肩的重要經書，道教中人認為誦讀此書，可以「調和三魂，製煉七魄，除去三尸，安和六府（腑），五藏生華，還返嬰孩」⓮。這種效果的描述充滿了宗教家的強烈情感色彩，足見其受推崇。它與易學的關係如何呢？讓我們從某些現象入手來加以說明。

1.從小說鋪敘《黃庭經》說起

翻開長篇章回體小說《封神演義》，我們可以發現書中多次涉及《黃庭經》，例如第二十三回《文王夜夢飛熊兆》寫姜子牙垂釣渭水，守時待命，不管閑非，日誦「黃庭」，悟道修真。又該書第二十四回《渭水文王聘子牙》開篇即出詩一首：

別卻朝歌隱此間，喜觀綠水繞青山。
黃庭兩卷消長書，金鯉三條了笑顏。
柳內鶯聲來嚦嚦，岸傍溜響聽潺潺。
滿天華露開祥瑞，贏得文王仙駕扳。⓯

文中所言之「黃庭」乃是《黃庭經》的簡稱。可見，《黃庭經》這部書不僅是道門之寶典，而且成為小說家進行藝術創作的資料憑藉。《封神演義》中的姜子牙本是先秦時期的一位神仙人物，說他那時就在誦讀《黃庭經》不過是小說家的藝術構想，因為有關姜子牙的歷史文獻並沒有言及《黃庭經》的事。不過，小說家的創作卻也不是全屬空穴來風。可以說，這是《黃庭經》長期流傳在文學作品中的反映。

《黃庭經》是怎樣進入小說領域的？這不是本書所要著重研討的問題，但從其有關人物誦讀「黃庭」的情節描述中，我們卻能夠獲得進一步稽考丹道秘學與《易經》卦象符號象徵關係的線索，因為「黃庭」在小說家的筆下即是一種符號意象，它所象徵的是道門的修煉精神。

考諸道教經書總集，可知《黃庭經》分為三部，即《上清黃庭內景經》《上清黃庭外景經》《上清黃庭中景經》。習慣上，往往把書名中的某些字眼諸如「上清」等省略，所以其名稱便有許多變革，有的時候甚至只稱《黃庭》。至於對其三部加以區分時照樣也有略稱的，如稱《上清黃庭內景經》為《內景》，稱《上清黃庭外景經》為《外景》，稱《上清黃庭中景經》為《中景》。當然，也有在經名中加字甚至換字的，如梁丘子的注本便加了個「玉」字，使書名變成《黃庭內景玉經》等等。就其作者角度而言，《上清黃庭中景經》，學術界多疑為後人偽作。因此，一般言《黃庭》者往往不包括《中景經》在內。就《內景》與《外景》而言，其問世亦非出於一時一人之手筆。

歐陽修說：「《黃庭經》者，魏晉時道士養生之書也。」[16]宋末道教學者俞琰也說：「《黃庭經》恐是魏晉間文章。」[17]歐陽修與俞琰以為《黃庭經》出於魏晉時期應當有一定的根據，因為晉代著名道士葛洪《抱朴子內篇•遐覽》已著錄了《黃庭經》。據說，此經的流布與魏晉間女道士魏夫人有很大的關係。

《太平廣記》卷五八《魏夫人傳》說：魏夫人是任城人，晉司徒劇陽文康公魏舒之女，名字叫做「華存」，字賢安，幼年起就雅好道法，她「志慕神仙」，渴求能夠「沖舉」飛升，經常服用胡麻散、茯苓丸，吐納氣液，攝生夷靜，不論親戚往來，她還是專心修道。到了二十四歲的時候，在父母的強迫下嫁給了南陽人劉文，生了兩個兒子。在兒子稍長大時，她就「離隔宇室」，在另外的屋子中就寢，一心期盼幽靈，精誠彌篤。據說她修齋達三月之久，感動了太極真人安度明、東華大神等許多神明下降。有景林真人者授予《黃庭內景經》，吩咐她晝夜存念，讀之萬遍，乃能「洞觀鬼神，安適六腑，調和三魂五臟」。

《太平廣記》的記載頗帶神秘氣息；不過，也有跡可尋。關於魏夫人之父魏舒的生平見於《晉書》卷四一。其所載魏舒的籍貫、官銜與《太平廣記•魏夫人傳》大抵相合，估計魏夫人華存乃實有其人。又據《仙苑編珠》卷中及《仙鑒》等道書所載，魏夫人住世凡八十三年，以晉成帝咸和九年歲在甲午（西元三三四年），乃「托劍化形而去」，也就是化去形體離開人世。由此推斷，魏華存當生於嘉平三年（西元二五一年），時其父魏舒四十三歲。又魏舒曾三娶妻室，但三個妻子卻都比魏舒早死，到了太康初年，魏舒最後一個妻子也死了。據此，則魏華存早年已經對生死問題有了親身的感受，生活道路比較坎坷，所以萌發出世修道之願，自在情理之中。而其父與此時的清修人物山濤、張華等多有往來，曾勸武帝「以六合混一，宜用古典封禪東嶽」⑱，這說明魏舒本是個好道人物，其思想不能不對子女發生影響。這樣，魏華存期幽靈而得《黃庭經》一事便有其家庭的宗教背景了。

按照《茅山志》卷十的記載，魏夫人是在晉太康九年（西元二八八年）得到景林真人王君降授「寶經」的，這部「寶經」指的就是《黃庭內景經》。所謂「降授」很可能是一種扶乩降筆的行為，即透過存想神明或咒語的引導而致神明「附體」說經。就其親筆操作的角度而言，其撰寫者很可能就是魏華存。許多古文獻記載都言及魏華存不僅讀老莊，而且通「五經百氏」。我們知道，「五經」中就包括《易經》在內。既然，神明「降授」是由魏夫人的手筆實現的，則《黃庭內景經》帶有《易經》的資訊也就有其思想根據了。

當然，這也僅僅是個「假設」而已，它與事實是否相吻合，還必須研讀一下《黃庭經》文本才能得到最後的證實。不論《黃庭內景經》的真正撰寫者是不是魏華存，我們瞭解一下這種背景也有利於發掘其中的易學底蘊。另外，還需要稍加說明的是《黃庭外景經》的出世年代。正如《黃庭內景經》一樣，《黃庭外景經》的問世年代是難於找到確切根據的；不過，從《內景經》名稱的使用情況也可以追溯到某些蹤跡。因為「內」是與「外」相對而言的，無「外」就不必言「內」。

除了上述諸多文獻言及《內景》外，陶弘景《真誥》卷九《協昌期》記六月一日夜清靈真人「降言」時也述及「內景」，謂「山世遠受孟先生法，暮臥，先讀《黃庭內景經》一過乃眠，使人魂魄自製煉」。所謂「孟先生」當是戴孟，《仙鑒》卷七曾述其受業於山世遠之事，或以為漢代人；但該書《戴孟傳》稱謝允於晉成帝咸康（西元三三五～三四二年）中到了武當山見戴孟，且「執弟子禮，求授道要」。這個資料表明，此時道門中仍以《內景》為重，但同時也透露出一個重要資訊：道人們在談及《黃庭經》時主觀上已有「內外景」之分，為了不同《外景》相混淆，故而於授受源流的描述中便不再泛稱《黃庭》。至於《外景》名稱的最早面世，一般以大書法家王羲之書以換鵝為其標誌。王羲之是在三十七歲的時候書寫《外景》的⑲。從其生年西元三〇三年推算，則書寫《黃庭外景經》是在西元三四〇年，因此《黃庭外景經》問世之下限當不遲於這一年，而其上限則不早於《內景》問世之年，故《外景》亦當為魏晉間作品。

2.《黃庭經》的易學意蘊發秘

從思想上看，「黃庭內外景經」乃是《周易參同契》的進一步發展。作為《周易參同契》煉丹的基本原則——「法天則地」「三道由一」（周易原理、黃老之學、爐火之法同源），在魏晉煉丹詩代表作「黃庭內外景經」中得到貫徹和發揮。雖然，在「黃庭內外景經」中並無直接出現「三道由一」一類提法，但從其字裡行間仍可品味出思想內涵。當然，由於煉丹實踐的發展，作為煉丹詩代表作的「黃庭內外景經」的思想也必然引起變化，表現出與先前有所不同的一些特點。

《周易參同契》為生於道教煉丹活動的早期，是對以往方士煉丹術的總結和繼承，它將內外丹原理囊括於一爐，是一種朦朧的表述；與此稍有差異，「黃庭內外景經」則是專講內丹修煉的。《黃庭內景經》二十四章云：「隱景藏形與世殊，含氣養精口如朱。」[20]離棄塵景，舉止與世俗相異，撫養內氣元精，則精神煥發，口如丹砂，這應是「內丹功效」之隱說。而《黃庭外景經》雖有一個「外」字，但與《內景》之思想還是相貫如一的，對此前人早有論述。會稽四峰山人董德寧謂《外景》乃「隱括內篇（指《內景》）之旨，重為解說人身之諸神，以暢達修煉之微義」。此說實屬中肯。《外景》卷中謂：「作道優遊深獨居，撫養性命守虛無。恬淡無為向（何）思慮，羽翼已成正扶疏。長生久視乃飛去，五行參差同根節。」[21]詩中描述煉形之士深居館中，正念守虛，溯性命之源，以行氣為業，此實與《內景》一脈相承。總的來看，「黃庭內外景經」屬於內丹學的著作，它是《周易參同契》金丹思想的進一步發展。

既然，「黃庭內外景經」與《周易參同契》在思想宗旨上具有密切關係，那麼，在內容結構上取法易學也就具備了理論氣候。首先，書名本身即已打上易學的烙印。《黃庭經》書名之「黃」所代表的內丹理念是以「尚黃」為根基的，而「尚黃」思想在《易經》中即有突出的表現。《周易．坤卦》六五爻辭說：「黃裳元吉。」《象》曰：「黃裳元吉，文在中也。」這個「中」字很重要，可謂畫龍點睛之筆，古代易學家解釋卦象常將「陰爻」居中稱作「黃」。例如《離》卦二爻與五爻都是陰爻，故六二爻辭說：「黃離，元吉。」《象》云：「黃離元吉，得中道也。」再如《噬嗑》六五爻為陰爻，居上卦之中，故其爻辭說：「六五噬乾肉得黃金，貞厲，無咎。」《象》云：「貞厲無咎，得當也。」《鼎卦》六五之爻為陰爻，亦居上卦之中，故《象》曰：「鼎黃耳，中以為實也。」這些解釋都是把「黃」作為陰爻居中的象徵。對比一下《黃庭經》之「黃」，實與《易經》的「中黃」觀念頗為吻合。

梁丘子在注解《黃庭內景玉經》時說：「黃者，中央之色。庭者，四方之中。外指事，即天中、人中、地中；內指事，即腦中、心中、脾中。故曰黃庭也。內者，心也。景者，色象也。外喻即日月星辰雲霞之色（象），內喻即筋骨藏府之象。心居身內，存觀一體之象色，故曰內景也。」㉒又務成子注《黃庭外景經》序云：「黃者，二儀之正色。庭者，四方之中庭。近取諸身，則脾為主。遠取諸象，天理自會。然谷神不死，是謂玄牝，是以寶其生也。」此與《周易參同契》所謂「黃中漸通理，潤澤達肌膚」之意相合，而其根本所在則是《易經》的「尚黃」思想。

關於《黃庭經》的書名，還應再作探討的是其中之「庭」字與《周易・艮卦》的關係。就其本意而言，「庭」字當有「庭院」的意義，但後來卻進一步引申而成為修煉的意象。這從《周易・艮卦》即可找到原初資訊。

回顧一下本書第三章第三部分關於「遊山玩水的易學妙趣」闡述，或許對《黃庭經》的「庭」字會有進一步的領悟。《易經》的「艮卦」是山的符號表徵，其要義所在是「止」，而「庭」字在《黃庭經》內則是「中」的基本譬喻，將《周易・艮卦》與「黃庭」聯繫起來，不難發現其「止中」的秘義。當然，這個「止」並不是絕對的「靜止」或停止，因為正如前章所論述的，重卦之「艮」代表兩座山相疊，山上有山則為「出」，可見其中有「動」意。因此，「止中」也就是靜中有動，其思想核心在於引氣「歸中」，聚而不散，這與老子《道德經》「守中」的理念相會通，而其本原卻是《易經》的「中正」觀念。《易經》有「居中」而「正」的思想，經卦三畫，上下為天地，人居其中，這個思想是貫穿始終的，《黃庭經》之取意也在於此。

其次，在表達手法與具體內容上，《黃庭經》與易學的密切關係主要體現在由「存想」將符號象徵加以活用，創造出一個多彩多姿的「黃庭」大世界。為了說明這個問題，讓我們先對「存想」稍作介紹。

「存想」是道教一種修煉方式，它指的是想像身體內外諸神與諸景，或又稱「存思」，簡稱為「存」。從字面上說，「存」指意念的存放，「想」指閉目而洞見其形。存想之法，由來已久，在早期道教經典《太平經》中已有存想「二十四神」歸位人身以去除災害的描述。此法在「上清派」中得到了大發展。該派主要經典《上清大洞真經》就是一部以「存想」為主要內容的著作。上清派特別崇尚魏夫人，而她又是《黃庭內景經》的傳授者，所以書中充滿「存想」的氣息也就不足為奇。在存想的實施過程中，存想者竭力張開想像的翅膀。在熾烈的宗教感情的驅使下，存想者可以「上天」，可以「入地」，可以同鬼神「交感」，又可以把體外之「神」請來，讓它們進入體內。

我們看看有關存想的一些直接性的描述，就可以明白這一點。上清派要籍之一的《三十九章經》在談到存想「太微小童」時說：「讀高上虛皇君道經，當思太微小童千景精，真氣赤色，煥煥從兆泥丸（指大腦）中入，下布兆身，舌本之下，血液之府。」㉓這說明，道門中人在讀經之前以及讀經的過程中是進行了一番存想的，而所思所想無非是經文中所提到的那些「神」的模樣、神的「運動」。存想既是道教修煉的一種奇特方式，又是道徒們製作新道經的一種途徑。在《黃庭經》的系列中，我們也可以感受到濃厚的存想氣息。作為一部內丹學的重要著作，《黃庭經》的存想是以身體為原點的，由擴充延展的法式，身體成為一個廣袤的「宇宙」。主宰這個「宇宙」的力量是什麼呢？《黃庭經》告訴人們，那就是「神」。

這在今人看來，似乎有點不可思議，然而，正是這種「不可思議」的描繪中蘊含著深刻的易學符號象徵秘義。根據何在呢？讓我們先讀一下其中的某些篇章再作討論：

心神丹元字守靈，肺神皓華字虛成，肝神龍煙字含明，翳鬱道煙主濁清。腎神玄冥字育英，脾神常在字魂停，膽神龍曜字威明，六府五藏神體精。皆在心內運天經。㉔

肺部之宮似華蓋，下有童子坐玉闕。七元之子主調氣，外應中嶽鼻齊位。素錦

衣裳黃雲帶，喘息呼吸體不快，急存白元和六氣，神仙久視無災害，用之不已形不滯。㉕

此處所引是《黃庭內景經》中的《心神章》與《肺部章》。詩文中出現了許多「身體器官神」的名稱，如「心神」「肺神」「肝神」「腎神」「脾神」「膽神」等等。每一種器官神都有「名」與「字」，如心神之名是「丹元」，肺神的名是「皓華」，肝神的名是「龍煙」，腎神的名是「玄冥」。緊跟在器官神名之後的是「字」。表面看來，羅列這樣一大堆「器官神」的名字似乎意義不大，讀起來也顯得枯燥無味；但是，只要我們稍微再深入一層思考，就會感到其中的奧妙。

作者所構想的這些器官神的名字是以五行、五色為基準來作為五臟象徵的。如心神為什麼叫做「丹元」，是因為「丹」為赤色，在五行屬火；肺神為什麼叫做「皓華」，是因為「皓」是「白」之極，代表著白色，於五行屬金；膽神為什麼叫做「龍煙」，是因為青龍為東方之聖物，東方青色，於五行屬木；腎神為什麼叫做「玄冥」，是因為「冥」為黑，「玄冥」乃北方之色，於五行屬水，脾神為什麼叫做「常在」，是因為「在」之下為「土」，其色黃，於五方居中，古有所謂「土旺四季，羅絡始終」之說，既然能夠「始終」，也就是「常」了。

由此可見，器官神的名稱實際上是五行、五色、五方、五臟的符號表徵，其所採用的還是易學的卦象符號的象徵思維方式，因為從《易經》開始，不論是卦還是卦爻辭中的種種意象都具有「代碼」意義，《黃庭經》正是沿著這樣的思路來造作的。作者在文中指出由誦讀，可以令人「長生」，這包含著符號表徵來激發內在原動力的初始觀念。

(二)從「圖書之學」到《悟眞篇》

大量事實已經說明，道教金丹養生理論的發展並非一種孤立的現象，而是同中國傳統文化諸多方面休戚相關的，尤其是與易學發展歷史存在著極為密切關係的。如果說早期道教學者借用卦爻象數來建構金丹法門使得金丹理論一開始即染上了鮮明的易學符號色彩，那麼，隨著煉丹實踐與理論活動的深入進行，易學在應用過程中也獲得了變遷與發展。稽考有關歷史，可以看出，許多煉丹養生家本身又是易學大師。這樣一來，金丹養生理論與易學的結合就更加緊密了。

1. 陳摶與「圖書之學」

在易學流派中有個分支叫做「圖書之學」。所謂「圖」是指「河圖」，而「書」則指「洛書」，二者都是以點的軌跡來表示易學陰陽關係的奇特圖式。由於具有典型性，後來把演繹《周易》卦爻象數旨趣的圖像也歸入「圖書之學」的範圍。

「圖書之學」是怎樣興起的？向來眾說紛紜，它們與道教內丹學存在什麼關聯，在學術界也有種種不同的解釋。在圖書之學流傳與發展過程中有一位道教中人起了相當重要的作用，這就是陳摶。

陳摶，字圖南，亳州真源（今安徽省亳州市）人。或謂「普州崇龕（今潼南縣境）人。五代宋初著名道教學者。王稱《東都事略‧隱逸傳》謂陳摶「始四五歲，戲渦水」。正如歷史上許多特出人物一樣，他的經歷很不尋常。按《仙鑑》等書的描述，陳摶本是「怪胎」所生。他的親生父母是誰，至今無從考證。據說有個陳姓漁人到河中打魚，一網下去，非常沈重，提上來時發現網中之物原來是一團紫色「肉球」。漁人因腹中饑腸咕嚕亂叫，連忙燒水，準備把他的「勝利果實」化為美餐，但鍋中的水剛剛燒熱的時候，就聽得一聲巨雷震響，聲波衝擊房屋，漁人慌了手腳，紫色肉球從手中滾落地下，霎時裂開，從中露出一個嬰孩。於是，這嬰孩就跟漁人姓陳，取名「摶」。這個「摶」字是團圓的意思，表明他是從肉團出世。

陳摶自出生以來，相當一段時間都不會說話，直到四五歲時的有一天，他到渦水岸邊玩耍，遇上一位穿青衣的女子給他餵了奶，他才開口說話。此後，他聰慧過人，學習經史百家聖典，過目成誦。十五歲的時候，對於詩、禮、書、數的文籍已經讀了很多，並且相當精通。後來，曾經參加進士科考，卻榜上無名，他就不再追求功名，把家產分送親朋友戚，帶上一個石鐺尋找名山洞府去了，因得高人指點，成為一代名道。以上描述帶有明顯的仙話色彩，這是一般道門高人常有的現象。

《宋史‧隱逸傳》以及《太華希夷志》等記載，陳摶先在武當山九室岩隱居，據說他服氣辟穀達二十餘年，每天只是飲酒數杯而已，後來又隱居華山修煉。陳摶一生著述宏富，撰有《指玄篇》八十一章，言導引及還丹之事；又作《三峰寓言》及《高陽集》《釣潭集》及詩歌六百餘首。

作為一位易學家兼養生家，陳摶不僅得到前代道教學者的正宗傳授，並且將之發揚光大。陳摶隱居華山的時候與呂洞賓多有往來，且詩詞唱和，共研易學精要。另有麻衣道者曾經傳給陳摶《正易心法》，陳摶復加訓解，稱之為「消息」。

該書開篇即說：「正易者，正謂卦畫，若經書正文也。據周、孔辭傳亦是注腳。每章四句者，心法也。訓於其下，消息也。」據此，則「心法」乃是以心悟卦象，其目的即是為了內丹修煉。所以，該書第二章說：「六畫之設，非是曲意，陰陽運動，血氣流行。」意思講，《易經》的卦各有六畫，這樣的設定，並沒有曲折的意義，其大旨所在是表徵陰陽的運動與血氣的往來流行。所謂「陰陽運動」，按照《正易心法》「消息」的解釋，就像一陽為「復」（其卦爻一陽居下，五陰在上），至六陽為「乾」（乾卦六爻都是陽爻）等等。至於「血氣流行」是就卦爻的位置說的，如一六爻為腎，二爻為肺，三爻為脾，四爻為肝，五爻為心。依卦爻的升降來判斷血氣在五臟中的運行。

由此可以看出，麻衣道者所傳給陳摶的《正易心法》，本身即已將卦象學說與五臟血氣運行的理論緊密相結合，以為調心養氣之用，其丹道思想躍然紙上。

由於內丹修煉法式本來就是以《周易》象數學為理論基礎的，為了探討內丹奧秘，許多道人便採取了圖像的辦法，在易學象數的基礎上繪出了種種方圓圖，以表示天人關係，為修煉提供形象感知的導向。這種情況在《正易心法》中也顯露出跡象來。該書第五章說：「六十四卦，無窮妙義，盡在畫中，合為自然。」按照這種看法，則易學大義都隱藏在卦畫中，只要細細琢磨卦畫，於辭外見意，就能悟出《易》道。顯而易見，這正是對「象」的推崇。不僅如此，《正易心法》還以奧晦的語言暗示著圖像的妙用：「經卦重卦，或離或合，縱橫施設，理無不在。」㉖本章所謂「縱橫」，按照陳搏的解釋，即是就諸圖而發的。他說：「若為諸圖，或有二氣；老少之漸，或有三代；祖孫之別，或有對待之理，或有真假之義，或有胎甲之象，或有錯綜之占。唯其施設，皆具妙理，無所往而不可，此所謂包括萬象，而《易》道所以大也。」㉗儘管這種解釋已作了種種引申，但卻也說明了麻衣道者對圖像的高度重視。

據許多道教文獻以及文人雜記的描述，呂洞賓曾由鍾離權那裡得到「太極圖」，後來呂洞賓與陳搏同隱華山，又把太極圖傳授給陳搏；陳搏將太極圖刻於華山石壁；另外，陳搏又從麻衣道者手中獲得「先天圖」。由此可見，早在陳搏之前，圖書之學已略見端倪。不過，應該說，宋《易》圖書之學的勃興是從陳搏開始的。因為在陳搏之前儘管有少量的《易》圖傳授，但僅限於道人隱者的範圍，而陳搏則將所得之《易》圖加以衍擴並向許多隱居的儒者傳授。

《宋史·陳搏傳》說，「搏好讀《易》，手不釋卷」。邵伯溫在《易學辨惑》中說：「希夷（陳搏號）易學，不煩文字解說，止（只）有一圖以寓陰陽之數，與卦之生變。」陳摶對《易》象數學的雅好乃至成為宋《易》圖書學的奠基人，這是由其養性修命生涯所決定的。據說他深通「龍睡」之法，也就是所謂的「睡功」。他「止少華石室，每寢處，多百餘日不起」㉘。他曾寫過一首有名的《睡歌》：

臣愛睡，臣愛睡，不臥氈，不蓋被。片石枕頭，蓑衣覆地。南北任眠，東西隨睡。轟雷掣電泰山摧，萬丈海水空裡墜。驪龍叫喊鬼神驚，臣當憑時正鼾睡。㉙

無論是雷鳴電閃，還是大浪滔天，他都能夠睡得安穩深沈，這對於一般人來說是難於辦到的。作為一位修身隱士，陳摶用詩歌藝術手段表達自己「愛睡」的情懷，但他的「睡」決非常人之昏睡，而是一種煉功的手段。據載，當宋太宗得知陳摶之神跡之後曾派遣使者到華山請陳摶進宮，陳摶除了請求宋太宗允許在華山睡上「千年」之外，還道出了自己「睡」的妙用：

調和四氣憑燒藥，修煉千方只要安。㉚

由「睡」來調和四氣，修煉內藥，這說明他的百日「龍睡」實際上是內丹修煉的一種特殊表現形式。這種修煉的生活必然促使他在清醒的狀態下，積極地探討內丹要理，思考天人關係。他在《易》圖書學方面的建樹，其主要的推動力可以說就是修煉實踐活動。故而，由他所創制或傳授的《易》圖也就充滿了煉功的秘義。據《宋史・藝文志》等書的著錄，陳摶作有《龍圖易》一卷；此外，他還傳有《無極圖》。

關於《無極圖》，今見於黃宗炎《易學辨惑》中，其圖分為五個層次。最下一個圓圈稱作「元牝之門」，次下一個圓圈旁邊標明「煉精化氣，煉氣化神」。中間一個層次為金木水火土五行，居於五行之上的是水火匡廓圖，旁標「取坎填離」；最上一圓圈標明「煉神還虛，復歸無極」。因其最終目標或最高境界是「無極」，所以其圖名為《無極圖》。它依據易學的陰陽化生原理與「逆數」復歸精神而構造，其中蘊含著內丹養生的要。具體說來，有如下幾個方面：

(1)復歸的起點是元牝之門。所謂「元牝」就是「玄牝」。語出老子《道德經》第六章：「谷神不死，是謂玄牝。玄牝之門，是謂天地根。」老子的意思是說，虛空之精生化萬物沒有止息，這就叫做「玄牝」。玄牝的大門是天地賴以為生的根源。

我們知道，「牝」與「牡」是相對的。牡本指公馬，牝本指母馬。「玄」是深黑的意思。所以，就表層的意義說，玄牝乃是指深黑的母馬。另外，「牝」還指門的孔或溪谷。牝的這幾種用法雖然有區別，但如果上升到性質上來認識，卻都有「陰」的意義，因為不管是母馬還是孔抑或是溪谷在古人的眼中都是「柔下」的。所以，久而久之，玄牝就成為一種象徵，老子正是在象徵意義上來使用「玄牝」一詞的。後來，道門中人更加以引申，作為修煉內丹氣功的入門法象。南宋時期的著名道教學者俞琰還為此專門寫了《玄牝之門賦》。在這篇賦體文章中，俞琰竭盡形容之能事，體現玄牝的無窮奧妙。作為一種文學表達方式，俞琰的賦也充滿象徵意味，故而顯得相當含蓄，乍一讀來，不免有一種「丈二金剛——摸不著頭腦」的感覺，但若層層剝筍，深入解剖，則可以看出在這位道教學者的筆下，「玄牝」已經成為修煉內丹的一個竅門，因為他一開始就把「玄牝」同「竅」聯繫起來，這實際上就是暗示「玄牝」即「一竅」，它是修煉大丹的要妙所在。這「一竅」到底在什麼地方呢？按照俞琰的看法，這既是確定的，又是不確定的。所謂「確定」是說它在體內是可以找到一個位置的，俞琰指出這個「位置」界於「扶桑」與「華嶽」之間。扶桑在東，於五行為木；華嶽在西，於五行為金。所以，一竅「玄牝」就隱藏在木金之間；再從南北方位來考慮，如果把五行方位構成的球體分為南北兩弦，則一竅「玄牝」恰好平分了南北兩弦。由此可知，「玄牝」即在於東西南北的十字中點，也就是「土」位，用干支表示就是「戊己」。

關於此，歷代氣功家曾進行反覆探討，以為更確切的位置就在兩腎空隙之處，它是生命之門，所以稱為「命門」。另一方面，內丹氣功的修煉又不是一種完全孤立靜止的行為。向來，內丹氣功家乃是從天人合一的角度考慮問題的。人即是天，天即是人。天（宇宙）是無限大的，而從微觀的角度看，構成天的要素又是無限可分的。既然如此，合於天之人在進入內丹氣功態的時候也就不必那麼拘泥地尋找「玄牝」的具體位置了，而是要從中感悟「生」的原動力。

(2)煉精化氣，煉氣化神。如果說感悟「玄牝之門」是修煉內丹氣功的起始，那麼煉精化氣與煉氣化神則是內丹功操持的一個具體步驟。

精氣神本是先秦的重要哲學範疇。其發端可以追溯到上古洪荒時代。到了先秦時期，許多流派的思想家均應用精氣神的範疇來解釋天人現象。如老子在論「道」的特性的時候即稱「其中有精，其精甚真」[31]。又說，「沖氣以為和」[32]「以道蒞天下，其鬼不神」[33]。此外，像《周易》以及儒家大師孔子、孟子、荀子等人的論述中也都涉及精氣神的問題。由於各個學派的宗旨不同，先秦哲人對精氣神的理解及應用也表現出不同的特點來。作為與道家關係密切的中國傳統醫學一方面以精氣神來說明人體機理，另一方面又以精氣神作為基本概念來闡述養生的道理。在《黃帝內經・素問》當中有一篇《移精變氣論》，提出了由「祝由」（一種巫醫法式）方法使精變為氣的設想。這對道教的內丹氣功學說之建立有直接的啟迪作用。道教認為精氣神是人體賴以存在的三大因素。《雲笈七籤》卷五五稱：「夫修身之道，乃國之寶也。然一身之根有三：一為神，二為精，三為氣。此三者本天地人之氣也。」這段話的大體意思是講：修養身心的道理，是國中的寶貴財富。人一身的根本有三個方面，一就是「神」，二就是「精」，三就是「氣」。這三個方面說到底乃是存在於天地人之中的元氣。

《雲笈七籤》所引述的這段文字雖然並沒有對三者關係進行嚴密科學論證，限於當時的認識水準實際上也不可能進行這種論證，但卻集中反映了宋代以前道教對精氣神的看法。很顯然，陳摶正是在這樣的根基上提出「煉精化氣、煉氣化神」的步驟的。對於這樣的步驟，明代伍守陽作了深入的發掘。他指出，修煉內丹大藥，關鍵所在是必須懂得「逆而返還」[34]的道理，在意念操作上就是從「有」歸於「無」的過程，而「煉精化氣、煉氣化神」則是復歸過程中的一大程式。

(3)五氣朝元。這是煉氣化神的進一步發展。所謂「五氣」係指五行之氣、五臟之氣。在圖像上，五氣表現為水火木金土的生剋關係。題為尹真人弟子撰的《性命圭旨・五氣朝元》中有一段詳細的說明。按照作者的看法，混沌之初，原只一氣，後來才分化為陰陽兩儀。兩儀既立，隨之而有五常五方，五方之氣不相同，故有五行之運。如此輪轉不息，則五行之氣就不能收合，其結果必然是人體耗散。修煉之人必須反散為聚。這是逆反復歸思想的一種轉換形式。怎樣反散為聚呢？首先必須明瞭五行之氣散居五方的數理。原來，古人以水居於北方壬癸之位，配天之生數一；以火居於南方丙丁之位，配地之生數二；以木居於東方甲乙之位，配天之生數三；以金居於西方庚辛之位，配地之生數四；以土居於中央戊己之位，配天之生數五。六以上之數皆由中央之五與四方之數相合而成。所以，俞琰說：「《易》曰，天一、地二、天三、地四、天五、地六、天七、地八、天九、地十，乃五行生成數也。子華子云：天地之大數莫過乎五，莫中乎五。」[35]這說明中土之「五」是相當重要的。「一」與「四」合為五，「二」與「三」合亦為五。「五」者，伍也。相合為伍，聚之大用成。另外，一二三四相合為十，與五相應，聚於中，成為一個整體，故稱「歸一」。由此可以看出，陳摶的《無極圖》以土統攝四方，其用意當在於示人導五氣，聚而歸中元。

(4)取坎填離。這是「五氣朝元」的深化，是內丹能否煉成的一個關節點。如前所述，坎離作為《周易》中的兩個經卦，本有原初的象徵蘊含。《說卦傳》謂坎為水、為月，離為火為日。在卦象上，坎☵外陰而內陽，離☲外陽而內陰，兩者相反相成。這種特點為漢代易學家京房所注重。京房將八經卦同十天干相配，創立「納甲法」（詳見本章關於《周易參同契》的分析部分）。我們已經知道，在該法中，坎離與戊己相配，以為日月進退之象。由於戊己在五行學中居於土位，這就為內丹修煉提供了可借鑒的法象。內丹家透過導引，使五臟分散之氣聚於土位，這是內丹成象的必需。但是，至此為止，並沒有完成全過程的一切步驟。因為「土」既然分戊己，這在本質上尚未達到純化，而是陰陽相分，所以需要繼續調理。在內丹學中，分納戊己的坎離又叫做「藥物」，這是鍛鍊金丹的要素。如何調理鍛鍊呢？

內丹家從易學卦象中得到啟迪。作為藥物的坎離是由乾坤大父母生成的，坎得乾之氣為男，離得坤之氣為女。如果以乾坤為先天，那麼坎離就是後天。後天需返復先天，才能由末而至本。對此，《性命圭旨》曾作出闡述，以為坎在北，而離在南，這就像男女夫妻不同室，陰陽不交，閉塞不通。修煉的指向就是要抽取「坎」中之陽來填補「離」中之陰。這樣，後天之體就向先天之體回歸，成為純陽之體。

(5)煉神還虛，復歸無極。這是內丹修煉的最高境界，逆向思維的極致。按照陳摶無極圖的示意，當取坎填離，感悟到純陽果滿之「胎神」出現的時候就可以進一步導神至虛空。這就是將注意力從中下丹田遷到上丹田泥丸宮（百會）——陽神歸伏之本宮。由於此時的陽神尚未健壯，正像嬰孩那樣幼小，還需要小心餵養。所以，這一步驟又叫做「乳哺」。必須注意的是，將陽神遷到泥丸宮，這並不是要把陽神拘束在這一小境界內。如果這樣，那就大失陳摶無極圖所指示的還丹意旨。

據前人之經驗，此時應該既不著意於上丹田，又不縱意於上丹田，只是似有一陽神寂照於上丹田，混混沌沌，若有若無，化成一虛空之大境界。久而久之，就會產生陽神出竅的感覺，霎時，四方上下紛紛繞繞，這就是陽神將出的徵兆。陽神將出即該出，否則就難於進入太虛無極的聖階。當此之際，即應調神出殼，但不可放縱，一出天門（百會穴），就應該隨之而收神，做到「出則乙太虛為超脫之境，收則以上丹田為存養之所」㊱。出神的時間和距離應循序漸進，初不可過久過遠。其後隨功力長進而加碼。由一步而多步，由多步而一里，由一里而百里、千里，以致達地通天，入金穿石。當然，這種效果說的是一種境界，它是自然而然的，不是刻意追求的。最重要的一條就是要在意念上使「我身」與天地合一，無身無物，復歸無極。

總之，陳摶無極圖是應道教修煉需要而產生的併用以指導修煉的。由於道教金丹修煉的基本原理本出自易學。所以，陳摶無極圖之繪製在深層上也表現出易學的理趣。這大概是陳摶之後的許多易學家為什麼對無極圖推崇備至的緣由。

2.張伯端與《悟眞篇》的易學象數秘義

如果說華山道士陳摶對「圖書學」的研究和貢獻標誌著道教氣功養生學對易學靈活

應用的新拓展，那麼，作為金丹派南宗祖師的張伯端所進行的理論創造，則意味著這種靈活應用與拓展的進一步深入。

金丹派南宗又稱紫陽派，這是因為該派祖師張伯端號「紫陽」的緣故。在中國道教史上，紫陽派的丹道理論不僅別具特色，而且很有影響。自宋代以來，紫陽派傳人既注重內功實踐，又撰寫了許多重要的著作，而最受推崇的就是張伯端的《悟真篇》。道門中人將《悟真篇》與《周易參同契》相提並論，足見其地位之高。

張伯端的《悟真篇》與易學有何關係呢？為了說明這個問題，我們有必要結合其生平事蹟對其思想主張略作闡述。

(1)張伯端生平與性命雙修思想

張伯端，字平叔，一名用成（誠），天臺（今屬浙江省）人，自幼好學，長而涉獵三教經書，以至刑法、書算、醫卜、戰陣、天文、地理、吉凶死生之術，都留心詳究。先是傳「混元之道」，因未精而遊歷四方，孜孜訪問。宋神宗熙寧二年（西元一〇六九年）隨陸詵往成都，據說遇到劉海蟾。海蟾授予金液還丹火候之訣。張伯端自此改名用成，苦修內丹。那時，有一個僧人修戒、定、慧，自以為得最上乘禪旨，能入定出神，數百里間片刻功夫即可到達。一天，僧人與張伯端相遇，雅志契合。伯端請僧人一起神遊遠方。他們約定往揚州觀賞瓊花。於是，兩人同處靜室，相對瞑目，出神而遊。僧人神遊的速度快。伯端剛剛到了揚州，僧人已經繞著瓊花轉了三圈。張伯端說，今天咱們倆人一同到此，何不各折花一朵以作憑證？僧人應允。當他們收功時，張伯端問僧人瓊花何在？僧人袖手兩空，而張伯端卻從手中拈出瓊花來與僧人玩賞。這是在道門盛傳的遺聞趣事，在具體情節上可能經過了一些藝術加工，但也說明張伯端的內功氣法是有很深造詣的。其中之奧妙，張伯端曾經透露一二。他說：

> 今世人學禪學仙，如吾二人者亦間見矣……我金丹大道，性命兼修。是故聚則成形，散則成氣，所至之地，真神見形，謂之陽神。彼（指禪師）之所修，欲速見功，不復修命，直修性宗，故所至之地，人見無復形影，謂之陰神。[37]

張伯端告訴人們：今天世間的人在學習禪定之法和修煉成仙的方術，但像我與禪師倆人這樣的水準可以說並不多見……我所學習的金丹大道法，是講究性與命一起修煉的，所以能夠做到聚氣而成形，散形而成氣，在這種境界中神遊，不管到達什麼地方，都是靠自己純正的意念來顯示形體，這種純正的意念也就是「陽神」；而禪師所修的方法，過快地追求功效，沒有修養命功，只是一味地修學性功法門，所以，其神遊不論到了什麼地方，人們看不見其形影，其意念所發，可以叫做「陰神」。

從上面的引述中可以看出，張伯端的內丹功法與佛教禪宗的修行法式是不同的，他不僅要導引體內陽神出竅，而且要達到散成氣，聚成形的效果。他認為要達到這種效果，既要修性，又要修命，這就叫做「性命兼修」。所謂「修性」即煉心神，而「修命」即煉形氣。道門中有「性即神」與「命即氣」的說法。在金丹派南宗看來，性與命，原不可分，在天則叫做「命」，在人就叫做「性」。所以，神氣雖有二用，修命則當兼修。張伯端長期中的養生實踐就是以性命兼修為其指導思想的。

(2)張伯端《悟真篇》的易學象數符號旨趣

根據性命兼修的立場，張伯端創作了《悟真篇》。這是繼《周易參同契》之後道門的又一部金丹學的要典。所以，《悟真篇》在思想上與《周易參同契》也是一脈相承的。因此，《悟真篇》作者弘揚《周易參同契》的傳統，援《易》以明丹道，這是自然而然的事。作者在該書的序言中說：「《周易》有窮理盡性至命之辭，《魯語》有毋意、（毋）必、（毋）固、（毋）我之說。此又仲尼極臻乎性命之奧也……漢魏伯陽引《易》道交媾之體作《參同契》，以明大丹之作用，唐忠國師於《語錄》首敘老莊言，以顯至道之本末，如此豈非？教雖分三，道乃歸一。」[38]

按照作者的理解，《周易》這部書中具備了窮究哲理盡其性情以至於命根的言辭；而《魯語》[39]中則告誡世人，應以「道」為友不可任意，受重用就行道，不受重用隱身而藏，不固執於某種格式，對於古代的文化述而不作、不自我標榜。這就是孔夫子探究性命奧妙到了臻善臻美境地的表現。漢代的名士魏伯陽引用《易》學中陰陽交媾的基本道理創作了《周易參同契》，以說明金丹大藥的妙用所在；唐忠國師在《語錄》中首先引述了老子、莊子的言論，以顯示至高無上的大道的本根與枝末，這難道還有什麼不得體的嗎？教門雖然分為三派，但道理歸根結底卻合於一體。在這裡，作者不僅注意到

《周易》中的性命思想，而且追溯了自漢代至唐朝有關性命問題的一些論述，明確表示了「三教合一」的觀點。這樣，作為儒道共同遵奉的古老經典著作，《周易》的形式與內容被廣泛應用於《悟真篇》的創作中便體現出一種主動性來。

《悟真篇》是以詩詞之體寫成的。從形式上看，其順序是依照《周易》數理安排的。作者在序中還說：「僕既遇真荃，安敢隱默？罄所得成律詩九九八十一首，號曰《悟真篇》。內七言四韻一十六首，以表二八之數；絕句六十四首，按《周易》諸卦；五言一首，以象太乙；續添《西江月》一十二首，以周歲律。其如鼎器、尊卑、藥物、斤兩、火候、進退、主客、後先、存亡、有無、吉凶、悔吝，悉備其中矣。」[40]六十四首絕句合於六十四卦，這顯然是根據《易》數原則來考慮的，而十六首七言詩為兩個八的倍數，這其中包含著八卦的概念，至於一首五言詩所取法的「太乙」也屬於易學的一個支派[41]，還有歲律問題，自漢代以來一直是以易學為綱要的。因此，《悟真篇》的這種結構安排很明顯表現了作者取法《周易》的指導思想。

從內容上看，《悟真篇》應用《周易》的例子更是隨手可得。

眾所周知，內丹氣功學的概念與思維方式係出於外丹學，而外丹學的建立又是以易學為本的。所以，大凡講內丹的書幾乎都離不開易學的理論和概念。作為一部在道教氣功學說史上佔有極重要地位的著作，《悟真篇》更是這方面的典型。該書首列《丹房寶鑒之圖》就是明證。作者以「精神」列於「玄門」兩側，以玄門配乾陽之象；以「氣血」列於「牝戶」兩側，配坤陰之象；又以土羅絡木火金水；以三層之「懸胎鼎」應於《易》之三才；以玄武、玉兔、月魄、黑錫等配坎卦；以朱雀、金烏、火龍、朱砂、日魂等配離卦。這一切都體現了《悟真篇》取法《易》象的思想。該書在開頭繪製了《丹房寶鑒之圖》雖是為了增強讀者的內丹修煉感受性，但在客觀上卻為後人研究道教氣功養生學與《周易》的關係問題提供了圖文並茂的資料。

循著《丹房寶鑒之圖》的路徑，《悟真篇》在運用詩詞以暗示內丹修法的時候也常常涉及《周易》象數學。這主要見於如下數端：

其一，論「翻卦象」。《悟真篇》七言詩第五首云：

> 虎躍龍騰風浪粗，中央正位為玄珠。果生枝上終期熟，子在胞中豈有殊？南北宗源翻卦象，晨昏火候合天樞。須知大隱居廛市，何必深山守靜孤。[12]

虎跳躍，龍飛騰，大風捲浪狂濤出，百川歸海彙中央，中央結成一玄珠。果實生在枝條上，栽樹之人盼果熟；父精母血合生子，中元結丹有何殊？南與北，辨宗脈，淵源深遠翻卦象；子午卯酉知時辰，火候進退合天樞。需知曉，大隱士，合光同塵不異俗；何必執意進深山，獨守靜室成偏孤？

這首詩談到了內丹修煉之初有關丹田的位置以及體內坎離二氣的關係等等問題，接著在第五句中就正式地出現了「翻卦象」的提法。

所謂「翻卦象」，這是就效法天地運行而煉內丹的意義說的。古代的天文曆法學家為了表示日月運行的周期，曾經把《周易》六十四卦排在一個圓圈上並配上十二地支、二十四節氣、二十八星宿等等，這種法式被道教氣功養生家所借鑒。早在《周易參同契》中便已將這種法式用以指導修煉過程。《悟真篇》正是在此等基點上提出「翻卦象」之說的。按照天地運行的規則，《悟真篇》以乾坤兩卦象徵內丹鼎器（人體），以坎離為陰陽二氣（煉內丹之藥物），其餘六十卦合於一月三十日，循卦煉功。早晨，「屯卦」用事，表示「進火」；晚上，「蒙卦」用事，表示「進水」。如此循序漸進，到了三十日，終於「既濟」與「未濟」兩卦。卦終則復始，由既濟、未濟回到了屯、蒙。如果把這六十卦排在一個環形圖上，「屯」「蒙」與「既濟」「未濟」就構成首尾銜接關係。由首到尾，再由尾到首，這就是「翻卦象」的第一層意義。

「翻卦象」還有另一層意義，這就是「顛倒坎離」。《悟真篇》七言絕句第十五首云：

> 日居離位翻為女，坎配蟾宮卻是男。
> 不會個中顛倒意，休將管見事高談。[43]

以日為本象的離卦處南方陽性的位置，但它卻成為女性與陰性事物的象徵；以月亮為本象的坎卦處於北方的位置，但它卻成為男子、陽性的象徵。如果不知道其中顛倒翻轉的意蘊，請不要班門弄斧、高談闊論。

在後天八卦方位中，離卦在南方配火，為陽；坎卦在北方配水，為陰。可是，在

《周易》有關「乾坤生六子」的構想中，離卦為中女、為陰，坎卦為中男、為陽。這就是「顛倒」的寓意所在。再從卦象上看，離卦兩陽爻在外，一陰爻在內；坎卦兩陰爻在外，一陽爻在內。陰中有陽，陽中有陰。這又是一種顛倒。既然有顛倒就有反覆，於是，「取將坎位中心實，點化離宮腹裡陰，從此變成乾健體，潛藏飛躍盡由心。」⓮此謂：把坎卦中的陽爻抽取出來填補離卦中的陰爻，離卦就恢復成乾卦之狀「☰」。這種構想與陳摶「無極圖」中關於「復歸無極」的觀念是一致的，其用意乃在於還老返童，但其根基卻是《周易》的逆數之道。

其二，論「三五」。《悟真篇》七言律詩第十四首云：

> 三五一都三個字，古今明者實然稀。東三南二同成五，北一西方四共之。戊己自居生數五，三家相見結嬰兒。嬰兒是一含真氣，十月胎圓入聖基。⓯

這首詩的意思是：三、五與一共有三個字，這看起來非常淺顯，可是從古到今真正明白其中奧妙的實在太稀少了。東方之數三與南方之數二共成五，北方之數一與西方之數四相合也是五，戊己土位居中其數仍是五。東南、西北與中的數相合共事，這就像母親結嬰一樣。「嬰孩」是個整體，蘊含著「真氣」，內丹修煉如十月懷胎，數足自然「胎圓」而超凡入聖奠定仙道根基。

這首詩出現的數位是有排列規則的。「三」在東面，「二」在南面，兩者相加是五；「四」在西面，「一」在北面，兩者相加也是五，中間土位自含五。東南西北中共有三個「五」。《悟真篇》這種象數符號思想來源於《周易參同契》。魏伯陽在該書的中篇說：「三五為一，天地至精，可以口訣，難於書傳。」㊻這是運用《周易》的生數符號原理來暗示元氣流向。俞琰解釋：「三者，水一火二合而成三也。五者，土也。三五為一者，水火土相與混融，化為一氣也。斯時也，玄黃相雜，清濁未分，猶如天地混沌之初。少焉，時至氣化，無中生有，則窈窈冥冥生恍惚。恍恍惚惚結成團，而天地之至精孕於其中矣。」這其中的「三」是什麼？俞琰講得很明白，那就是居於北方的水「一」數與居於南方的火「二」數相合而成，而「五」乃是居中的「土位」本有的數。什麼叫「三五為一」？那就是北水、南火與中土相交融成為一個整體。在這樣化成「一氣」的時候，玄、黃之色渾然一體，沒有清濁之分別，就好像天地尚未分化的樣子。等到一定的時日，氣化流行，「無」中而生出「有」來，只感到茫茫然恍惚變化，天地「至精」就在這種狀態中產生。

俞琰這段話是從水火土三者關係著眼進行解釋的。從其解釋可知，魏伯陽《周易參同契》的數本具有符號的意義，它們可以轉換成東西南北中，又可以轉換成木火土金水。《悟真篇》對這種「氣功符號學」作了發揮，其本旨就在一個「合」字，「三」與「二」合就是木與火合；「一」與「四」合就是金與水合；「三家相見」就是東西南北中五氣朝元而結內丹。所以無名子有云：「龍屬木，木數三，居東；木能生火，故龍之弦氣屬火，火數二，居南；二物（木火）同元，故三與二合而成一五。虎屬金，金數四，居西；金能生水，故虎之弦氣屬水，水數一，居北；二物（金水）同宮，故四與一而成二五。二五交於戊己中宮，屬土，土數五，是成三五也。三五合而成丹。丹者，一也。此三者結成嬰兒，實稀有也。」[17]

從這種解釋中，我們可以清楚地看到，《悟真篇》的「嬰兒」乃是一種比喻，其精髓所在就是運用早已為《周易參同契》所重視的《易》數符號原理來指導內丹修煉活動，以達到聚氣的初步目的。

其三，論「火候盈虛」。如何修煉內丹，掌握「火候」是關鍵的一環。《悟真篇・西江月》第十二首云：

> 不辨五行四象，哪分朱汞鉛銀？修丹火候未曾聞，早便稱呼居隱。不肯自思己錯，更將錯路教人。誤他永劫在迷津，似憑欺心安忍？[18]

作者從術數發展歷史出發，結合自己的思考，對以往的許多問題加以揭露和批評。他深刻指出，不能辨別木火土金水「五行」和太陰、太陽、少陰、少陽「四象」，怎麼能夠分清楚什麼朱砂水銀之黑白？修煉金丹，還沒有聽說「火候」的事就宣稱什麼隱居，這實在是無根基。不肯思考一下自己的過錯，反而把錯誤的東西又傳給他人，將別人引入迷途遭受劫難，這樣自欺欺人於心何忍？

《悟真篇》這首詞反映了作者對「火候」問題的高度重視。其中所言「五行」與「四象」本身即貫穿著易學的基本法則。

如何掌握火候呢？《悟真篇》認為，其大要所在就是明瞭天地陰陽消息的規律。它說：

天地盈虛自有時，審觀消息始知機。由來庚甲申明令，殺盡三屍道可期。[49]

天地的盈滿與虛空本來就有它運轉的時令，審度觀照其中的陰陽消息，這才能明白機要所在。庚申甲子的交替從來是時令變化的關節點，知曉其中的奧妙所在，從而斬盡殺絕身體中的「三屍蟲」，那麼，得道升仙的目標就是可以預期的了。

按照《悟真篇》的看法，天地運行是有規律的。如果上升到《周易》的陰陽範疇來認識，那麼「盈」與「息」乃是陰化為陽，而「虛」與「消」則是陽化為陰。陰陽的消息是有跡象顯示的，抓住了其跡象就可以深入，知其本質。譬如月亮的出沒，漢代的易學家經過觀察之後制定了八卦「納甲法」。魏伯陽的《周易參同契》借之以描述內功之運作法門。《悟真篇》將《周易參同契》的納甲法蘊含於其詩歌中。它強調了順應天地運行節律來掌握煉功「火候」的思想，表明了作者對於抓住陰陽進退時機的自覺認識。

不過，《悟真篇》透過易學卦象來說明「火候」操持，這並不是要人們拘泥於卦象。它說：

卦中設象本儀形，得象忘言意自明。後世迷徒惟泥象，卻行卦炁望飛升。[50]

這是說，易學中的卦象本是物象的類比，看卦象是為了更好地掌握其內在的旨意。得其意則可以忘其象，得其象亦可以忘其言。但後來一些學徒卻執著於卦象，跳不出其藩籬，他們津津樂道於所謂「飛升」，只不過徒勞而已。《悟真篇》告訴人們要「得意忘言」，不拘泥於卦象，這種思想出自魏晉易學義理派代表人物王弼。這就說明《悟真篇》作者在闡述內丹學原理時也注意到義理思想的融攝。他所告誡的「忘」字在丹法操作過程中實在非常重要。實際上，這是走向內丹高境界的一個「訣竅」。

3.紫陽派門人龍眉子對易學的進一步應用與發揮

《悟真篇》之後，紫陽派門人也注意到易學象數與義理的應用，這尤其表現在《金液還丹印證圖》一書之中。

《金液還丹印證圖》，題龍眉子撰。末有林靜熏所寫《後敘》稱：「今考諸序事本末，則知為紫陽宗脈。」據此，則該書作者龍眉子乃是紫陽派門人。書中首圖又有王啟道的題詞，略云：「此圖係先師玉蟾親受，得祖師龍眉子親筆圖述，非人勿示，寶之惜之。」這裡所提到的「玉蟾」即紫陽派五祖之一——白玉蟾，而題詞者王啟道即白玉蟾的弟子王金蟾。從這個題詞來看，《金液還丹印證圖》當是在紫陽派當中傳授的一部秘笈，經過了白玉蟾、王金蟾的整理而行世。

《金液還丹印證圖》是根據《周易》的邏輯法則來安排層次的。龍眉子在序言中說：「夫煉金丹者必有所自，故有原本焉。有本然後生，故有乾坤焉。用乾坤烹煉，故有鼎器焉。鼎器有藥物，故有鉛汞焉。鉛汞明分兩，故有和合焉。和合成黃芽，故有真土焉。丹成貴能取，故有採取焉。作用有規模，故有制度焉。制度有同志，故有輔佐焉。」[51]龍眉子在序中使用的術語雖然是出自外丹說，但其本旨卻在於修煉內丹。因而，他的這部著作也屬於氣功養生之類，係《悟真篇》之餘緒。

從其序言可以看出，該書每章有著內在的邏輯關係。其理係出自《周易・序卦》，該傳稱：「有天地，然後萬物生焉。盈天地之間者唯萬物，故受之以屯。屯者，盈也。屯者，物之始生也。物生必蒙，故受之以蒙。蒙者，蒙也，物之稚也。物稚不可不養也，故受之以需。需者，飲食之道也。飲食必有訟，故受之以訟。訟必有眾起，故受之以師……」這是《序卦》描述分析六十四卦次序的一段文字，目的在揭示各卦前後相承的意旨。今日我們所見《周易》六十四卦的順序剛好與《序卦》所述相合。可見，其卦序由來已久。這種安排體現了先聖的精密思考。對照一下《序卦》，再推敲一下龍眉子的序言，即可明瞭《金液還丹印證圖》對《周易》自然邏輯發展觀的取法了。

《金液還丹印證圖》對《周易》自然邏輯發展觀的取法，這不僅體現在序言裡，而且貫徹於全書的始末。該書按照《周易・繫辭》的「太極」學說來演述煉丹的過程。是書第一章《原本》詩云：

> 溟涬無光太極先，風輪激動產真鉛。都因靜極還生動，便自無涯作有邊。一氣本從虛裡兆，兩儀須信定中旋。生生化化無窮盡，幻出壺中一洞天。[52]

《金液還丹印證圖》比照宇宙發生的模式來敘說「煉丹」程式。它指出：混沌溟寂的狀態，宇宙還沒有光明，而太極已經居先存在了；太極內在的陰陽感應，正如風輪一樣，它的激發運作產下了宇宙中的「真鉛」。都是因為寂靜到了極點才又重新開始運動，所以混沌無極的原始存在狀態，漸漸地形成了環宇的邊界。先天一氣本來是從虛空裡發端的，而陰陽兩儀只有在靜定之後才感應旋轉。宇宙之間萬事萬物生生不息沒有窮盡，從而幻化出「壺中」一大洞天勝境。

很顯然，這首詩是在講述內丹原理的，例如最後一句的「壺中洞天」就是內丹家向來追求的境界；但作者並不是平鋪直敘地教人修煉方法，而是運用《周易》的「太極」理論來說明內丹修煉的根本。

在作者看來，太極乃是萬物之先，也是真鉛之源。太極涵陰陽，一動一靜，互為其根。陰陽兩儀，對立統一，構成了周轉運動，這是宇宙生化之本，也是生命存在的內在動力。作者在這首詩中貫徹了《周易》太極哲學的協調、運動、變化、生長的觀念，同時也融合了老子關於「道生一，一生二，二生三」的思想。

在第三章《乾坤》中，《金液還丹印證圖》作者以《周易》的乾坤兩卦為總法象，以示陰陽相合、歸根返元的修丹大要：

> 混元未判是先天，清濁分來二象全。坤女乾男偏一氣，木龍金虎間千年。都將孤寡為修道，豈信剛柔可造玄？日用不知顛倒理，若能達此是真仙。[53]

在《金液還丹印證圖》看來，混沌原本尚未剖判的狀態，那就是先天；清明與渾濁相分，那就意味著陰陽兩儀之體的化生已經俱全了。坤柔之女與乾剛之男各自稟賦一偏之氣，而東邊的木龍與西邊的金虎相隔更是以千年計。從來有許多人都以孤陰寡陽的形式力圖修成金丹大道，哪裡肯相信剛與柔的配合才能達到玄妙的真正境界呢？陰陽顛倒的道理，百姓日用而不知其所以然；倘若明白了這樣的義理且修持不懈，那就可以成為真正的神仙了。

所謂「先天」即是兩儀未分的混沌本原，在作者看來，這就是「太極」；而太極發動，兩儀之象便化生了。由此可知，《金液還丹印證圖》作者在《乾坤》章還是以「太極」為本體。當然，這一章與《原本》章所要闡述的側重點畢竟不同。如果說《原本》章是依順時方向來思考太極生化運動問題，那麼《乾坤》章則「反其道而行之」，重在說明「顛倒」之理。這裡的「顛倒」與《悟真篇》的「翻卦象」在基本精神上是一致的，用意都是為了揭示「復歸」的內丹氣功旨趣。從乾坤的總法象上看，「顛倒」表現為翻地覆天。本來，天在上而地在下，天為陽地為陰；陽氣上升而陰氣下降，兩相分離而不交；今使乾居下而坤居上，則陰陽二氣相交而既濟，則「男女同室」（這是一種比喻），二儀復合，歸於太極而無極。

再從木金龍虎的關係上看，這也體現了作者的陰陽和合歸根的思想。因為無論是木金還是龍虎，在方位符號學中它們都是相對的。木龍在東，金虎在西。煉內丹就是要使對立性的兩方配合行動，而不使其孤行，才能達到剛柔互濟的目的。這在根本上也是符合《周易》「剛柔相摩，八卦相蕩」思想的。

在外丹合成過程中，道教中人是很注意「制度」問題的。這種形式也為內丹修煉所借鑒。所以《金液還丹印證圖》專立《制度》一章，謂：

壇築三層天地人，九宮八卦布令勻。鏡懸上下祛精怪，劍列方偶鎮鬼神。禹步登時三界肅，罡星指處百魔賓。叮嚀刻漏無差誤，片晌工夫萬劫春。[54]

這首詩對煉丹的壇場制度作了精煉而又形象的闡述。它指出，煉丹壇場是按照天地人的層次格局來建造，九宮八卦分佈於其中顯得相當均勻。壇場上下掛起明鏡，為的是驅逐精怪作亂，利劍列於四面八方作為鎮守鬼神之用。行起「禹步」秘術的時候，立刻使天地人三界都感到莊嚴肅穆，魁罡之星所指之處，千魔百怪都低頭賓服了。千叮嚀，萬囑咐，修丹火候必須嚴格遵循刻漏時辰。假如能夠這樣行持有序的話，實際上只需要片晌的時間就可以感受到無盡的春光美景。

這裡所講的「築壇」本是煉外丹中的定位問題。同樣道理，內丹修煉也需定位。怎樣定位呢？就外丹而言，定位就是選擇一個合適的地點建造三層的煉丹壇；就內丹而言，定位就是分清楚人體上中下三焦、明確三丹田的位置，以便導引行氣。內外丹的定位形式儘管有不同，但其理則一，這就是《周易》的「三才之道」。當弄清楚上中下三層結構之後，就可以進一步地列出九宮八卦的位置。

一般地說，這是按照後天八卦方位即周文王八卦方位來安排的。可見，八卦已經成為「還丹」定位的標誌。

(三)丹法思想的擴展與易學理念在日常生活起居中的貫徹

「還丹」是一個過程。在道門中人心目中，「還丹」境界之實現，還必須在日常生活中獲得「溫養」。這就是說，這項工作實際上與修持者的平常生活難於分離。就外丹修煉來說，它所採取的原料需要人去尋求提取；而內丹修煉既然以人體為其鼎爐，以其精氣為其修煉的基本「原料」，這就必然使之與修行者的日常生活密切聯繫在一起。這樣，當金丹學逐步發展的時候，修行者同時注意把易學思想引入日常生活起居中以作為行動指導，這就是自然而然的事了。關於這一方面，在道教文獻中可以找到大量資料。今舉兩種，略加評述。

1.攝生月令

《雲笈七籤》卷三六錄有《攝生月令》一篇，按照《周易》十二辟卦分述每月的攝生法門。為什麼必須依據《周易》卦爻象數與義理來指導日常的養生問題呢?作者從先賢養生要則的介紹入手，來論述這個問題。作者開篇即云：

> 夫攝生大體略有三條：所為吐納、煉藏胎津，駐容；其次餌芝木，飛伏丹英；其三，五穀資為味。終古不易者，生生性命，必繫於茲也。[55]

此處所謂「攝生」就是保養生命。按照作者的看法，保養形體性命主要有三大要素。第一是關於煉養氣血方面的，因為「吐納」就是吐故納新，係指氣的交換，而「煉藏胎津」就是透過精神的調節，而使人體內在的津液能「藏」能通，從而達到「駐容」不衰的目的；第二是關於「餌服」藥物方面的，因為「芝木」、「丹英」都是藥物名稱。第三是關於飲食起居方面的，「五穀」是主食，這必須與其它食物之味相配合，以獲得滋養。作者認為，這三大要素，是養生所不可缺少的。但如何調理，才算得當，這是大有學問的。

為了進一步說明「攝生」的重要性和準確方法，作者又引述扁鵲養生論、彭祖攝生論《黃帝內傳》《小有經》等諸多經典，以作論據。總括起來，作者認為攝生關鍵在於明瞭「用食延生、順時」之道。落實到具體生活中，這就是要依卦象、義理而行事。他將一年四季十二個月與《周易》「十二辟卦」結合起來考慮。孟春泰卦，仲春大壯卦，季春夬卦；孟夏乾卦，仲夏姤卦，季夏遁卦；孟秋否卦，仲秋觀卦，季秋剝卦；孟冬坤卦，仲冬復卦，季冬臨卦。

一年四季十二個月與卦象之配並非是一種機械之湊合，而是體現順時頤養的理則。

例如，關於孟春，作者說：

> 是月也，天地俱生，謂之發陽。天地資始，萬物化生。夜臥早起，以緩其形，使志生生而勿殺，予而勿奪。君子固密，無泄真氣。其藏肝，木位在東方，其星歲正月、二月、三月，其卦震，其地青州，其書《詩》，其樂瑟，其帝靈威仰，其神

勾芒，青龍為九天，白虎為九地，其蟲魚，其畜犬，其穀麥，其果梅，其菜韭，其味酸，其臭腥，其色青，其聲怒，其液泣。立春木相，春分木王，立夏木休，夏至木廢，立秋木囚，秋分木死，立冬木沒，冬至木胎。56

孟春也就是正月，天與地在此時的基本功能都是主生，這就叫做萌生陽氣。天地憑藉著這種稟性而開始，萬物因此而孕育生長。對於人來說，在這個時候，不能太早睡覺，而應該到了子夜才進入睡眠，並且應該早一點起床，以便恢複形體的活力，使自己保持生生不已而沒有殺害、給予而不奪取的心志。君子固守微密，不要泄漏真陽之氣。對應於孟春的臟腑是肝臟，五行之木位在東方，木位所臨星歲有三個月，那就是正月、二月、三月。所臨後天卦位是震卦，所應之地域是青州，要研讀吟誦的文書是《詩經》，適合演奏的樂器是「瑟」，對應的帝靈威仰，而神則是勾芒。青龍代表九天，白虎代表九地。對應的蟲類是魚，對應的畜類是狗，對應的五穀是麥子，對應的水果是梅子，對應的蔬菜是韭菜，對應的味道是酸味，對應的氣味是腥，對應的色彩是青色，對應的聲音是怒聲，對應的液體是泣。立春之時，木處於相位；春分之時，木處於王位；立夏之時，木處於休位；夏至之時，木處於廢位；立秋之時，木處於囚位；秋分之時，木處於死位；立冬之時，木處於沒位；冬至之時，木處於胎位。

《攝生月令》論孟春，從天地的「發陽」特性入手，著重說明「生生勿殺」的理念。這種思想乃出於《周易・繫辭下》，該篇的一句名言叫做：「天地之大德曰生。」

在《繫辭下》看來，天地的最根本德行之一就是「生化」萬物。因為《易經》陰陽爻之交合變化而形成六十四卦，這本身就是宇宙萬物化生的符號寫照。在這種思想指導下，《攝生月令》依照卦象比擬以論時令之養生。就孟春時節而言，人們應該吃什麼蔬菜水果、使用什麼樂器，這都可以從「春木」的物象得到啟迪，而關於「木位」「星歲」、「勾芒」等一系列物名、神名實際上都可以看作「泰卦」的符號轉換形式。除此之外，還有三點值得注意：

其一，為什麼正月配泰卦呢？這是根據夏曆「月建」而來的。古以十月為歲終，而以十一月為歲首，所以配上十二地支，則十一月即建「子」，也就是配上「子丑寅卯」中的「子」，於十二辟卦則合於復卦。依此類推，十二月即建「丑」，於十二辟卦則合於臨卦。到了正月就是泰卦了。

其二，在論述過程中，又出現了一個「震卦」，這是為什麼乍一看來，似乎作者邏輯混亂；其實，這個震卦是從定位角度說的。前者之卦象──「泰卦」在於明「時」，而後者之卦象──「震卦」在於明「位」。關於此，只要我們推究以下作者論「孟秋」「孟冬」的文字就可以看出來。儘管《攝生月令》作者在「孟夏」之論中沒有言及其卦位，但「孟秋」「孟冬」則都有相應的明確表示，「孟秋」屬之兌卦，孟冬屬之坎卦，再反顧孟春之震卦，可以推斷孟夏所屬為「離卦」。這樣，震、兌、坎、離即居於四正方。關於這種排列，還需要說明的是，作者這裡的卦位並非僅僅只是屬於「四孟」，他在言及孟春、孟夏、孟秋、孟冬這「四孟」時又述及同一季度的其他相鄰月令，如孟春在正月之後，復敘二月、三月，孟夏之後敘及五月、六月，孟秋之後敘及八月、九月；孟冬之後敘及十一月、十二月。由此可見，震兌坎離「四正卦」每一卦各管三個月。

其三，作者在論孟春之「木性」時是從發展的立場來看問題的。他應用「旺相休囚」的循環變化觀描述五行之木的地位變遷，由立春、春分、立夏、夏至、立秋、秋分、立冬、冬至這八節氣的輪轉，以揭示「木」從相到王，再到休、廢、囚、死、沒、衰的歷程。這種解釋儘管相當樸素，但卻表現了作者順時養生的「法變」思想。

從孟春之論中，我們已經可以發現，《攝生月令》作者對於「時」與卦象關係之分析並非是孤立靜止的，而是從聯繫的立場看問題的。他從「旺象」中看到日後的「衰象」，而從「衰象」中同樣也看到了新的生機。這就說明，作者論四時養生乃緊緊扣住了《易經》的變化哲學。這就使日常生活起居的「卦象論」與金丹大道論一致起來了。

2.心易法門

在道教中，煉丹養生，這並非只是一個生活技術問題，而且也是一個重要的哲學問題。為了從理論上加以概括，從而使之更能在現實生活中發揮效用，道門中人不斷地從易學中汲取資源，並將這種資源加以靈活應用。其結果，不僅刺激了金丹養生論的充實，而且促進了道教易學理論的發展。

其重要表現之一就是「心易派」的形成。自北宋陳摶、張伯端以來，道教比較注重研討心性之學，貫徹到《周易》研究中，便出現了所謂的「心易」。宋末元初道教學者李道純是其代表人物之一。他對心易尤其重視，在《道德會元．序》中，李道純明確將自己所探究的易學稱之為「心易」：

> 竊謂伏羲畫易，剖露先天；老子著書，全彰道德。此二者，其諸經之祖乎？今之學者，未造其理，何哉？蓋由不得其傳耳。予素不通書，因廣參遍訪，獲遇至人，點開心易，得造義經（似當作「易經」）之妙。[57]

李道純很坦率地說：我私自以為伏羲聖人畫下了最初的八個卦象，那是剖露先天之學玄機；老子撰寫五千言，全在於彰顯「道德」的大義。《易經》與《道德經》，該可以稱得上為多經典的學理祖脈了吧？可是，今天的許多學者，不知道其中的真諦，這是為什麼？總的來說，是因為得不到真傳。我向來對經書並不精通，所以廣泛參閱，訪問大德，終於遇到了學問高深的「至人」，經過至人點撥開導「心易」的玄旨，我才領悟了《易經》的奧妙所在。

李道純把《易經》與老子《道德經》相提並論，而且貫通起來。他在解釋《道德經》時常常結合《易經》原理，而在發掘《易經》秘義時又會通《道德經》的思想旨趣。在他看來，這兩部經典是修道養生的最為基礎性的典籍，匯合起來，便於領悟道門之妙諦。他的所謂「心易」實際上就是會通《易經》與《道德經》的一種指導養生修道的理論。從更為廣泛的視點觀照之，我們可以看出，其心易理論實際上是以「道」為體，而以「儒」為用，表現了一種儒道相兼的特色。

從內容來看，這種「心易」乃是以「中和」思想作為中心原則的。李道純為了發揮其心易，曾作《中和集》。在這部書中，李氏於「玄門宗旨」下首例「太極圖」，以明「四正中直，發無不中」的精義。世人知之，太極圖本出於大《易》，李道純據之以為宗旨，說明他著述之根本就是「易道」，所謂心俱太極，「萬物之理悉備於我矣」58。在他心目中，「太極」就是心易的基本表象，而這種表象之中即包含著「中和」精義，學習心易的關鍵就在於悟「中和」妙諦，足見「中和」二字乃是他論心易的原旨。

「中和」之說本儒道兩家所共有。歷史上，以孔夫子為代表的儒家學派和以老子為代表的道家學派儘管在思想體系上頗有不同，甚至在一些具體問題上的主張還有相左之處，但它們發端於共同的理論根基，所以，在一些問題上又有共同基點。譬如「中和」論便是。孔夫子提倡「中庸之道」，這是大家所熟悉的。「中庸」雖然不能等同於「中和」，但其理論立足點卻是一致的，其要義所在就在一個「中」字。「中」者，不偏不倚得正之謂也。

在儒家學派將「中」的思想用於政治倫理之時，道家學派則將之用於解釋宇宙之演化與待人處事。《道德經》第四十二章謂「沖氣以為和」。此處之「沖」即與「中」相通，沖氣即是中氣，中和之氣。再如《道德經》第五章所云：「多言數窮，不如守中。」這是「尚中」思想的明確表達。從道家的宇宙論、處事論裡，我們也可以找到李道純「中和說」的淵源。

當然，也應看到，李道純會通儒道，並不是停留於原初的起點上。他從前賢論述中抽取「中和」概念，將之昇華，成為闡述心易的總綱。圍繞易學的太極圖，他著重說明「沖和化醇」的意義：

是知萬物本一形氣也。形氣本一神也。神本至虛，道本至無，《易》在其中矣。

天位乎上，地位乎下，人物居中。自融自化，氣在其中矣。天地，物之最巨；人於物之最靈。天人一也。宇宙在乎手，萬化生乎身，變在其中矣。

人之極也，中天地而立命，稟虛靈以成性。立性立命，神在其中矣。命繫乎氣，性繫乎神。潛神於心，聚氣於身，道在其中矣。[59]

這裡所引是李道純《太極圖頌》二十五章中的部分內容。大家知道，太極圖是以《易》「太極」說為依據的。宋元以來，太極圖流行頗廣。從某種程度上看，太極圖甚至已經成為讀《易》的入門法象。李道純頌揚太極圖雖有借題發揮之處，但總的來講，仍是據易理而發。他在此涉及到天地人「三才」之關係以及「神」「變」「道」諸範疇，這些都是大易之學本具有的。

李道純所說的「易在其中矣」，就是說《易》在太極圖中。他頌揚太極圖可以說就是頌揚大《易》之道。換言之，此乃以太極圖為表徵，推演引申心易要理。就在這種頌詞裡，李道純五言「其中」，足見「中」這個概念在李氏的探索裡是多麼重要。他不但數言「其中」，而且強調「和」。在他看來，心易所言「氣」「變」「神」「道」都是太極「沖和化醇」的表現。李道純這些論述儘管是一種哲理性的發揮，但於煉丹和生活起居的養生方面卻有指導意義，因為道門中人向來把人置於宏觀宇宙中來考察，故其煉丹養生歸根結底必須從宇宙論、心性論的哲學高度來加以認識，這才能有獲得悟性的提升。李道純是宋元一位很有影響的道教學者，所以他的「心易」可以說代表了道教養生哲學的一種新的發展趨勢。

【註釋】

❶王明《抱朴子內篇校釋》第十二頁，中華書局一九八五年第二版。

❷《李太白全集》第一八二～一八三頁，中華書局一九七七年版。

❸關於八卦推演為六十四卦，一般以為是周文王所為；但有資料顯示，重卦者非文王一人，只是文王重卦在歷史上影響相對要大而已。

❹《周易參同契．下篇》，陰長生注本。

❺朱熹《周易參同契考異》，《四庫全書》本。

❻彭曉《周易參同契分章通真義》卷上，《道藏》第二十冊第一三四頁。

❼依三國虞翻的注釋，「易」有日月之義，故稱「日月為易」。《參同契》謂「易行乎其中」。

❽《道藏》第二十冊第一三五頁。按，原文有卦象符號，本節引用時省略。下同。
❾《道藏》第二十冊第一三六頁。
❿《道藏》第二十冊第一三三頁。
⓫朱熹《周易參同契考異》。
⓬《道藏》第二十冊第一四四頁。
⓭朱熹《周易參同契考異》。
⓮《道藏》第四冊第八四四頁。
⓯許仲琳《封神演義》上冊第二二四頁，齊魯書社一九八〇年三月第一版。
⓰歐陽修《刪正黃庭經序》，《歐陽文忠全集》卷一四三，《四部備要》本。
⓱俞琰《席上腐談》卷下，《叢書集成初編》本。
⓲《晉書・魏舒傳》。
⓳王羲之書寫《黃庭外景經》一事詳見張淏《雲谷雜記》第一，《四庫全書》子部雜家類。
⓴《道藏》第六冊第五三二頁。
㉑《道藏》第五冊第九一三頁。
㉒《道藏》第四冊第八四四頁。
㉓《雲笈七籤》卷四十二，《道藏要籍選刊》第一冊第二九一頁，上海古籍出版社一九八九年版。
㉔《道藏》第四冊第八四九頁。
㉕《道藏》第四冊第八四九～八五〇頁。
㉖《正易心法》第八章，《藝海珠塵》本。
㉗《正易心法》第八章之「消息」。
㉘《宋史・隱逸傳上》。

㉙《太華希夷志》卷上。

㉚《太華希夷志》卷上。

㉛王弼傳《老子道德經》第二十一章，《諸子集成》本。

㉜同上書第四十二章。

㉝同上書第六十章。

㉛伍守陽《天仙正理直論》，《古本伍柳仙宗全集》上冊第四十四~四十六頁，上海古籍出版社一九九〇年三月第一版。

㉟俞琰《周易參同契發揮》卷四，《道藏》第二十冊二一七頁中。

㊱伍守陽《仙佛合宗・出神景・出神收神法》，《古本伍柳仙宗全集》上冊第三〇四頁，上海古籍出版社一九九〇年三月版。

㊲《道藏要籍選刊》第六冊第二八七頁，上海古籍出版社一九八九年版，以下引此書均同此版，故略。

㊳《道藏要籍選刊》第三冊第三九〇頁。

㊴此處之《魯語》即指《論語》，因孔子乃出「魯國」，故稱其書為《魯語》，原文見於《十三經註疏》下冊二四九〇頁，張伯端在引用時省略了幾個「毋」字。

❿《道藏要籍選刊》第三冊第三九一頁。

⓫關於「太乙」問題，我們將在本書第八章再來作詳細的探究。

⓬《道藏要籍選刊》第三冊第二九四~三九五頁。

⓭《道藏要籍選刊》第三冊第四〇五頁。

⓮《道藏要籍選刊》第三冊第四〇五頁。

⓯《道藏要籍選刊》第三冊第四〇〇頁。

⓰俞琰《周易參同契發揮》卷中，《周易參同契古注集成》第九十二頁，上海古籍出版社一九九〇年六月版。

❼《道藏》第四冊第七二〇～七二一頁。

⓲《道藏要籍選刊》第三冊第四二二～四二三頁。

⓳《道藏要籍選刊》第三冊第四一二頁。

㊿《道藏要籍選刊》第三冊第四一二頁。

51《道藏》第三冊第一〇三頁。

52《道藏》第三冊第一〇三頁

53《道藏》第三冊第一〇四頁。

54《道藏》第三冊第一〇五頁。

55《道藏》第二十二冊第二五四頁。

56《道藏》第二十二冊第二五四頁。

57《道藏》第十二冊第六四二頁。

58《道藏》第四冊第四八三頁。

59《道藏》第四冊第四八四頁。

第五章　召神驅邪：符咒紛紛匯易道

談起「符咒」，人們也許會聯想起當今鄉間尚可見到的驅邪趕鬼神秘活動。其實，符咒本是道門中一種具有主幹地位的法術，符咒在道教中不僅頗受推崇，而且應用很廣。儘管現在許多人往往對符咒嗤之以鼻，不放在眼裡，但它曾經是廣為流行的，道教中的許多派別因以符咒為其基本的法術而聞名，甚至有的名稱也打上了符咒的烙印。可見，符咒在道教體系中不僅是不可忽略的，而且是必須認真加以探究的。

以往由於種種原因，學術界不大敢涉足「符咒」這一領域，似乎一涉足，自己就成為一個畫符捉鬼的民間巫師了。然而，俗話說：「不入虎穴，焉得虎子？」既然，符咒在道教中占有如此重要的地位，筆者不得不斗膽地闖一闖這個禁區了。如果日後有人因為筆者在本書設立研究易學與「符咒」關係的專章而送給一頂「民間巫師」的帽子，筆者就順便把它放在書架上，作為一種歷史的陳列。

當然，也許這種擔心完全是多餘的，那麼，筆者就可以在書架上留下諸多空位，以便讓自己的淺見引來串串玉石。

一、符咒法術的緣起與流行

符咒到底與易學存在什麼關係？為了說明這個問題，我們有必要先就其概念以及緣起發展等問題作一扼要的闡述。

(一)符咒的名義與來源

所謂「符咒」是符籙與咒語的合稱。一般地說，「符」指的是用朱筆或墨筆所畫的一種點線合用、字圖相兼，且以屈曲筆劃為主的神秘形象，道門中人聲稱它具備了驅使鬼神、治病禳災等眾多功能；「咒」指的是具有特殊音頻效應的口訣，道門廣泛地用以養生輔助、祈福消災或者召驅鬼神以達到施行者的特殊目的。

符作為道教行法的重要手段之一，道門中人一向相當重視，認為它既可與混沌道體相溝通，又與陰陽太和之氣、五行精華之藥並列。《雲笈七籤》卷四五云：

> 道者，虛無之至真也；術者，變化之玄使也。道無形，因術以濟人；人有靈，因修而會道。人能學道，則變化自然。道之要者，深簡而易知也。術之秘者唯符與氣、藥也。符者，三光之靈文、天真之信也。氣者，陰陽之太和、萬物之靈爽也。藥者，五行之英華、天地之精液也。妙於一事則無不應矣。❶

這是說，「道」乃宇宙虛空混沌中真切之本，而「術」則是事物變化的玄妙特使。道本是沒有形狀的，有賴「術」的存在與功用才能救濟世人。世間的人們有靈性，因修煉而與大道相溝通。人如果學道，則能夠使其變化達到自然的狀態。道的切要所在，本來是很簡單容易明白的。道術中最令人感到神奇的就是符、氣與藥這三樣東西。「符」是日月星「三光」之靈氣所結的文理、也是神仙真人的信物。「氣」寄托著陰陽最大的和合，萬物靈妙都離不開氣的作用。「藥」是金木水火土五行所結的果實，也是天地凝結的精華。假如能夠精通作為道術秘要的符、氣、藥中的一種，那就可以做到感應萬千，無不靈妙。

作者在此將符看作「三光」之「靈文」，這就把符的產生同自然天體聯繫起來。按照這種看法，則符乃寄托著畫符者對天體靈氣的感受與把握；畫符者是誰？行文中緊接著談到「天真」。所謂「天真」作為名詞使用一般是指神仙性的人物。在道教中，這往往是對上乘仙人的指稱。雖然這個記載表現了作者對「符」的來源的神化，但字裡行間又透露出這種神奇符號在道門中與其它諸等道法之關涉。

道教之「符」，或以為它起源於古老的雲書。相傳黃帝作「雲書」，故以「雲」紀官。對天象氣候有所了解的人都知道，流雲有飛龍變化之狀，狂風有猛虎下山之勢。古人謂：「雲從龍，風從虎。」大概雲書就是模擬雲彩飄動而成的。流雲變化萬千，宛如上蒼神靈與人間交流種種信息，令人遐想。「雲書」作為一種神秘文字，早期為巫師所壟斷，隨著道教對巫術的吸收運用，雲書也成為道教主要法術之一，並逐漸變遷著。

黃帝在道教中的地位雖然不能與元始天尊相比，但他以天神的面目出現，使雲書一開始便具有神諭的性質。於是，相傳出自黃帝的雲書也就有符合神諭的意蘊，故有「符」之稱。李荃《陰符經注》謂：「陰，暗也；符，合也。天機暗合於行事之機，故曰陰符。」關於符的起源，又有人認為它是由古代君主傳達命令或調兵遣將用的憑證發展起來的。開始時以竹為之，後來用金、銅或玉製成，雙方各執一半，合之以驗真偽。《史記・信陵君列傳》稱：「公子遂行，至鄴，矯魏王令代晉鄙。晉鄙合符，疑之。」道教依據此等特質，摹寫所謂天符、地符，用以溝通人與神鬼的世界。

另外，還有人認為，符與桃梗傳說也有一定的關係。在傳說中，桃木與縑絹等皆可以驅鬼避邪。《荊楚歲時記》說：「桃者五行之精，壓服邪氣，制百鬼。」隨著時間的流逝，桃木與縑絹等附著在上面的文字圖形（如桃印、桃符、縑絹書寫）逐漸與其載體分離而成為驅邪避鬼的象徵。《後漢書・禮儀志》劉昭注曰：桃印，本漢朝以止惡氣，古時端午以彩繒篆符。《續漢書・禮儀志》說：以桃印長六寸，方三寸，五色書文如法，「以施門戶」。

關於什麼叫「五色書文」，許慎在《淮南子・詮言》中注說：「鬼畏桃」，今人以桃梗徑寸許，長七八寸，中分之，書祈福禳災之辭。也有人認為符是由周代「門關用符節」的傳統逐漸演化而來。

從以上關於符的起源與運用的諸種說法中，我們可以發現符的兩個基本特徵：一是形式特徵，即字畫點線相結合的圖案樣式；二是功能特徵，即被當作人與神交感的一種工具。所謂「符者，合也，信也。以我之神合彼之神」；「此作而彼應，此感而彼靈」❷。

至於「籙」，作為道教的秘文，它原指簿書。《三國志・吳書・孫策傳》裴松之注引《江表傳》：「此子已在鬼籙，勿復費紙筆也，即催斬之。」符命之書也稱為籙。《文選・永明十一年策秀才文》曰：「朕秉籙御天。」李周翰注：「籙，符也。天子受命，執之以御制天下也。」本來就具有濃厚神秘色彩的「籙」，在道教中其神秘性更為加強。《太上赤文洞神三籙》引隱居先生陶弘景曰：「籙者，本曰赤文洞神式。」所謂「赤文」指的是籙的書寫方式，而「洞」與「通」相合，故「洞神」即為通神。在道門中人看來，籙正是以赤文跟神相通的方式。

籙具有兩種不同的功能，一是表明道士名登道籙，才有學道和施行法術的資格，二是用以奏請和召喚神靈，以對付妖魔邪鬼的威脅。籙的兩種功能決定了它的兩類內容，前者為道士名冊，稱為「登真籙」，記載道士的姓名、道號、師承和道階；後者是天神名冊，載有天神的名諱、職能等。如《上清河圖內玄經》載：天樞星元斗宮中魁精玄上真皇夫人，姓明通，諱嬰育……飛靈華頹之髻，紫黃青三色裙帶，九鈴綬，口恆吐青炁，光注陽明星❸。再如《太上三五正一盟威籙》卷三所載的「太上正一上仙百鬼召篆」曰：某法篆弟子（某乙）命屬北斗某星君……謹賫香信詣（某）法師門下求受太上正一上仙官百鬼召篆。受佩之後，應有召問立至，不得妄有干犯，急急如律令❹。《隋書・經籍志》云：「其受道之法，初受《五千文篆》，次授《三洞篆》，次受《洞雲篆》，次受《上清篆》。篆皆素書，紀諸天曹官屬佐吏之名有多少。」

由於符和篆的書寫方式和基本性質大體相似，後來之道門中人遂將之合為一類而用之，稱為「符篆」。《北史・魏獻文帝紀》載：「帝幸道壇，親受符篆，曲赦京師。」《隋書・經籍志》載：魏太武帝親受符篆。從此以後，魏朝的每一個皇帝登基，都要接受道篆。這成為一種制度和故事。

「咒」，又稱「祝」，指一些被認為對鬼神、自然事物、社會現象有神秘感應或禁令性質的語句。咒語與符篆一樣，都是遠古時代巫術的直接產物。《禮記・郊特牲》所錄《蠟辭》說：「土反其宅，水歸其壑，昆蟲勿作，草木歸其澤。」《辭》唱道：泥土回到原有的地方，大水歸向山壑裡，昆蟲不可亂動作，草木歸向低窪之處。這便是原始的咒辭。再如，漢代大儺中有一首唱詞也具有咒語的特質：「甲作食殆，胇胃食虎，雄伯食魅，騰簡食不祥，攬諸食咎，伯奇食夢，強梁、祖明共食磔死亡寄生，尾隨食觀，錯斷食巨，窮奇、騰根共食蠱。凡使十二神追惡凶，赫女軀，拉女幹，節解女肉，抽女肺腸。女不急去，後者為糧。」❺這首唱詞羅列了十二種奇神吞食各種凶惡之怪物，具有強烈的祈使情感。「咒詛」的意義躍然紙上。

道教的咒語吸收了原始咒語的某些特點。其施行體現了道士力圖透過聲音的振動傳播信息，從而與天神感應而使之顯靈。他們希望在這種活動中能夠導致心目中有一種美善境界產生，或者促使某種已發生或將發生的惡果消失。

《太平經》說：「天上有常神聖要語，時下授人以言，用使神吏應氣而往來也。人民得之，謂為神祝也。」❻《太平經》所指的「祝」也就是咒語。按照該書的看法，這種咒語乃是神靈秘密授予人的，所以人就可以憑借它與神靈「感應」，從而調遣神靈「往來」。從某種意義上說，《太平經》這段話代表了道門中人對於咒語的基本理念。在其背後隱藏著遠古先民力圖透過某種超自然力量，以補充人類能力不足的心願。

在道教中，咒語與符籙常常是結合使用的。道門中人行其術，或以咒語為主，兼之符籙，或以符籙為主，兼之咒語。這就是為什麼常常把咒語與符籙合稱為「符咒」的緣故。

(二)從神仙故事看符咒法術的形跡

符咒法術的形跡如果對傳記類文獻稍加考察，我們就可以看到許多精於符咒秘術的神仙故事。在道門傳記作者筆下，這些神仙故事的傳主往往又受過易學的訓練，或者本身就對易學有很深的造詣。

例如正一道（東漢俗稱「五斗米道」）的創始人張道陵就是很突出的一位。他本名張陵，字輔漢，沛國豐（今江蘇省豐縣）人。道門為表尊敬，遂於其名中加「道」字，奉為「天師」。關於張道陵的生平事跡，《後漢書》以及《三國志》已有所記載，但較為簡略，而晉代葛洪所作《神仙傳》則有稍具體的描述。該書稱之本大儒，「博通五經」。大家知道，「五經」本是儒家所傳授的基本經典，其中當然包括了《易經》在內。不論這個記載是否屬實，它給後人留下的一個印象就是張道陵是精研《易經》的。關於此，後來的《仙鑒》作了詳細的發揮。

該書卷十八《張天師本傳》說他「於天文、地理、河洛圖緯之書皆極其妙，通習墳典，所覽無遺」。應該注意的是，中國古代所謂「天文、地理」本來就被看作易學的支流，如《四庫全書總目提要‧經部‧易類》稱「易道廣大，無所不包，旁及天文、地理」，這說明「天文、地理」乃屬易學之旁支。這樣一來，《仙鑒》謂張道陵「極」天文、地理之「妙」，當然就等於稱讚他的易學深厚功力了。

至於「河洛圖緯」就是河圖、洛書、讖緯之類。從廣義看，這也入於易學範圍。而所謂「墳典」之說即「三墳五典」，古以為「三墳」為伏羲、黃帝、神農之書，「五典」為少昊、顓頊、高辛、堯舜之書。伏羲為眾所周知的畫卦父。這樣，張道陵所「通習」的古代典籍便又攜帶了諸多易學信息了。儘管「三墳五典」本帶有傳說性質，但這種記載顯然表現了正一道創始者一開始就與易學結下了不解之緣。

作為道教奠基人之一，張道陵諳熟符咒法術。據《仙鑒》所載，張道陵早有修仙煉形之志，他曾經隱居於洛陽北邙山達三年之久，據說有「白虎銜符文置座旁」。又載，張道陵經過一段時間隱修之後，靈性大進，開始收徒授業，創立道教。在四川巴郡的鶴鳴山，尋求發展。漢順帝漢安二年（公元一四三年）正月十五日，張道陵夢中感老君降下。老君對眾人說：「道陵修行困苦，吾感其志，將授以治身秘籙。」❼這裡所言都帶有道門傳說的神秘性，但卻也反映了天師道草創時即重視符咒法術的情形。

張道陵是怎樣以符咒法術吸引信眾的？我們從陸修靜所作《道門科略》一書中也能夠探尋到一些蹤跡。該書說：張道陵傳教與為人治病的事幾乎是結合在一起的。「若疾病之人，不勝湯藥針灸，惟服藥飲水，及首生年以來所犯罪過，罪應死者皆為原赦，積疾困病，莫不生全。」❽此處所謂「飲水」並非是一般性的喝水，而是飲用「符水」，也就是把畫好的符籙燒了置於水中讓病人喝下。

文中所稱的「首」是指「自首」，即承認出生以來所犯的種種錯誤或者罪過。張道陵這種以符水加「首過」的治病方法是否與易學有關係？從表面上，我們是看不到其中有什麼相聯的痕跡。但是，若從思想理念方面加以較深入一點探究，則又可以看出其間的某種糾葛。因為在易學裡本來也有醫道的內容，如關於疾病方面有《遁卦》所載的「疾厲」，《豐卦》所載的「疑疾」，《無妄卦》所載的「無妄之疾」等。古代的占卜範圍甚廣，其中也包括了對病況的預測。當然，更重要的是運用其陰陽五行理論指導疾病之診斷、治療、預防等等。

中醫的基本理論源自易學，這是學界所公認的。但考察其構成，我們就知道，傳統的中國醫學，尚有所謂「祝由科」，符水治病以及「靜室首過」即屬於祝由科。這個傳統醫學中的特殊科目一開始就與《易》的卜筮之術相聯結，古代醫巫道本不相分。可見，張道陵以符水咒說療病也蘊藏著與易學相溝通的信息。

略遲於張道陵的另一個有影響的道士葛玄，同樣也是兼通易學與符籙法術的。

葛玄生於漢桓帝延熹七年（公元一六四年）八月十五日，「羽化」於吳赤烏七年（公元二四四年）八月十五日。陶弘景《吳太極左仙公葛公之碑》稱：「仙公姓葛，諱玄，字孝先，丹陽句容都鄉吉陽里人也。」陶弘景在描述了葛玄高貴的家世譜系之後，緊接著就談到他的稟賦與學歷，謂之「幼負奇操，絕倫黨，神挺標峻，清輝卓逸，墳典不學而知，道術才聞已了。」據此，則葛玄自小就有比一般人不同的理想情操，他的天賦也特別好。尤其應注意的是陶弘景也言及「墳典」。在這裡，「墳典」不是指具體的「三墳五典」，而帶有泛指的意蘊，這等於說葛玄對於古代的經典是「不學而知」的。所謂「不學」當然並非是說他一點也不學習，連閱讀都沒有，而是講他尚未到了進入學校學習的年齡就已經懂得了許多經典。不言而喻，在古代，《易》號稱「群經之首」，故葛玄對於「墳典」的掌握也就包括了易學在內了。

作為早期道教的一個傳奇般人物，葛玄不僅經過了符籙法術的系統訓練，而且頗多試驗。《太極葛仙公傳》以及《仙鑒》等書記載了不少葛玄施行符籙法術靈驗的故事。

如謂：曾經有客人與葛仙公一起乘船，看見葛玄隨身所帶的一個箱子，其中存放了十數道符。客人問葛玄：「這些符的靈驗能夠顯示一下給人看嗎」？葛玄順手拿起一符，投入水中，符逐流而下。葛玄問客人：「覺得怎麼樣？」客人說：「常人投放也是如此。」葛玄再取一符投放水中，符逆水而上。葛玄又問客人：「怎麼樣？」客人答：「這真是靈異呀！」葛玄復取一符投放，符即不上不下。過了一會兒，上符下，下符上，會於中流，等到三符會聚而停止，葛玄才收取。

書中尚記載另一個故事：有神廟，凡經過者都得在距離百步之外就下車，否則就會遇上驚險的事。廟的旁邊有大樹數十株，上面有幾個禽鳥，人們都畏懼不敢犯禁。葛玄不信這個邪，就乘車直趨。不久之後，大風狂起，塵土飛揚。跟從葛玄的人都感到驚恐。葛玄面對這種情形，相當憤怒，就說：「小邪膽敢如此！」他舉手一指，狂風就停下來。隨即又取了一道符，吩咐人投到廟中，裡面的禽鳥都墜落而死，廟也自動地燃燒起來❾。這裡所引述的兩個故事，都體現了「符法」的神奇。從今天的現實主義立場看，其符法的功效顯得有點不可思議，但它們卻說明了具有易學素養的葛玄，同時也精於符籙法術。

像葛玄與張道陵這樣的人物，在道門中是相當多的。諸如陶弘景、陸修靜、馬自然、譚紫霄等人的生平事跡都可以找到不少類似的材料。他們由於都經過了傳統經典的學習與訓練，其知識結構在進行符籙摹寫與新創時，也就有可能產生潛移默化的影響，從而使符籙法術典籍染上濃厚的易學色彩。

二、符咒法術中的易學象數蹤影

符咒法術經籍在《道藏》中占有很大的份量，這些著述內容博雜，體例也不盡一致；但從總體上看，它們攜帶了諸多的易學信息則是可以肯定的。關於這方面，我們大體可從兩個角度來分別進行探討。

㈠符法中的易學象數蹤影追尋

所謂「符法」首先是指以符和籙為本的道術秘法。由於符籙在體式上已有象徵的特點，這就很自然會引入易學的思想理念。故而，符籙無論是外在的還是內在的都蘊含著易學的旨趣。

就其形態而言，符籙儘管被推之極為古遠，但我們卻也可以從自然物象找到其原始信息。追究其本根，符也可視為一種古老象形文字，故有「符字」之稱。《雲笈七簽》卷七《三洞經教部》引前人論「符字」的行文謂：

萬物莫不以精氣為用，故二儀三景皆以精氣行乎其中。萬物既有，亦以精氣行乎其中也。是則五行六物，莫不有精氣者也。以道之精氣布之簡墨，會物之精氣以卻邪偽，輔助正真，召會群靈，制御生死，保持劫運，安鎮五方。然此符本於結空，太真仰寫大文，分置方位，區別圖象，符書之異。符者，通取雲物星辰之勢；書者，別析音句銓量之旨；圖者，畫取靈變之狀。然符中有書，參似圖象；書中有圖，形聲並用。故有八體六文，更相發顯。❿

按照「符字」論者的立場，天下萬物沒有不是以精氣作為功用的。所以天地「二儀」和日月星「三景」都有了精氣在其中運行。萬物既然產生出來，也同樣有精氣運行於當中。因此，五行六物也都是具備了精氣的。畫符的時候，用大道所蘊含的精氣發布在竹簡（紙張）和墨汁之中，會通客體事物的精氣，用來驅逐邪惡和偽詐，輔佐幫助正真事物的發揚，招請匯合眾多的神靈，控制生死的壽限，確保人們能夠安然地渡過劫難而繼續往昔的氣運，且以安置和鎮守東西南北中五個方位。不過，此等符字本原於太虛空境，太古真人仰望天文，摹寫其形跡，劃分五方的位置，區別了圖象、符、書之間的差異。「符」乃獲取天上雲彩以及星象的態勢而成；「書」是用以分別解析聲音句子所包含的奧旨；而「圖」則勾畫萬物靈動變化的形狀。但是，應該看到，符當中包含著書，並且參照了圖象；書當中也有圖，形象與聲音都得到了表現，所以有八種字體和六大文書⓫，它們構成了豐富多彩的表達手段，競相勃發。

作者這裡首先從精氣論的角度闡述了「符」的製作程序；接著說明了「符」與「書」「圖」之間的關係。其中有兩點值得注意：

一是關於「二儀」，這明顯是從《周易》而來的。「二儀」或稱「兩儀」。《周易・繫辭上》謂：「是故《易》有太極，是生兩儀，兩儀生四象」。所謂「太極」即「太一」，在易學中它指的是天地陰陽未分的混沌狀態，而「兩儀」則是指陰陽二氣。《三洞經教部》所錄前人論符字的這段話說到「精氣行乎其中」，這可以看作陰陽之中含有精氣。這種理念與《周易》是一脈相承的。至於「三景」的日月星含義，在許多地方都可以找到證據。我們知道，「三」在易學中是一個很重要的數字，《易》之經卦為三畫，重之則有六爻，其間有天地人之法象。《三洞經教部》之「三景」雖然並非是特指天地人，但其日月星也具備了符號的象徵意義，如果說「日月」具有陰陽的符號內涵，那麼，「星」則往往又被當作「人」的一種天象代表，以往民間常常從天上星宿尋找每一個人的對應，這足於說明「星」具有「人」的符號代碼功能。如此一來，日月星也就可以轉換為天地人。這一切都可以從易學中找到思想源頭。

二是關於「通取雲物星辰之勢」。所謂「通取」乃是「流通」與「採取」二詞的合成。「通」有到達暢通無阻之義。《周易・繫辭上》謂「一闔一辟謂之變，往來不窮謂之通」，又謂「曲成萬物而不遺，通乎晝夜之道而知」。此處所引《繫辭上》的「通」都是在暢達的意義上講的。《三洞經教部》論符字之「通取」也包含了這一層意蘊在其中。當然，更為重要的是「取」字，這就是「拿來」。要把「雲物星辰」直接拿來作為「符字」，當然是不可能；實際上，拿來的只是「勢」而已。因此，這種「拿」可視為模擬。這一點與易卦的產生又是共同的。

《周易・繫辭下》謂：「古者包犧氏之王天下，仰則觀象於天，俯則觀法於地，觀鳥獸之文與地之宜，近取諸身，遠取諸物，於是始作八卦，以通神明之德，以類萬物之情。」《繫辭下》作者告訴人們：伏羲氏被天下人擁戴為王的時候，他抬頭觀察天上的表象，俯身觀察大地的形狀，以至於飛禽走獸的各種紋理，還有地上適於存在的諸多事物，就近援取人體態勢，及於遠處各種存在物都被作為象徵，由此而創立了八卦，用以通達神明的德性，類歸天下萬物的情狀。從《繫辭下》的論述中，我們可以看出，八卦的產生乃是以觀察為基礎的，聖人伏羲氏在觀察的基礎上經過了一番抽象概括，最終才畫出八卦來。不論伏羲氏是否經歷了所謂「神啟」，其卦象之背後乃蘊含著一種「求實」的精神。八卦是畫出來的，而符字在開初也是「畫」出來的，兩者的創製乃遵循共同原則。儘管符字與八卦各自所具有的符號功能不一樣，但它們卻都蘊含著創製者對客觀事物的感知、認識和抽象過程。

隨著道教活動的深入展開，道門中人對於客觀事物的「通取」更加廣泛，符字的表現形態也靈活多樣，按照《三洞經教部》所錄就有龍章鳳文、玉牒金書、丹書墨篆、琅虬瓊文、赤書紫字、琅簡蕊書等等。道經對於這些符篆法式的來源與功用往往加以神秘性的渲染。但就是在種種渲染中，我們依舊可以窺視其與易學的密切關聯。《太上赤文洞神三篆》引《三篆篇上・周易內文三甲處》謂：

周易內文具八極聖祖名上字妙行符。昔伏羲傳與神農，神農傳，由知五穀之播種，辨別百藥之良得，濟生民；後籙圖得之，為顓師；周公得之，以明易道；太公得之，以陰謀佐武成王滅紂；孔子得之，遂洞幽微，以贊易道。⓬

《三篆篇》以為，《周易》內文具備了四面八方神聖祖先的名稱與符字。古時候，伏羲氏傳給了神農氏；神農氏獲得了這種傳授才明白了五穀播種的方法，懂得了辨別各類藥物的性味功用，用來救濟天下的人們；後來籙圖氏得到了這種東西，就成為顓頊的老師；周公得到了這種東西，就明白了大《易》的玄妙道理；姜太公得到了這種東西，寫下了《陰謀》⓭一書輔佐周武王消滅了商代的紂王；孔子得到了這種東西，即通曉其中的微言大義，於是大加贊賞，寫下了「易贊」的言辭。

這裡的「周易內文」當是指《周易》古經的卦爻辭；而「聖祖」是誰？該文沒有明指；但有一點是確切的，那就是作者認定了《周易》內文就有「字妙行符」。換一句話來說，《周易》內文乃是用神妙的符字寫成的。這看起來似乎難於接受，但如果結合文字的形成與演變歷史加以考察，也就可以揭開其中的謎團。今天的文字與上古的文字有很大的區別，光是甲骨文就已經令一般人如墜五里雲霧之中。再說，商代以前是否就沒有文字，也還難於下斷語。

在道教文獻中有許多地方言及上古文字的類型，例如《雲笈七籤》卷七《三洞經教部》敘及「八顯」之文，謂：「八顯者，一曰天書八會是也，二曰神書雲篆是也，三曰地書龍鳳之象也，四曰內書龜龍魚鳥所吐者也，五曰外書鱗甲毛羽所載也，六曰鬼書雜體微昧非人所解者也，七曰中夏書草藝雲篆是也，八曰戎夷書類於昆蟲者也。此六文八體，或今字同古，或古字同今，符彩交加，共成一法，合為一用，故同異無定也。」

道門中人有關「八顯」文字的敘述儘管也包含了神化內容，但卻透露出一種信息：極有可能在夏朝以前就有文字，那時的象形文字就像道教的「符字」。即便《三篆篇上・周易內文三甲處》所言只是道門中人的一種附會性說法，但也同樣顯示了道教符篆確與易學結下不解之緣。稽考《太上赤文洞神三篆》，我們可以看到許多以卦命名的符，例如東方震符、東方艮符、東方巽符、南方離符、西北乾符、西南坤符、西北兌符、北方坎符。作者除了畫出了符的圖形之外，還對每一道符所對應的「神」的形狀。這些說明了符圖也運載了易卦的象數理念。

從符號運載的信息內涵看，我們還可以發現，道教符篆之所以注重引入易學象數模式與理念，這往往又是為其解釋人體結構與修煉法門服務的。考《無上玄元三天玉堂大法》卷十八列有「九天仙煉之法」。這種方法的實施必須由符來接濟。其符分為九等，分別為一陽符至九陽符，這是按照易學「炁化」思想設立的。所謂「九陽」即九炁之陽。《九天仙煉之法》稱：「九炁為天地之尊，萬物之根。蓋自一炁分三炁，三炁復生九炁。故人身受造化具形體，莫非九炁所導也。凡稟九炁之陽，則為人；失九炁之陽，則為鬼。修九炁之陽，則為仙。故煉度中以陽炁度陰魄，所以假符而濟之，假咒以祝

之。」⓮

這段話大體是說：天地之中乃以九炁為最尊貴，而萬物則以九炁為其根本。天地之先本為混沌一炁，後來分化而有三炁。人與天地相應，其造化受形，也是由於九炁的主導作用。炁有陰陽之別，如果是得了九炁之陽，就成為人；一旦失掉了九炁之陽，就由「陰」起主導，那就成為「鬼」了。如果能夠修養九炁之陽，就能保住形體不滅，這就是仙人了。因此，在祭煉度化中就是以陽神之炁濟陰魄之體，這就是為什麼要由「符」來接濟和由咒來祝禱的緣由。

《九天仙煉之法》以符濟度，崇尚九炁之陽，以修九炁之陽為成仙的根本途徑，這雖然只是一種神秘主義構想，但從思想上看卻有易學的理論根據。《易》以「九」為老陽之數，而「九」乃是「三天數」（一、三、五）之和，也是「三」的積數，三三得九，九為數尊。故《易》「用九」，凡遇陽爻皆稱「九」。朱熹《周易本義》謂：「用九，言凡筮得陽爻者，皆用九，而不用七，蓋諸卦百九十二陽爻之通例也。」易學「用九」而不用七，體現了陽極生變的理則。

易學這種尊「九」的思想在道教中得到堅持，並且加以發揮。這從《道藏》之中所見的《三才定位圖》就可以看出來。該書說：「《易》之八卦，蓋祖乎天真九皇之氣也。純陽為乾而居西北；純陰為坤而居西南。乾陽下降而奪坤中之陰，故坎中實而為月也；坤陰上升而奪乾中之陽，故離中虛而為日也。」⓯《三才定位圖》認為《周易》中的八卦是以「天真九皇之氣」為本根的，這當然只是一種信仰性的說法，但它卻反映了「九」這個數字符號在道教中所具有的崇高地位。

文中，根據「後天八卦方位」原理首先闡述了乾坤所在位置，繼而說明了乾坤與坎離的關係。在易學「納甲法」⑯中，乾坤為天地，坎離為日月。乾為天，純陽；坤為地，純陰；乾卦之陽下降與坤陰交會，占據坤陰的中間位置，於是形成了坎卦，所以坎卦之象，兩陰爻在外；而坤卦之陰上升與乾陽交會，亦占據乾卦的中間位置，於是形成了離卦，所以離卦之象，兩陽爻在外。離卦代表太陽，坎卦代表月亮。日月相推而生明。《三才定位圖》儘管不是為闡述符法而設，但從中卻可以窺見「九陽符」那種尊「九」的理念的象數學根據。

在道教中，符法也用以接濟內丹修煉與治病，而內丹理論本來就是以易學為基本框架的。因此，符法藉由內丹而搭上易學的宮殿就是很自然的事了。茲舉二例，稍加分析：

(1)「水火既濟合煉成真玉符」。此符出於《無上玄元三天玉堂大法》卷十八，其理數乃以《周易・既濟卦》為本。既濟之卦象，下離上坎，離為火，坎為水。《象》曰：「水在火上，既濟；君主以思患而豫防之。」因下為火，上為水，可以燒蒸，象徵「事成」，性命以之而濟，故謂之「既濟」。就《周易》本身而言，既濟一卦六爻主要在於說明「守成艱難」，但由於卦象恰好具備了「水火」互濟的隱意，所以道教丹家對此情有獨鍾。魏伯陽《周易參同契》以「既濟」為煉丹用鼎之象，稱：「陰在上，陽下奔。」所謂「陰在上」就是坎象在上，而「陽下奔」則是離象在下。俞琰《周易參同契發揮》解釋說：「陰上陽下，水火既濟也。《還源篇》云：婆竭海中火，崑崙山上波。」⓱俞琰所引用的《還源篇》乃是金丹派南宗祖師之一的石泰所作。正如其先師張伯端喜歡運用譬喻類暗示丹道義理一樣，石泰的《還源篇》也造作了許多譬喻性的意象。「海中火」與「山上波」就屬於這種譬喻。海象徵著「低」處，山象徵著「高」處。低為下，高為上。實際上，其意象的符號意義乃是由《周易・既濟卦》轉換而來。在內丹修煉中，水火代表著陰陽二氣，兩者能否相濟，這是關鍵的一環。丹家從日月運行的自然現象發現了日月交食必然發生在晦朔之間的規律，故以之同「既濟」卦象配合起來，表示煉丹所應遵循的「盜天地，奪造化」的理趣。而符法也暗合此等道理。「水火既濟合煉成真玉符」依易學經卦三爻之法，置爻象於符中，又畫水火相銜之形，以成既濟。其辭稱：「一畫成天，天陽至剛；二畫成地，地厚無疆；三畫成人，造化皆彰。水火既濟，天地有常。神全體備，備列明堂。」⓲這段解釋文字從易卦天地人的象徵旨趣入手，繼而說明了「既濟」符與煉丹養生法門的相互溝通。

(2)「玉蟾真水十芒秘符」。此符出於《無上玄元三天玉堂大法》卷二十八。從功能方面看，此符主要是用以治療「熱病」，這看起來似乎與內丹之學無關，但在思想理念上卻又有一定的關聯。只要我們考察一下書中有關符法的說明文字即可明白這一點。

《玉堂大法》寫道：「右符，存天上浩月十芒在空中，與我面相對。有玉蟾躍入吾口中，直入腎中，如銀色。口吐真水。良久，天上月中水炁十芒於中；有白炁照兆腎中，其蟾出，乘光一吸，開目吹筆上。然後，點朱書之；符成，治一切熱病，有回生之功焉。」這裡的「存」是指「存思」，即把意念注於某處，並且形成一定的意象。從其描述可知，作符者所存思的是月中景色，尤其是月中的蟾蜍。存思者力圖取其「極陰」之性獲得「涼」的功效。就「存思」的法式而言，這當然不能簡單地等同於內丹，但從其具體的操作程序來看，卻又有與內丹相會通的地方。因為從月中「引」得蟾蜍出來，躍入存思者口內及腎臟之中，隨後就導引內氣凝聚於丹田，發放於體外成符，這與內丹氣法的操作在某種程度上看有相一致之處；而內丹理論的精髓是易學，故在這種作符存思法門背後當也蘊含著大《易》之理趣。

實際上，這並非是筆者的「合理」推測。假如我們繼續考察一下《玉堂大法》對該符的其它解釋性文字就可以明白這一點。關於這道符為什麼如此命名，《玉堂大法》說：「玉蟾真水十芒符者，月光符也。玉蟾為月魄之神也。蟾極陰類，其色白，象金；金生水，故芒以十數者，成數耦，是為陰也。」⑲

此段解說有兩點與易學象數符號有關。一是「十芒」之說，乃根據《周易・繫辭上》的天地之數。按照《周易・繫辭上》的說法，天地各有五個自然數，奇數為陽，偶數為陰，而陰極之數即是「十」，因為此符象徵玉蟾極陰之品，所以，以「十」數這個極陰符號配之。二是「真水」之說，其中乃蘊含著易學的坎卦符號。因為「真水」乃是由玉蟾白光所化的「水」，也就是腎臟真元之水。這種「水」向來是與易學的坎卦相配合。在中醫學裡，腎臟屬水，而易學之坎卦也代表著水。這種力圖通過激發腎臟真元之水成符治病的理念，在該符的分解符號說明中有進一步的顯示。文中說：「天源太初，真一神水。玄陰坎象，水感凝陰。玉蟾素皓，玉兔光盈。」[20]這裡言及「坎象」，證明該符確是以易學之坎卦為法象和治療學的深層理論根據的。

有關符法與易學的關係問題，還必須涉及鏡、劍、印。這是因為鏡劍印乃是符箓的載體或變體，它們之中往往也蘊含著易學的理趣。在道教中，符咒與鏡劍印等法器往往兼用並行，相輔相成。其事例可謂不勝枚舉，例如《上清六甲祈禱秘法》中的「癸天女十二溪女法」，借助了「徑二尺三寸」的鏡子兩面與「六甲神印」一枚，等等。

更為重要的是：就符號學立場而論，無論是鏡劍還是印，乃遵循同一的象徵理數。從某種意義上說，鏡劍印是另一種法度的「符箓」。至少，我們可以看到，許多道門中的鏡劍往往繪製了符圖，而印則依據符字變體來造型。鏡劍印與易學的符號聯結，我們可從下面諸例得到佐證。

(1)《道藏》中有《上清含象劍鑒圖》一書，此書題為「天臺白雲司馬承禎進」。內容主要包括兩個部分，一是劍，二是鏡。書名中的「鑒」就是鏡。在書名中，劍居先而鏡隨後，但其內容則是鏡先劍後。書中列有鏡圖三面，第一面是「天地含象圖」，第

二、三面是「金龜綠地圖」。這三面鏡圖都使用了符字的筆法，可知其與符篆關係密切。關於鏡的易學符號思想蘊含，司馬承禎在其序說中有一段說明：「夫四規之法，獨資於神術；千年之奇，唯求於烏影……此鑒所以外圓內方，取象天地也。中列爻卦，備著陰陽也。太陽之精，離為日也。太陰之精，坎為月也。星緯五行，通七曜也；雷電在卯，震為雷也；天淵在酉，兌為澤也；雲分八卦，節運四時也；此表天之文矣。其方周流為水，以瀉四瀆；內置連山，以旌五岳；山澤通氣，品物存焉；此立地之文也。辭銘四句，理應三才，類而長之，可以意得，此寄言以明人之文也。」㉑

這段話實際上是對「天地含象圖」的結構說明。開頭先說總體框架——外圓內方，它是天地的符號形象；次說結構圖式中的卦爻配合以及與天地人三才之道的對應關係。無論是卦爻也好，太陰、太陽也好，坎離震兌也好，這些都體現了鏡與易學的八卦符號原理難於分離。若仔細查看一下「天地含象圖」的樣式，則可看出，「天地含象圖」中的方圖實即八卦符號的變形，其排列構成了後天八卦方位。再看其劍圖，共有兩面，其中嵌有北斗七星與篆書符字。該等劍，司馬承禎謂之「景震劍」。其序稱：「夫陽之精者，著名於景；陰之氣者，發揮於震。故以景震為名……此所以劍面含陰陽，刻象法天地。乾以魁罡為杪，坤以雷電為鋒。」按照這個解釋，所謂「景」乃是「陽」精的一種符號代碼。從文字形象看，「景」是「日」與「京」的組合，上面一個「日」就是「陽精」，也就是乾卦的先鋒所在，它又與魁罡相通，表示可以降伏諸妖邪。而「震」當然是出於易學的震卦了。這兩面劍，一陰一陽，魁罡雷電相互為用，恰好體現了易學的「一陰一陽之謂道」原理。

(2)考察了劍鑒之後，我們可以再來看看「印」的易學符號底蘊。印璽在中國古代中主要有兩重文化意蘊：一是標誌身份的憑信，一是作為權力的象徵。在整個龐大的官僚階層中，印璽幾乎是與權力相等同的。而道教中的「神印」實際上也象徵著一種權力，只是這種權力非為社會中的官僚所具有，而是歸神明所專屬。道教中人召請神明以驅邪剋鬼，往往也要使用神印。例如，在《太上北極伏魔神咒殺鬼籙》便載錄多個印譜，這些神印隸屬不同的神明，但在治印用印的法理上卻又大都與易卦符號相涉。《靈寶淨明新修九老神印伏魔秘法・受持印章法》載有「謹以信香告於天印神靈、侍衛官將曰：元始開圖，必自乎震。九炁帝君，獲此神印。赤書玉字，天地安鎮。隱音內名，鬼神符信，我佩印章，攝行天命」㉒。這段文辭實際上是道門中人受持印章時所立下的誓言，表示得了這樣的印章，一定遵照神明旨意以行持之。其中源自易學法脈的是「元始開圖，必自乎震」，這是《周易・說卦》「萬物出乎震」的因襲和流變。在《說卦》作者看來，萬物之所以「出乎震」，是因為震卦象徵東方，而東方代表著春天青色，或者說是萬物萌生起始的符號。《靈寶淨明新修九老神印伏魔秘法》從《易・說卦》獲取資料，進行神學化和符號化的處理，這代表了道門中人印章製作及其使用的一般理路。

(二)咒語中的易學象數蹤影稽考

作為與符篆相輔助的一種重要法術，咒語融攝易學象數理念，也是有案可稽的。在道教中，咒語與符篆有時是可以互相轉換的，一種理念透過符字書寫與勾畫就成為符篆，而當這種符篆以特殊音頻念頌的時候，也就成為咒語。因此，那些本來具備了易學象數符號表達的符篆，當它們被轉換為咒語時，自然就攜帶了易學的信息。不過，我們說咒語與易學象數相關，這絕不是僅僅從兩者相互轉換的角度來考慮的。因為就起源而論，咒語並非都是後於符篆，兩者孰先孰後，這本來就是一個難於說清的問題。所以，我們的目標主要是考察那些具有原創意義的咒語，看看它們到底蘊含著多少易學象數符號內容，或者說在什麼程度上受到易學思想的影響。

正如在其它方面的探索一樣，我們對於咒語的易學象數符號理念的考察，並非只是檢查一下道教咒語之中沿用了易學經典多少詞句，或者使用了多少卦爻名稱。筆者感到，這個問題既需要從整體上加以把握，也應該就具體咒語文本展開分析。根據這樣的方向，筆者認為，至少下列幾個方面可以看出咒語與易學象數符號存在著密切之關聯。

(1)從咒語的預言讖告作用來看，在易學古經中，占卜本是一項很基本的功能。《周易・繫辭上》指出《易》「有聖人之道四焉」。其中一項就是「占」。它說：「以卜筮者尚其占。」所謂「占」具有追問和預言的意義㉓。這種功能在道教咒語中不僅得到沿襲，而且大大發展了。關於這種功能，我們只要瀏覽一下《太上洞淵神咒經》就可以明白。《太上洞淵神咒經》在兩晉時已流行開了。杜光庭在該經的序言中說：「昔在杜陽宮中出《神咒經》，授真人唐平等，使其流布，以救於人。」這裡所說的《神咒經》即是《太上洞淵神咒經》的略稱。至於誰「出《神咒經》」，杜光庭沒有明說。按照道人敘述傳經源流的習慣，凡是泛說出經的大多是指神降經於人。故此處所謂「出《神咒經》」的主格按例當是經中常常出現的「太上道君」。

但事實上，該經的初創者很可能就是唐平。從杜光庭的敘述語氣看，唐平當是西晉末以前人。因為在此之前，杜光庭稱「西晉之末……金壇馬跡山道士王纂……於靜室飛章告天」，太上道君乃「以神咒化經」，復授於纂。由此可見，上述一段話中的「昔」顯然是對王纂生活時代的上溯。這就說明，在王纂之前，《太上洞淵神咒經》已有草本，但流行不廣。到了王纂之時，原有的神咒始被全面地演化而成為較為完整的經，行於江表，以後便一直為道徒所信奉，從而形成了以王纂為代表的「洞淵派」。

必須指出的是，筆者之所以將整部《太上洞淵神咒經》作為例子來探究咒語同易學占卜的預識關係，是因為該經從整體上都帶有咒語的性質。一方面，就經書的形成看，既然是「以神咒化經」，那就說明該經乃是由神咒演化而成；另一方面，就經書的名稱而論，既然稱為「神咒經」，則其書可看作是以神咒為經。儘管經中也有諸多背景描述或者說明性文字，但從總的看來，其咒語的特點是明顯的。咒語有比較整齊的句式，即採用詩化語言寫成的；也有比較錯落的句式，即採用散文化的語言寫成的。《太上洞淵神咒經》的咒語主要採用散文的語言，當然也有少數用詩化的語言。明確它的咒語性質，我們探究它與易學占卜預識的關係才能落到實處。

有關《太上洞淵神咒經》與易學占卜預識的關係，表現在根據曆法的干支推算敘說未來劫難以及否泰變易。在《易》古經中，有許多預測爻辭已經涉及干支的時間概念問題，如《革卦》卦辭：「己日乃孚，元亨，利貞，悔亡。」革卦象徵著事物的更遷或變革。卦辭說：在己日推行變革並且取信於人，就能達到亨通的境界。這有利於守持正道，且使悔恨消亡。該卦辭所出現的「己日」是事物變更關節點之所在。古代以十干紀日，「己」恰好是出於前五數與後五數之間，故有「轉變」的寓意。卦辭作者以「己日」為革故之日，這既體現了變化的思想，又反映了依據曆法來推算未來的術數理念。這種體例在其它卦爻辭中尚可得到進一步的佐證。如《蠱卦》卦辭所謂「先甲三日，後甲三日」，《巽卦》九五爻辭所謂「先庚三日，後庚三日」，也屬於這一類。《周易》這種結合天干曆法來作預測推斷的法度對後來的術數學具有極為深刻的影響。

《太上洞淵神咒經》在這一點上所受到的影響也是很突出的。翻開其經文，幾乎到處都可以看到這樣的言辭。例如該書卷三稱，「道言：自今戊寅歲、癸未之年，大劫之運，惡人不信道法，天遣疫鬼行七十二種病，病殺惡人。世間浩浩，鬼兵流毒，奈何奈何？若有奉持三洞之人，吾當遣力士四十九萬人為此法師縛枉橫之鬼。」[24]

這段言辭不僅說出了「大劫」的具體年份，而且描述大劫到來時的災難，說明奉持洞經教者將可獲救。儘管其言辭以描述為主，但字裡行間帶有詛咒的意味，因為所謂「病殺惡人」實際上可以看作是對惡人的一種詛咒，這是其咒語功能的主要表現，而所謂「大劫」云云自是一種悲劇性的預告，這與易學的占卜預識功能又是相一致的。

當然，《太上洞淵神咒經》的預識性咒辭並非都是悲劇性的，也有頗富美好前景的描繪。例如該書卷一稱，「道言：真君者，木子弓口，王治天下，天下大樂。一種九收，人更益壽，（壽）三千歲。乃復更易天地，平整日月，光明明於常時，純有先世今世受經之人來輔真君耳。是以智人道士誘化愚人，令受此經，消一切疫病，鬼賊伏散，萬願自果，所向合矣。」㉕

這段言辭主要是從祝頌的角度說的。我們知道，「咒」本身就具備了「祝禱」的一層意蘊，所以，祝禱之類言辭在一定條件下也生化出咒語的功能。本段言辭就是如此。言辭中所謂「木子弓口」是運用文字離合方法以暗示某種意義。木子相合為「李」，而「弓口」相合即為「弘」，兩字合稱就是「李弘」。他是魏晉時期一個在道教中頗有號召力的神仙式人物。《晉書・周札傳》說：時有李脫真人，號稱「李八百」，其弟子李弘，「云應讖當王」。《晉書・石季龍傳》又說：「貝丘人李弘，因眾心之怨，自言姓名應讖，遂連結奸黨，署置百僚。」由此可見，這個李弘在當時已經引起官方的注意。這種透過文字拆合的預識法式，從形態上看乃是易學卦爻符號象徵的一種變體。

另外，祝禱言辭中的那些美麗前景的描述雖然帶有「烏托邦」式的幻想，但卻符合易學關於「否極泰來」的精神。《周易・否卦》上九爻辭謂：「傾否，先否後喜。」所謂「傾否」是說上九「道窮」，而窮則生變；「先否後喜」則是說起先猶存否閉，最後獲得通達，轉否為泰。天下事物，有泰必有否，有否必有泰。《周易・雜卦》稱：「否泰，反其類也。」這意味著兩卦的意義相互反對。事物的發展如果矛盾雙方不能相合，那就是否閉的狀態，所謂「上下不交而天下無邦」就是這個意思。但是，從事物的發展趨勢看，否閉不通並非是永久的，當否到了極點，泰象就來臨了。從易學的否泰轉換理念的考察，我們再回頭思考一下《太上洞淵神咒經》關於李弘治世的描述，就可發現道教咒語經書，也有強烈的轉否為泰的理想願望。

(2)從咒語功能發生的途徑也能夠窺見易學蹤影。在道門中人看來，咒語具有種種神奇的功能，甚至可以倒海翻江、造成天地反覆的局面。但是，所有奇功異能又是由什麼途徑發生的呢？種種跡象表明，無論道門中人要使咒語導致哪種奇功異能，都必須由人與神明的感應而「實現」。

為了使感應的途徑暢通無阻，道教咒語以其豐富的想像和熟練的繪聲繪色技巧，對所召請的神明形象及其活動環境進行種種寫照。試看《大金光神咒》：「混沌浩蕩，一炁初分。金光正炁，號為玉清。元始定象，自然至尊。青白交射，始立上清。七寶宮內，玉宸道君。三炁化結，動耀太清。祥雲瑞殿，五靈老君。中央黃炁，玉帝化生。六波天主，梵炁天君。丹霞碧落，雷祖有神。三境內外，萬聖千真。三十二帝，四府萬靈。五方五老，日月泰生。輝光交耀，分立乾坤。清炁上騰，濁炁下凝。妙用八海，水帝溪真。三才四象，陰陽合形。北酆九壘，雷霆隱名。諸天隱韻，五帝監生。十福太乙，罡運乾坤。中山青帝，萬象森羅；靈君赫赫，四目之精。」㉖

這段咒語從宇宙的化生說起，大體意思是講：在天地未分之前，是混沌茫茫的一片。由混沌生出一炁，從而使陰陽有了分別，這時只見金光四射，顯露出一股正炁，化成玉清勝境。道教最高神明元始天尊就在裡面，他設立了法象，所以被奉為至尊。接下來又有白與青二炁交相輝映，這就確立了上清勝境。在七寶宮內，住著玉宸大道君，他又稱靈寶天尊。再接下來是青白與中和之炁化結而成太清勝境。只見祥雲繚繞，瑞氣紛紛，天上勝境的宮殿裡，再顯出五靈老君。五方之中，黃炁騰騰，玉帝就在這裡化生萬物。天上六海，波濤滾滾，海主神君主導運會，而梵炁天君也施展他的法力，幫助運導傳炁。碧落妙天，紅色霞光四處輝映，更顯示了雷祖的神性與靈應。三清勝境內內外外，千千萬萬的上仙真人，列侍如林。三十二天帝以及四大仙府的萬種神明，還有東西南北中的諸位真君，一起助運通氣，使日月運轉，四季交替，周而復始。眾神明的輝光上下照耀，從而確立了天地乾坤。輕清之炁上升，濁重之炁下降。天地分別，八海肇形，遂有海水中的帝君和溪流的仙真。天地人三才與太陰、太陽、少陰、少陽四象和合諧調。北邊有九壘，雷神暫隱他的英名，而諸天勝境也暫時隱沒了梵音流韻，因為五方帝君正在監察生化的情形，再有造就「十福」的太乙天尊，腳踏罡斗，運轉乾坤。中山的青靈帝君，伴隨著眾多侍衛，像宗星拱衛北極星，他威靈赫赫，四目傳神。

《大金光神咒》凸現形象的筆法描繪了龐大的神靈世界。從其氛圍看，顯然充滿了相當神秘的色彩；但是，假如以符號學之立場來加以觀照，則種種神靈均可視為施咒者感應理念的代碼。每位神靈代表著天地之中的某一個方位區域。當施咒者念動神靈名號，這實際上體現了力圖「啟動」宇宙信息庫開關的某種意願。透過這一道啟動的手續，施咒者將其心願的某種「意能」賦予了神靈代碼，而這些神靈代碼又具有廣大的聯絡系統，因為在道門中人看來，每位神靈又都有自己統轄的「兵馬」，他們可以聽候調遣。所以，「真言神咒」一旦念動，感應的意願也就即可發出。

這種建立在神靈信仰基礎上的「主體能動」思想雖然與《周易》已有很大區別，但就「有感斯應」的層面而言卻又頗相吻合。

只要我們讀一讀《咸卦》卦辭就可明白。其辭云，「咸：亨，利貞；取女吉。」咸卦之象，即意味著「交感」。卦辭認為，卜到此卦，可達亨通，有利於守持正道；如果取妻則是吉祥的。《彖》曰：「咸，感也；柔上而剛下，二氣感應以相與。止而說，男下女，是以亨，利貞，取女吉也。天地感而萬物化生，聖人感人心而天下和平；觀其所感，而天地萬物之情可見矣。」《彖》在這裡肯定了咸卦的交感象徵意義，並且從卦爻陰陽性質方面說明了該卦為什麼蘊含交感理念的依據。它指出，該卦陰柔往上而陽剛來下，二氣呼應而交感，有親和之象。交感的時候穩重自制又能達到欣喜歡樂的目的，這就如彬彬有禮的男子下求女子，因此獲得亨通，有利於守持正道，取妻可以獲得吉祥。《彖》由此進一步發揮，聯想到天地聖人。它說，天地陰陽交感，從而萬物化育生長，聖人以正道感化人心，因此天下和平昌隆。觀察「交感」的卦象，就能推知天地萬物的性情。《彖》雖然從哲理上進行了許多延伸性解讀，但其要則卻符合咸卦卦辭的本義。

假如我們再仔細閱覽咸卦各爻辭，那就可以發現，交感的理念是貫徹於六爻終始的。該卦通過人體部位的觸摸感受以顯示交感的實在性。初六之爻，交感相應在腳拇指；六二之爻交感相應在小腿肚；九三交感相應在大腿；九四則交感相應於心神；九五交感相應在背脊肉上；上六交感相應在口舌。咸卦六爻所出現的種種文字意象也具備了符號的功能。在信息的運載方面，這些意象與卦爻之象又是可以互相轉換的。這就表明其感應理念是能夠由不同形式來傳遞的。因此，這種由符號轉換的形式來運載某種觀念在道教中獲得應用，也就具備了堅實的思想基礎。

《大金光神咒》所念動的諸種神靈名稱，以及對神靈統轄之地域環境可以看作《周易・咸卦》符號轉換的一種延展形式，說明道教對感應思想的繼承不僅表現在那些直接闡述教義的經文之中，而且也反映在諸法術中。

(3)從咒語的內容來看，其易學的蘊含也是相當豐富的。例如《太上三洞神咒》卷三錄有《八卦罡咒》：

吾為天神下坤宮，巡震與雷離火紅。
巽戶下令召萬神，禹步交乾登陽明。
坎鄉擲雨蕩妖凶，騰天到地斬妖精。
兑金鋒芒八卦神，直向艮宮封鬼門。
天昏帝黑日月不明，邪神鬼道無路逃形。
急急如律令。[27]

這首咒語以詩歌形式寫就，其主體乃是七言，再加上煞尾的「急急如律令」，屬於比較典型而規範的一類。咒語的主格是「吾」，而這個「吾」乃是天神，可見這是以天神的口吻來施行咒語的，它同那些以人的口吻寫成的咒語相比顯然更具有「威力」，因為在道教中天神具有特別的權威，所以它下行於罡步九宮便具備了「驅動性」和「不可阻擋性」。以天神口吻所念動的《八卦罡咒》透過動詞的挑選使用，不僅使天神的降臨頗具「動感」，而且顯示出一種九宮八卦陣的「罡步」格局。所謂「罡步」即禹步，其由來已久。

揚雄《法言》卷七《重黎篇》說：「昔者姒氏治水土，而巫步多禹。」這裡的「姒氏」即指夏朝治水英雄帝王——大禹。相傳他在治水的過程中，曾經看到一隻鳥走著奇怪的步法，這種步法可以引動石頭。大禹模擬了這種步法，也能引動石頭，於是他用這種方法來搬運土石，以加速治水工程。後來，這種步法又成為健身的舞蹈氣功。這儘管只是傳說，但在道教中卻影響深遠。道門中人把禹步當作法術的根本。《洞神八帝元變經．禹步致靈》說：「禹步者，蓋是夏禹所為術，召役神靈之行步，以為萬術之根源。」禹步之法，按照葛洪《抱朴子．仙藥篇》的記載，為「前舉左，右過左，左就右。次舉右，左過右，右就左。次舉右，右過左。如此三步，當滿二丈一尺，後有九跡。」《洞神八帝元變經．禹步致靈》進一步說到禹步之跡成離坎卦。這就是說，起步在坎卦，而最後一步止於離卦。禹步之所以又叫做「罡步」，是因為這據說是腳踏天上北斗魁罡之星而來。

《秘藏通玄變化六陰洞微遁甲真經》卷上所描述的具體線路順序為：坎、坤、震、巽、乾、兌、艮、離。行走軌跡即形成一個九宮八卦圖陣，與後天八卦方位如出一轍。可見，禹步即是根據後天八卦方位而定的。《八卦罡咒》所說的「下坤宮」「交乾」等等，正表示了這種行持乃是依據九宮八卦之原理。

無獨有偶，在《太上三洞神咒》卷一一中又有另外的一首《八卦罡咒》：

吾領三元入坎宮，歷艮登乾升天穹。
復歸震闕跨青龍，兌位命我歷千重。
坤與離馬奔巽風，稽首三臺華蓋中。
急急如律令。㉘

對比一下前引一首咒語可知，儘管這兩首名稱相同，所涉及的卦名也完全一樣，但其內容卻有較大的差別。

首先，咒語主格「吾」的身份不同，前者之「吾」明確表明是「天神」，而這一首卻未定，也有可能是施咒者。這樣，他就是一個人而非神了。以人步罡踏斗，這是力圖通過某種行為符號來感通超人的神秘力量，以便達到引動客觀外在變化的目的。

其次，對罡步位置轉換的描述也不一致。前一首基本上是按照九宮八卦的象數順序來陳述的，而後一首則是根據塊面的或者說是卦象分布區域來陳述的。按照後天八卦方位，坎正北，乾西北，艮東北，震正東，兌正西，坤西南，巽東南，離正北。如果把九宮八卦分為三個區域，那麼坎、艮、乾就在下位；震兌連結東西橫線居於中位；坤、離、巽居於上位。本首咒語就是根據下中上的順序來陳述的，這就是它的空間結構。由於罡步本身即存在著一種空間結構，施咒者念動的咒語也就受到內在的空間結構的規範；但是，必須指出，所謂下中上只是從視圖角度看的，如果從宇宙空間的周圓立場看，則又是天地反覆，倒海為山了。於是，上成為下，下成為上。

復次，這首咒語出現了「三元」的說法，這就使其空間結構的陳述具備了立體感。在道教法術中，所謂「三元」具有不同的含義或者說不同的結構模式。一種是從時間方面考慮的，另一種則是從空間方面考慮的。按照「三元罡」的法度，則所謂「三元」乃是就空間意義講的。三元分上中下，上元罡屬天，中元罡屬人，下元罡屬地。《無上玄元三天玉堂大法》卷十九說：「凡有制伏魔惡，克伐災危，當先步上元罡，順返畢，再入中元罡，次變為下元罡。」上引之《八卦罡咒》即是從這種空間意義來說三元的。這與《周易》本有的天地人三重對應精神是一致的。

在這首罡咒中，作者注意到意象的復合與卦爻符號的意義連結。咒辭第二句中的「升天穹」是由艮卦與乾卦的象徵旨趣而來的。因為艮卦乃象徵「山」，而乾卦即象徵天。登天的基礎是登山，故而該咒辭先說「歷艮」，再說「登乾」，登上乾卦就意味著到了天上，所以說「升天穹」。第三句之「震闕」，就是震卦之宮，宮即為闕，闕亦是宮，所以有時乾脆宮闕連稱。因為後天八卦方位的震卦在東方，而東方為青龍，所以咒辭稱「跨青龍」。一個「跨」字很形象地表述了步罡踏斗的動作體態。第四句之「兌位」即指兌宮。在這裡表示步踏中元罡煉度魂魄的不易，所以有「歷千重」的感嘆。第五句「坤」與「離」乃是西南、正南之位；而「馬」字之所以與「離」連稱為「離馬」，是因為《周易．說卦》稱離為「乾卦」，而乾則有「馬」的象徵蘊含，所以稱之「離馬」。與此同時，離又有「大腹」的象徵意義。西南之坤與西北之乾「交媾」而成離卦大腹之象。乾坤既然交媾，即得生子。巽為乾坤六子之一，巽為風，所以說「奔」巽風。這個「奔」字意味著行動的迅速。咒語感應，要求以迅雷不及掩耳的態勢發生作用，這就是該咒辭選用「風」字的微義所在。至於第六句中所謂「三臺」則表明步罡踏斗之行持最終又回到天庭。按，「三臺」本是天文學的術語，指的是紫微宮帝座前的星名，共有六顆星，兩兩而居。古代的占星術以天上星宿附會人事，認為三臺星乃是人事社會中的三公之象徵。《晉書・天文志》謂：「三臺六星，兩兩而居，起文昌，列抵太微。一曰天柱，三公之位也。在人曰三公，在天曰三臺，主開德宣符也。」

《八卦罡咒》引入天文學的術語，將之與卦位組合起來，就是為了表述其罡步行持的升天境界。正如前所引一首一樣，本首咒語力圖通過這種傳統符號的結構組合與變通，以發生特殊的音象感應。像這種咒語，在《太上三洞神咒》中尚有不少，如《破巽咒》《開乾咒》等等，在具體的行持中往往具備了相輔相濟的效用。它們的名稱基本上都包含了八卦當中的某一個卦，可見道門中人在創製咒語時，對於易學之卦爻象數符號的使用已經相當諳熟了。

(4)從咒語的解讀來看，道門中人更是喜歡運用易學的象數符號資料以顯示其奧旨。道教咒語形式多樣，並且來源廣泛。符字與咒語既然可以相互轉換，而咒語隨著時間的推移不斷增加便是很自然的事了。為了能夠使其秘義讓有緣之人明瞭，道門中的一些文筆人物也加以注疏。在這種注疏之作裡，我們也可以發現易學象數符號理趣。例如《太上洞玄靈寶無量度人上品經法》對於所謂《靈書中篇》的解讀就是這樣。

《靈書中篇》首見於《靈寶無量度人上品妙經》之中。後來，道門中人對此尤其重視，注家蜂起。宋元以來，大多喜歡將之與易學象數連結起來。從其產生看，原初可能還沒有具備咒語功能；可是，後世之道門中人逐漸地將之咒語化或者將之置於咒語使用的氛圍之中，這就使它至少染上了鮮明的咒語色彩。根據何在呢？按照薛季昭的說法，

《靈書中篇》乃是「太上玉晨大道君」所撰。他說：「太上玉晨大道君，靈寶教主，撰此《靈書中篇》，三十二天，玉字成經，為雲篆光明章。」這當然是信仰心理的表現；不過，卻為我們提供了解《靈書中篇》起始的一條重要線索。既然「太上玉晨大道君」是靈寶教主，則此《靈書中篇》出自靈寶派的傳授則是可以肯定的。至於它具體在什麼時候傳世，這於本章所要探究的問題關係並不是太大。

我們所關心的是《靈書中篇》在使用過程中是否具備了咒語的特質。關於這個問題，可以從《太上洞玄靈寶無量度人上品經法》的解讀文字中追尋到許多蹤跡。該書依據《靈書中篇》的文句順序，依東西南北的方位作出解釋，每「八天」之後都來一下「玉晨君祝曰」的言辭。這個「玉晨君」就是「太上玉晨大道君」，而「祝」本通於「咒」，由此可見《靈書中篇》已經被置於咒語的使用氛圍之中。

其實，這篇《靈書》既然又稱作「大梵隱語靈音」，它被說成是出於大道君之口授，而這位大道君往往口出祝詞或者咒說，則《靈書中篇》具備了咒語的特質，或者說染上咒語色彩也就有了注疏根據了。

蕭應叟在《元始無量度人上品妙經內義》卷五中說：《靈書中篇》「所標白字乃卦炁法象、節候時晷。先真謂此《靈書》合於大《易》六十四卦。此經在天地之先，在有卦之前。西王母以『九日導乾，坤母東覆』兩卦顯之。故乾坤二卦始於此。繼以屯、蒙，終於既、未，為造化之綱維也。次列六十甲子於下者，明炁數始終循環也。次係月建節候十二卦者，以表一年陰陽伐謝（「伐謝」似當作「代謝」），寒暑推遷也。復別朔望盈虧者，以明一月也。又標十二時辰者，以準一日火候、水符進退也。」㉙

按照蕭應叟的解釋，《靈書中篇》每一句之下以白色標識的字，乃是代表卦象節氣時晷度儀。先前的高道認為這《靈書》與《周易》六十四卦的義理是相符合的。在蕭應叟看來，這篇經文早在天地形成以前就已經存在了，比卦象的歷史還要長。西王母所唱的「九日導乾，坤母東覆」是易學中乾坤兩卦的顯示。所以，乾坤兩卦實際上是從西王母的時候就開始了。正是基於這樣的義理展開注疏的，在《易經》的體現中，跟隨在乾坤兩卦之後的是屯卦與蒙卦，而最終則是既濟與未濟卦，這是天地造化的綱領與經緯，故而在注疏裡也採納了六十四卦符號的標識形式。在每個卦象之下，還羅列了六十甲子，這是為了顯示宇宙氣數周而復始的循環規律。至於擺上月建與節候以及十二消息卦，這是為了表明一年陰陽的輪轉、寒暑往來的變更推移。再來是晦朔弦望的日期標識，這是為了顯示一個月的日期更替。再就是標上子丑寅卯等十二時辰，是為了顯示一天早晚修煉的「火候」與陰陽進退的徵應。

蕭應叟把《靈書中篇》看成先於天地、先於卦象，這是出於對道教經書神化的心理；不過，卻也反映了道門中人的經典創作對於易學象數法度的重視。從現有各種《度人經》的注疏材料看，把《靈書中篇》與易學象數體系結合起來或者乾脆認為這《靈書》本身就具備了六十四卦的大義，這種觀點並非是蕭應叟一個人的思想，而是代表了宋元以來道門中人的一種比較一致的看法。所以，許多注疏版本都談到了這個問題。像薛季昭也是持相同的觀點，只是表述略有差異而已。薛季昭把《靈書中篇》稱作《大法中篇》。他說，這是「三十二天大梵玉字內音」，具備了「無量隱語」的奧旨。這是玉晨道君所撰著，天真皇人所書寫。共有二百五十六個字，分別置於三十二天之中。「內按乾坤坎艮震巽離兌八卦支變六十四卦，一句按一卦也。通貫六十甲子。乾坤坎離四卦出於六甲之表，不在甲子之限。」㉚薛季昭這段文字說明了他注疏的體例。他特別申明，把《易經》六十四卦置於《靈書》的每一句之下，這並不是他的發明，而是本來就包含有這樣的意旨。

這倒是值得認真思考的一個問題。因為《度人經》的出世，按照陳國符老先生的考證，乃在晉朝興寧年間，那時正是玄學勃興的時期。魏晉玄學所由之以發揮建構思想體系的重要典籍之一就是《易經》。在這樣的背景下，《度人經》的作者依據八卦原理，以東西南北的次序，每八天暗合八卦，推之而蘊含六十四卦，這恐怕是符合時代思潮的。無論如何，我們從其注疏中確實是可以看到這種文字與卦象符號相配合的情況。而且真的就是一句配上一個卦象。例如把「浮羅合神」配上中孚卦，把「玉誕長桑」配上小過卦，「形攝上玄」配上屯卦，「陀羅育邈」配上蒙卦，「幽寂度人」配上謙卦等等。這種配合是否合理，姑且不論，從解釋學的角度看來，將易學卦象與道教經文咒說會通起來，無疑顯示了古老文化傳統的根深蒂固。

三、符咒法術的易學象數蹤影之哲理蘊含再探

科學考察可以有不同方法、不同角度，對道教符咒的研究也是如此。當筆者追索了該等法術的發生緣由以及在內容形態方面所蘊含的易學象數符號理趣，似乎可以結束本章的探討了。然而，仔細想來，卻又感到話猶未盡。到底什麼問題還沒有說清呢？筆者沿著《靈書中篇》注疏者那些神奇的配合，往前再探究一層，愈發感到其背後尚有更為深層次的內涵未曾發掘出來。

筆者以為，這種深層次的東西就是符咒法術賴以建構和發揮的哲學基礎，它包括了思維的基本方式、宇宙時空演化理論。稽考起來，這兩個方面也都可以從易學之中發現其底蘊。所以，本節將結合道教象數易學的一些著述情況來進行考察。

(一)符咒法術的類比思維與易學象數代碼

縱觀世界思想旅程可以看出，大凡歷史悠久的民族都有自己的思維方法或者說形成自己思維的一些基本特色。中國在這方面當然有其自身特出的建樹。其中相當重要的一條就是取象比類的思維。姜廣輝先生曾經就此問題作了概括，他說：「古人常常把形象相似、情境相關的事物，透過比喻、象徵、聯想、推類等辦法，使之成為可以理喻的東

西。」[31]又說，「這種方法常常是形象思維與抽象思維交替並用，甚至渾然難分。中華民族比較擅於運用形象的方法來表達抽象的事物，而純粹意義的抽象思維則不很發達。」[32]姜先生這段概括基本符合歷史事實。他所說的「古人」是個全稱判斷，這就是說包括了所有的古人。在「古人」之後，他加上了一個副詞「常常」，這就意味著在歷史上也有例外的時候。但從總體上看，大體如此。就拿道教的符咒法術體系的思維來講，也基本符合這種情況。

符咒法術，本質上是古老巫文化的變形。因此，符咒法術必然續存著巫文化的「遺傳基因」，或者說發展了巫文化的信息符號。大家知道，巫術本是一種準宗教現象，它起源於原始社會早期，其基本特點是幻想依靠超自然力量對客體強加影響或控制，早期的巫術與宗教之不同在於它尚未涉及神靈觀念，對客體也尚未進行神化；但力圖通過某種手段來達到控制客體對象，這卻是其最根本的理念。宗教產生之後，巫術受到改造，遂與萬物有靈、鬼神崇拜等觀念結合在一起。巫術是一種世界性的文化現象。在中國，巫術文化可謂源遠流長。進入階級社會之後，中國巫術並沒有消失，在許多領域甚至得到官方的提倡與利用。尤其是占卜、解夢、禳災等在官方庇護下影響深廣。直到秦漢時期，降神、禁咒之類亦被歸入巫術範圍中。

巫術文化的觀念核心是「相似性原理」，這種「原理」認為通過模擬某物之表現形式，可以引起該物的顯現或者消失。究其思維法度，即蘊含著一種類比的理念。

就淵源來看，《易》卜本初也屬於巫術文化範圍。古代《易》卜用筮法，而「筮」字從「巫」，可見它本來就操縱在巫史手中。古有「九巫」之名，其中之一就是「巫易」，這個「巫易」就是掌握《易》筮的巫史官員。這就進一步說明，易學卜筮本具備巫術文化性質。由此一來，易學遵循其「相似性」原則也就是在理的了。

實際上，所謂「相似性」並非是完全地重複某種現象本身，不過取其「近似」而已，相近似的事物被歸為一類，這就造成了類比思維。關於這一點，我們考察一下《說卦》就很清楚了。在這篇解《易》名著中，作者告訴我們，乾卦所代表的不僅是「天」，它還象徵著：圓形物、君主、父親、馬、金等等；而坤卦也不僅是代表了「地」，它還象徵著：母性、布匹、大車、黑色等等。其它諸卦也都有這樣的象徵理趣。在易學中，卦畫所囊括的都是從客觀世界裡所「取」來的象，這些「象」是五光十色、紛繁複雜的。把諸多現象聚合在某個卦內，這就是一種「比類」或叫做「類比」。在某一類之中，卦畫是這一類的總代表、總法象，具有符號代碼的作用。

易學中的「觀物取象」的符號化思路比起原始階段巫術那種尋求「相似性」的觀念顯然更高一疇，所以影響也就更大。漢代以來，道教用以傳道修持的主要手段之一的「符咒」也貫穿著這種「觀物取象」的類比思維。就「符篆」之形態而言，儘管形式多樣、千姿百態，但卻都具有「象」的品質。符篆有聚形與散形的分別。所謂「散形」實際上就是一種分解形態，這些分解形態可以看作組合單元，類似於易學中的陰陽爻；而聚形則是由諸符號單元匯攏起來的。符篆的散形儘管有不同的狀態，但基本的卻也可以用「陰陽」二字概括之。這就是說，其散形千變萬化，但萬變不離其宗，基本單元就是一陰一陽。這種可散可聚的功能，恰好與卦爻的組合原理相一致，它們都是以「物象」為其本原的。

再說咒語，雖然充滿神奇的描述和神靈的名號，但神靈在道教中本來就具有符號代碼的特點，比如說《大木郎神咒》所要召請的主要是「雷神」，因此，其咒辭不僅對起雷閃電的境況進行繪聲繪色的摹寫，而且直接地使用了卦象名稱：「乾精流輝玉池東，盟威聖者名青童。擲火萬里坎震宮，勇騎迅發來太濛。混沌鑿開透崆峒，綠波擎天轉勾戎。」㉝《神咒》這樣描述：乾卦的精華發出光輝閃爍在玉池的東邊，通過割發刺血立下誓言而獲得神咒傳授的這位聖人，名字叫做「青童」。真言神咒一經念動就激發出閃電的火花，催送到了萬里之遠的坎卦之宮與震卦之宮。像勇敢的騎兵傳遞快訊，很快就灑落朦朦細雨。當混沌雲霧顯出亮光，它必然穿透崆峒妙境，降下的傾盆大雨，使江海飛揚起綠色的波浪，這波浪幾乎與天上北辰之星接壤。從《神咒》的氛圍看，雷部之神對應於易學中的震卦，但震卦居下之一陽乃出於乾元，所以咒辭說「乾精流輝」。召雷部之神的目的是為了降雨；而降雨需要「水」，故咒辭即涉及易學中的坎卦，這是由於坎卦象徵著「水」。

顯然，《大木郎神咒》所遵循的還是「觀物取象」的思維法度，它以語詞為咒說，術在思維形式上與易學之間的關聯性。

神咒》只是道教咒語中的一個小例子而已，筆者在此略作引述，是為了補充說明符咒法

論，但就語言符號的建構而言，卻也可以從客觀世界之中尋找到物象的根據。《大木郎

形成一種語言代碼，試圖由這種代碼而感動雷部之神。其咒辭的實施是否有效，另當別

(二)符咒法術與易學的宇宙演化模式

從哲學基礎方面推究符咒法術與易學之關係，這除了考察其思維特色之外，還可以從其宇宙模式方面著手。就表面而論，符咒法術似乎沒有什麼直接性的宇宙演化模式資料；然而，如果我們透過符號代碼的背後，就可以發現道門中人符咒法術賴以建立的宇宙演化根據。

這裡，我們不妨就符籙作一番稽考。從形態來看，符籙顯示在我們面前的是一種頗為神秘的圖形。其基本的建構規則乃是所謂「三元八會」之法。《三洞神符記》在敘述其來歷時說：

三元者，一曰混洞太無元，高上玉皇之氣；二曰赤混太無元，無上玉清之氣；三曰冥寂玄通元，無上玉虛之氣。五德者，即三元所有。三五會，即陰陽和。陰有少陰、太陰；陽有少陽、太陽。就和中之和為五德也。篆者，撰也，撰集雲書，謂之雲篆。此即三元八會之文。八龍雲篆之章，皆是天書，三元八會之例是也。雲篆

明光，則五符五勝之例是也。八會本文凡一千一百九字。其篇真文，合六百六十八字，是三才之元根，生立天地、開化人神萬物之由。故云：有天道、地道、神道、人道，此之謂也。[34]

作者在這裡力圖對什麼是「三元八會」作出解釋。他首先羅列了「三元」的名稱，指出每一「元」都發端於一種「氣」。接下來談「三元」與「五德」的關係。所謂「五德」本是指五行之德；但《三洞神符記》卻以為「五德」乃是少陰、少陽、太陰、太陽再加上「中和」。在作者看來，五德乃包含在「三元」之內，三元即立則五德也就存在了。再接下來，解釋什麼是「篆」，作者將「篆」通於撰寫之「撰」。他舉例說，「八龍雲篆」就是屬於「三元八會」一類東西，並且具體說明了其本文之字數。這些東西在今天當然是很難查考了，我們也不必為此而費心機。

值得注意的是，《三洞神符記》作者把「三元八會」的符字看作是一種原生性的東西，它們是「三才」的根本，天地人神萬物都是以「三元八會」為根由的。這雖然只是神學說法，但卻反映了道門中的一種宇宙演化模式。這就是以「三元」為由來，而三元乃是「三清」之氣所化，這「三清」之氣從有關道門典籍看，又是出於「混沌之元」，這也就是老子所言之「道」。混沌大道化而有「三元」之符，從而演化出「三才」，天地宇宙由此而具形。大家已經知道，「三才」本是《周易》的一個基本的術語，《三洞神符記》把它置於「三元」符字之下，這當然只是一種理想性的構想，但卻表明了這種以符字為本體的宇宙演化論，被烙上了易學的印記。

與易學相關的宇宙演化觀念不僅滲透在符箓之中，而且也融貫在咒語裡。例如，這首《天蓬神尺咒》：

> 天清清，地寧寧。十方世界，杳杳冥冥。虛無之中，上有元晶。包羅萬象，總轄萬靈。密行造化，不測而成。開天闢地，分其昏明。大樸既散，萬類乃亨。三才定位，仁義斯興……㉟

這是以「天蓬」為主神的神咒。其篇幅較長，筆者所引只是其中一小段。「天蓬」或稱天蓬元帥，是唐代以來所尊奉的「四聖真君」之一。道經以為天蓬本是北斗第九星，即金眉老君，化身伏魔，救護眾生。據說他四面八手，身長五十丈，著金甲，手持劍戟。在道經中，有關天蓬元帥的描繪不少；不過，我們這裡所關注的是咒語中的宇宙化生思想。作者一開始即以「清寧」二字對天地做了一番形容；接著，筆鋒一轉，導出了大神開天闢地的情況。

在神咒的創製者筆下，天地開闢以前是一個「大樸」狀態。所謂「大樸」，其說來自老子的《道德經》，但與易學的「太極」本初也是可以互相轉換的。值得注意的是，神咒創製者關於天地開闢、宇宙化生的模式已顯示了時空的明確理念。就空間來看，有所謂「十方世界」，這是一個立體的空間架構。因為「十方」除了傳統所云「八方」外，還加上「上下」，這就使空間感更加明顯了。神咒創製者以「倒敘」的手法道來。

一開始就說天道地，推出「十方」的空間概念，而後再說明這是天神「密行造化」，不知不覺而形成的。

而當我們回頭再看神咒之題目「神尺」二字，就會產生一種聯想，似乎天神開天闢地、創製宇宙還運用手中的「尺子」來丈量，好像工作很細緻嚴格似的。這當然只是神咒所造成的藝術氛圍提供給人的想像空間。在這種空間裡，儘管我們所看到的易學詞匯以及卦象名稱並不多，甚至應該說很少，只有像在其它道經也經常使用的「三才」這樣的言辭；但關鍵在於其創製者是運化了易學關於宇宙化生理論的精髓。假如我們稍微思索一下，不難發現神咒的背後乃蘊藏著易學的「太極」生兩儀，兩儀交通而出三才的模式。因為神咒兩次提到了天地，而這用易學的術語來說就是「兩儀」。由此，我們把它們連結起來，那就可以理出其中的脈絡，即以「大樸」蘊含「太極」，以「天地」為兩儀，天地兩儀既「密行造化」，則「三才」自立。可見，就像符篆一樣，神咒之類的宇宙化生模式也都可以發掘出易學的理趣。

㈢符咒法術與易學融通的文化哲學考源

從哲學基礎方面看，道教符咒法術之所以蘊含著深厚的易學內容，是因為道門中人長期以來就對易學特別關心，尤其是以「圖書」為基本解讀方式的易學象數符號學說更為道門中人所重。這方面，我們從道教文獻中也能夠找到確實的根據。《道藏》中收有

《上方大洞真元妙經品》與《上方大洞真元妙經圖》兩書。在前一書的最後，作者勾勒出一幅符圖，說是「消災解厄玉符」，表明了其崇尚符咒法術的道教特質，但就全書而論，卻主要是以易學象數符號方法來解釋宇宙演化以及社會人生問題。這兩書是相輔相成的。相比之下，《上方大洞真元妙經圖》更具有易學符號哲學的底蘊。該書首列《虛無自然之圖》，繼之以《道妙恍惚之圖》《太極先天之圖》《三儀實有之圖》《氣運之圖》等。這些圖實際上是從各個側面來展示宇宙演化與社會人生流程。如《太極先天之圖》的說明：

奧有太易之神，太始之氣，太初之精，太素之形，太極之道，無古無今，無始無終也。故《易》有太極，是生兩儀，兩儀生四象，四象生八卦，八卦定吉凶，吉凶生大業。言萬物皆有太極、兩儀、四象之象。四象八卦具而未動謂之太極。太極也者，天地之大本耶。天地分太極，萬物分天地。人資天地，真元一氣之中，以生成長養，觀乎人則天地之體見矣。是故師言，氣極則變，既變則通，通猶道耶。況反者道之動。蓋有物混成，先天地生，寂兮寥兮，獨立而不改，周行而不殆。可以為天下母，母者道耶。至矣哉，道之大也。㊱

《妙經圖》作者以《易傳》的宇宙化生模式為基礎，同時採擷了老子、列子、莊子等人的言論來闡發自己的宇宙觀與生命哲學。他所用的「太易」「太始」「太初」「太素」「太極」，表明了在天地分化之前的狀態。儘管有不同的狀態，但卻沒有時間的顯示，因此稱之「無古無今」或者「無始無終」。自太極之後，才開始分化，這個分化的程序便是易學所說的「太極」化生流程。太極就是天地的本體，天地分得了太極的信息，所以天地也包含了太極的本根。再看天地與萬物及人的關係，那就是萬物都稟賦天地靈性，而人則資用了天地的真元之氣，所以人與天地同體。從人的身上就可以明瞭天地的形體。《妙經圖》的作者接著轉述他的老師的話說，由天地的運化可知氣的流行，而氣的流行具備了陰陽變化，陽極生陰，陰極生陽，所以，氣到了極盡的時候必定發生變化，既然變化就會暢通，而暢通也就類似於「道」了。況且老子說「反者道之動」——即對立面的轉化就是「道」的運動。這個「道」本來是混沌一體的，它先於天地而生，寂靜安詳，它獨立長存永不衰竭，循環運行而生生不息。這就是天下的母親。這個「母親」在《妙經圖》作者看來是多麼偉大啊！

作者對「道」的贊美溢於言表，而他那種援用易學哲理以敘說宇宙緣起及運動演化的思想也得到了充分的顯現。從這部《妙經圖》中，我們既看到了道門中人建構思想學說的一條重要思路，也發現了符咒法術為什麼頻頻融攝易學象數符號的哲理根基。

【註釋】

❶《道藏》第二十二冊第三一七頁。

❷《道藏》第二十八冊第六九二頁。

❸《道藏》第三十三冊第八二一頁。
❹《道藏》第二十八冊第四三八頁。
❺《後漢書・禮儀中》。
❻王明《太平經合校》第一八一頁。
❼《道藏要籍選刊》第六冊第一〇五頁。
❽《道藏》第二十四冊第七七九～七八〇頁。
❾按，此處的人物語言不是文獻中的原文，而是根據其情節用現代語言敘述。
❿《道藏》第二十二冊第四一一頁。
⓫關於「八體六文」，《雲笈七簽》卷七有一段記載。所謂「八體」包括：大篆、小篆、刻符、蟲書、摹印、署書、殳書、隸書；「六文」包括：象形、指事、形聲、會意、轉注、假借。
⓬《道藏》第十冊第七九三頁。
⓭「姜太公」本姓呂，名尚，冀州人。《列仙傳》及《仙鑒》均載其異事。按，古所謂「陰謀」並非貶義，是指秘密的策略。據載，《陰謀》一書有百餘篇，今已不存。
⓮《道藏》第四冊第六〇頁。
⓯《道藏》第三冊第一二二頁中。
⓰關於「納甲法」，請參閱本書第四章有關《周易參同契》討論部分。
⓱《道藏》第二十冊第二五七頁。
⓲《道藏》第四冊第五十九頁。
⓳《道藏》第四冊第一一〇頁。
⓴《道藏》第四冊第一一〇頁。
㉑《道藏》第六冊第六八三頁。

❷❷《道藏》第十冊第五四八頁。

❷❸關於易學的占卜法式及其在道教中的發展變化問題，本書在後面的有關章節還會作專門論述，這裡從略。

❷❹《道藏》第六冊第九頁。

❷❺《道藏》第六冊第五頁。

❷❻《道藏》第二冊第四十八～四十九頁。

❷❼《道藏》第二冊第六十九頁下。

❷❽《道藏》第二冊第一二九頁下。

❷❾《道藏》第二冊第三七八頁。

❸⓿《道藏》第二冊第五〇七頁。

❸❶見張岱年、成中英等著《中國思維偏向》第八十三頁，中國社會科學出版社一九九一年版。

❸❷同上。

❸❸《道藏》第二冊第四十九頁。

❸❹《道藏》第二冊第一四二～一四三頁。

❸❺《道藏》第二冊第六十八頁。

❸❻《道藏》第六冊第七〇七頁。

第六章　道教齋醮科儀與易學數理象法

儘管符咒法術有獨立應用的時候，但相當多的情況下是與道教齋醮科儀相結合的，或者說在齋醮科儀的進行過程中符咒法術乃是不可缺少的一種因素。因此，符咒法術與易學的密切關係必然影響到整個齋醮科儀。

當然，這並不是說，道教齋醮科儀與易學的關係是由於符咒法術作為其中一項內容才存在的。事實證明，齋醮科儀作為道教儀式系統，它由諸多成份組成；而符咒法術成份以外的那些東西，從符號學的立場看，也同樣具備了易學數理象法的內蘊。這就是本章所要闡明的基本觀點。

一、齋醮由來與科儀類別

正如前面諸章一樣，我們的目的是要揭示研究對象所蘊含的易學符號理趣，但為了能夠順理成章地進行闡述，有必要就齋醮的名義及其具體內容作一番大體介紹。由於齋醮之類儀式是表達傳統宗教思想情感的重要手段，有關典籍在闡述此類儀式之操作時必然會涉及神明信仰問題，甚至充滿宗教的神秘情感氣氛。對於此類言辭的引用，本書只是出於發掘其中所包含的易學內含，並非是為了張揚它們的思想。

(一) 齋醮之名義與緣起

在道教產生之前已經有齋醮的宗教儀式。本來，「齋」與「醮」是相互獨立的儀式。在中國古代，要展開宗教儀式活動的時候，必須清潔身體，以示戒慎行為，從而取悅於神明，達到祭祀的目的。《史記・五帝本紀》謂：「帝顓頊絜誠以祭祀。」從這個記載中可以看出，顓頊在祭祀之前做了兩項基本的準備，一項是清潔身體與環境，再一項是心靈上的誘導，即把清潔外部環境與自身形體的工作延伸到內心之中，做到內心的潔淨，而這是由心理活動來達到的，這種活動簡單概括起來只有一個字，那就是「誠」。這種外在的與內心的潔淨工作在古代就叫做「齋」。

漢代文字學家許慎所著《說文解字》稱：「齋，戒潔也，從示。」這可以說是對「齋」的意義的最為簡要而又明確的說明。從許多古典文獻的記述可知，「齋」有具體的操作法度，如沐浴就是一項可操作性的活動。《孟子・離婁下》說：「雖有惡人，齋戒沐浴，則可以祀上帝。」《墨子・尚同》也說：「是以率天下之萬民，齋戒沐浴，以祭祀天鬼。」看來，沐浴被當作一項很有作用的活動，所以即使有惡人存在，只要齋戒沐浴同樣有祭祀上帝的資格。

「齋」本身在上古時代的中國先民中已是一種很重要的宗教儀式，從祭祀鬼神到免除病殃，都注意齋法的使用。據說，周代初年，周武王生病，周公就進行齋戒活動，力圖以免除周武王的病根。這件事記載在《史記・周本紀》之中。春秋戰國時期，齋已是一種很平常的宗教儀式。孔夫子《論語》以及孟軻《孟子》書中有不少關於「齋戒」的記載或描述，如《論語・鄉黨》說：「齋，必有明衣、布。齋必變食，居必遷坐。」齋的時候有具體配備的物質資料，並且要變換平常的飲食內容。這些顯示了「齋戒」的外在行為表現，而與此相關的是則是內心的意念的純化。《禮・祭統》謂：「齋之為言齊也，齊不齊以致齊者也。」這是講，齋的意思可以看作是「齊」，使心念不齊整的東西透過這種活動而達到最終的齊整。《祭統》又說：「及其將齋也，防其邪物，訖其嗜欲，耳不聽樂……心不苟慮……手足不苟動。」齋不僅要淨化環境和敬奉神明的供品，而且更為重要的是淨化心靈，必須停止那些平常的物慾活動，嚴格地說連聽音樂這樣的事也必須暫時禁止，心不胡思亂想，手腳也不能亂動，即要端正其行為。

齋的內外淨化意義，兩者是相互聯繫的。從某種角度看，其內心淨化更為重要。《周易・繫辭上》稱：「聖人以此齋戒。」韓康伯注：「洗心曰齋，防患曰戒。」所謂「洗心」就是精神沐浴，所謂「戒」乃是防止不良行為發生的措施。《繫辭上》把「齋」與「戒」相提並論，說明兩者對於精神控制而言都具有不可忽略的意義。《莊子・人間世》指出，「齋戒」有「心齋」與「祭祀之齋」的區分，他強調心齋的重要性，認為真正的齋必須通過內心修煉，才能臻善臻美。

「醮」，按照《說文解字》的解釋就是「冠娶禮祭也」。由此看來，所謂「醮」包含著兩個方面的內容：一是指古代的冠娶之禮；另一是指祭祀。

清代學者段玉裁說：「士冠禮，若不醴則醮。用酒所加，凡三醮。鄭曰：酌而無酬酢曰醮。士昏禮，父醮子，命之迎婦。嫡婦則酌之以醴，庶婦使人醮之，酌之以酒。……蓋古本作冠娶妻禮也。一曰祭也……宋玉《高唐賦》……醮諸神，禮太一。此後世醮祀之始見也。」段玉裁這個解釋很具體，我們從中可以看出，醮的基本物質資料是「酒」，這從字形上也可以看出，因為「醮」字從「酉」。這個「酉」在古代就是「酒」。由酉酒象徵一種關係的確定。

段玉裁的解釋所涉及的宋玉《高唐賦》是戰國時期「賦」的代表作之一。所謂「賦」在《詩經》只是一種表現手法，後來則成為一種文學體裁，戰國時期的「賦」具有詩歌的性質，而漢代之後的「賦」則大多為散文。宋玉《高唐賦》云：「有方之士，羨門高，溪上成郁林，公樂巨谷，進純牲，禱旋宮，醮諸神，禮太一。」賦中所指「有方之士」後來簡稱為「方士」，也就是手中操持著偏方秘術的士人。在人們的心目中，這些方士即是神仙人物，像羨門高之類在《史記》中已有記載，謂秦始皇遊海上，求仙人羨門子。《抱朴子．神仙金勺經》載有羨門子丹法。那時的方士也進行祠灶一類宗教祭祀活動。《高唐賦》所反映的就是這種情況。對「諸神」的祭祀用「醮法」，這當是一種具有感通意味的宗教儀式。如《漢書・郊祀志》說：「（宣帝時）或言益州有金馬碧雞之神，可醮祭而致，於是遣諫議大夫王褒，使持節而求之。」文中所講「醮祭而致」就是以醮祭的儀式把神召來，其中必有一種精神的感通方式。

另外，從有關文獻中尚可知曉，醮祭當有配置供品之類。《正一威儀經》說：「醮者，祈天地神靈之享也，亦有多種，所有餅果，並須清潔，不得肉脯葷穢。」《上清靈寶大法》卷五九《齋法宗旨門・謝恩醮》引杜光庭的話說：「廣成曰：醮者，祭之別名也，牲牷血食謂之祭，蔬果精修謂之醮，皆可延真降靈。」按照杜光庭的這種解釋，醮與祭基本上沒有什麼大的不同，只是陳列果品有異而已。

(二)道教對齋醮儀式的繼承發展

儀式對宗教來說是很重要的構成因素。甚至可以說，沒有儀式就不成宗教。因此，道教一開始就注重儀式是很自然的現象。種種跡象表明，道教儀式是由古代傳統的齋醮法門演變發展而來的。《魏書・釋老志》說：「及張陵受道於鵠鳴，因傳天官章本千有二百，弟子相授，其事大行，齋祀跪拜，各成道法。」《歷代三寶記》說：「（張陵）作道書……論章醮之法，道士章醮之法起此。」這說明，在五斗米道創立之初已實施了齋醮一類宗教儀式了。關於齋醮的目的、時間、地點、對象以及具體操作程序，早期道經中也有所描述。《太上玄靈北斗本命延生真經》說：「可以本命之日修齋設醮，啟祝北斗、三官、五帝、九府四司，薦福消災，奏章懇願，虔誠獻禮，種種香花，時新五果，隨世威儀，清靜壇宇，法天象地，或於觀宇，或在家庭，隨力建功，請行法事。」所謂「本命之日」就是一個人出生的年月日。在這一天中擺上各種新鮮果品香花等供物，祈請天地五方諸路神靈來享受，這很類似於今日許多人為了辦成某一件事情，往往邀集一批有關人士尤其是一些有一定職位的官員共進宴席，這樣就達到了溝通的目的，事情就好辦得多了。在道門中人看來，邀集神靈光臨醮祭宴席，延壽的事似乎也可以辦妥。不論這是出於什麼動機，我們都可以發現，早期道教對於齋醮法門已頗重視。漢末以來，隨著道教組織的壯大，齋醮儀式也跟著發展起來，逐步走向完善。

道門出現了不少有造詣的齋醮儀式的專家。如寇謙之、陸修靜、張萬福等人都有許多專門論述或專門著作。魏晉以來的道教儀式已經不止齋醮一類，還包括了其它種種法門。道門中人將這些儀式稱作「威儀」或者「科儀」。所謂「威儀」據南朝梁陳道士宋文明的解釋，那就是「玄聖所述法憲儀序、薦謝品格」，根據《正一威儀經》所述，其內容涵蓋了受道、法服、入靖、啟奏、講經、事師、奉災、受戒、懺悔、禮拜、燒香、燃燈、鳴鐘等三十多種，幾乎涉及道教生活中的各個方面。

至於「科儀」也有其來歷。早期道書中有《九真明科》《四極明科》《太真科》等等。這個「科」字含有道教教義戒規科目的意思；而「儀」具有法式規範的意思。「科」與「儀」連稱，最早見於《洞玄靈寶道學科儀》之中。此書大抵是東晉南朝時期

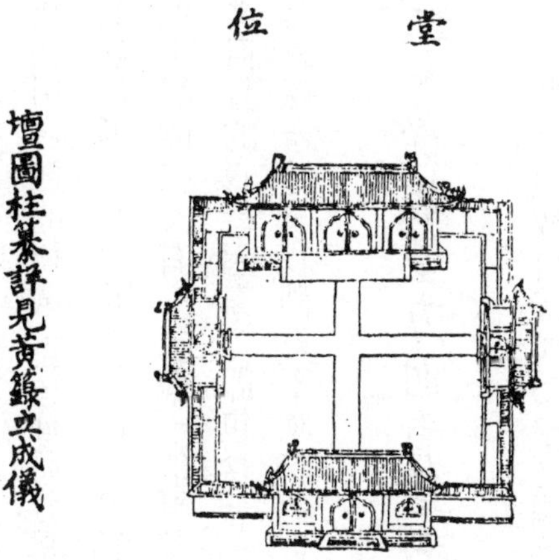

圖 6-1　科儀壇圖

靈寶派作品。其中涉及言語、講習、禁酒、忌葷腥、製法服、齋醮、燃燈、奏章等多項。後有朱法滿作《要修科儀戒律鈔》，內容包括了傳度儀範、各種齋法、殿堂造設等等，所涉及範圍頗為博雜。筆者以為，就道教本身而言，科儀這個概念比「齋醮」所包括的範圍要廣得多。因此，我們下面將以「科儀」來統稱道教儀式。

㈢道教科儀分類略說

道教科儀有一個逐步完善的過程。隨著科儀活動的展開，道教學者們便注意到對其過程的記錄；同時，又自覺或不自覺地進行分類。這種分類主要表現在齋醮方面。據《仙鑒》卷二三《葛仙公傳》的記載，三國時人葛玄已力圖對科儀部類進行劃分，他將上清齋法分為二等，且加三箓七品齋法。葛玄時代是否已經形成三箓七品齋法，值得懷疑，但卻反映了靈寶、上清諸道派試圖將齋法進行分類的思想蹤跡。對齋法進行分類而較確切可考者是南朝時期的陸修靜。他所撰寫的《洞玄靈寶五感文》提出了「九災十二法」。另有《洞玄靈寶太上六齋十直聖經法》也提出了自己的分類方式。從幾種有代表性的道教科儀類經書來看，道門中人的分類已力圖從功能上顯示高低之不同等級；同時，這也在一定程度上反映了道教科儀的多樣性；但由於不同時代不同道派所採用的分類標準存在種種差異；後人對於道教科儀的總體把握遇上了不少困難。筆者經過一番考慮，擬對道教科儀進行重新分類。

大家知道，任何一種研究都可以從不同角度將對象類別進行劃分。標準不同，其類別的組合排列也就不同。筆者對科儀的劃分標準是以主事者為中心來建立的。這個主事者即科儀的實施者。主事者實施科儀是「為我」還是「為他」，體現出功能上的區別。基於這種考慮，筆者認為道教科儀可以分為三大類型：

一是以個人修身極道為主的科儀；二是為他人他事而進行的醮神度鬼科儀。三是人我共用合益的科儀。這種劃分是從側重點考慮的，因為道教科儀在長期的使用過程中，其功能並不是靜止不變的。某種儀式表面上看是從主事者的立場出發的，即「為我」，但生發開去又有「為他」的意義；同樣道理，主事者為他人他事舉行的科儀活動也包含著自身的修行因素，即包含著「為我」的意義。尤其是那些較複雜的大型道教科儀往往具有綜合性，我們更不應該把它們的功能絕對化。

二、從類型方面看道教科儀對易學之融攝

考察道教科儀與易學之關係，可以有不同的角度。本節擬從具體的操作儀式類型角

度進行審視。同時，希望將這種考察儘可能同歷史的進程結合起來。

道教科儀的種類依歷史之進展而日趨完善。由於道教科儀是在中華傳統文化的背景下產生的，科儀程序的整理者大部分都在傳統文化的薰陶下開展活動，這就存在著將易學之內容與形式引入科儀之中的可能性。從現存道教各類科儀文獻來看，這種可能性不是筆者的想像或者假設。因為此類文獻資料的確可以提供證據，所以我們甚至可以說，可能性已經顯現出現實性❶。讓我們還是從古代文獻中來追尋吧！

(一)「玉皇十七慈光燈儀」與易學九八之數

顧名思義，「燈儀」就是以「燈」為基本象徵物的一種儀式。出於情境條件的考慮，燈儀一般在日落之後舉行。這可能與上古時期的「火祭」有一定關係。從《周禮》等書來看，「火祭」在先秦即已有之。「火」的發現給人的生活質量以極大的提升，這不僅表現於食物的熟化處理問題上，而且表現於照明方面。隨著歷史之推移，燃物生火的照明由「點燈」所代替。大約在秦漢時期，朝廷宮室已有燈的使用。兩晉南北朝，燈開始進入士大夫和庶民的生活之中。梁朝的江淹作《燈賦》描寫了「大王之燈」的氣派：「銅華金擎，錯質鏤形，碧為雲氣，玉為仙靈，雙流為枝，艷帳充庭。」雖是寥寥數筆，卻將燈的質地、形貌寫得惟妙惟肖。而行文中的「雲氣」「仙靈」則已譜下了燈的神化基調。在燈的逐步普及背景下，道教把燈具引入了齋醮壇場之中。後來，這又逐步演變成為一種相對獨立的科儀形式。

南朝劉宋陸修靜撰有《洞玄靈寶齋說光燭戒罰燈祝願儀》一書，記述該等儀式的實施步驟及有關職事。就書名而論，作者以「光燭戒罰燈」作為限定語，可知燈在該等儀式中乃具有中心的作用。隋唐以來，燈儀日趨成熟，此類著述也日漸增多。《道藏》內有《玉皇十七慈光燈儀》一卷。從表面上，我們看不出該書引用什麼易學的詞句或者應用易學的卦象，但其中有許多數字卻值得注意。如書名所出現的「十七」即很引人思考；而在行文中，「十七」也是個關鍵詞。該書在入壇式念誦《淨天地咒》之後即寫道：

伏以燃燈十七，依稀開報喜之花。光透九重，彷彿覩通明之殿。首憑一炷，上格叢霄，具位臣姓某謹與奉道某曁合壇眾等，誠惶誠恐，稽首頓首，遙望天階，百拜上啟。❷

信禮無上大羅天十七慈光玉皇天尊。臣眾等志心皈命大神通光玉皇大天尊、玄穹高上帝、聖父天尊、聖母元君、玉光會中一切諸靈官。❸

這裡所引兩段話都是以向神靈稟告的口吻說的。前一段大概是講：我等信眾身體前傾，點燃了十七盞燈，隱隱約約可以看到燈芯爆開了「報喜」的花，而光輝透過了九重天，我等彷佛看見了天上的通明殿。將一炷香舉過頭頂，讓這徐徐而上的香煙升到茫茫重霄，我等眾人以對神靈無限景仰而又敬畏的心情，低下頭顱，行跪拜之禮。遙望著天庭的階梯，以百拜的禮儀向上天啟奏。至於第二段則依照一般的稟告格式念誦諸位神靈的名稱尊號。我們可以不必對那些神號作太多的糾纏。應該注重考索的就是「十七」的問題。初看起來，「十七」似乎沒有什麼值得考究的深意；但若考慮到卦象所具有的數碼意義，那就不能將這個數字輕鬆過。

關於數字「十七」的符號意義與易學的關係問題，日本學者已經注意到了。其研究的起因是「聖德太子十七條憲法」。這是在推古天皇十二年（公元六〇四年）甲子之年，由聖德太子所制定的法律條文。這部憲法在日本社會歷史上產生了比較重要的影響，故而許多學者都力圖探究其背後的思想根基。

岡田正之博士從中國自古所謂「辛酉為革命，甲子為革令」的文化背景淵源方面進行追溯，認為太子憲法「十七」這個數字是「陽」和「陰」的極數、「九」和「八」之和。岡田正之的考察還以《管子・五行》篇關於「天道以九制，地理以八制」，《楚辭・天問》唱天的「圓則九重，孰管度之」和唱地的「八柱何當，東南何虧」的資料，加以佐證。對此，吉野裕子提出《管子》及其它文獻的「天九地八」的思想根底乃是「天圓地方」之思想理念，《淮南子・天文訓》以「天」的分野為九，以地之東西南北為「四極」，再加上「四隅」即東南、東北、西南、西北就成了「八極」。

在這個基礎上，吉野裕子又聯繫《五行大義》中所見到的「九」與「八」的數來發掘聖德太子「十七條憲法」的傳統思想根基，從易學的「四象」關係進行考究。

日本學者關於聖德太子「十七條憲法」的易理象數底蘊之分析，對於我們考察《玉皇十七慈光燈儀》有關「十七」的問題是有裨益的。可以說，兩者的「十七」乃是遵循著一種共同的理念，只是《玉皇十七慈光燈儀》是將「十七」隸屬於神靈中的「皇」。

我們知道，日本的宗教文化在很大程度上受到中國的影響，這一點日本學者也是承認的。故而循著這樣的思路，我們來追溯「十七」中的易學象數理趣也就有了一致的方向。

按《五行大義》的作者是蕭吉，他與梁武帝蕭衍同族。所著《五行大義》今存於《知不足齋叢書》內。他在這本書卷一裡說：「凡萬物之始，莫不始於無，而後有。是故《易》有太極，是生兩儀，兩儀生四序（即四象），四序，生之所生也。有萬物滋繁，然後萬物生成也。」❹在說了一通「陰陽相感」的道理之後，蕭吉就進入了「四序（四象）」之數「七八九六」關係的闡述：「變化之源者，詳於蓍策之數也。七八為靜，九六為動。陽動而進，變七之九，象氣息也，明陽道之舒，以象君德，唱始不休，無所屈後，去極一等，而猶進之，故九動也。陰動而退，變八之六，象氣消也，以明臣法有所屈後，唱和而已。」❺

蕭吉所說的兩段話，前一段只是根據老子《道德經》「有生於無」和《易傳》的「太極」論闡述萬物生成之理數。至於後一段則進一步闡釋了七八九六的變化關係。在他看來，變化的根源可以在《易經》占卜的筮法上得到顯示，「七」與「八」都是主靜，而「九」與「六」則主動。陽爻動就進展，從七進到了九，這是氣的生長的數碼寫照，表明陽性的品德的舒張，象徵君主之大德，像主歌手在前邊領唱，聯綿不斷，這種情形到了極端的時候就發生變動了，所以「九」是代表變動的「爻」；至於「陰」動就要退，變八為六，這是氣的衰退的寫照，以表明臣子應該居後，好比在演唱中只是配合而已。這段論述的最為重要的言論，概括其思想，那就是「九」代表著「進」，而「八」乃代表著「退」，一進一退，就可以達到「和合」的妙境。

蕭吉「四序」之論是符合易學「河圖」數理的。河圖以《易》天地之數一至十排列於東西南北中，七居於南方，九居於西方，八居於東方，六居於北方。陽數順行，所以由七進而為九；陰數逆行，所以由八退而為六。由此可見，所謂「九」與「八」實際上是「進」與「退」相統一的數碼代號。

另外，從「後天八卦」的數來看，老陽之數「九」代表乾卦，而少陰「八」則代表兌卦。乾卦為天，兌卦為澤，天在上，澤在下，構成一個「履卦」。該卦之《象》說：「上天下澤，履；君子以辯上下，定民志。」意思是說：上面是天，下面為澤，象徵循禮節而行，尊卑有序。小心行走，君子因此辨別上下的名分，端正百姓的心志。既然履卦象徵著行走，那麼，光的照射從根本上說也是「行走」，所以《玉皇十七慈光燈儀》中的「十七」蘊含著一個「履卦」，而「燈儀」是一種軌範，具備端正行為的數理。從這種數碼的轉換看，我們把《玉皇十七慈光燈儀》的「十七」看作是「老陽」與

「少陰」的和合，進而看作是履卦精神的宗教儀式化，應該是有其邏輯根據的。

(二)「上清十一大曜燈儀」與易學五六之數

在燈儀著述中，《上清十一大曜燈儀》也涉及許多數碼，這當中最重要的當然要算是書名的「十一」了。這個數碼符號與易學象數有什麼關係呢？讓我們先就這部書的一些情況作點介紹，然後再來加以追溯。

這部燈儀基本上是以駢文體裁寫的。書一開始，作者即表示誠惶誠恐，「焚香」上奏「三清上聖，十極高真」以及其它眾多星宿，諸如南斗六司星君、北斗九皇星君等。他對天上星宿之排列等狀況進行了一番頗富想像力的描繪之後，稱：「橫目宜觀於經緯，反身自省於行藏，循還十有二宮，列布十有一曜。」意思是說：抬頭放眼遙望，應該審度天地經線與緯線，回過頭來再觀察自己的身體，省悟內臟五行所屬，明白元氣在黃道十二宮中的運行軌跡，以及所排列的十一顆耀眼的星宿。作者以「天人合一」的思維方式提出了太空與人體之中的「十一大曜」。

這十一大曜指的是什麼呢？從儀式所祭禱之神明大體可知：在儀式進行過程中，醮祭之人所「志心皈命」的首先是：日宮太陽帝君、日宮神仙諸靈官；接下來是月宮太陰皇君、月宮神仙諸靈官；東方木德歲星重華星君、諸靈官；南方火德熒惑執法星君、諸靈官；西方金德太白天皓星君、諸靈官；北方水德辰星伺晨星君、諸靈官；中央土德地候鎮星真君、諸靈官；交初建星羅皓隱曜星君、諸靈官；交終神尾墜星計都星君、諸靈官；天一紫炁道曜星君、諸靈官；太一月孛彗星星君、諸靈官。

由此可知，十一大曜實際上就是日月與五行之星加上四顆相對較小一點或說名氣尚沒有那麼大的星體，合為十一。

「十一」這個數字看起來好像很偶然似的，其實也有易學的內在根據。其最根本的就是《周易・繫辭上》的「天五、地六」之說。《繫辭上》在闡述天地數碼的時候又說：「天數五，地數五。五位相得而各有合。」所謂「天數五」指的是自然數中的奇數，即一、三、五、七、九，分別稱作天一、天三、天五、天七、天九；而「地數五」指的是自然數中的偶數，即二、四、六、八、十，分別稱作地二、地四、地六、地八、地十。「五位相得而各有合」，指的是自然數中的五個奇數與五個偶數的相配相得。

孔穎達《周易正義》指出：「若天一與地六相得，合為水；地二與天七相得，合為火；天三與地八相得，合為木；地四與天九相得，合為金；天五與地十相得，合為土也。」根據孔穎達的這個解釋，天地之數的「相合」又可以轉換成——水火木金土等五行的符號代碼。這就是說，天地之數又可以同五行配合起來。

另外，又有「天生、地成」的中合之說。在五個奇數裡，「五」居於一三與七九之中；在五個偶數裡，「六」居於二、四與八、十之中。居中在易學以及中國醫學等傳統文化的諸多分支裡都是很重要的概念。如《周易參同契》說：「處中以制外，數在律曆紀。」意即居處在中間以便控制外邊的情況，這個數就體現在律曆的紀元裡面。古人認為，天作地合，以中為美。《漢書・律曆志》說：

《傳》（即《易傳》）曰：天五、地六，數之常也。天有六氣，降生五味。夫五六者，天地之中合。而民所受以生也。故日有六甲，辰有五子，十一而天地之道畢。

《漢書・律曆志》一開始就引述《周易・繫辭上》「天五、地六」的說法，並應用於天文學。它認為，《繫辭上》所舉這兩個數，乃屬於天地的「常數」。在天有「六氣」，就是風、熱、暑、火、燥、寒之行氣，因為有了這六種「氣」，所以才降生了「五味」。五與六，是天地中合之數。天下百姓憑借天地運氣的中合而降生。所以，日的計算有甲子、甲戌、甲申、甲午、甲辰、甲寅，合稱「六甲」；時辰有甲子、丙子、戊子、庚子、壬子，合稱「五子」。五六的配合所得「十一」之數，就是天地的中合，天地運氣周轉，天干地支流行，因五、六匯合而成「十一」，天地運行就完成了它的周期，這就叫做「畢」。中國古代將易學天五、地六之中合而成「十一」的運氣理論在傳統醫學中也有所體現。如《黃帝素問・六微旨大論》的一段對話就是證據：

帝曰：六氣應五行之變何如？

岐伯曰：位有終始，氣有初中，上下不同，求之亦異也。

帝曰：求之奈何？

岐伯曰：天氣始於甲，地氣始於子，子甲相合，名曰歲立，謹候其時，氣可與期。❻

《六微旨大論》所談論的是中國醫學中的「五運六氣」學說。所謂「五運六氣」概括而言，就是將十個「天干」（陰陽五對）與十二地支（陰陽六對）錯綜起來，以陰陽五行的對立統一和相生相剋的「制化」次序所建立的一套時空描述模式，就時間而言，其根本的程序就是「六十」大數的周轉，俗稱「六十花甲」。引文中的黃帝所問的「六氣」乃是「時氣」。按照高士宗的解釋，「六氣」主時，乃以正月朔旦平旦為起始，一氣主六十日，初之氣為厥陰，屬風木；二之氣為少陰，屬君火；三之氣為太陰，屬濕土；四之氣為少陽，屬相火；五之氣為陽明，屬燥金，終之氣為太陽，屬寒水。可見，「六氣」與木火土金水是配合在一起的。這就是「黃帝」為什麼提出「六氣應五行之變」的由來。在「五運六氣」的運轉過程中，天氣是從「甲」開始，地氣是從「子」開始。「子」與「甲」相合也就是陰陽相合，而其根本所在即《周易》「天五、地六」之相合。這裡，所蘊含的依然是「十一」這個十分奧妙的「數」。

由易學「天五、地六」與中國傳統文化的錯綜關係的考察，我們再回頭看看《上清十一大曜燈儀》，就可以比較明朗地發現「十一大曜」所代表的「運氣」思想底蘊。該《燈儀》作者在對「十　大曜」敘說禱祝之辭時往往涉及與「五運六氣」有關的干支名稱，如「皈命北方水德辰星伺晨星君」一節的贊詠辭曰：「嵯峨當丑位，壬癸洞靈君。」為什麼說「當丑位」呢？這是因為古代用十二地支來表示一年的十二個月或者木星圍繞太陽運轉的周期。

天文學的觀察結果顯示，木星的運行是與太陽及月亮相反的，即自西向東運動。為了測試時間的刻度，假定一個相反運動的行星，由東向西運行，這就形成了十二地支的刻度。那個假定行星的神化名稱叫「太歲」，依照不同的時間刻度而有「十二太歲」。古代以十二地支中的「寅」表示木星與太歲相分離的關節點。這樣，也就有正月「建寅」的計算方式。而正月是春天的開始，換一句話來說，就是春天開始於寅；由此反溯，則前一年的十二月就是「丑」，那是最冷的時期。所以，《上清十一大曜燈儀》說「嵯峨當丑位」。為什麼又說「壬癸洞靈君」呢？這是以十天干在一方中的表示。十天干分納於四面八方，壬癸就在北方，所以，北方的伺晨星君才有「壬癸洞靈君」的別稱。在易學上，北方是坎卦之位，於五行為水，而壬癸乃是水德的另一種符號代碼。在這裡，易學中的陰陽五行理論、術數學中的「運氣」模式與天文星象符號已會通起來了。

假如從數碼符號與卦象的互相轉換角度再作進一步探究，還可以發掘出《上清十一大曜燈儀》有關「十一」的神奇數字尚有更深的意義。易學的「四營」之數七八九六，以「六」為老陰，所應者坤，坤土本是居中，而易學河圖之中數為五，故坤土在中乃五六相合，雖然處「虛」而有羅絡始終、旺於四季之妙用。關於這一點，我們從「中央土

五行	木	火	土	金	水
五方	東	南	中	西	北
天地之數	天三、地八	地二、天七	虛五與十	地四、天九	天一、地六
天干	甲乙	丙丁	戊己	庚辛	壬癸

德地候鎮星真君諸靈官」的祭禱與贊詠辭裡就可以窺見其一二。其辭曰：

> 高穹符戊己，藏陸起重霄。五行尊暗曜，九土見光朝。甘石❼推留伏❽，陶巫算沈寥。上仙垂雨露，伏地禮空遙。❾

「高穹」又稱「穹蒼」，就是蒼天的意思。因為此《燈儀》是專為祭禱「十一大曜」而設，「大曜」本在天上，所以有「高穹」之稱。文中「戊己」是居中的天干，象徵土位。這個「中土」在中國古代的易學理論裡本是很受看重又很神秘的場所。宋代俞琰說：

> 《易》曰：天一、地二、天三、地四、天五、地六、天七、地八、天九、地十。乃五行生成數也。子華子云：天地之大數莫過乎五，莫中乎五。蓋五為土數，位居中央，合北方水一則成六，合南方火二則成七，合東方木三則成八，合西方金四則成九。九者，數之極也。天下之數，至九而止。以九數言之，五居一二三四六七八九之中，實為中數也。數本無十，所謂土之成數十者，乃北方之一、南方之二、東方之三、西方之四聚於中央，輳而成十也。故以中央之五散於四方而成六七八九，則水火木金皆賴土而成。若以四方之一二三四歸於中央而成十，則水火木金皆返本還元而會於土中

也❿。

俞琰這段話實際上是根據易學「河圖」數碼排列而論的，把它化成表格就比較容易明白了：

俞琰指出，《易》中的天一至地十乃是「五行」生成的數碼表示。他引用了子華子的話來進一步說明「中五」的重要地位。大體的意思包括幾個方面：1.在一至九的數裡，「五」是居中的。2.「十」是一、二、三、四匯攏於中央（相加）而成的。3.以中央的「五」同四方的一、二、三、四相加就產生出六、七、八、九。4.因為六、七、八、九是水火木金的成數，而中土「五」數既然又在生成六、七、八、九的過程中起了核心作用，那麼，四方的水火木金也就是依賴土而成了。5.至於一、二、三、四匯攏於中央，則又可以看作是水火木金歸返於中土。這樣一來，中土也就非同小可了。

由於中土五數的重要性，古人即「虛」之而不輕用，以顯示其更大的「妙用」。宋代道士雷思齊《易圖通變》卷一說：「四象無五，八卦無十」。雷思齊所講的「四象」當然是太陰、太陽、少陰、少陽，其數為七八九六，所以說「無五」；而八卦之數一、二、三、四、六、七、八、九，所以說「無十」。

朱熹在談論河圖與洛書之數時也說：「河圖自天一至地十，積數凡五十有五，而其五十者，皆因五而後得，故五虛中，若無所為，而實乃五十之所以為五十也。洛書自一五行至九，五福積數凡四十有五，而其四十者，亦皆因五而後得，故五亦虛中，若無所為，而實乃四十之所以為四十也。」[11]在朱熹看來，不論是河圖還是洛書，「五」都是處中虛而「無為」的。所謂「虛」並非絕對的不存在，而「無為」也不是絕對的無所作為，而只是不亂為而已。

以「虛中」的立場審視一下上引《上清十一大曜燈儀》的祭禱頌詞就會發現某些奧秘。為什麼說「藏陸起重霄」呢？「陸」與「六」可以對轉。「藏陸」就是「藏六」。地六與天五相合於「中」，因中虛而藏；但這種「藏」並不是絕對化為「烏有」，表面看來是虛而不存，但實際上它又在顯示其無窮妙用，「起重霄」一個「起」字就有露崢嶸的意蘊。再說「五行尊暗曜」一句的「暗曜」為什麼以「暗」字來形容呢？這是因為居「中虛」，而虛就是「暗」；儘管如此，這個「暗曜」卻比那些明曜更為重要，所以在五行之中它是備受尊崇的，「尊」字的用意即在於此。

從卦象來看，《上清十一大曜燈儀》所「尊」的暗曜就是「坤」。因為坤卦代表老陰之數六，居中則與五合。「坤厚載物，德合無疆」[12]，因此受到景仰。這從其敘說功德之辭裡可以得到進一步之佐證：「臣聞位正中央，時當長夏。仁義禮智主乎信，斯有望於成功；視聽言貌正於心，乃不入於他道。茂著黃帝之德，是為天子之星。」[13]意思是：臣下聽說，地候鎮星的位置恰在正中央，相匹配的時間是一年中的「長夏」[14]。仁義禮智這四種品行必須依靠「信」德來保證，只有這樣，才能夠在謀事過程中獲得成功；視聽言貌必須建立在正心的基礎上，才能合乎自然的禮節，不至於誤入歧途。偉大的地候鎮星，光顯黃帝的德行，這是象徵天子的星宿啊！可以看出，這段敘說功德之辭所貫穿的一個基本精神就是「中正」，它符合易學「崇土尚黃」理趣。所謂「位正中央」即是以坤土居中為基礎而言的，與之匹配的「五常」（仁義禮智信）是「信」，而所謂「黃帝之德」則更直接地顯示了對居中黃土的崇尚。這一切都是因「天五、地六」而來的。《上清十一大曜燈儀》雖然篇幅不長，但稽考起來卻也可以發掘出許多有趣的易學象數符號密碼。

(三)「五斗星君燈儀」的易學象數義旨

道教繼承了上古星宿崇拜的宗教傳統，尤其是東西南北中五方星斗更受到神化，並且配上了相應的崇拜儀式。五斗星君燈儀正是此等崇拜儀式的具體表現。考諸《道藏》，有關五方星斗的典籍為數不少，其中有一部分屬於燈儀實施操作的文獻。稍加考察也可以體會到這些文獻所具有的易學卦象符號理趣。尤其是南斗、北斗燈儀更是如此。例如《南斗延壽燈儀》所述：

臣聞：天賦群靈均有自然之命，人懷大本，咸歸皇極之中。養之者，福謝尤生；敗之者，禍因自起。永惟宰制，實在司存。倘有祈禳，宜修誠懇。今辰，某洗心滌慮，養氣存神，夙懷慕道之心，仰畏在天之像，謹依科式，建立星壇，備香花燈燭之儀，歸命明德宮大聖南斗天府司命上相鎮國真君。伏願天誘其衷，咸迪綿長之道，物蒙其澤，悉無短折之凶。⑮

燈儀作者這樣向南斗星君敘說心儀：在下我聽說，上天賦予芸芸眾生形體，都具備了自然的命數；人緬懷天地的根本，最終都歸到了「皇極」的中央。能夠以「皇極」為根基來保養性命，那就可以使福祥增進；倘若使皇極衰敗，禍亂就從自己的身上發生了。所以，應該使自己的行為永遠符合於皇極所昭示的軌跡，這一切就在天地司化之中續存。假如舉行祈禳祭禱儀式，應該先修養誠懇的心靈。今日，我洗滌心思，蕩除紛擾的念頭，畜養精氣，存思元神，一向懷著仰慕大道的誠心，敬畏上蒼所垂顯的兆象，謹慎地依照傳統的科儀法式，設立祭拜星君的神壇，準備了香花燈燭，一一陳列在科儀壇場裡，謹把自己的性命歸依明德宮大聖南斗天府司命上相鎮國真君。但願上蒼能夠為我的一片衷心所感動，使延生的運程得以增進，百物蒙受恩澤，都沒有短命夭折的凶事發生。

《南斗延壽燈儀》這一段禱祝辭所出現的「皇極之中」很值得考究。雖然僅四個字，但其內容卻相當豐富。為了顯露其易學象數理趣，有必要闡述一下「皇極」的問題。

「皇極」之稱首見於《尚書・洪範》：「五、皇極，皇建有其極。」《晉書・武帝紀》：「地平天成，萬邦以義，應受上帝之命，協皇極之中。」這個「皇極」指的是帝王統治的準則；另外，又指帝王之位或皇室。不論情況如何，「皇極」一詞的使用是相當早的。很可能魏晉以前所指的「皇極」與易學關於卦爻象數的「九五」之中有一定的關係，但那時尚未形成一套系統的理論；只是到了宋代，在道家學說與儒家思想融合的大趨勢下才出現了以「中」為核心概念的易學象數流派。這個「皇極」易學象數流派是由邵雍建立的。

邵雍，字堯夫，范陽人。《宋史・道學傳》載，雍年三十，遊河南，葬其親伊水上，遂為河南人。邵雍少時，「自雄其才，慷慨欲樹功名，於書無所不讀。始為學，即堅苦刻厲，寒不爐暑不扇，夜不就席者數年。」邵雍受業於北海李之才。《宋史》卷四二七記載了其學習經歷，頗與易學有關，如：「北海李之才攝共城令，聞雍好學，嘗造其廬，謂曰：子亦聞物理性命之學乎？雍對曰：幸受教。乃事之才，受河圖、洛書、伏羲八卦、六十四卦圖像。之才之傳，遠有端緒，而雍探賾索隱，妙悟神契，洞徹蘊奧，汪洋浩博，多其所自得者。及其學益老德益邵，玩心高明，以觀乎天地之運化，陰陽之消長，遠而古今世變，微而走飛草木之性情，深造曲暢，庶幾所謂不惑。」綜合諸家記載，可知邵雍是一個勤奮好學的人，他拜李之才為老師，對易學中的「河圖」「洛書」以及其它許多易圖都有所傳授，他探索易學隱微的道理，好像與神明溝通一樣，通曉易學的奧妙神韻，學識廣博，很有心得，他的學問越老越有名聲，把玩易學象數圖式的心靈高超而明亮，觀察天地運轉變化、陰陽的生長，以致社會古往今來的變遷、飛蟲走獸草木的種種情狀，都能夠探研其妙理，達到真知不受迷惑的境地。這就是古文獻之中所顯示的邵雍其人的學問人品行狀。

不論文獻所描述的邵雍是一個什麼人，他精通易學並且創立了「皇極」的易學象數模式則是可以肯定的。宋代以來的許多目錄學著作都記載邵雍作有《皇極經世》。

邵雍筆下的「皇極」是什麼東西呢？他的兒子邵伯溫作了解釋：「至大之謂皇，至中之謂極，至正之謂經，至變之謂世。」照此看來，所謂「皇極經世」就是講「大」「中」「正」「變」道理的。換一句話來說，這是作者根據伏羲氏所立的至高法則來觀察和推測宇宙萬物，尤其是人類社會變化規律以「御世」（駕馭管理社會）的一部專書。《皇極經世》內容廣泛，其中相當重要的組成部分就是探究「先天學」。所謂「先天」具有本始的意義。作為一個易學概念，這並非始於邵雍，早在《十翼》當中便已見諸文字。《易・乾卦》之《文言》說：「夫『大人』者，與天地合其德，與日月合其明，與四時合其序，與鬼神合其吉凶。先天而天弗違，後天而奉天時。」意思是說，具有廣博學問並且品德高尚的大人，其行動遵循天地運轉的規律。他的德操如天地一樣覆載萬物，他的聖明像日月一樣普照大地，他治理社會依照春夏秋冬四時變化的法度，他顯示吉凶就像鬼神那樣奧妙；他先於天象而行動，天不會違背他；即便是後於天象而處事也能夠遵奉天時的流遷變化規律。

《文言》所稱「先天」是指先天之象，它告訴人們，在自然界尚未出現變化跡象時就得預先採取措施。邵雍正是在這個基礎上探究先天學後天學的。並把這些東西納入他的「皇極」理論之中。在邵雍看來，先天之學是以「數」為其根本的，所以他的學說又直稱為「數學」。與邵雍同時的道學家程顥曾經風趣地說：「堯夫（邵雍）欲傳數學與某兄弟，某兄弟那得功夫，要學須是二十年功夫。」⑯可見，邵雍以數為推導方式的「皇極經世先天學」是相當複雜的。不過，其符號模式則基本上來自易學。

邵雍的《皇極經世》分內外篇，《內篇》是他自著，《外篇》是他的弟子記錄其言論而成。該書由《周易》六十四卦的推演，說明天地萬物產生之前便已存在的先天圖式，以為天地萬物的化生都遵循這個先天圖式。邵雍這一套理論雖然包容許多神秘性的東西，但卻又提供了一個解釋天地自然、社會人事的包羅萬象的符號模式，開闢了思維的新空間。因此，在後來的象數易學中具有很大的影響。《南斗延壽燈儀》所言「咸歸皇極之中」正留下了邵雍這種象數易學影響的蹤跡。所云「仰畏在天之像，謹依科式，建立星壇」，即遵循著《皇極經世》當中那種推天道以明人事的理則。

(四)「三官燈儀」的象數易學理趣

所謂「三官」燈儀乃是祭禱天地水三官的一種儀式。今《道藏》中有《三官燈儀》一篇，雖然篇幅很短，但卻演述完整。開篇即有多處涉及易學象數原理。茲引述一段，再來作稽考：

伏聞玄元妙道，運一炁而肇乾坤；清濁殊分，備三才而明日月。顯晦分於晝夜，寒暑布於四時。人本沖和，為萬類之最靈；性本清虛，因五行而受賦。列尊卑於貴賤，應罪福於因緣。是以三官考校，賞功過於無私；五帝紀明，著衍非而有在。切以人生下境，命繫上天。星辰運轉，值流逆而照臨；運限推遷，遇刑克而沖並。⓱

作者這段話告訴人們：我恭敬地聽說，原初的玄妙大道，運轉一點靈氣而開發了天地乾坤；輕清之氣上升成為天，重濁之氣下降成為地，天地清濁分別，人居其中，這就是「三才」的位置。有了「三才」方顯示出日月明亮的輝光。有明有暗，這才區別了晝夜；有寒有暑，這才流轉出四時；人類本來是居於中和狀態的，是宇宙萬物之中最有靈性的。人性本來是清虛的，因為有了金木水火土才顯示彼此稟賦的不同。設立尊卑以表示富貴與下賤的等級，對應功過禍福而知曉因果緣分之來歷。所以，天地水三官考核校對，賞功罰過做到沒有私心；東西南北中五方之帝記錄表明，使種種是非都歷歷在目。切切記住，人雖然生在下土，但其命根卻由上天所控制。斗轉星移，各星宿之神明輪流值班，而照耀下界，運程命限在推移變化，會遇到刑沖化合。

此處所引《三官燈儀》的一段話與易學有關者主要在三個方面。首先是它與道教中的許多著述一樣，採擷了《周易》中的種種術語，如「三才」「乾坤」等等。

其次，《三官燈儀》字裡行間蘊含著漢代以來象數易學經常使用的符號結構體式。從某種意義上說，漢代的象數學實際上是《周易》與律曆說相結合的產物。所謂「律」

本是用竹管或金屬管作成的定音及候氣的一種儀器。古有「律呂」之稱，分陰分陽，合為十二律。而「曆」就是推算日月星辰運行以定歲時的一種方法。《易・革卦》：「君子以治曆明時。」漢代的孟喜以律呂會通易道。從《新唐書》所載僧一行《卦議》所引孟喜之言可知當時卦象節氣與律曆相結合的大體情形。孟喜把坎震離兌稱作「四正卦」，並且將之與二十四節氣配給起來。在四正卦中，每一個卦分別主管一年二十四節氣中的某一段。如坎卦主冬天，其節氣從冬至到驚蟄；震卦主春天，其節氣從春分到芒種；離卦主夏天，節氣從夏至到白露，兌卦主秋天，節氣從秋分到大雪；再以四正卦的每一爻主一節氣，二十四個爻分主二十四節氣。焦延壽、京房對孟喜的一套象數易學加以發展，使得卦爻與時節之配合更加細分化了。《漢書・京房傳》等記載，京房的老師焦延壽，著《易林》，擅長陰陽災變之說，分六十四卦，「值日用事，以風雨寒溫為候，各有占驗」。據說京房對這一套也頗為精通，把分卦值日之法弄得更為細密。按照這種法度，則「一爻主一日，六十四卦為三百六十日，餘四卦震、離、兌、坎，為方伯監司之官。所以用震、離、兌、坎者，是二至、二分用事之日，又是四時各專王之氣。各卦主時，其占法各以其日觀其善惡也。」⑱這種配合方法是把《周易》六十四卦扣除震、離、兌、坎，剩下六十卦，每卦六爻，每爻代表一日，計有三百六十日。再將所扣除的四卦作為「方伯」⑲監司的所謂「官員」，代表春分、秋分、夏至、冬至，這四正卦雖然沒有與其它六十卦放在一起，但實際上擔當了更為重要的符號功能。

焦延壽與京房對象數易學的這種發展，不僅使得占卜本身更具有「數學」的描述特色，而且使得整個易學與天象、時間運程結合得更為緊密了。由此所逐步完善的易學符號學在後來的宗教活動、政治活動、農事活動等方面都產生了不可低估的影響。《三官燈儀》所說的「顯晦分於晝夜，寒暑布於四時」，實際上就是孟喜、焦延壽、京房以來所廣泛使用的卦氣流行法門。

復次，《三官燈儀》也涉及到易學的生命旅程預測術數。中國古人從「天人合一」的立場出發，認為人的一生有各自展開的運程，這種運程與天象是有關係的，甚至可以說是相對應的。這就是所謂「人生下境，命繫上天」。既然是這樣，那就可以由星辰運轉的時間測量以推算人的一生的興衰吉凶。這種形式自漢代以來也是納入象數易學的符號描摹大體系之中的。《三官燈儀》所謂「星辰運轉，值流逆而照臨」，是以北極星為恆定中心來推究天上二十八星宿運轉情形。漢代以來的易學著重星宿與卦象的對應，而生命旅程預測之學也採納了這種配合法度。《三官燈儀》雖然並非是在為人推定生命流程，但卻涵攝了此等內容。

另外，還值得再分析一下的是《三官燈儀》所說「運限推遷，遇刑克而沖並」一句。這反映的乃是生命旅程預測學說上的刑沖害化合術。生命旅程預測學說根據《易經》的陰陽原理推究天干、地支之間的刑沖害化合。所謂「刑」簡單講就是彼此妨礙、互不相和。根據宋代以前的命數推測，十二地支共有「三刑」，即子午卯刑、寅巳申刑、丑未戌刑。這就是說，一個人的「八字」如果碰到上面三種情況，那就代表著某種凶的信息。

所謂「沖」就是天干與地支在陰陽性質上的相沖。就天干相沖而言，有甲庚、乙辛、壬丙、癸丁四種情況。按照方位之排列，東方為甲乙、西方為庚辛，東西對沖，因此作為東西方位符號代碼的兩組天干有相沖的關係；再從南北關係看，北方為壬癸、南方為丙丁，南北對沖，因此，作為南北方位符號代碼的兩組天干照樣也相沖。當然，四組天干相沖的原因還在於它們在陰陽性質上的區別。甲庚屬於陽，乙辛屬於陰；壬丙屬於陽，癸丁屬於陰。同性相排斥，所以也就「沖」起來了。再看十二地支也有相沖的情形，這就是子午相沖、丑未相沖、寅申相沖、卯酉相沖、辰戌相沖、巳亥相沖。地支的相沖，有其方位學的依據，它們在方位排列上乃是兩兩相對，迎面而來，這當然是「沖」了。從性質上看，「沖」表現為相剋，即陽剋陽，陰剋陰。這樣，講「沖」的問題必然就涉及「剋」了。

與「剋」有一定關係的是「害」，那也有六種情況。即子未相害、丑午相害、寅巳相害、卯辰相害、申亥相害、酉戌相害。這個「害」又名「穿」，也就是彼此互相損害的意思。地支上的「相害」象徵客觀事物相遇而損的情形。但是，事物往往是相反相成的，有「損」就有「益」，有「剋」就有「化合」。所謂「合」就是和諧。表現在天干上，有五合，即甲己化土而合，乙庚化金而合，丙辛化水而合，丁壬化木而合，戊癸化火而合。合是以衝突的化解為條件的。

我們知道，天干與方位、五行本來也是可以互相轉換的，也就是說，它們彼此可以成為轉換的符號代碼。例如，甲乙是東方的符號代碼，也是「木」的符號代碼；庚辛是西方的符號代碼，也是「金」的符號代碼。就五行來說，「金」是剋「木」的。但「金」的符號代碼「庚辛」一陰一陽，「木」的符號代碼甲乙也一陰一陽，這就存在著「化解」的可能性。就甲乙來說，「甲」是陽，乙是陰；就庚辛來說，庚是陽，辛是陰。就像人類一樣，同血緣者不可婚配，必須尋求外來者。這樣，甲的家族就可以把他的妹妹「乙」嫁給本來相剋的庚家族，作「庚」的妻子，於是相剋就變成相合了。這種相合可以有不同的解釋，或者說可以使用不同的符號代碼。

《三官燈儀》把「相合」稱作「並」，即比肩並存，這是力圖有所助益，使不利因素化解成有利因素。這種情況在十二地支中也是存在的。其基本情況有兩類，一是「六合」，另一「三合」。六合指的是：子丑合土，寅亥合木，卯戌合火，辰酉合金，巳申合水，午未為太陽、太陰。「三合」指的是：申子辰合水，亥卯未合木，寅午戌合火，巳酉丑合金。不論是相沖、相剋、相合，其體系賴以建構的基石就是陰陽五行，而陰陽五行恰是易學之根本。

陰陽五行的配比往往與日月星辰之運程相聯繫，所以，《周易・繫辭上》說：「法象莫大乎天地，變涌莫大乎四時，懸象著明莫大乎日月。」在古代的易學術數法門當中，每一個卦都可以配上五行，具體地說，就是將每一卦的六爻由下而上地匹配五行，並且同天干地支相對轉，而這種對轉又可以從天體的變化之中找到直觀的象徵符號。因此，古人有時又依照日月星辰的運轉來推斷社會人事的情形，雖然這種推斷常常是牽強附會的，但卻體現了一種依象連類的符號表達觀念，並且深深地影響於古人生活的諸多方面。可以說，道門中人在這個領域有其獨特的建樹，在早期的經典《太平經》以及《周易參同契》當中，已經有根據日月星辰的運行軌跡來判斷社會變遷的許多事例。

《三官燈儀》所謂「運限推遷」就是根據星象與易學數理來推測事物走向。所謂「限」是一種「時空刻度」，一方面日月星辰運轉必然顯示出春夏秋冬的四季變化和晝夜的交替，「限」是時間變化的關節點；另一方面，日月星辰的「推遷」本身又是一種空間運動，「限」同時是這種空間運動的刻度。不過，應該看到的是，《三官燈儀》並不是簡單地談論日月星辰的推遷，也不是單純地要了解「推遷」的情況，而是力圖透過天象變化來為人事活動提供某種參照。從「感應」的易學原理出發，《三官燈儀》設立天地水三官的儀式，目的是想以這種儀式程序來聯結物我天人。

從這個意義上說，「三官」神稱是「元符號」，而「燈儀」則是力圖引動元符號信息的傳遞符號。儘管從現代人的目光看來，這種儀式的進行頗顯神秘，命相沖剋的說法也多有牽強附會之處，其糟粕性內容顯然是應該加以批判的；但背後所貫注的易學象徵思想，卻也反映了古人對於人與天地萬物關係的注意。

(五)「土司燈儀」的九宮八卦模式與干支象數內容

在道教科儀當中，「土司燈儀」也很有特色。整個土司燈儀的操作所貫注的易學思想是很豐富的。如果我們將土司燈儀與上述三官燈儀相比較的話，那將會發現，土司燈儀對易學象數的融攝更為明顯。

在道教中，「土司」並不是元明清時期統治者分封境內各少數民族首領的世襲官職，而是司掌土地的「神稱」。道教認為天地之間四面八方各有神明掌管。就連每個人所居住的室宅也有管理的神明。「土司」簡單講就是司土之神。因為「神」在道門中人看來是無形的，它處在什麼位置，人們是不可能用肉眼看出來的，所以，在動土施工的時候難免要「侵犯」到神明的安身之處，或者擾亂了它的安寧。在這種情況下，據說神明是不高興的，甚至要發怒，從而對施工者進行某種懲罰。這種觀念在《土司燈儀》中就有所表現。該書在開頭一段就說：

> 凡居造作，致犯方隅。賴其教有金科，經存玉軸。昧之者，災興吉散；修之者，禍滅福生。以今某人爰於住舍，造作不時，動土役工，實有誤干於禁忌，培基闢址，寧無冒犯於天星。謹擇良辰，恭修淨供。經開雲篆，祈積釁以潛消；科演琅函，迎眾真之來格。[20]

作者指出，凡居住室宅是由造作而來，建造房屋，多多少少會觸犯四方以至邊陲的神威。可以仰賴的是，處理好這種人神關係有寶貴的金科儀式，關於這種儀式的經典就保存在玉器裝載的經軸裡邊。愚昧不知道使用的人，災害就要興起，而吉利的事情就要散失；懂得修持這種儀式的人，就可以去掉禍難迎來福祉。今日某人（按，儀式舉行時，「某」字就由具體的名稱所代替）興建房屋室宅，恐怕造作不合於時宜，破土動工，違背干擾了神明的禁忌，培植土基，開闢舍址，希望不會冒犯天上星宿之神。所以，認真地選擇了吉日良辰，恭敬地擺上潔淨的供品。開啟雲芨經卷，祈禱神明讓我以往所積壓的業障悄悄消失；因此，我按照仙家上品經教來演繹科儀，盛情迎接各路神仙降臨齋壇。

有趣的是，土司燈儀所要「迎接」的神明不僅有居處於室宅方隅的，還有居處於「天星」的，而主管者似乎還是天星之神，所以燈儀供奉的主要是星君。具體說，就是「九方星君」。要迎接九方星君，乃需遵照九宮八卦原理舉行儀式。這樣，才能發生感應。在《土司燈儀》中，每一方的星君都配上了卦象，因此，在儀式上每一宮卦成為燈儀的一個方陣。從符號學的立場看，每一個方陣就是一個符號單元。九方星君與九宮八卦相配，組成完整的神明稱號，它們分別是：東方震宮大聖三綠星君、東南方巽宮四碧星君、南方離宮九紫星君、西南方坤宮二黑星君、西方兌宮大聖七赤星君、西北方乾宮大聖六白星君、北方坎宮大聖一白星君、東北方艮宮大聖八白星君、中宮大聖五黃星君。在儀式操作過程中，九方星君之所以與九宮八卦相配合，在儀式造作者看來，還有一番不淺的道理。試看「三綠星君」燈儀的說辭：

伏聞震乃三陽之首，位居四序之端。在八卦以為先，處六甲以為長。能甲能拆，令庶物之蕃鮮；以懼以兢，使兆民而修省。資與造化，垂象發生。凡有修營，慮多觸犯。以今某人備嚴醮典，首謝真靈。㉑

這段話大體是講：我恭謹地聽說，震卦乃是三個基本陽卦的首卦，它的位置處於春夏秋冬四序的開端。在八卦當中它居先，配上六十甲子它居長。能萌發破符，激發萬物滋生繁衍；因震響恐懼，促使百姓警惕省悟。它資助事物的興旺化育，顯示兆象指示事物發生的軌跡。大凡修建營作之人，都必須考慮是否觸犯震卦大聖三綠星君的事。所以，今天我等恭謹依照經典規範舉辦醮儀，首先答謝星君贊助、保佑的大德。

在營建造作實施中，本來應該考慮地上具有直接關係的神明才對，可是《土司燈儀》卻是祭禱於九方星君，並且從震宮開始。這遵循的實際上還是那種天地對應的原則。為什麼從震宮開始？《土司燈儀》在行文中作了說明，原因所在是震卦乃是「三陽之首」。其理出於《周易．說卦》：「乾，天也，故稱乎父；坤，地也，故稱乎母；震一索而得男，故謂之長男；巽一索而得女，故謂之長女；坎再索而得男，故謂之中男；離再索而得女，故謂之中女；艮三索而得男，故謂之少男；兌三索而得女，故謂之少女。」《說卦》闡述了八卦建立的一般原理。在易學中，乾卦與坤卦是父母卦，其餘六卦是子女卦。除了乾坤兩卦之外，還有六卦，這六卦可以看作是六個子女，其中有三個男孩，三個女孩。這三男、三女是由於乾坤父母陰陽互相求合而得。文中的所謂「索」就是「求」的意思。《說卦》講：乾卦是天的象徵，所以稱作父；坤卦是地的象徵，所以稱作母。父母陰陽互求，陽求合於陰得男，陰求合於陽得女。震卦是初次求合所得的男性，所以叫做長男；巽卦是初次求合所得的女性，所以叫做長女；坎卦是再次求合所得的男性，所以叫做中男；離卦是再次求合所得的女性，所以叫做中女；艮卦是三次求合所得的男性，所以叫做少男；兌卦是三次求合所得的女性，所以叫做少女。從卦爻位置來看，三男、三女的稱呼也有它的內在原則，依據由下而上的易學卦位規則，震卦一陽爻居初，故為長；坎卦一陽爻居二，故為中；艮卦一陽爻居上，故為少。巽卦一陰爻居初，故為長；離卦一陰爻居二，故為中；兌卦一陰爻居上，故為少。震卦與巽卦都是長，以陽為先，所以主震宮而為祭祀。應該說明的是，《土司燈儀》所講的「三陽之首」只是就乾坤所生「六子」而言，不包括乾坤大父母在內。

在乾坤六子之中，其排列順序是按照爻位陰陽先後而定的，但在具體的儀式操作過程中又是按照方位輪轉而展開的。由正東開始，依順時針轉動的方向，而東南、南、西南、西、西北、北、東北，最後是中央。這就是說，其順序是先四方、四隅，後是中。如果以四方、四隅為外，那麼「中」就是「內」。因此，其卦位的輪轉是由外而內，由陽而陰。這種儀式的安排體現了自然方位周轉的次序。當然，這種次序的確立，只是便

於系列的展開　在確定次序之後，《土司燈儀》作者又根據每方卦位所稟賦的德行來擬定頌辭。例如對於「東北方艮宮大聖八白星君」：

伏以成終成始，潛施造化之功；時止時行，密顯歸藏之用。司權否泰，主掌興衰；位次三陽，宮居八白。工既興於土木，咎恐犯於方隅。實慮過衍，用祈禳謝。㉒

頌辭以飽含贊美的情感說，萬物有開始有終了，這種周而復始的運作，是由於大聖八白星君，在暗中施行了造化的功德；停止或行動，一切運作為什麼那樣的有序，就在於星君秘密地釋放了歸總收藏的妙用。控制通閉之門，主管興衰變化；位序是乾坤六子中的第三男，也就是少男，宮殿乃是八數之白。今日開工動土，我恐怕會觸犯四方四隅的神明，實在擔憂有造成過錯的地方，所以根據法典舉行祈禳儀式，答謝神明的保佑。

《土司燈儀》對「八白星君」的頌辭以「成終成始」作為起頭，這是以九宮八卦方位的作用為根由的。後天八卦方位，即九宮八卦方位，除了中宮總主八方之外，其它八宮乃以艮宮為終結。根據周而復始的事物運行法則，終了同時也意味著事物新的開始，這就是「成終成始」的意蘊所在。既然有終有始，就有造作，而這種自然的造作，平常人是難於體會出來的，因此以「潛施」二字來形容。至於「時止時行」則是《艮卦》卦爻辭本有的意義。艮卦本初的象徵底蘊乃在一個「止」字。其本體物象是山，而「山」即意味著「停止」。因為一座大山矗立跟前，一時進發不得，當然就應該停止前進的腳步了。但這也不是表示永遠「停止」。因為由三畫的經卦相重而成六畫的別卦，艮卦也就意味著兩座山相重。「山」上疊「山」，這就是「出」，而「出」就有行動。可見，「止」不是孤立存在的，它是與「行」相對待的，有止就有行，有行亦有止。㉓

㈥「三籙齋儀」對易學卦象方位學的應用

在道教科儀傳統上有「三籙七品」之說，它們與易學象數也是有關係的。所謂「三籙」是指金籙、玉籙、黃籙。「七品」指的是三皇齋、自然齋、上清齋、指教齋、塗炭齋、明真齋和三元齋。這裡側重推究「三籙齋儀」的易學象數蘊含。

「金籙齋」屬道教大型的齋醮科儀之一。它的服務對象是帝王一級的人物。因其規格最高，故以「金」標榜之，示其貴重。金籙齋的宗旨是為帝王祈禱風調雨順、國泰民安。有關它的功能，歷代道教學者多有論述。《洞玄靈寶五感文》以為金籙齋在於「調和陰陽，救度國王」。在古人的心目中，天體星象之失序、社會制度的紊亂，歸根結底是因為陰陽失調，人類陰陽不調，感應於天體，從而天體也發生了陰陽亂位的徵象。這種徵象或表現為流星飛逝、山川崩裂，或表現為地震蝗災、山洪暴發等等。當此類現象不斷發生時就應及時舉行金籙齋科儀，以禳解之。「玉籙齋」也是大型道教齋醮科儀之一。其服務對象是帝王眷屬、大臣將相。按照古代的陰陽觀，天與地相對應，皇帝與皇後相應。有天必有地，有君必有臣，有皇帝必有皇后。同時，天地陰陽與人類社會的陰陽又是相感通的。因此，當天地陰陽失序發生災難時，就可以通過相應的方式來禳解。

如果亂在陽，應由天子出面，舉行金籙齋；如果亂在陰，則應以皇后的名義舉行玉籙齋。由於大臣將相也屬於陰的系列，玉籙齋的服務對象自然也就延伸到臣相的等級。所以，大臣將相囑托道門舉行玉籙齋就有了合理根據。至於「黃籙齋」乃是一種度亡禳解科儀。所謂「度亡」就是濟度孤魂亡魂，而禳解則是調理自然陰陽之失序。從功用上看，黃籙齋的側重點是用以超度亡靈，俗稱之為「度亡道場」。這種科儀之所以有「黃籙」之稱，是因為「黃」乃是地之本色，地為眾陰之首，孤魂亡魂入於陰世，故以「黃」為象徵。而「籙」在這裡可當作「簿記」解，只是這種簿記是專門用於鬼魂，為之上名錄。黃籙齋雖然主要是因度亡而設，但其使用卻不限於此。「三籙齋」作為一種以神學信仰為基礎的儀式，自然包含了很濃厚的鬼魂迷信色彩。從科學角度看，這當然沒有什麼值得張揚的東西。但是，假如從符號心理的發掘以及民俗文化的立場加以觀察，那就會看出其中也反映了民族文化在發展與流行過程中的縱橫交錯關係，而這種關係又是以易學的象數為其構造模式的。所以，就觀察歷史與文化脈絡的意義上看，我們也有必要加以推究，以便對整個民族的語言符號思維有一個比較確切的把握。

「三籙齋」的典籍相當不少，這裡謹擇其要者略加分析。首先，我們來看看「金籙齋」。《道藏》中有《金籙齋啟壇儀》一卷，題廣成先聖杜光庭集。這部書篇幅不長，主要是陳述壇場設立的法度。依據杜光庭的介紹，金籙齋分外、中、內三壇場。外壇廣四丈五尺，高二尺；中壇廣三丈三尺，高二尺；內壇廣二丈四尺，高二尺。都壇開十門，用長纂十二枚，短纂八枚。這些數字很值得注意，一個比較明顯的跡象是三壇之設與易學的天地人三對應有關。至於都壇所用纂子，根據明確標明的名稱，也可看出易學象數思想的滲透。如短纂八枚號之「八卦纂」。這八枚八卦纂別於壇外四角、四正之位。這合起來即是八卦方位。因此，可以認定，金纂齋壇場之設立乃是以九宮八卦為其定位標準的。另有所謂「八卦榜」依照八宮之次序，別以不同顏色，分置八宮方位。

「金纂齋」的舉行除了和其它儀式一樣需要設立壇場之外，還需要確定職司、啟蒙、立戒，且依早朝、午朝格式展開。在操作過程中，行儀是其重要內容。從動作形態上看，行儀就是表示對已經發生的陰陽失序承擔起責任，且祈禱神明對其亂象加以調整。反映這種儀式操作的文獻主要有《金纂齋儀方儀》。從這部科儀文獻可以看出，其儀式乃是依照方位次序來進行的。換一句話來說，這就是根據壇場之設立依方而禮贊神明。考其禮贊言辭，可知該等儀式不僅對八方神明虔誠祭禱，而且也遵照九宮八卦的結構來安排次序。例如對於北方：

臣等伏聞：鎮岳標奇，據陰方而作固；玄丘聳翠，當北陸以居尊。生一氣以含元，分三才而會道。仰扶天度，上保宸居。爰司罪福之門，以顯幽明之位。今謹有皇帝，齋持法信，虔設道場，披露真文，奉修齋直，歸命北方無極太上靈寶天尊、五氣天君、北鄉神仙諸靈官。㉔

《金纂齋儀方儀》以主持者的口吻陳述：我等臣下恭謹聽聞，天尊鎮守靈岳，標識奇蹟，謹據陰偶之方位而鞏固真氣；玄妙丘麓一派翠綠，因在北面陸地所以享有尊位。滋生一氣而蘊含本元，分化天地人三才而通滙大道。仰望上端扶持天上星辰的度數，保護紫微大帝居處宮闕。把守罪福的門檻，故而顯示了晦暗與明亮的位序。今日有皇帝前來修齋，持守道法靈信，虔誠地設立科儀道場，披露五方正信靈文，奉法修持齋門以達純粹神妙的境地，謹歸依北方無極太上靈寶天尊、五方靈氣各位天君以及北都諸位稟賦真靈的仙官。

《金籙齋懺方儀》這段齋辭雖然並沒有直接言及卦象，但實際上是以其它符號代碼蘊含了卦位數理。其要點有：

(1)關於「生一氣以含元」，這蘊藏著易學洛書九宮信息，其根本所在就是一個坎卦。因為易學的洛書數陣以「一」至「九」的自然數分列於九宮八方，「一」這個數就在正北之方，因此，我們可以把「一」看作是坎卦的符號代碼轉換。蕭吉《五行大義》卷一說：「九宮數，一起自北方。始者坎一、正北，應天之始。始無二故一；北方，五行之始，所以五行在北方，故云陽氣之始。」㉕又說：「天以一生水於北方，君子之位，陽氣微動於黃泉之下，始動無二，天數與陽合而為一，水雖陰物，陽在於內，從陽之始，故水數一也……老子云：天得一以清，地得一以寧。是知皆有一義，唱和同始。」㉖蕭吉這些闡述可以成為《金籙齋懺方儀》的注腳。他講的是關於《易》圖書之學中的「洛書數」與五行方位的配置原理。大體意思是說，北方本是陰方，九宮的數就從北方開始，故而以「一」為起點，而坎卦也配於正北之方。因此，坎卦就是「一」，反過來說，「一」就是坎卦。基於這樣的道理，圖書之學乾脆把「一」與坎卦連稱，謂之「坎一」。從五行學角度看，水在北方，它也表示了五行的開始。考察一下《尚書．洪範》，我們可以看出，五行的排列是以「水」為開頭的，這絕不是偶然的，它表明很早的時候五行劃分即是以方位為前提的。《金篆齋懺方儀》在這一點上與古義是相符合的。因為「生一氣以含元」是在禮贊北方神明時說的，可見「一」即表明它是屬於北方的。在這一句話中「含元」二字尤其具有深意，「元」一方面是表示開始，另一方面則是表示陰中含陽。因為「元」也可以說是「一」的符號轉換，從數碼關係看，作為起始的「元」或者「一」都是奇，而「奇」即屬陽，由於這個「陽」出於北面之陰，所以說「陰中含陽」。蕭吉《五行大義》說此方此時「陽氣微動」是很確切中肯的。

(2)關於「分三才而會道」，亦基於易學河洛九宮數理，是「一義」唱和展開的結果。天地之數，天生地成。天「左旋」，而地「右轉」，於是水木火金土俱備。蕭吉《五行大義》說：「陽動而左長於東方，長則滋繁，滋繁則數增，故木數三也。」㉗又說：「三，木之生數；八，木之成數。五行始於東方，故雲三出；八而成長，故曰八舒。」㉘按照蕭吉的解說，數分陰陽。陽數起於一，一在北方，陽動而左旋，至東方春木而三數具，五行生化萬物，從木開始，因為「木」是春天象徵，位居東方，春生不息，為起始表徵。「三才之道」即蘊含著這種生長的數理。天一、地二、天地合而生三，三則化萬物。所以老子《道德經》有「道生一，一生二，二生三，三生萬物」的說法。這個道理在漢代緯書中多有發揮。如《春秋元命苞》稱，「胎錯舞連，以鈞一。動合於二，故陰陽受；成於三，故日月星序。」㉙可見「三」這個數字非常重要，「天地人謂之三才，是為三者，物生之常數，因而各生三，本三而末九，所以十二，《元命苞》言數成於三，合於三，三月陽極於九，故一時九十日也。」㉚這裡所謂「一時」就是一個季度三個月。按照這個描述，天地人三才即表示事物發生的三大基本要素。三才相參，從而展開了事物發生、成長的時空。聯繫漢代以來有關卦象五行的意義闡釋可知：《金籙齋懺方儀》所謂「分三才而會道」，一方面表示天地人是因陰陽相分而來，另一方面又展示，三才化生而出現的數碼符號鏈條是「大道」運行軌跡的一種描摹。

與「金籙齋」貫注易學數碼意蘊一樣，「黃籙齋」也多兼及卦象數理。這在《太上黃籙齋儀》一書中就有許多例證。該書凡五十八卷，題唐廣成先生杜光庭集。其內容乃是各類黃籙齋儀的匯編，每卷各一題，共五十八種齋儀，廣涉人臣消災、安宅、懺禳疾病、普度幽魂諸事。在依方禮懺懇禱方面，該書所涉卦爻數理與《金籙齋懺方儀》很相類似，但更有卦理的連環意義：

臣等伏聞：艮山聳翠，流坎水之餘波；天宇浮青，肇震木之嘉氣。揚至化於蒼元之境，扇靈風於紫極之庭。仰睿德以發生，佇神功而開度。今謹有黃籙大齋主某乙，上惟家國，爰洎君親，謝過祈恩，建齋行道。謹齋黃紋之繒一匹、金龍一枚，

歸命東北方無極太上靈寶天尊、梵炁天君、東北鄉神仙諸靈官。㉛

這段齋辭意思是，我等臣下恭謹地聽說：艮卦高山蒼翠欲滴，徐徐流出坎水餘波；廣袤天空雲透青天，震卦肇開春嘉旺氣。在蒼元勝境飛揚著本初造化的精微，於紫極廣庭煽起了神妙清涼的和風。仰賴仙睿聖德，萬物因之而發生；謹依神明上功，起造化而度人。今日有舉辦黃籙大齋的主人某乙，為了家庭國家，至於君子親屬，感謝神明消解罪過，祈禱天降浩恩，所以設立齋壇廣行道法。謹慎地奉上黃紋之繒一匹、金龍一枚，歸依身家性命與東北方無極太上靈寶天尊、梵炁天君、東北鄉神仙諸靈官。

從後天八卦方位來看，艮卦位居東北，其本象是山，所以有「艮山」之說。作為一種駢體文，齋辭作者儘可能採用華美的修飾，「聳翠」二字即是出於這種考慮才使用的，這樣做當然可以增加「艮山」的形象性；但是，對於易學象數之理來說，卻未有什麼值得考究的地方；倒是後面所談到的「坎水」與「震木」更需要思索一番。本來，與東北方位相配合的只是艮卦，為什麼又言及「坎卦」與「震卦」呢？這是不是作者畫蛇添足呢？當然不是。假如我們聯繫易學史中的「互體」符號模式來解讀這個現象，就可以比較清楚地明白其意蘊。所謂「互體」乃是古代易學家解釋《周易》卦象的一種方法。這是把一個六畫卦中的第二爻到第四爻、第三爻至第五爻看作內含的兩個經卦。因六畫卦本來就有上下兩個三畫卦，從中再分出「內互」與「外互」，就有四個三畫卦。比如《屯卦》，本有下震、上坎兩經卦，中間又有兩個互卦，上互卦是艮卦，下互卦是坤卦。作為一種卦例，互體之法，在先秦已經有使用的例證。如《左傳・莊公二十二年》載：「陳侯使筮之，遇《觀》之《否》。」釋者謂：「坤，土也；巽，風也；乾，天也。風為天於土上，山也。」對於這段釋辭，有兩個關鍵詞應予首先弄通。一個是「遇」，這表示在占筮時碰上了某個卦；第二個是「之」，這是「變」的意思。「遇《觀》之《否》」是說占筮本卦是《觀》卦，因為爻變，所以《觀》卦變成《否》卦。按照變卦原則，凡陰爻遇六者、陽爻遇九者，都必須變爻，陽變陰，而陰變陽。《觀》卦下為乾而上為巽，初爻至四爻皆變，所以就成了《否》卦。其卦象下坤上乾。釋者所謂「坤，土也」是就《否》卦說的，而「風，巽也」則是就《觀》之上卦說的。至於「乾，天也」則是就《否》卦上卦說的。而「風為天於土上」就是據「互體」之義例而發的。因為《否》卦之六二爻至九四爻下兩爻為陰，上一爻為陽，剛好構成一個「艮卦」，艮的本象是「山」；《否》卦的六三爻至九五爻，下一爻為陰，上兩爻為陽，剛好又構成一個「巽卦」，巽為風，居上屬天，故稱「風為天」；而「於土上」一語是說這是以《否》下卦坤為根基的，互體卦中的艮也以「坤土」為基，山是座落在土上的。由此可見，《左傳》這個卦例對於互體原則的應用是明顯的。互體之法，在漢代頗為盛行，尤其是孟喜、京房一派象數學更是如此。三國時期的虞翻也重視互體。魏晉以來，釋《易》者也多有應用「互體」義例者。唐朝李鼎祚《周易集解》多引漢魏間易家「互體」說，這顯示了「互體」作為一種釋《易》義例影響是巨大的。《金籙齋懺方儀》所涉「坎水」與「震木」正合於「互體」說。再從後天八卦方位看，東北方之艮卦恰好被正北的坎卦與正東的震卦所夾，所以「互體」法又基於八卦方位之理則。

(七)「祭煉科儀」與易學象數理趣

「祭煉」是道門對死者亡魂的一種度化方式。作為一個儀式類別，「祭煉」乃是「祭」與「煉」二者的合成。元代張遜《太極祭煉內法・序》說：「所謂祭者，設飲食以破其饑渴也；所謂煉者，以精神而開其幽暗也。至使淪滯之徒，釋然如冰消凍解以復其本真。」[32]就儀式的成熟形態而言，祭煉出現較晚。陳耀庭先生認為，它產生於北宋末年而流行於南宋[33]；但它的淵源卻頗早。大約出於東晉時期的《靈寶無量度人上品妙經》說：「制魔保舉，度品南宮。死魂受煉，仙化成人。」[34]從這段文辭可以看出，至少在靈寶派之中，已經注意到「煉度」問題，醞釀著煉度儀式的建立。按照靈寶派關於師承的說法，該道派發端於徐來勒、葛玄和鄭隱。所以，張宇初在追溯其來源時言及徐、葛、鄭「三師」，指出「靈寶之要而煉度之簡捷，猶以祭煉事略而功博」[35]。據此可知，道門把祭煉當作「煉度」中的一種，並且以為在漢末三國時期即已流行於世。當然，祭煉的成熟完善，應當是在南宋的事。宋末元初由鄭所南編集的《太極祭煉內法》是目前所見關於「祭煉」科儀中比較有理論內涵的代表作。在這部書裡，就有許多內容涉及易學象數問題。因此，本章將以之為主要文獻來加以考察。

關於《太極祭煉內法》的易學蘊含問題，在其序言中已略有勾勒。張宇初指出：

《易》曰：一陰一陽之謂道。天地之大，萬匯之眾，凡囿於形炁，窒於道器者，莫非陰陽二炁流行而有焉，故原始返終，死生之說，幽明之故，亦莫非流行詘信之著見者也。是故鬼神者，二炁之良能，造化之跡。舉不違乎詘信，動靜而已耳。吾道之謂死魂受煉，生身受度者，豈誣世者哉？蓋以陽煉陰，即以流行之炁煉不昧之神也，則已散之炁必聚，已昧之神必覺。詘者必信；沉者必升矣。是皆理炁之宜然也。[36]

張宇初一開始就引用了《周易・繫辭》來說明祭煉科儀的基本思想理趣。他指出，《易》所謂「一陰一陽」稱之為「道」。這可以從天地宇宙萬物當中得到證實。天地如此的大，事物這樣的多；凡是有形體、有道理器具規範的，都是因為陰陽兩種炁的流行而發生。所以追究本原，探討生死大事、考察晦暗與明亮的道理，也應該從陰陽流行、屈伸的跡象上來獲得見證。因此鬼神這兩樣東西，就是陰陽二炁良好功能的體現，也是造化所顯示的跡象。舉止不違背屈伸規律，其實這個規律只不過動靜而已，因為動靜乃是陰陽的見證。我等道教所說的死者靈魂受到祭煉，有生的身體受到濟度，難道是不實在的欺騙世人的言辭嗎？以陽炁來煉陰魂，其實就是以活生生的流行著的炁來煉那還沒有消失在晦暗之中的魂神而已。這樣一來，已經喪失的靈氣必然再度聚集，已經昏昧的精神必然會有感覺。因為屈曲之後必然會伸展；沉淪之後也必然要上升。因為世間理與炁的作用會使之發生這樣的效應。

必須指出，張宇初是從有神論角度來考慮問題的，但我們從中卻可以發現由易學因襲而來的思考方法，這個思考方法就是因物比類，陰陽應象。張宇初抓住「陰陽」二字實際上就是抓住了易學的精髓，因為易學的所有卦象都出於陰陽。張宇初的概括基本上符合鄭所南《太極祭煉內法》的精神。的確，此書的內核就是圍繞陰陽應象而展開的。

首先，《太極祭煉內法》的名稱即與易道有關。大家知道，《易・繫辭上》有「太極」之說，以為太極是發生的本初，因太極而生發兩儀。本來，太極表示的是陰陽未分的狀態，雖然未分卻包含了陰陽的一切即將展開的信息。到了《太極祭煉內法》，這個太極就化為「太一」了。翻檢其行文，我們可以發現「太一天尊」實為該「祭煉內法」的主體神明。作者力圖由自我內在的存想，與太一天尊進行溝通。根據作者的描述，太一天尊有其文化上的來源。《太極祭煉內法》卷下說：

或問太一天尊之義。餘曰：《禮記・禮運》曰，禮本於太一，變而為陰陽，轉而為四時。《家語》曰，太一者，元氣也。是推造化之源也。《史記・天官書》曰，中宮天極星，其一明者，太一常居也，以其北極中一星不動，故乃為眾星之主也。《莊子》曰，主之以太一，亦至理也。37

作者以設問的形式來闡述「太一天尊」之義理。有人問「太一天尊」到底意味著什麼？作者引用《禮記・禮運》篇說，「禮」是以「太一」為本的，太一變化而有陰陽，陰陽運動而有春夏秋冬四時。《家語》說，太一，就是元氣。他認為這是推究造化的本原。《史記・天官書》說，天上中宮裡有天極星，其中最為明亮的就是太一，它永恆地矗立在那裡。就星宿的關係來看，北極居中，一星不動，所以成為眾星拱衛的主體。《莊子》說，以太一為宗主，這也包含著至理要妙。

這段問答言辭顯示作者力圖從自然界的客觀存在去尋找「太一」的根據，指出了「太一」的元氣本質，又從天文學的角度探究「太一」的物象本原，這就使「太一」之說落實到了物質的層面上。不僅如此，作者更把「禮」一類的東西也歸屬於「太一」，這就建構了統一的或者說是「一元化」的思想模式。在這段論述中，作者雖然沒有明指「太一」就是「太極」，但實際上已經把兩者相通起來，因為他引用《禮運》篇來說明「太一」，將「太一」作為「陰陽」發生之本，這意味著對「太極」生兩儀的認可。

這裡的「陰陽」就是《易經》所講的「兩儀」，至於「轉而為四時」可以看作是兩儀生「四象」，因為春夏秋冬四時本可以同「四象」相配；反過來，四時就可以成為四象的代碼。從這種意義上看，《太極祭煉內法》所謂「太一」，即是「太極」的另一種說法。只是出於宗教的煉度需要，作者從古已有之的神稱中選擇了「太一」來作為他論述展開的核心語詞。因此，可以說，內文中的「太一」與書名中的「太極」是相對應的，其本象是一致的。關於這一點，我們從《太極祭煉內法》中的另一段問答言辭可以得到進一步的佐證：

或問：如何曰「太極煉度」？

曰：太極煉度，其始本出於靈寶法。以此法簡易，原於太極葛仙公之派，因曰「太極祭煉」，猶曰「靈寶煉度」「南昌煉度」。各因所出而名之……或又謂太極煉度者，人人物物皆具一太極，一一幽魂，一一亦具一太極。降本流末，遂墮為幽陰之鬼；原始要終，當還其本然之天。其受度生天之理如此，故曰太極煉度。[38]

有人問什麼叫做「太極煉度」？《太極祭煉內法》作者回答說：所謂「太極煉度」這種道教科儀，最先是出自靈寶派的法脈。因為這種科儀法門簡單易行，它來自太極葛仙公（葛玄）所傳授的道派，所以稱作「太極祭煉」，又有別稱「靈寶煉度」或者「南昌煉度」，都是因其師承關係而命名的；另一種說法，以為「太極煉度」基於這樣的道理：世間所有的人和物都有太極，而所有的「幽魂」本來也有太極。太極是根本，有本就有末。為什麼人會墮落為陰魂幽鬼，就是因為他沒有守本；明白了這樣的道理，就應該歸根復元，回到本然之天的狀態去。人的降生稟賦天然之氣就是這樣的，因此稱作「太極煉度」。這段話雖然是解釋書名的，但卻明確地闡述了作者關於「太極」意義的看法。他所謂「還其本然之天」就是回歸《易》所講的「太極」混沌狀態，這就是原始的氣化狀態。對照一下上面所引用的關於「太一」屬性的一段話，可以發現「太一」與「太極」在本體意義上的一致性。

其次，既然，「太一」乃是易學中的「太極」的另一種表示，那麼當作者把太一的內涵加以具體化的時候，便意味著易學以太極為本根的卦象符號鏈條的信息的展開。照《太極祭煉內法》作者的描述，由於「太一天尊」乃本於混沌元氣，一元化生，陰陽兩具。這個「陰陽」既包容天地自然，又涵蓋人類社會。生人為陽，死人為陰。陰是末，而陽是本。以太一天尊為法象就是要以陽氣來煉度陰質，即升陽而降陰，使那些幽昧之魂再度凝聚陽氣而復原。這在今天看來當然是無稽之談，他的元氣論在此處與迷信觀念交雜在一起了，在外形上給人以神秘的感覺，其糟粕性的東西當然是必須予以剔除的。但也應該看到，在深層次哲理層面中又貫注了易學的陰陽消長理論。在《太極祭煉內法》卷上，作者從太一天尊形象的存想出發，引出了具備易學陰陽意義的「水火」概念，陳述了「水煉作用」與「火煉作用」兩大程序。

關於「水煉作用」，作者指出：

先想兩腎中間有一點極明。須臾，如大月輪。注視良久，水火交媾，玉池水生，其月輪竟升頂上，如十五夜半月色光明，其月正在東井八星之間。始作，用黃華水。當存月正在東井八星間，自然夾脊，水如天河，升貫頂中東井之間。其月光照耀於頂中天河之源，激成黃色水華之水，漸漸浸潤上腭。須臾，覺其水自頂中流於舌上而下滿口，甘潤香美。㊴

關於「火煉作用」，作者指出：

存想兩腎中間一點真炁。須臾，如大紅日輪。注視良久，水火交媾，玉池水升。其日輪竟升於絳宮，發燦爛流金之火，即見飛焰化成大火，遍空炎炎，一切幽魂皆喜悅入火冶煉，一一火光繞身。至受煉畢，回目向下，內觀其火，自然不見。[40]

這裡所引用的兩段文辭實際上是在敘說如何激發人體本身的能量來祭煉幽魂的問題。其要略乃是「存想」二字。其下手處是兩腎之間。前一段關於「水煉作用」，其存想之心象突出一個「水」字，其對應體是「月輪」。祭煉者存想自己兩腎中有一點了了分明，接著就看見一輪皎潔的月亮。內心凝視這輪月亮，久久而不離開，於是兩腎之間發生了「水」與「火」的陰陽交會。這時，口中的津液緩緩而流，兩腎中的月輪慢慢地向上升，好像是十五望月那樣圓滿，那樣光明。其位置恰好在「東井八星」之間。所謂「東井」就是二十八星宿中的「井宿」，它屬於南方七宿之首。《禮記・月令》說：「仲夏之月（指月份），日在東井。」《詩・小雅・蓼莪》：「維南有萁」。唐代孔穎達疏：「鄭（玄）稱參旁有玉井，則井星在參東，故稱東井。」由此可知，「東井」原為天上的星宿，但在這裡是作為方位的一種描述符號。

古人以二十八星宿來劃分天上的區位，同時也以二十八星宿來指示地上區域和人體結構方位，這是天地人相對應的一種思想體現。從天地人對應的立場出發，《太極祭煉內法》作者把二十八星宿引入人體方位的描述之中，其目的就是為了指稱存想的程序。至於後一段關於「火煉作用」的敘述剛好與前一段相反，所突出的是一個「火」字。這個步驟也是從兩腎入手，但其存想的物象則不是「月輪」，而是「日輪」。因為「日」

是火的象徵，也是火的本原所在。作者極力描寫存想日輪時的奇妙景觀，可以看出火勢的步步升級，先是激發出「流金」之火焰，接著是火焰化成了大火，再來是遍空皆火，於是幽魂就來受煉。這當然只是祭煉操作者的主觀想像，是基於信仰主義立場而發的。值得注意的是，作者這種存想祭煉程序乃是以易學陰陽法則為指南的，其間尚蘊含著卦象符號。因為所謂「水火」在符號上可以轉換成坎離兩卦。在易學中，坎為水，而離為火。《太極祭煉內法》在兩段文辭中都出現了「水火交媾」，這就突出了坎離的相濟原理。丹家內功修煉，講究水火既濟，即坎離二卦的交感作用。

《太極祭煉內法》作者把這種出於易學象數理論的內丹學引入了祭煉法門之中，從而顯示了陰陽應象的普遍性原則。另外，關於這兩段言辭中，「東井」也蘊藏著某種易學信息。作者在陳述月輪位置時特別指明「東井」，這並非偶然。在《周易》裡，「井」也是一個卦象，居全體卦象的第四十八。所以，「東井」之星宿，當暗合「井卦」之義理。《易・井卦》之《彖》說：「巽乎水而上水，井；井養而不窮也。」井卦之象，下巽而上坎。《彖》的意思是講：順著水的滲透脈絡，而往地下開孔引水向上，這便是水井。水井養人的功德無窮無盡。井的功用所在就是因為有泉水。這恰好與《太極祭煉內法》關於「水煉作用」的理路相合。

復次，《太極祭煉內法》以水火既濟為祭煉，合易學陰陽大義；但又以「收攏凝聚合一」為歸根還原。作者指出：祭煉之法，千頭萬緒，枝分蔓延，「今法只主太一天尊也」⓫。按照這個意見，則鄭所南的《太極祭煉內法》就是以太一天尊為其祭煉的總法象。這個總法象其實又是與易學河洛數理的「天一」相合。

惟太一天尊，太一兩字尤為微妙。天者，至也。一者，不二也。苟悟至不二之理，能守其至不二之天，則精神魂魄悉聚而不散，離種種邊，非空非色，寂然不動，渾然至真，還我本然天真之一。此一者，非一之一也，乃我本然之天也，以一其眾魂不一之妄心。隨心現化，而曰太一天尊。⓬

這是見於《太極祭煉內法》卷下的一段話。作者指出，祭煉科儀，萬法歸宗，唯有「太一天尊」為切要所在。「太一」這兩個字尤其包含了精微妙義。「太一」可以看作「天一」。什麼是天一呢？「天」就是「至」的意思，即至高無上；而「一」就是專一而沒有紛紛之枝葉，這叫做「不二」。如果能夠悟出至為崇高的「不二」道理，能夠意守至上不二的本真之天，那麼精神意念三魂七魄就可以做到凝聚而不散失，離開了種種旁支歧義，在這種狀態裡，既不是絕對的「空無」，也不是絕對的染色；本心十分的寂靜，沒有被外界信號所擾動，渾然一體而真樸，那就是回歸到了我自己本來的天然純真的「一」的狀態。這個「一」也不是一般數字所講的「一」，而是我本來未曾受雕琢時那種極為淳樸的天然情狀。在達到這個狀態時，就以之統一規範眾生魂魄紛紛擾擾歧出多端的虛妄心態。這個隨著內心純一無二而化現的形象就叫做「太一天尊」。

按照《太極祭煉內法》作者的描述，「太一天尊」其實並非是宇宙中的「大神」，而是由內心伸展而出的一種形象。作者在這裡顯然破除了外在神秘性，而進入了因類設象的符號表達思維世界。當然，這個說法決不是僅靠個別言辭推論的結果。實際上，在《太極祭煉內法》的字裡行間，不時地涉及這個問題。這從下列一段問答也可以得到進一步的說明：

或問：道生一。太一天尊毋乃幾於數乎？曰：總萬於一，不一於一，而還我之天於太極未兆朕之前。無形無名，非同非異。故曰太一。至於是，道亦泯也。況於數乎？應化之真，不得已而有天尊之名。⑬

按照這個發問，可知有人曾經把「太一天尊」看作是由老子《道德經》「道生一」推導而出的。既然如此，提出「太一天尊」是差不多出於「數」的問題也就可以理解了。針對這個問題，《太極祭煉內法》作者做出回答。他指出，歸總萬物於「一」，讓紛繁複雜的多樣性統一到本真之「一」上面來，使我心中的自然世界回復到「太極」沒有形氣發散、沒有徵兆跡象的元初，那是沒有形狀、沒有名稱、沒有「同」的意味、沒有「異」的感受。所以叫做「太一」。在這個時候，連「道」都泯滅了，何況「數」呢？應象感化，原其本真，這是出於不得已才設立「天尊」的名稱。在這段論述中，作者並非是簡單地回復到易學的「太極」階段，而是進一步朝本根的方向追溯。儘管這已經越過了「太極」的界限，但在理則上卻又合於易學的「逆數」思想。

《易・說卦》稱：「數往者順，知來者逆。」按照易學的先天八卦方位模式，八卦在八方的排列有一定的數字關係，左旋右轉，一順一逆。在易學中，「逆數」有兩種意義，一是指由今日逆計來日，另一則是指復歸。關於「復歸」也可以看作是「反易」的一種表現形式。《易》認為宇宙間一切事物的運動、變化和發展，都是由於互相對立、相反的兩種現象或力量的互相推動而向前演進的結果。《易・乾卦》之《象》說：「終日乾乾，反覆道也。」按照《說文解字》的解釋，「反」就是「覆」，即回復反轉。《易》的回復反轉思想給老子以極大的啟迪，所以他將之發展為「反者道之動」。而漢代以來的道教學者，則將這種反覆的理念用以指導修仙，以「逆」為修仙之指向。所謂「逆」其實就是復歸。《太極祭煉內法》以「太一」為宗，試圖追溯「太極」未兆之先，這正是逆數復歸思想在科儀上的應用。

三、從科儀語言看易學象數的隱性影響

研究科儀中的易學象數理趣，這不僅可以從其類型方面考慮，也可以從其語言形式方面考慮。所謂「語言」有狹義與廣義之分。狹義的語言是指透過聲音的傳播來表達思想的一種交流工具；而廣義的語言則泛指一切可以表達思想感情信息的符號傳達系統。本章所謂「科儀語言」主要是從廣義的角度說的。

(一)從系統的語言符號性看道教科儀與易學象數之關係

道教科儀是一個系統，這是沒有疑義的，因為它本身不僅是由許多信息表達的形式單元組合起來，而且構成一個相對獨立的整體。我們可以把這個整體看作一種語言的表達形式，它有自己的動作形式、聲音形式、物象形式。這一切可以統稱之為「符號語言」。對這個符號語言系統進行分析，可以發現背後所蘊含的易學符號理則。因為科儀系統既然是符號化的，而易學在本質上也是符號化的，這就存在著互相溝通的橋梁。再說，由於符號化的易學表達系統先於道教而存在，因此道教科儀以易學象數符號為其根基，這是符合思想發生與發展邏輯的。當然，我們不能僅僅依靠邏輯推理就斷定兩者之間的關係，而應該由具體的闡述與證明才能將兩者的關係比較有說服力地顯示出來。

為了從符號語言的角度揭示道教科儀與易學象數之間的關係，我們必須首先對道教科儀的符號性問題有一個說明。道教科儀符號性從總體上講指的是它由一系列具有代表意義的科儀群組合而成。這些科儀群可以分解為不同的科儀體，即具有相對獨立性的科儀個體；而科儀個體亦可分解為科儀元，科儀元可分解為「物」的或人的組合因素。作為科儀組合的最小單位——「科儀素」游離於科儀元時就沒有科儀的代表意義；但是，當它們被組合起來，構成科儀元時便具備了符號性。例如說手印，當它發生於普通人的手上，只能是一種自然狀態的手勢動作，這時它並沒有宗教的指稱意義；但是，當手印發生於舉行齋醮科儀的道士手中的時候便生成了特殊的宗教代碼蘊含。這一點與易學的卦象符號之生成原理是一樣的。本來一個線段或者兩個線段，孤立存在時並沒有「陰」或者「陽」的指稱意義，但是，當它們被置於卜筮的特殊環境中就產生了符號代碼意義。從這個角度看，像手印之類的道教科儀素可以類比於易學卦象的陰陽爻。當然，這只是從符號意義生成的方面說的；如果從實施程序以及功能方面看，則手印的符號性要複雜得多。在道教中，手印又稱印訣、掐訣、捻目等，係道人行法誦咒持醮時以手結成的形態符號。道門向來很看中這種符號。《道法會元》卷一六〇稱：「祖師心傳訣目，通幽洞微，召神御鬼，要在於握訣。」這個「訣目」係指「掐訣」的手勢。每一個訣目都有一定的代表意義。行科儀之人無論是掌或指紋都有相應的象徵蘊含。所謂北斗七星、十二時辰、九宮八卦、二十八星宿羅絡於一掌之中便體現了這種旨趣。就拿指紋來說，道門以二、三、四指的九個關節紋為九宮八卦陣，中指中紋代表中宮，配上洛書之中數五，其餘八紋代表乾、震、坎、艮、坤、巽、離、兌八卦。另一種法式是以手掌的勞宮穴為中宮，八卦分布於掌上八個方位。這樣，手上每一個部位便有相應的代碼意義。在古人的心目中，八卦往往代表了整個宇宙，當它們在手掌上有了相對應的位置時，行持科儀人之手實際上便成了濃縮的宇宙圖式。由此不難發現，當手印成為科儀元的組成因素時，其相應的代碼意義便是可以隨機生成的，因為《易經》八卦本來就是「空套子」，可以代表宇宙間各種各樣的事物。當然，並非只有掐訣一種科儀元具有符號性，而是整個道教科儀都是符號性的，因此，也就都與易學卦象符號有這樣或那樣的關聯。關於它們之間的符號性關聯，我們可以從以下兩個方面作進一步的闡述。

1.從存在狀態的符號性看道教科儀與易學象數之關聯

道教科儀的實施本身並不是目的，而只是手段；科儀的觀念即思想的本體並沒有直接露面。因為思想是無形的，「無」不可自顯，必須通過「有」來展示。而有形的儀式在實施者操作過程中，也一定是在無形的觀念催動下才發生有序的組合。這是一種「有無相資」。由於有形之儀表現的不是它自身，而是無形觀念的化身，這就產生了符號屬性。不過，在這裡對於「無」與「有」不能機械地加以理解。「無」不是絕對的空無，而是一種潛在的狀態；而「有」也不是單一的。肉眼能看得見的當然是「有」；但還有肉眼所看不見的「儀」，即心齋之「儀」，它也是「有」的一種形式。心齋之儀或稱「內齋」之儀，其符號特性較難於理解和把握。但只要把人的內心空間加以放大，使它成為一個可以「廣納」物質的宇宙空間，那麼內齋的符號性也就顯示出來了。內齋是一個心理過程，在實施過程中，它仍然也存在著目的與手段的對立統一。目的是齋主的祈求、希望；手段是心理意象，它或者表現為自我身形的「變化」，或者表現為內心上瑰麗奇特境界的印象等等。與祈求的觀念相比，這些心理意象可稱之為「有」，它們的內心存在服從於祈求的願望，故而是一種代表。既然是代表也就具有內心符號的意義。

道教科儀存在狀態「有」與「無」的對立統一在符號上，也可以看作是易學中的

「意」與「象」的特殊表現形式。在魏晉時期，易學的發展以義理派的勃興為其特色之一。義理派有所謂「得意忘象」之說。王弼《周易略例‧明象》說：「夫象者，出意者也。言者，明象者也。盡意莫若象，盡象莫若言。言生於象，故可尋言以觀象；象生於意，故可尋象以觀意。意以象盡，象以言著。故言者所以明象，得象而忘言；象者，所以存意，得意而忘象。」按照王弼的看法，《易經》的「象」是為了表達「意」而設的。言辭，即《易經》的卦爻辭是為了說明「象」而立的。在符號工具中，沒有什麼東西可以比「象」更能夠表達「意」了，也沒有什麼東西可以比卦爻辭更能夠說明「象」的代碼意蘊了。《易經》卦爻辭是因「象」而生的，所以可由卦爻辭的解剖而省察「象」的理趣；卦象是因自然之義理而生的，所以可由「象」的考察以明白蘊含其中的內在意義。「意」因為「象」的設立而得到了盡情的表達；「象」因為卦爻辭的說明而使其內在蘊含獲得彰顯。所以，語言是用來揭示「卦象」隱意的，明白了卦象隱意就可以忘掉卦爻辭了；卦象是用來保存自然義理的，明白了義理就可以忘掉卦象了。在這裡，王弼把易學結構分為言、象、意三重，表層是言辭，言辭的背後是卦象，卦象的背後是意。雖然，從這個哲學體系看，王弼最後把「意」抬高到宇宙本體的第一性地位；但就此處關於言、象、意的關係來說卻有其合理因素。言、象、意三者的關係從符號學的立場看也存在著代碼的關係。如果說「象」是「意」的符號代碼，那麼「言」也可以看作「象」的符號代碼；在王弼的易學體系中，符號代碼具有多重性，不同層次的代碼之間也可以相互轉換，如「言」轉換為「象」，而「象」也可以轉換為「言」。這實際上揭示了易學結構的內在規則。對比一下，我們不難看出，道教科儀也存在「意」與「象」的關係。作為無形的觀念——祈求、願望等等就是「意」，而各種動作、圖形就是「象」，無形由有形來昭示，也就是「意」由「象」來彰顯。

2.從實施程序的符號性看道教科儀與易學象數之相涉

道教科儀存在於程序實施中。存在是空間與時間的統一，實施的程序既離不開空間，又離不開時間。程序的空間特性表現為某種物質形態或心理意象。離開了空間也就沒有程序的狀態；另一方面，程序也具有時間性。科儀中的物質形態或心理意象按照一定方向的運行體現了時間性。但是，具有時空統一性的道教科儀並不是像大千世界的物理運動一樣，此物由甲地到乙地只具有自然流程的意義；相反，道教科儀程序是被一定目的規範，且在特定觀念指導下組合起來。因此，程序也不代表它自己，而是祈福消災觀念象徵的「集合鏈」。這種集合鏈在特定空間與時間狀態下，把人類的某些內心願望或追求映射出來。

我們不妨考察一下「正一醮宅儀」的程序就可以看出其中的奧妙。該等儀式的舉行，首先是準備好各種法器供品，例如淨席六領、箭十二只、麻綖二十四丈、燈九盞、大案一面、小案五枚等等。其次是於宅中庭設立壇場，方二丈四尺，依四季開天門、地戶、人門、鬼門，這四門都用箭擺成。當方色綖三重，欄門設兩盞燈，師案前安一盞燈，壇中五方設立五方神位，根據不同方位，變換青、赤、黃、白、黑五色。

復次是正式儀式的舉行，大體是進食、燒香、叩拜、祝咒，再上香、上茶、上酒，如此按部就班；最後，散食於壇外四方。這個程序好像是舉辦一次宴席，但實際上是借助人類生活模式來懇禱神明以驅趕宅中的所謂惡鬼諸等不祥之物。舉行的原因是「居宅虛耗，牛馬死失，田蠶不熟，人口嬰害，或每年有五瘟時氣及狗鼠蟲蟻作怪，或犯五方十二時土，財利散亡」⓫。這些災難的發生，在《正一醮宅儀》看來，歸根結底是因為有惡鬼作祟或主人觸犯神明所致。基於這種認識，《正一醮宅儀》力圖「對症下藥」。這從今天的科學立場看來，當然具有明顯的虛幻性質；但其程序實施的象徵性則為我們探究道教科儀的易學象數理趣提供了原始的資料。

《正一醮宅儀》的實施程序既有自身的特點，又具備了一般道教齋醮科儀的基本特性，各種科儀元在一定的時空中被連接起來。根據對應的原理，諸科儀元由於在科儀實施程序總「鏈條」中處於不同的空間與時間的關節點上，它們實際上就代表了不同的空間與時間的關節點，是這種時空關節點的代碼符號。而時空關節點的差異在中國古代往往又具備不同的象徵意義，因此，就形成了多重的象徵符號代碼的連接與符號轉換的可能性。例如上述關於箭、淨席、燈、案是被安放在所謂天門、地戶一類方位上的；這就表明了儀式的法器與方位的對應關係，也就是兩者之間的代碼關係。再如依據不同方位變換不同色彩，這實際上也就是以不同色彩來作為不同方位的符號代碼。

可見，從《正一醮宅儀》的實施程序中，可以窺見其諸種組合因素的符號代碼性和轉換功能。然而，這種特點，我們依舊能夠從易學的象數符號庫中找到淵源。在易學中，方位是一個十分重要的概念。不論是陰陽爻還是八卦、六十四卦的組合排列都離不開方位；而方位就是一種空間形式，它與時間也具有對應關係節點。

首先，我們從爻象中就可以找到方位的蘊含。不論是陰爻還是陽爻，畫的時候都有起點與終點。如果以起點為左，則終點即為右；如果以起點為前，則終點即為後。這就是說，一畫之中已經蘊含著前後左右的方位信息。其次，易學的卦爻在漢代以來，已經同天干地支相配合，如京房的「卦氣」法即以乾坤坎離巽艮六卦分主二十四節氣，以表示一年之流程。坎卦初六爻主正月節立春，配寅；巽卦初六爻主正月中雨水，配丑；震卦初九爻主二月節驚蟄，配子；兌卦九四爻主二月中春分，配亥；艮卦六四爻主三月節清明，配戌；離卦九四爻主三月中谷雨，配酉；坎卦六四爻主四月節立夏，配申；巽卦六四爻主四月中小滿，配未；震卦六四爻主五月節芒種，配午；兌卦初九爻主五月中夏至，配巳；艮卦初六爻主六月節小暑，配辰；離卦初九爻主六月中大暑，配卯。至此十二個節氣，由正月立春到六月大暑，反映了陽氣逐漸興盛、陰氣逐漸衰亡的過程；後半年，則以坎卦初六爻主七月節立秋，配寅；巽卦初六爻主七月中處暑，配丑；震卦初九爻主八月節白露，配子；兌卦九四爻主八月中秋分，配亥；艮卦六四爻主九月節寒露，配戌；離卦九四爻主九月中霜降，配酉；坎卦九四爻主十月節立冬，配申；巽卦六四爻主十月中小雪，配未；震卦六四爻主十一月節大雪，配午；兌卦初九爻主十一月中冬至，配巳；艮卦初六爻主十二月節小寒，配辰；離卦初九爻主十二月中大寒，配卯。至此，十二個節氣，從立秋到大寒，反映了陽氣逐漸衰亡而陰氣逐漸興盛的過程。

易學中的這種配合即體現了卦爻對於時間與空間的代碼意義；而《正一醮宅儀》所講的「五方十二時土」也具備了這種時空的對應與轉換。所謂「天門」「地戶」「人門」「鬼門」之類也可以轉換成干支代碼，干支代碼又可以轉換成卦爻代碼。這就說明，道教科儀實施程序也存在著溝通易學象數的符號橋梁。

(二)從通訊功能看道教科儀與易學象數之關係

道門創造了豐富多彩的科儀符號，其目的是什麼呢？從最終的意義上說，這當然是為了消災解難以致羽化登仙。儘管其間充塞許許多多不合時宜的因素，但從符號功能學的角度看，卻又具備了史料價值。具體而言，道門中人創造科儀符號，乃是為了與天地各界所謂「鬼神仙真」交通。如果我們把那些富有神秘意義的「鬼神仙真」也當作某種觀念的符號，那麼，這種「交通」也就具備了「通訊」的特性，雖然古代的道門中人尚無當今的科學意義的「通訊」概念，但力圖將某種信息散發出去或者接受過來這種情形卻是確定的。從這個角度看，我們可以把道教科儀當作一種獨特的通訊語言看待。各種科儀元就是這種通訊語言的詞匯，科儀體是詞組，科儀群是句子或段落。構成科儀程序的原則便是它的語法。從這些層面，我們照樣能夠揭示出道教科儀與易學象數的內在關係。

要證明道教科儀的語言通訊特徵，並且闡釋它與易學象數的關聯，有一個前提首先必須予以確認，這就是它的表意功能問題。任何一種語言都必須能夠表意，即具備傳達思想情感的功能。道教科儀是否具備表意特徵呢？回答是肯定的。因為道教科儀是自然語言、心念意象、動作造型的混合編碼，這三者都是一定社會歷史條件下的產物，是一種精神積澱品，故具備表意功能是毋庸置疑的事。

所謂「自然語言」是指在一定歷史時期自然形成的社會成員間作為思想交流的可發聲符號組合系統。道教科儀中常有「宿啟」「誦經」等節目，其言辭都是以古代漢語寫成的。因此，這具備自然語言特性是不言自明的。再說，科儀中的心念意象乃是行持科儀之人因祈禱等心理活動所造成的內在形象，它們是意念的產物，但歸根結底卻可以從外在世界中找到本原，故而在本質上也是賦予物象以某種代碼意義。至於動作造型，那是服務於整個科儀目的的。諸如三跪九叩、化壇、燒香、捻香之類，作為個體都有一定的意指，合而成為程序，更是寄托了科儀行持之人的特定思想觀念、情感願望等等。

有了交通對象又具備了表意功能，道教科儀的語言特徵也就顯示出來了。但是，這種語言又是如何成為「通訊手段」的呢？這牽涉到對通訊概念的理解。所謂「通訊」，不同的學派可以有不同的理解或解釋。

一般地說，通訊是一種行為。在這種行為中，信息的發出者按一定的代碼，通過一定信息媒體，將該信息傳達給信息的接受者。這個通訊定義包含著六大要素：⑴信息發出者；⑵語境；⑶信息；⑷信道；⑸代碼；⑹信息接受者。

從上面的分析中，我們知道，道教科儀不僅有實施的主體，而且有「交通對象」。如果把實施主體——科儀行持之人（操作者）當作信息發出者，那麼其交通對象則可以相應地看作信息接受者；反過來，如果把交通對象看作是信息發出者，則科儀行持之人（操作者）又可以看作是信息接受者。而中間的四個要素，最重要的是信息。因此，我們有必要對道教科儀的信息性作一番側重的考察。

由於道教科儀是以符號的形式出現的，這必然會具備信息性。因為符號是意義的代表，它與意義不可分割地處於統一體中。符號所代表的意義也就是信息。根據文字學的會意法，我們知道所謂「信」乃是由「人」與「言」的組合，故「信」可以理解為人之言。而「息」字則可以理解為發言者心靈的表達。科儀行持之人選擇一定的符號傳達心聲，這就形成了獨特的道教科儀信息。

事實上，道門中人對於科儀的傳訊功能是有自覺認識的。如科儀中的種種法器供品往往被看成傳遞信息的工具。譬如說「符節」便被當作「信」的象徵。符節古已有之。《說文解字》稱：「節，信也。」《周禮・地官・掌節》云：「掌節，掌守邦節而辨其用，以輔王命。」被當作信物的「節」在中國古代不僅有專人掌管，而且有品位之分。

據說，守邦國者用玉節，守都鄙者用角節。這種以「節」為信物的傳統在道教中得到了繼承。《太平御覽》卷六七五引《列仙傳》云：「先道有三十七種之節，以給仙人。」在科儀舉行過程中，「節」被懸掛於杆上，作為交通的符信。這有點像今日電視機的接收天線裝置。再如玉璧，在道教科儀中也是一種鎮壇傳信的法器。《上清靈寶濟度大成金書》卷二五稱：玉璧「各徑二寸四分，厚二分，圓形，虛中。法曰：玉者，純陽之精，正潔之物，可以盟感上真，故以為信。」道經中所講的「信」雖然是作為信物來使用的，但它是象徵，而象徵即有代碼功能，可傳達信息。像「節」「玉璧」之類在道教科儀中使用不少，它們在齋壇上的懸掛或安置，組合成一定的信息傳遞程序。

當然，在道教科儀中更具有信息特徵的是那些文書之類東西。如「關牒」，這是付給神司的一種文書。道教認為神界也如人間一樣，設立種種辦事機構，如都城隍、州城隍、縣城隍等等。要舉行科儀，必須向城隍神奉上文書，以示開通。另外，像章奏之類在科儀中也經常使用。若舉行大型齋醮法事，章奏甚至是必用的。章奏本是世俗文書，道教仿效之，以為向神謝恩，陳述情狀的文書。《老君音誦誡經》云：「一心章表，可得感切。」「若過一事不盡，意不實，心不信，章奏何解！」這種運用世俗的通訊形式向神申明科儀內容的法度，表明道教把神仙聖界看如世俗官府一般，可透過投遞文書或「直接」上堂陳述。可見，關牒、章奏之類是被賦予信息性的。儘管發送關牒、章奏之類是一種帶有模擬特色的科儀元，但卻反映了道教科儀的通訊觀念。

那麼，道教科儀中的種種「信息」又是怎樣傳遞的呢？這有許多情況必須分別說明。由於古代的條件限制，那時還不可能想到用無線電來進行聯絡；不過，道門自有道門的信息傳遞辦法。很早的時候，古人曾經通過郵驛來傳送信件或公文軍令，這種形式也被道教科儀所借用。道教舉辦外齋類科儀，要設立「四驛」，這是仿照世間郵驛而建造的四座驛站，即蛟龍驛、金龍驛、風火驛、金馬驛。每座驛站內都設有狀如力士的神吏，手持黃色令旗。道門中人行儀作法時，據說可以書符相召，讓這些神吏來傳送符檄、表申之類。另一種傳送信息的使者是所謂「直符」神。

道教認為，一日十二時辰，每一個時辰都有直符神吏「值班」；舉行科儀時亦可依時辰不同而向相關的直符神發出邀召之符令。這樣，直符神便可將有關表申送往仙真聖界，以便及時溝通處理。這種通過驛站神吏或十二時辰直符神來傳送信息的方式，主要運用於外齋類科儀中，尤其是大型齋醮法事中。至於內齋，由於是一種心理活動過程，其郵驛或直符是通過存想實現的。雖然並不像外齋法式要設立有形郵驛，但傳遞信息的通道或媒介還是有的，只不過這是一種心理意象而已。齋人在內心上存想，信息便隨著其心理設定的「郵驛」而傳送出去，或傳遞回來。總之，道教科儀的信息交流儘管只是一種宗教的心靈境界，但卻構想了一個「通訊模式」。拋開那些神秘性的外殼和糟粕性內容，可以發現那種溝通人與外界事物的企圖。道教科儀所具有的「通訊模式」雖然尚無現代物理學的意義，但對於心理學的語言通訊研究卻具有獨特的價值。

不過，假如進一步稽考，那就能夠顯示，道教科儀的通訊觀念其實也以易學的符號理念為基礎。雖然，在總體上，道教科儀包容了許多易學所沒有的內涵，但其符號代碼及其人與它者的溝通思想卻是出自易學的。首先，易學卦象所具備的符號代碼性質早已為許多學者所認可。每一個卦甚至每一個爻都攜帶著相對獨立的信息，但它們組合起來的時候，便意味著孤立的信息因素的有效意義。從最初的使用形態講，易學的卜筮已經蘊含著信息由此及彼的傳遞，因為卜筮是力圖從一種已知的存在獲得未知存在狀態的門徑。在這個過程中，有一個將信息傳達到人之外的溝通對象的環節。在古人的心目中，卦象是用來回答占問情形的一種昭示。既然有占問就有一個對象，這個對象是什麼呢？從前人的種種描述可知，就是以「天」為總代表的一種「存在」。這個天，在易學中是複雜的概念，有時「天」具有自然屬性，有時卻又具備超人的神秘性。不論「天」具備哪一種屬性，既然卜筮者把「天」作為一個對象，這在觀念上便意味著溝通的企圖。不管這種溝通在操作者心目中是「實在」的還是「假設」的，其觀念總是存在的。這一點與道教科儀在精神上是一致的，由此看來，易學中的卜筮與道教科儀一樣，本有一種溝通對象。這就存在著企圖通訊的前提。其次，卜筮的過程既是發出信息與獲取信息的過程。因為前來占問者，必須提供一些基本情況，諸如出生年月、地點以及希望了解的問題等等，將這些內容通過筮法的操作而代入卦象符號，從而提取了某卦的卦辭與爻辭。這些卦爻辭便是一般性信息，卜筮者根據所得卦爻辭進行一番讀解，這實際上就是力圖使一般性信息化為具體信息。如果說，道教科儀在信息處理上是以「發出」為主，那麼，易學的卜筮則以獲取信息為主。甚至可以說，獲取某種信息乃是易學卜筮的實際目的。儘管信息處理上存在著差別，但在信息交通的特質上兩者卻又是一致的。

復次，易學的信息處理模式。漢代以來，人們更加注意時空的對應性，這就使其符號描述更具有確定性。例如十二消息卦與十二個月的配合、月體變化與干支卦象的配合都顯示了時空的確定意義。這在古代的社會生活和生產活動中無疑具有了重要影響。道教科儀承此符號描述形式，其建構者力圖由科儀步驟的實施而在一定的時空中獲取某種有益生存的信息，這正是易學時空與卦象符號對應與感通思想的發展與流變。

【註釋】

❶關於道教科儀與易學的關係問題，上海陳耀庭先生有專門的研究，他在《道教文化研究》第十一輯上所發表的《道教科儀和易理》頗有精見，本文許多地方乃得益於陳先生的啟迪。
❷《道藏》第三冊第五五五頁。
❸《道藏》第三冊第五五六頁。
❹蕭吉《五行大義》臺灣四十二～四十三頁，武陵出版社一九八三年影印本。
❺同上。
❻清高士宗著《黃帝素問直解》第四六八頁，科學技術文獻出版社，一九八〇年版。
❼按，甘石，指戰國時代齊國人甘德與魏國人石申，此二人都精通天文學。
❽留伏：「留」當是指昴星，《史記·律書》有「北至於留」之語可證。「伏」，藏匿的意思，「推留伏」意即推

算昴星之出入。

❾《道藏》第三冊第五六四頁。

❿《道藏》第二十冊第二一七頁。

⓫朱熹《晦庵先生朱文公文集》卷五十一《答董叔重》。

⓬《周易・坤卦・彖》。

⓭《道藏》第三冊第五六三頁。

⓮古人以五行匹配四季，缺一，所以想出「長夏」來彌補，於是春夏秋冬加上長夏就合於五數。

⓯《道藏》第三冊第五六五頁。

⓰《宋元學案・百源學案》。

⓱《道藏》第三冊第五七〇頁下。

⓲《漢書・京房傳》。

⓳「方伯」原是一方諸侯的首領，商朝起就設立「方伯」之職。《禮記・王制》稱「千里之外設方伯」。後來，以「方伯」泛稱地方長官。

⓴《道藏》第三冊第五七八頁。

㉑《道藏》第三冊地五七八貞。

㉒《道藏》第三冊第五八〇頁。

㉓關於「艮」的行止意義，請參看第三章第三部分。

㉔《道藏》第九冊第八四頁。

㉕蕭吉《五行大義》第七十六頁，臺灣武陵出版社一九八三年影印本。

㉖蕭吉《五行大義》第四十九～五十頁，臺灣武陵出版社一九八三年影印本。

㉗蕭吉《五行大義》第五十頁，臺灣武陵出版社一九八三年影印本。

㉘蕭吉《五行大義》第五十六頁，臺灣武陵出版社一九八三年影印本。
㉙轉引自蕭吉《五行大義》第五十六頁，臺灣武陵出版社一九八三年影印本。
㉚蕭吉《五行大義》第五十七～五十八頁，臺灣武陵出版社一九八三年影印本。
㉛《道藏》第九冊第三〇〇頁。
㉜《道藏》第十冊第四四〇頁。
㉝見陳耀庭先生《道教科儀和易理》，《道家文化研究》第十一輯第三五二頁生活・讀書・新知三聯書店一九九七年版。
㉞《道藏要籍選刊》第四冊第四七八頁。
㉟《道藏》第十冊第四三九頁。
㊱《道藏》第十冊第四三九頁。
㊲《道藏》第十冊第四五九頁。
㊳《道藏》第十冊第四六〇頁。
㊴《道藏》第十冊第四四四～四四五頁。
㊵《道藏》第十冊第四四五頁。
㊶《道藏》第十冊第四五七頁。
㊷《道藏》第十冊第四五九頁。
㊸《道藏》第十冊第四五九頁。
㊹《道藏》第十八冊第二九七頁。

第七章　測算玄機：道教占卜對易學的繼承與變通

在前一章裡，我們在分析道教科儀的符號特性時已涉及「占卜」問題，指出它在科儀信息交通構想中的基礎作用。本章，我們將對這種歷史現象作進一步的考究。

正如「符咒」一樣，占卜在當今社會中也是一個敏感問題。因為我們的許多辭書或者權威說法都把「占卜」列入「迷信」範圍。奇怪的是，這種幾千年前就產生的「迷信」卻傳授不絕，並且在近十多年來在社會上具有很大的市場。這就很需要我們對此進行探討和分析。

筆者以為，對於任何一種歷史現象都必須以實事求是的精神來加以審視。僅靠幾句武斷的空話是解決不了問題的。在社會生活中，還有一種很可笑的現象，那就是常常把占卜研究與占卜等迷信活動混為一談，以為寫文章或者寫書言及占卜者，就是相信占卜，這是一種非常可笑的思維方式。

筆者不否認這些年來在出版方面所存在的許許多多宣揚「占卜萬能」的書籍，這些東西的氾濫對於人們的生活不僅沒有什麼好處，反而污染了精神環境。但是，筆者也以為，必須把作為歷史現象的「占卜」與抱有某種欺詐動機的「占卜活動」區別開來。

另外，作為一種理論考察，往往必須注意到建構的系統性。因此，我們必須面對歷史與現實。從廣義的角度看，占卜的技巧本身也是一定的歷史階段的產物，是具體的社會和具體的人們的精神果子，它是伴隨著人們的生產與生活而出現的，與人們的社會歷史活動休戚相關。所以，當我們描述人類文化史的時候，為了能夠使人們明瞭其整體面貌，就應該從各個側面各個角度進行追溯與分析。我們只有了解其來龍去脈之後才能對其本質特徵以及流傳的原因有一個比較準確的認識。

在長期的流傳與發展、演變過程中，占卜與傳統文化的許多領域也存在著糾葛或者相互影響、相互滲透的現象。道教是一個具有廣大含容性的傳統宗教。占卜法式進入道教領域，這是不可回避的事實。所以，本章使用「道教占卜」這樣一個概念來指稱這一類歷史現象。所謂「道教占卜」包括兩個層面的意義：一是指道門中人對中國古代傳統占卜術的應用和發展；二是指帶有道教思想意識的占卜活動、占卜法式。本章的任務是由源流追溯與符號意義的解剖，以顯示其本質特徵及其賴以存在的內在機制。

一、道教占卜活動的歷史文化追溯

從文獻方面，我們是可以查考出許多道門中人所作的「占卜」類著作。例如，葛洪作《周易雜占》《玉鈐經》，陶弘景作《卜筮要略》《周易林》《易林體》，麻衣道者作《火珠林》等。這些著作在歷史上都有比較大的影響。不言而喻，道門中人的占卜著作是應占卜需要而作的，或者說是總結了他們的占卜活動經驗而成的。從這個角度看，占卜著作是與占卜活動緊密相關的。因此，從其占卜著作是可以推斷占卜活動的存在的。當然，這種假定還必須由歷史文獻的事實來證明。

稽考一下魏晉以來流行的神仙傳記，可以發現一個有趣的現象，這就是道教神仙人物明《易》，並且善於運用《周易》象數學以解決各種「疑難」問題。

(一)張巨君為許季山占病

《洞仙傳》載有仙人張巨君以易學筮法為許季山占病的故事：

> 許季山得病不癒，清齋祭太山（泰山）請命，晝夜祈訴。忽有神人來問曰：「汝是何人何事，苦告幽冥？天使我問汝，可以實對。」季山曰：「僕是汝南平與許季山，抱疚三年，不知罪之所在，故到靈山，請決死生。」神人曰：「我是仙人張巨君，吾有《易》道，可以射（卜）知汝禍祟所從。」季山因再拜，請曰：「幸蒙神仙回降，願垂告示。」巨君為筮卦，遇《震》䷲之《恆》䷟，初九、六二、六三有變。巨君曰：「汝是無狀之人，病安得癒乎？」季山曰：「願為發之。」巨君曰：「汝曾將客東行，為父報仇，於道殺客，內空井中，大石蓋其上，此人上訴天府，以此病謫汝也。」季山曰：「實有此罪。」❶

這個故事說，有個叫張巨君的人，清心潔淨作齋，祭祀泰山，請求神靈明示命運，白天黑夜一直在祈禱敘說。忽然有神人前來，開口問話：「你是什麼人為了什麼事，這樣苦苦稟告無形界?上天派我來問你，你可以把話實說。」季山回答：「我是汝南平輿許季山，得病已經三年了，一直不會好轉，不知道所犯罪過在哪裡?所以到靈山來，請神靈決斷我的死生問題。」神人說：「我是仙人張巨君，懂得易學法理，能夠通過卜筮，知道你災禍鬼祟的根源。」季山因此再三拜謝，請求說：「有幸遇到神仙回降靈山，但願神仙不惜教誨，指點迷津。」張巨君為許季山占筮卦象，遇上《震》卦，變成《恆》卦，初九爻、六二爻、六三爻都是變爻。根據這樣的卦象，張巨君說：「你是沒有形狀的人，病怎麼能好呢?」季山說：「但願仙人能為我解疑發秘。」巨君說：「你曾經帶著客人向東而行，為了報父親的仇，在路上殺了客人，把客人的屍體丟進空井裡，用大石頭蓋在上面。這個人向天府上訴，天府就用這種病表示對你的處罰。」許季山承認：「確實犯了這個罪過。」

張巨君僅僅依靠筮卦就斷定許季山殺人，這在現代人的心目中無疑是很離奇的，但其故事本身卻也表現了他的《易》筮水準非同一般。他為許季山筮卦，遇上「《震》之《恆》」，說的是變卦問題，具體講就是本卦《震》的下三爻都發生變化，即陽爻變為陰爻，陰爻變為陽爻，於是引出了「之卦」《恆》。根據豐南禺占法，凡三爻變者，內卦（下三爻）以第三變爻之爻辭作判斷根據。查得《震》卦六三有云：「震蘇蘇，震行無眚。」意思是說，雷動之時，惶惶不安。如果雷動能夠引起警懼，則前行將不遭禍患。又查《恆》卦九三爻辭云：「不恆其德，或承之羞；貞吝。」意思是說，不能恆久保持美德，將會有人施與羞辱；必須守持正固，以防止憾惜之事的發生。

張巨君或許是根據這兩條爻辭以及許季山虔誠禱告的態度做出吉凶判斷的，或許是由談話對許季山的心理狀態進行探測的，但無論如何，張巨君通曉《易》筮一事則是有案可稽的。記載張巨君故事的《洞仙傳》成書於南北朝。因此，在兩晉南北朝甚至更早一些時候當已被道門中人奉為典範，加以效法。

(二)扈謙的占筮生涯

無獨有偶，在《洞仙傳》卷一一中，我們又讀到另一個精於《易》筮的仙人故事傳說。主角扈謙，係魏郡人，他生性放縱怪誕，不因衣裳破碎而感到羞恥，嗜好飲酒，不擇精粗，經常唱著這樣一首歌謠：

> 風從牖中入，酒在杯中搖。手握四十九，靈光在上照。巍巍聚著下，獨向冥中笑。❷

這首歌謠可以說正是扈謙《易》筮生涯的寫照。因為其中所出現的數字「四十九」正是《易》筮實際使用的數。《周易．繫辭上》云，「大衍之數五十，其用四十有九」。五十根蓍草，掛一不用，以象太極，只以四十九根來占筮❸。好像天地神明之靈光就在頭頂上照耀著，似乎可以百筮百中，所以在冥冥之中發笑。這真是活龍活現地把自己的占卜生活顯露了出來。

據載，扈謙經常在建康後巷許新婦店前為人筮卦，每次一卦，收費一百錢；每日限筮五次，得五百錢。過此，即使有人給千錢讓他筮一卦，他也不幹。他的養母就住在尚方門外路西，有養女三四人，自行料理。扈謙每日送三百錢供養母，剩下的兩百錢作為飲酒和接濟貧寒人之用。扈謙筮卦在晉代頗有名氣。《洞仙傳》稱：

> 晉海西旦出，見赤蛇盤於御床。俄爾失蛇。詔謙筮卦。《易林》曰：晉室有盤石之固，陛下有出宮之象。海西曰：「可消伏不？」謙曰：「後年應有大將北征失利。以三萬人逆之於壽春北，此災可消。」明年秋，桓溫北討敗績，咎豫州刺史袁真不為後援，誅真，還鎮石頭，廢海西，立簡文。溫妾產，息玄至艱難。謙筮曰：「公第西北六間馬敝壞，竟便產，是男兒，聲氣雄烈，當震動四海。」溫賜謙錢三十萬。謙云：「謙用筮，錢常患不盡。且交，無容錢處，請還公庫。」溫不聽。許氏以空檻借謙貯錢。俄而，夫人復送錢三十萬。謙從得溫錢，後日筮三卦以供養母，以溫錢飲酒，求能酣客，不問識與不識，群聚極飲。於是，遠近嗜飲客隨謙者眾……後母夜亡，謙旦還，云「因緣盡矣」而去，不知所之。數日，許氏家人於落星路邊見謙臥地。始謂其醉，捉手牽引，唯空衣無尸也。[4]

《洞仙傳》描述，晉朝海西在早晨的時候外出，他看見一條赤色的蛇盤伏在皇帝的御床中。過了一會兒，赤蛇就離開了。海西下詔書，請扈謙前來筮卦。

扈謙筮卦之後，引用《易林》的話並且作了發揮，說：晉朝的宮室有如盤石那樣的堅固，而陛下您卻有被趕出皇宮的跡象。海西說：「能不能消除這個災禍？」扈謙說：「後年應該有位大將軍北征失敗。只要用三萬人逆行於壽春北部，這個災禍就可以消除。」明年秋天，大將桓溫向北討伐失敗。他歸咎這次失敗是因為豫州刺史袁真沒能及時給予後援，於是誅殺袁真，回歸鎮守於石頭那個地方，他廢掉海西的帝位，立了簡文為帝。這時候，桓溫的妾即將生產，呼吸玄急，相當困難。桓溫又請扈謙筮卦。扈謙筮後斷定說：「桓公屋宅西北部有六間馬房壞了，不用著急，事情完畢就會生產。這是個男兒，他的聲音氣息雄大激烈，應該要震動四海。」果然如扈謙所說。桓溫要賜給扈謙三十萬錢。扈謙說：「我扈謙為人筮卦，所得來的錢很多，常常感到使用不完。暫且交回，因為沒有儲存錢的地方，請歸還公家的錢庫。」桓溫沒有按照扈謙的話辦，依然要給扈謙錢。桓溫之妾許氏以空檻借給扈謙儲錢。一會兒，桓溫夫人又送給扈謙三十萬錢。扈謙無奈，只好收下這筆錢。後日，又為人卜筮三卦以供養母，而把扈謙給的錢用來飲酒，他邀請好酒量的「酣客」，不問認識與不認識，聚集在一起痛快淋漓地暢飲一番。於是，遠近嗜好飲酒的客人有很多跟從扈謙。後來，扈謙的養母在一個晚上逝世，扈謙早上就連忙歸返。處理完喪事之後，扈謙說：「因緣已經盡了。」他說罷就離開，不知去向。幾天以後，許氏家人在落星路邊看見扈謙躺在地上，開始以為他喝醉了，就用手牽引他，可是一提才發現只有空衣服，並沒有屍體。《洞仙傳》這個記載顯得頗為「神秘」，其間當有故弄玄虛之處；不過，卻也反映當時上層人物對扈謙是很篤信的。他先後為兩個要人筮卦，一個是晉廢帝海西，另一個是被歷史學家作為叛逆典型的武將桓溫，並且皆「奇中」。扈謙的死給人們留下了一連串的疑點。文中所謂「空衣無屍」，用道教的專有術語來說，即「屍解」成仙。這不過是對死亡的一種理想性解釋，但他既然被當作屍解仙，則其《易》筮異聞就會在道門中流布。

像張巨君、扈謙這種既精通《易》筮又被奉為仙人的神異故事，在唐代以前的道教典籍以及正史、野史中為數不少。他們的活動或神異故事勢必在道教界發生影響。此外，還有一些被奉為「神仙」的《易》筮專家，他們本身既信仰道教，又有《易》象數學的著作傳世，這對道教的影響就更大了。種種跡象表明，《易》占在道教中是很受重視的，過去有些學者在描述道教發展歷史的時候乾脆立了「占卜派」。儘管這種道派劃分尚有待推敲，但對於我們評估《易》筮在道教中的作用來說是有參考價值的。面對這樣的情況，我們首先應該承認道教在歷史上存在種種占卜活動是客觀事實，不需回避的。至於這種占卜活動的性質以及在現實中的影響，則屬於另一個層面的問題。

道教歷史上的占卜活動不是偶然發生的，而是具有深厚的社會背景的。在道教發展時期，這個社會都彌漫著一股濃重的《易》筮風氣。那時，有許多所謂《易》筮高人受到了社會的推崇，道教對這些人也相當贊賞。如管輅、虞翻、干寶，道教典籍或者為他們立傳，或者贊賞其所謂高超的技法。

由此可見，道教占卜絕不是一種孤立存在的現象，我們只有從歷史文化的深層次上來把握這個問題，才能真正揭開其流行與發展的原因。

二、道教占卜主幹的符號解讀

從廣義上看，「占卜」有很多種形式，但在眾多形式中必有一種是居於主導地位的，這就是「主幹」。用這個尺度來考量道教占卜，當然也可以看出其中的主幹成分和支流或者「變體」形式。

不言而喻，在道教占卜中居於主導地位的是運用易學的象數法式所展開的占法。關於這個問題，我們不僅可以從諸多神仙傳記中找到不少資料，而且從道門中人所遺留下來的著作也能夠得到證明。如五斗米道信奉者郭璞、晉朝蜀地隱居高道範長生、唐末五代的麻衣道者、宋末元初的雷思齊、李道純等人都在這方面有自己的建樹和占卜踐履活動。就其總體內容來說，這些道門中的占卜裡，所留下的著述正如歷史上其它有關易學著作一樣，被籠罩著一股神秘的雲煙；但假如我們從符號學的視點加以解讀，卻又可以發現一些有趣的思維方法。

易學的象數理論作為占卜的基本思想指導，它貫穿到具體的操作過程中。我們要以符號解讀方法來考察道教占卜，當然必須緊緊抓住「象數」的問題。不過，為了展露其內在結構，我們還應該進行幾個層次的劃分。這樣才能使這種符號解讀更為深入地展開。大體說來，可以從以下兩個方面予以討論。

(一)從象數的角度看道教占卜的符號意義

在易學中，「象」與「數」本來是不可分的，但在應用過程中卻可以有所側重。因此，「象」和「數」在一定條件下一定場合中就具有相對獨立的意義。大家知道，「象」在易學中本是一種非文字符號，它與易經卦爻辭這種文字符號既相區別但又相對應。在操作過程中，「象」是占卜者進行解釋的重要符號依據。這個問題，可以從許多道門中人或者道教信仰者的活動事跡中得到印證，例如郭璞的情況就能有所說明。

郭璞在《仙鑒》中有傳，在一些道派的教理教義之類文獻中也有涉及。他吸取了五斗米道的崇水思想，借神仙漫遊天下的藝術境界來表達其憂患意識，同時又精通卜筮之術，被淨明忠孝道奉為「監督師」。有關史籍稱他一生占卜多有「奇驗」，曾經將六十餘個筮驗之例編纂成《易洞林》，又據京房、費直諸家要旨，撰《新林》十篇、《卜韻》一篇。可見，他不僅有占卜實踐，而且勤於著述。

《晉書．郭璞傳》和干寶《搜神記》記載，郭璞為宣城太守殷佑的參軍的時候，城下出現一個「怪物」，大如水牛，灰色而矮腳，腳的形狀如大象，胸前和尾巴都是白色，很有氣力但動作遲鈍，眾人不知道那是什麼東西。太守派人埋伏，伺機抓獲它，並請郭璞占筮。占的結果是：《遁》之《蠱》卦，其占辭有云：「《艮》體連《乾》，其物壯巨。山潛之畜，匪（非）兕匪（非）虎。身與鬼並，精見二午。法當為禽（擒），兩靈不許。遂被一創，還其本墅。按卦名之，是為驢鼠。」這裡的「占辭」並不見於《周易》，可能是郭璞根據京房等人的一些解釋性文字，再加上自己的理解綜合而成。不難看出，郭璞對事物的占斷是依據卦象符號的相互關係得出的。因為《遁》卦的下卦是「艮」，上卦是「乾」，由下往上讀，所以說「艮體連乾」。乾卦的符號蘊含著「大」的意義，所以說「其物壯巨」。由《遁》卦變爻而出的《蠱》卦，其下卦是「巽」，上卦是「艮」。艮的符號本義是山，所以稱作「山潛之畜」。《蠱》有「惑亂」之義，故謂其物非同尋常，「匪兕匪虎」。郭璞根據《遁》卦與《蠱》卦的卦象符號，並聯繫有關的占辭，得出了怪物的名稱為「驢鼠」。

據說，卦剛剛占畢，埋伏的士兵突然用戟猛刺這個怪物，刺進去一尺多深。郡府官員到祠廟祈求神靈允許殺死它，神巫說：「廟神大為震怒，說這是宮亭湖驢山（即廬山）君的使者，奉命前往荊山（後改名君山，在今江蘇宜興縣內），暫時路過我境，不得觸犯它。」於是讓這個叫做「驢鼠」的怪物離開，從此沒有再見到它。

又據《搜神記》所載，揚州別駕顧球的姐姐十歲時就生病，直到五十多歲仍然不癒，於是請郭璞筮病，得《大過》之《升》卦。其卦辭曰：「《大過》卦者義不嘉，冢墓枯楊無英華。振動游魂見龍車，身被重累嬰妖邪。法由斬祀殺靈蛇，非己之咎先人瑕。案卦論之可奈何？」意思是說，《大過》卦義不好，祖先墳墓旁邊的楊樹乾枯不開花，震動了游魂，使龍車顯現，子孫因此被妖邪所侵害，染上重疾。其根源是祖先斬殺靈蛇，斷了祭祀，而不是病家自身的過失。

據說顧球在得到占辭之後即查訪先輩之行為，果然有砍伐大樹並殺死一蛇之事。自那以後，顧球的姐姐就一病不起。這種聯繫祖脈血緣的思考方法，在中國歷史上並不罕見。古人認為一個人的行為不僅會影響自己的福報，而且會波及後代。在今天看來，這當然只是一種「神道設教」的思想體現，但在具體的歷史情境中卻有倫理教化的意義。關於這個問題，是另一個層面需要探討的。

我們這裡所要考慮的是其占斷過程的符號理趣。《大過》的卦象符號，下巽上兌。在《易經》中，陽剛之爻稱為「大」，陰柔之爻稱為「小」。《大過》六爻，四陽爻居中，兩陰爻在外，表明中陽之氣過剩。過猶不及則為「差」。《易經・大過》之《象》稱：「澤滅木，大過。」大澤淹沒了樹木，這就「大為過甚」。為什麼占辭稱「義不嘉」？應當是根據《大過》本身卦爻辭而發的。占筮時發生變卦，第四爻和第五爻都變，這就使《大過》卦變成了《升》卦。根據占法原則，兩爻變，就以本卦（這裡就是《大過》卦）變爻為占，但以居上的一爻為主。這樣，占斷之辭就落實到了《大過》卦

「九五」之爻。查其爻辭有云：「枯楊生華，老婦得其士夫。」枯槁的楊樹開出新花，龍鍾老太配了個強壯丈夫。對於這種特殊的現象，《象》作了評論：「枯楊生華，何可久也？老婦士夫，亦可醜也。」在《象》作者看來，枯槁楊樹儘管開出了新花，卻是不能長久維持生機的；而龍鍾老太配上強壯丈夫，這樣的情狀也太可羞醜了。郭璞占辭第二句之「枯楊」大抵是來自《大過》卦九五爻辭。本來，《大過》卦九五爻辭是「枯楊生華」，但到了郭璞的解釋中為什麼「無英華」呢？這是因為《大過》卦九五爻與九二爻都是陽爻，不能相應，其所開之花很快凋謝，所以說「無英華」。

由此，我們可以看出，郭璞在占斷時不僅根據卦象符號提取有關信息，而且進行意象的生發。所謂「靈蛇」等說法當然多有附會之辭，但卻也為後人留下了卦爻辭意象符號在解說過程中發生變形的例證。

在郭璞生涯中，占筮之例頗多，就連他的家族搬遷之事也染上了濃厚的易占色彩。從其家族顛沛流離的路途所進行的幾次占卜，我們不僅可以了解當時的戰亂情形，而且也能夠知曉郭璞對卦象符號與文字的對應技巧是很熟悉的。《易洞林》一書上詳細記載郭璞應用占術使得自己及其族人在戰亂中「逢凶化吉」的經過：

戰亂剛剛開始的時候，郭璞遍卜郡內縣道可以逃難之處，都遇上《明夷》卦。按照《明夷》的卦象符號，下卦為「離」，上卦為「坤」。在這個卦象關係中，離卦的基本意義是「明」；坤卦的基本意義是「地」。離在下而坤在上，表示「明」入於地中，象徵光明受到損傷，這是個凶卦。郭璞於是暗中會合姻親及密友幾十家逃離家鄉。當他們打算取道吳坂時，碰上了盜賊，只好折回。又想從蒲坂到河北去，但見劉石在那裡招兵買馬，專事擄掠，勢不可過。於是，同行中有人提出抄近道到河北，並讓郭璞占筮，以決其去留。占的結果，卦遇《同人》之《革》。其卦辭說：「朱雀西北，白虎東走；奸滑銜璧，敵人束手。占行得此，是謂無咎。」按《同人》的卦象符號，下卦是「離」，上卦是「乾」；《革》卦的卦象符號，下卦也是「離」，而上卦則為「兌」。從象徵的意義來看，「離」代表朱雀，於五行為火；「兌」代表白虎，於五行為金。火可以剋金，當「朱雀」朝著西北方向運行時，白虎自然就讓位，向東的方向退離，這就是「朱雀西北，白虎東走」的意蘊所在。在易學的卦象中，「兌」又象徵口，「乾」象徵玉。乾在上而兌在下，即表示玉在口中，所以說「銜璧」，璧即是一種高級的玉。按照占辭所言，遇上此卦是沒有咎害的，意味著「抄近道到河北」的方案有可行性；但眾人不從，卻退到猗氏縣。這時候恰好敵寇到來，眾人惶恐不安。

這裡有一條叫焦邱的小道，不通車輛，只能步行，況且非常危險，難於通過。這時，大家又讓郭璞占筮，得《隨》之《升》。其卦辭云：「虎在山石，馬過其左，駮為功曹猾為主，垂耳而潛不敢來下，爰升虛邑，遂釋魏野。」《隨》的卦象符號，下為「震」，上為「兌」。《升》的卦象符號，下為「艮」，上為「坤」。從象徵旨趣來看，震為馬，兌為虎，艮為山、為石，所以說「虎在山石，馬過其左」。馬狡猾能伏虎，所以說虎「垂耳而潛不敢來下」。又，變卦《升》九三爻辭有雲「升虛邑」，上升順暢，這就好像直入空虛的城郭。郭璞根據《隨》《升》兩卦象及《升》九三爻辭，認為焦邱之道儘管險峻但可以順利通過；但許多人面對困難，猶豫不決，甚至失色喪氣，最後還是沒有按照郭璞的意見辦，有的人甚至說卦辭貽誤人事，不可輕信。郭璞知道大部分人之意已定，只好宣布不願走的暫時留在原地，僅帶了十多家願意走的人取道焦邱到河北。不久，賊寇果然攻打猗氏縣，全城遇難，沒有一人倖免。

而郭璞等人到了河北之後，又打算南度潁水，在距離脈頭口渡三十里處傳來賊寇屯駐渡口要挾行人的消息，時有數百家幾千車馬❺都不敢前進。於是，眾人又讓郭璞占筮，得《泰》卦。郭璞高興地說：諸位避難而得「拔茅匯徵」之卦，且泰者通也，這是大吉大利的卦象呀！郭璞所說「拔茅匯徵」之卦，指的就是《泰》卦。《泰》卦初九爻辭說：「拔茅茹，以其匯，徵吉。」大意是講，拔起茅草，根繫相牽，這是同類事物會聚並出；往前進發，可以獲得吉祥。根據《泰》卦的卦象符號，下卦為「乾」，上卦為「坤」，天地陰陽之氣交合，象徵通泰。郭璞因此斷定，繼續往脈頭口渡前進，平安無事；但眾人半信半疑。郭璞見狀，自為前驅，跟從的只有數十家。到了脈頭口渡，賊寇果然離去了，而其他不願跟從的人則回避在另一個渡口，結果被賊寇劫掠，財物皆空，僅保住性命而已，所以都後悔沒有按照郭璞占筮的指點行事❻。

從上面的幾個例子可以知道，郭璞自己是相信占筮的。《易洞林》的記載自然有神化占筮功能的意味，我們引述其事跡並非是要對其占筮活動表示「贊美」，而在於探究事態與卦象發生聯結的符號意蘊。

(二)亦象亦數·道教占卜的符號延伸

在易學中，「象」和「數」儘管可以有所側重，但在具體運用過程中，兩者又是協調操作的。在「象」的背後隱藏著「數」，而在「數」的定奪中也寄托了「象」的旨趣。由於「象」具有無窮無盡的囊括性，種種事物在進入易學大廈之後也在特定的時空中具備了「象」的替代意義，這就使得符號形態與意義發生了延伸。當「數」獲得了表徵的功能時，它本身也可以認作一種符號。這樣看來，所謂「符號延伸」包含了兩個層面的內容：一是形態的有效擴展，另一是信息運載功能的增進。這兩個層面在占筮活動中有機地結合在一起。關於這個問題，我們可以《火珠林》和李道純的《周易尚占》為例略加考索。

《火珠林》，舊題麻衣道者撰。考諸正史，不見麻衣道者的事跡記述，但《仙鑒》卷四卻有其傳，其略云：「趙麻衣，不知何許人也。唐僖宗（公元八七四～八八八年在位）時，黃巢盜起，麻衣避於終南山，見道人數十居山間。麻衣無所得食，願為庸役，由是有所遇而得者。」這個記載很簡單，作者也不知麻衣道者是什麼地方人，但卻明確指出了他是姓「趙」。這個趙麻衣在黃巢起義時回避於終南山，他看見幾十位道士住在山中，就自願留在那裡做雜活，以便得其衣食。由於這種特殊經歷，趙麻衣有機會遇上高人指點而得其秘傳。據說趙麻衣後來遊歷青城山，經常穿著麻縷百結的破爛衣裳，所以人們管他叫「麻衣道者」。

《火珠林》一書是否麻衣道者所作，學術界有不同意見。但據《百二漢鏡齋秘書》和《文選樓叢書》所收錄之傳本，均題為麻衣道者所撰，當有一定根據。《火珠林》的名稱乃出於道教金丹學。火的顏色為「赤」，與金丹之色同，而「珠」也合於金丹之狀。因此，「火珠」實際上就是「金丹」的別稱。作者把《易》筮之道同道教金丹修煉之理會通起來，以金丹修煉比喻應用《周易》象數學進行預測的過程，認為要提高預測準確性，滿足社會生活需要，也必須像煉丹一樣，夜以繼日，孜孜不倦地錘練心性，才能在操作中得心應手。

《火珠林．易中明義》之注云：「易者，在天為日月，在地為陰陽，在人為心目。煉其心而心自靈，修其目而目自見。先逢人事，後敷卦爻。人事變通，卦爻自曉。吉凶應驗，歷歷不爽矣。」❼意思是講，《易》學的道理廣博，在天上可以成為日月的符應，在地上可以成為陰陽的象徵，在人體可以從心目得到理會。訓練心功，本心自然就靈活，修養自己的眼力，眼力就提高。要明白其奧妙所在並且掌握操作解讀技巧，應該從人事問題入手，然後再來推究卦爻之象。能夠掌握人事變通的規律，卦爻的意義就明白了。吉凶應驗的事情，歷歷在目，而沒有差錯。在《火珠林》看來，「神無方而

《易》無體」，天地人都具備了易象，只是各自的表現形式不同罷了。因此，煉心修目，做到心靈目明，便可以達到與天地相感通的境界，從卦象中看出人事之通轉變化。如此注重心目的修煉，其理正與道教的內丹修煉相同。

《火珠林》是怎樣把易學占筮的象數符號加以延伸的呢？首先表現在對漢代以來易學體系的借鑒與變通。作為一部占筮之書，《火珠林》的主要淵源出自西漢京房的《易》象數學。杭辛齋曾經指出：「今日京氏之《易》，雖無完本，然所傳者猶見大概，《火珠林》雖不盡用京法，而與京合者固十之七八也。」❽杭辛齋所說的京氏就是指漢代的京房。他的話大體意思是說，今天人們所見的京房《易》，雖然沒有完備的本子，但是從其流傳下來的內容還是可以了解到其大概情況的。《火珠林》這部書雖然不是全部採用了京房的《易》占法式，但與京房《易》的內容相吻合的大約占了七八成。從這個角度看，《火珠林》與京房《易》的關係是相當密切的。

我們已經知道，京房《易》在體系上與先秦的易學已經有了很大的發展。具體地說，京房《易》不僅使用了傳統的卦爻象數符號，而且建立了八宮卦模式，以納甲、飛伏、世應、陰陽五行諸學說作為自己的理論基礎。這些內容在《火珠林》裡都得到了續存。由於八宮卦和納甲一類東西本來就是象數符號的一種延伸法度，當《火珠林》引入了京房《易》的內容時，這在客觀上也使傳統的易學象數符號獲得了延伸。

其次，《火珠林》的卦象符號延伸具體落實在「成卦」過程中。所謂「成卦」就是通過一定的手段演出卦象來。在《易》筮中，首要的步驟就是「成卦」，而卦畫乃是由筮具決定的。先秦傳統的筮法一般以蓍草為工具，《火珠林》則以銅錢為工具。

胡一桂《筮法卦變說》云：「平庵項氏曰，以京房《易》考之，世所傳《火珠林》者，即其法也。以三錢擲之：兩背一面為坼，即兩少一多，少陰爻也；兩面一背為單，即兩多一少，少陽爻也；俱面為交，交者坼之聚，即三多，老陰爻也；俱背為重，重者單之積，即三少，老陽爻也。蓋以錢代蓍，一錢當一揲，此後人務徑截以趨卜筮之便，而本意尚可考。」

《筮法卦變說》以平庵項氏的話為依據來考察《火珠林》卜筮方式之來源。意思是說：用京房的《易》學來加以考證，追溯其源流，則可以看出市井民間所流傳的《火珠林》就是因襲京房《易》而成。其卜筮方法乃是以三個錢幣來投擲。錢幣的正面表示「多」，反面表示「少」。投擲時如果出現兩個反面一個正面就叫做「坼」，也就是兩少一多，其形態成為「少陰」之爻，即《易經》中以「七」為數的卦畫；兩個正面一個反面叫做「單」，也就是兩多一少，其形態成為「少陽」之爻，即《易經》中以「八」為數的卦畫。三個錢幣投擲時都出現正面，那叫做「交」，這是「坼」的聚合，也可以稱作「三多」，在筮法上合於《易經》筮法「六」這個數，是「老陰」之爻；如果三個錢幣投擲下去都出現背面，這叫做「重」，所謂「重」乃是「單」的累積，也就是「三少」，合於《易經》筮法「九」這個數，是老陽之爻。由此可見，《火珠林》乃是以錢代著。今日江湖術士以三枚硬幣放在竹筒內或龜殼內搖，然後倒出，視硬幣的背和面的組合情況畫卦，這種法式即是《火珠林》遺存的筮法。其中所謂「坼、單、交、重」係銅錢組合的四種不同形態，對應於《周易》筮法中的「八、七、九、六」四營之數。以銅錢擲六次，得六爻，即組成一卦。又根據「七八」少陽、少陰不動，「六九」老陰、老陽變動的原則而得出「之卦」（即變卦）。

必須指出的是，以錢代蓍的占筮方法並非《火珠林》所發明，大約在漢代就已經有了，所以朱熹認為「火珠林法」是漢朝人的遺法。不過，在漢代後相當長的時間中，這種錢筮法並沒有得到推廣，而《火珠林》的出現恰好起了承上啟下的作用。杭辛齋對此予以充分肯定。他說：

> 然書（指《火珠林》）雖偽而法甚古，蓋卜筮之道，非精神專一，無以取驗。揲蓍之四營成《易》，十有八變成卦，事既繁重，而需時甚久，欲意志不紛，終此六爻，殊非易易。乃易之以錢，則一錢代四營之用，三錢得一爻之象，減十有八而為六，縮短時間三分之二，庶心志不紛，精神易貫，而陰陽變化仍有合於大衍之數，而得乾元統天之義。是以後世習用不廢。❾

在杭辛齋看來，儘管《火珠林》是一部偽托❿之作，但它所傳的占法卻相當的古老。他指出，卜筮的道理，如果沒有達到精神的專心致志，是無法取得效驗的。揲演蓍草，因有「四營」的數而成「易」的形象，透過十八次的演算而形成一個卦，這種事情既顯得繁瑣，又耗費時間，要在六爻演算中始終保持意念志氣的集中而不泛散，這實在是不容易的事情。所以，就改變了具體的成卦方法，以一錢代替了「四營」⓫的功用，三錢就可以演出一個爻象，這樣就使原來的十八次揲演縮短為六次的錢幣投擲，時間縮短了三分之二，從而使心志不會昏亂，精神能夠集中一貫，在陰陽學理上卻仍然符合於「大衍」數，貫注著乾元統攝天象的理趣。所以，後世就喜歡使用這種卜法，沿襲而沒有廢棄。

杭辛齋在上面論述中說明了「以錢代蓍」的原因和根據。從其操作的簡便性來講，這種變化是很自然的。就符號延伸角度而論，「以錢代蓍」也有其特殊的意義。如果說蓍草是「成卦」的一種雛形符號狀態，那麼「錢」在演卦占筮過程中則表現出「符號」的轉換功能。因為「錢幣」有正面與背面，兩者分別代表了陰爻與陽爻。假如以正面代表陽爻，那麼，背面就成為陰爻的符碼。在這種具體操作中，儘管蓍草沒有顯示，但在理念上，它並沒有消失，而是作為一種隱性的存在。就此而言，「錢幣」這種符號乃是蓍草符號形態的演化形式。

復次，《火珠林》卦象符號的延伸最終落實到每一個具體的爻所運載的信息上。在《易經》中，每一個卦和每一個爻都運載著一定的信息，占筮之人在演卦以及解釋中又隨著情境的不同而進行靈活多樣的發揮，這就使信息的運載處在一個開放的狀態。《火珠林》在這一點上與傳統的易學並無多大的區別；但為了更好地符合社會情境的需要，

《火珠林》作者將爻象的位置與干支、五行、六親、六獸對應起來，這種對應在客觀上使得卦象與爻象的符號代碼意義獲得了進一步的擴展。一方面，卦象、爻象是干支、五行之類的符號代碼；另一方面，干支、五行、六親、六獸又是卦象爻象符號代碼的變化形態。

「干支」的配合構成「六十甲子」。這六十甲子既可以表示時間流程，又可以表示空間的狀態與變遷。當卦象、爻象與六十甲子得到了對應性的配合之後，其符號代碼功能實際上已通過時空模式的架構而獲得了增進。為了使得人們對於卦象、爻象所象徵的事物性質及其關係有一個比較概括的了解，《火珠林》引入了金木水火土「五行」。由於五行本身可以表徵東西南北中五方和一年四季及長夏（配土），這就使卦象、爻象的時空代碼意義獲得了進一步的延伸；在五行中，彼此具有相生相剋的關係，所以，當五行成為「火珠林占法」的一大符號層的時候，卜筮之人可以由這種關係的掌握而獲得對所指代的事物之性質以及發展趨勢有一個比較明快的認知。

由於被預測對象是生存於現實生活之中，卜筮者必須回答人們所普遍關心的實際問題，其中最為重要的就是有形、無形諸因素的存在對被預測者本身及其社會關係的影響。為了便於操作，《火珠林》將人際生活抽象概括為「六親」，這就是：父母、子孫、兄弟、妻財、官鬼、卦身。確定每一爻的六親所屬，這被認為是基礎的一環。所以《火珠林》說：「卦定根源，六親為主。爻究旁通，五行而取。」⑫

什麼叫「卦定根源」呢？這就是要明白卦象中的「世應」關係。所謂「世應」是關於自體與他體的卦爻符號象徵關係。一般地說，「世」是自體的符號代表，「應」是他體的符號代表，兩者之間存在著對應關係。因六畫卦是由三畫卦重疊而成的，故世應便只能在上下兩個三畫卦中發生。凡「世」在下卦，則「應」必在上卦；反之，凡是「世」在上卦，則「應」必在下卦。具體來講，即：世在初爻，應則在四爻；世在二爻，應則在五爻；世在三爻，應則在上爻；若世在上爻，則應在三爻；世在五爻，則應在二爻；世在四爻。則應在初爻。

什麼叫「六親為主」呢？這就是根據錢幣顯示的陰陽爻象以及五行運行規則而確定六親的位置。在「六親」中，「卦身」是很特殊的一項。《火珠林・六親根源》之注云「或問：六親為主，父母、兄弟、妻財、子孫、官鬼，只有五件，而曰六親，何也？答曰：卦身當一親。問曰：如何為卦身？曰：陽世則從子月起，陰世還當五月生。此即卦身也。」《火珠林》把「卦身」當作六親之一，並且指出推演「卦身」的辦法。其中所謂「陽世」「陰世」是指「八宮卦」的世爻。八宮卦是漢代京房對於《易經》六十四卦的一種新的排列方式。京房以乾震坎艮坤巽離兌這八個純卦各統八個重卦而成八宮。在這個體系裡，每一宮內部八卦的次序反映了陰陽消長的過程。

以乾宮為例，首卦為六爻皆陽的純卦乾卦，也稱作「本宮卦」或「上世卦」（上世即上爻，本宮卦中的上爻都不變）；第二卦是乾卦初九爻變陰而成的姤卦，表示一陰始生，為一世卦；第三卦是乾卦初九、九二爻變陰而成的遁卦，表示二陰生，為二世卦；第四卦是乾卦初九、九二、九三變陰而成的否卦，表示三陰生，為三世卦；第五卦是乾卦初九、九二、九三、九四變陰而成的觀卦，表示四陰生，為四世卦。第六卦是乾卦初九、九二、九三、九四、九五變陰而成的剝卦，表示五陰生，為五世卦。第七卦為晉卦，它既可以看成是乾卦初九至九五爻變陰而成，又可以看成是第六卦剝卦的六四爻變陽而成，表示陰陽二氣反覆不定，為游魂卦；第八卦為大有卦，它既可看成是乾卦九五爻變陰而成，也可以看成是第七卦晉卦的初六、六二、六三、六四變陽而成，表示陽氣復歸本位，為歸魂卦。其它宮所屬各卦的情形依此類推。

在八宮卦中，每一卦的初爻到六爻，按照貴賤等級，從低到高，分別「封號定位」，即：初爻為元士，二爻為大夫，三爻為三公，四爻為諸侯，五爻為天子，上爻為宗廟；還規定每一卦之內只有一爻為主，稱作「居世」「治世」「為世」「臨世」等。根據變化的原理，每一卦的變爻是最關鍵的一爻，是一卦之主，稱為「世爻」，它決定了該卦的變化。由於卦爻有陰陽之分，世爻也就有了陽世、陰世之別。凡所持之世爻為陰，則稱陰世；凡所持之世爻為陽，則稱陽世。例如占得夬卦，知其屬坤宮五世卦，則其世爻在五爻，五爻為陽，數起於子，由下而上，至五爻得「辰」；依「納甲法」之理，夬卦內乾外兌，六爻所納地支為子寅辰亥酉未，由此獲得對應的「卦身」爻是第三爻，即以辰為卦身。根據這種法式得出的卦身稱「月卦身」。這種卦身並非每卦都具備。另一種卦身稱作「世身」，則每一卦均具備。世身的確立，有一首歌訣云：

子午持世身居初，丑未持世身居二。
寅申持世身居三，卯酉持世身居四。
辰戌持世身居五，巳亥持世身居六。

例如，占得歸妹卦，知其屬於「兌宮」歸魂卦，持世同三世卦，世爻在三爻，三爻為陰爻；歸妹卦內兌外震，六爻所納地支為巳卯丑午申戌，由此獲得對應的「世身」是第二爻。世身與月卦身作為卦身的兩種方式，它們的確定實際上就是以干支卦爻等符號形態來表徵自體與他體的相互關係，在占筮過程中，對於分析自我與客觀環境來說是舉足輕重的。在確定了卦身之後，占筮之人就可以進一步考慮其它五爻所對應的父母、子孫、兄弟、妻財、官鬼，這實際上是對親屬關係與其它社會關係的一種卦爻符號的定位考察。

除了確定「六親」之外，《火珠林》還將占的卦爻配上青龍、白虎、朱雀、玄武、勾陳、螣蛇這六種神獸。如該書《占醫藥》部分即提及「青龍臨用爻或福德爻，其病雖重終可療。青龍空亡卦無吉解，病凶」。又謂「白虎臨父母當損，若值財上妻遭傷」。對於「六神獸」的引入，後人曾將其規則概括成一首歌訣，曰：

甲乙起青龍，丙丁起朱雀；
戊日起勾陳，己日起螣蛇；

庚辛起白虎，壬癸起玄武。

六神獸與卦爻的配合是根據占日的天干來確定。同時，六神獸本身還有個排列的順序，這就是：一青龍、二朱雀、三勾陳、四螣蛇、五白虎、六玄武。如果從方位上考察，我們就會發現六神獸是按照東西南北的順序排列的。落實到卦爻上，這種順序便轉換成由下而上的排列。假定庚日占筮，則初爻為白虎，二爻為玄武，三爻為青龍，四爻為朱雀，五爻為勾陳，上爻為螣蛇。餘者類推。六神獸的引入，是符號形態的進一步豐富，這使被預測對象與周邊環境的關係的分析增添了參照系。

《火珠林》對於情況的推斷是建立在象與數多層次轉換前提下的。作者在獲得卦爻之後即根據一定原則轉換成干支，這是由象向數的轉換；接著又由干支的生剋關係定出六親，按照占筮的日期配上六神獸，這又是由數向象方面的轉換。《火珠林》的這種象數轉換是相當繁瑣和神秘的，其中自然存在著封建性糟粕，這不言而喻；但我們從中卻可以看出作者力圖建立一個信息，提取與轉換的符號模型。

在《火珠林》影響下，道門中人更加努力探究易學象數理趣，並且產生了一些重要著述，例如李道純所作《周易尚占》即是沿著《火珠林》所開闢的道路進展的一部值得注意的著作。

李道純，字元素，號清庵，又自號瑩蟾子，都梁（今湖南武岡縣）人，宋末元初道教學者，著述頗豐，有《道德會元》《三天易髓》《全真集玄秘要》《中和集》等十餘種行世，《周易尚占》是他在占筮方面的代表作。

李道純探究占筮之學，並非偶然。他曾經於《道德會元・序》中說：「竊謂伏羲畫易，剖露先天；老子著書，全彰道德。此二者，其諸經之祖乎？今之學者，未造其理，何哉？蓋由不得其傳耳。予素不通書，因廣參遍訪，獲遇至人，點開心易，得造義經之妙。於是罄其所得，撰成《三天易髓》，授諸門人。」

在李道純看來，數千年前的伏羲氏畫易卦，在於顯露先天的學問；而老子著書的關鍵所在是要彰顯道德大要。《易》與《道德經》應該說是眾經的根本吧？現今學人，不懂得這個道理。原因何在呢？就是得不到正宗的傳授。他自謙地說，自己向來並不精通經籍，因為廣泛參考各種文獻並且四處訪問，終於獲得了高人的指教，點開心中之《易》，得以進入經學大義的神聖殿堂。於是把自己所體會和了解的東西毫無保留地寫成了《三天易髓》一書，傳授給了自己的門人。

李道純在序言中所講的「心易」就是根據心法所傳授的易學。傳授李道純心易的「至人」是誰？李道純於序言中並未明說，無從稽考。不過，從其簡要的敘述中卻也透露出一個信息：李道純的易學不僅有師承，而且學有心得。他的易學心得於《全真集玄秘要》中便時有所見。李道純於該書中說：「守中則黃裳元吉。」自注云：「守中則無過不及也。退符之時，至《坤》六五，守中行下，則無過不及之患。故曰：黃裳元吉。」李道純此番論述是以《易》之《坤》卦六五爻辭為根基的。重卦之坤，純陰，六爻皆為陰爻，象徵地土。上卦五爻居中，象徵中道，爻辭以「黃裳」為元吉。孔穎達《周易正義》稱「黃是中之色，裳是下之飾，坤是臣道，五居君位，是臣之極貴者也」。按照古經學家之釋《易》條例，居中為正，正則吉，以示事物發展之良好結果，對於《周易》這種「中正」思想，李道純予以具體化了。他不是泛泛而論，而是結合大丹（金丹）之修煉，以明進退之「候」。文中所云「退符」即是指金丹修煉過程中的「退陰符候」。這種結合丹道來講述易學的方式與《火珠林》將占筮比作「煉丹」的情形是很相類似的。由此可以看出，李道純具有很好的易學與道教丹功之學的素養。這對於他推演占筮法門，撰著《周易尚占》奠定了堅固的基礎。

李道純《周易尚占》分上中下三卷，上卷載占筮條例，中卷闡釋各卦與人事之關係，下卷載「八宮卦」卦象辭及斷辭。從總體上看，李道純《周易尚占》深受漢易學尤其是京房《易》說的深刻影響，而《火珠林》的結構體系更為其所取資。具體而言，《周易尚占》對於《火珠林》的「以錢代蓍」之法以及定六親、定六神（六神獸）、安卦身等程序無不是從《火珠林》脫穎而出。這樣一來，《周易尚占》遵循《火珠林》那種象數符號轉換的理路便是很自然的事。因為《周易尚占》既然是採用了「以錢代蓍」的方式，這就使得傳統筮法中的「數」的因素與「象」的因素在「錢幣」的符號表徵中統一起來。換一句話來說，當作者以其心靈的貫注而「投擲」錢幣的時候，這本身不僅意味著「數」的推演獲得了一種新的寄托，而且意味著「象」獲得進一步的展開。因

爻位	定位	三才
上爻	陰	空
五爻	陽	天
四爻	義	官
三爻	仁	人
二爻	柔	山
初爻	剛	地

此，「錢幣」的投擲既是數碼符號的陳列，又是易象符號的造型。憑借著這樣的「錢幣」，李道純逐步地建立起一座以數為基礎的象徵符號大廈。

第一，李道純賦予一卦六爻各種各樣的象徵意義。李道純深知，欲預測人事之吉凶，行動之得失，必明占筮卦象，而欲明卦象則必須先明爻象。所以，《周易尚占》依據《周易・說卦》的「三才之道」，將《易》卦六爻視作天地人三才和陰陽、剛柔、仁義六位的表徵，在他的卦爻匹配中，卦爻之位有了格式化的對應物，茲列表如上：

在這個對應體系中，所謂「柔剛」「仁義」「陰陽」是天地人三個層面的表現形式。在六爻位置上，它們與地、山、人、官、天、空是一一對應的。所謂「空」即天空，與「天」同義；而「官」亦是人，是一種具有特殊身份的人，在範疇上同屬於「人」，至於「山」乃是地面高聳的部分，與「地」同根，故「空」「官」「山」之義與天地人和諧。在這裡，作者圍繞著「三才之道」對卦爻之位的象徵意義作了規定。這種層次規定從邏輯上看並非十分合理，但卻體現了作者對於象數符號的多層把握。從這種立場出發，《周易尚占》根據卜筮之人的不同需要，賦予六爻以各種具體物象，使得《易》之象徵旨趣更為豐富多彩了。

就占筮內容看，爻象符號與事物之間的關係也獲得了一種規範。例如：占雨——初爻為雷，二爻為電，三爻為風，四爻為雲，五爻為雨，上爻為空；占晴——初爻為霧露，二爻為煙靄，三爻為風氣，四爻為霞虹，五爻為日月，上爻為天空；占地理——初爻為水，二爻為地，三爻為草，四爻為木，五爻為林，上爻為山；占野獸——初爻為狐兔，二爻為豺狼，三爻為虎豹，四爻為雞雉，五爻為鴻鵠，上爻為鷹。這幾個例證乃與自然物象有關。每一爻有具體的自然物象的符號意義。

李道純的《周易尚占》不僅以卦爻作為自然物象的符號表徵，而且也將之作為社會生活法象依據。例如「占賈」——初爻為財本，二爻為己身，三爻為停塌，四爻為發賣，五爻為買主，上爻為宜利；「占士宦」——初爻為庶民，二爻為士人，三爻為大夫，四爻為諸侯，五爻為王公，上爻為隱逸；「占捕賊」——初爻為家人，二爻為捕盜，三爻為近處，四爻為本處，五爻為本路，上爻為遠方；「占事」——初爻為人事，二爻為身事，三爻為家事，四爻為官事，五爻為心事，上爻為國事。

第二，《周易尚占》賦予八經卦更為廣闊的符號象徵意義。既然「爻」的符號意義作了拓展和重新的規定，由爻構成的基本卦即經卦的符號代碼意義必然也會隨之衍擴。從上面的考察中，我們已經知道，《周易》中的八經卦最初象徵八種事物——即天地雷

性本		情偽	德行	人材	人體	卦材	卦體	遠取諸物	近取諸身	在地成形	在天成象	八卦
神	心	武勇	誠恪	精勤	端正	健	圓	馬	首	金	天	乾
形	身	吝嗇	敦篤	拙訥	雄壯	順	方	牛	腹	土	雲	坤
魂	肝	躁暴	決烈	技巧	俊銳	動	大	龍	足	木	雷	震
志	胃	進退	謙遜	活落	潔淨	入	長	雞	手	竹	風	巽
精	腎	隱伏	淳樸	通疏	清奇	陷	實	豬	耳	水	月	坎
氣	膽	虛詐	靈變	智慧	秀麗	麗	虛	雉	目	火	日	離
意	脾	偏執	鎮重	慵懶	短小	止	小	狗	鼻	山	氣	艮
魄	肺	誣妄	溫潤	捷辨	柔美	說	短	羊	口	河	雨	兌

風水火山澤，並由此引申出一些抽象的屬性——即健、順、動、靜、陷、麗、止、說（悅），由之以涵蓋宇宙物象。《周易尚占》並不滿足於《周易》本來擁有的眾多象徵意義。沿著《周易》觀物取象的思路，《周易尚占》在對原有象徵物進行某些調整之後，進行廣參博取，為八經卦採擷了更多的象徵物，從而形成了一個更具操作性的「八卦取象系列」，茲列表如上：

這個表大體上反映了《周易尚占》的取象通例。實際上，《周易尚占》是對《易傳》所提及的物象以及漢代以來許多易學著作的卦象表徵物進行概括和歸類。由於這種概括歸類經過了一番符號的對應性思考，既由具體到抽象，又由抽象到具體的來回反覆，其中凝聚了作者的尊本與發揮精神。所謂「尊本」就是說他的概括是遵循了傳統易學的取象原則，而「發揮」就是根據卦體的性質把經傳所未涉及的物象進行適當的補充。《周易尚占》這種取象法式儘管也有牽強附會之處，但在客觀上卻表現了作者力圖以卦象符號對應具體事物及其性質特徵的理念。

第三，在推明干支五行生剋關係的前提下，《周易尚占》運用八宮卦所屬諸卦時，注意把原始卦象的解讀推演到切近的社會人事，使得卦爻符號從抽象一般的意義伸展出具體的功能。在八宮卦裡，各爻各卦，都配上了干支五行，從而形成了一個時空與物我統一的符號模型。從存在的立場來看，占筮主體——人與物境都是以時空為依憑的。離開時空，不但失去了物境，連占筮主體也不能成立。雖然，古人並沒有意識建立什麼模式，但在客觀上卻以其獨特的方式「描摹」了時空的存在並展示了功能。在傳統觀念世界裡，時間與空間的統一乃是以干支五行為符號標誌。《周易尚占》在這方面依然貫徹「尊本」精神。所以，他的八宮卦體系牢牢鍛鑄在干支五行的推演過程中。他以符號運動來表徵客體運動，並力圖從符號運動中體悟客體的運動與流遷，尋找人在這種客體運動與符號運動中的最佳位置。於是，干支與五行的推演便落實到卦象與占筮事物的關係之闡發上。例如，他在「乾宮」本宮卦的解釋中說：

六陽純一天行健，風虎雲龍聚會時。

剛健身持恆不息，功名榮顯決無疑。

這是對「乾象」的概述，具有總結性斷語的意義。所謂「六陽純一」基於乾卦六爻純陽的符號事實。乾為剛健，象徵天行，這就是「說辭」言「天」言「健」的由來。在這段詩歌體的斷辭中，尤其值得注意的是「時」字的出現。「時」意味著什麼？這裡的「時」不僅具有一般的時間意義，而且更重要的是指「卦時」，即成卦的時刻。成卦是透過錢幣投擲和干支五行的推演而確定的。因此，一個「時」字包含了相當豐富的信息，它既標誌著「成卦」的時間刻度，又蘊含著特定的空間情境。因為任何一個卦的推演，都是在特定時間中完成的，並且代表了特定空間的存在。

這裡所列舉的乾宮「本宮卦」——《乾》，它既然是天的象徵，這就表示「天」的空間模式已經得到了卦象符號的承擔。天在「行」，這個「行」意味著什麼？就是運動。為什麼能運動？因為天中有「物」，例如日月星辰。它們的存在都離不開空間，但在成卦之際，空間被融縮在時間裡，所以「說辭」僅用一個「時」字來概括。在這裡，「時」雖然意味著「乾卦」，但它又不是孤立存在的，「聚會」兩個字已充分表明這一點。誰在聚會？「雲龍」與「風虎」。根據《周易尚占》的卦象歸類以及取象條例，「雲」入坤象，「龍」入震象，「風」入巽象，「虎」乃「風」之源，猛虎狂奔必來風。這樣，一個乾宮實際上與坤卦、震卦、巽卦都有聯繫。

這就是說，一個主體的卦象符號背後乃牽動了許多相關的其它卦象符號。但它們都是由純陽行健的特質派生出來的，在這裡從屬於乾卦所具有的基本特質。從這種特徵歸屬出發，《周易尚占》作者斷之以「功名榮顯」。不過，這樣的判斷對於求占者來說未免太籠統。為了更為明確，《周易尚占》又結合生活的情狀，提出了較為具體的「斷辭」，謂：「乾者健也，事宜專一。人口安康，田蠶進益。問病獲安，占官轉職。所謀必成，所求皆得。」這幾句斷辭把卦象符號的意義落實到具體的生活中去了。人口、生產、健康、安全、職務升遷等等，都因乾卦的「健」與「行」而有了保障。

在八宮卦，乾宮的二世卦是《遁》卦。《周易尚占》對此卦的總結性說辭是：

> 天下有山為遁象，埋光鏟形以修身。
> 順時達變賢君子，不惡而嚴遠小人。

依據卦變原理，《遁》卦是由《乾》卦的初爻、二爻變陰而成。《遁》卦之象，下為艮，上為乾。乾為天，艮為山。按照《說文解字》的字義說明，艮「從匕目，匕目猶目相匕不相下也」。可知「艮」本是表徵人與人之間怒目相視，轉義則為山。這就是《周易尚占》所謂「天下有山」的語義淵源。因為山有靜止嚴峻的象徵性意蘊，所以《周易・說卦》釋「艮」為止。《彖》說：「艮，止也。時止則止，時行則行；動靜不失其時，其道光明。」在《彖》作者看來，艮之應象有其時。應抑止就抑止，應前行就前行，或動或靜，不違天時。這樣，抑止的道理就光輝明燦。可見，動與靜，行與止，都是相互聯結。然而，什麼時候應該行動，什麼時候應該靜止，卻大有學問。這一切依然表現在時機的掌握。從卦爻符號的顯象看，此時的「艮」居於《遁》的下卦，故道之「光」被遮蔽了，因此《周易尚占》稱之為「埋光」。所謂「埋」就是隱藏而不顯露，根據符號象徵意義，《遁》卦在總體上即意味「退避」，也就是匿跡避時，奉身退隱。這就是《周易尚占》所謂「鏟形」的意蘊。「鏟」者，除也。除去形跡，就意味著「藏而不露」。《周易》之《遁》卦《象》云：「天下有山，遁；君子以遠小人，不惡而嚴。」意思是說，高天之下，立著大山，象徵退避。君子應該遠遠地避開小人。儘管不顯露出對小人的憎惡情狀，但卻保持凜然而剛正的態勢，不與小人混同。

從《象》原文，我們能夠清楚地看到《周易尚占》關於「賢君子」與「不惡而嚴」諸語的出處。由上述分析可知，《周易尚占》關於《遁》卦的總體判辭是以《周易》之《遁》卦象徵意義為基本根據，又結合艮象與乾象的相互關係而得出。其立意主要是從「山」在下的「卦時」考慮的。這個「卦時」即是所遇卦爻在干支五行運行的具體刻度。其內在支撐依然含攝空間結構。

《周易尚占》把《遁》卦的符號象徵理趣推廣於日常生活中，就得出比較具體的斷辭：「遁者，退也，凡事宜退。公訟而和，行人阻滯。問婚不成，求財無利。病者遷延，田蠶微細。」這又使一般的符號意義得到了生發。

《周易尚占》沿著《火珠林》象數符號的思維軌跡來闡釋卦爻意義，並且在具體占筮中加以應用。從這個脈絡中，我們不難發現，「錢幣」與「干支」本身已經包含了

「數」與「象」共存的潛在符號功能，當它們在占筮者的演算下得出了卦爻時，這種潛在符號功能得到了外化。當所遇之卦與具體的占筮物事對應時，卦爻的時空意義便獲得拓展，根據卦爻辭的意象情境，求占者得到了某種告誡。這樣一番精神旅程儘管被灌進了占筮者的許多主觀推測因素，產生了牽強附會的擴展枝節，但從符號的建構與使用的角度看，卻提供了可以再現的操作範例。我們從諸多範例中不但可以窺視傳統的民族心理，而且可以對「人」所具有的文化符號內涵有進一步的認識。

三、筮數與易圖的溝通及其生命哲學意義

就占卜而言，其直接問題乃是「筮法」；因此，闡述筮法的來龍去脈，說明其具體操作規範，便為研究者和施行者所關注。但是，筮法也不是孤立存在。易學其它內容的研究不僅可以烘托筮法文化背景氛圍，而且可以加深筮法本身的認識。

(一)筮數與易圖關係引說

作為象數學的重要組成部分，筮法的性質雖然由「數」來決定，但數的演算既然是成卦關鍵的一環，則最終便延伸出「象」的符號意義。從易學史來看，「象」本身也是發展的，由卦爻之象到「河圖、洛書」之象，這就是一種發展⓭。河圖、洛書一般略稱

為「圖書」。後來，易學家根據義理卦象進行推演，畫出了諸多圖式，這一切在易學史上也歸入圖書之學的擴展範圍，總稱之為「易圖」。這種以「圖」解《易》的方式雖然由於學派目的之差異而有不同的分支，但其基礎卻又是由「數」來鍛鑄的。因為不論是「河圖」還是洛書都與天地之數有關。確切一點說，這實際上就是天地之數的圖式化，而圖式化也可以說是符號化。由於天地之數與筮法推演存在密切關係，符號化的「河圖、洛書」以及其它擴展形式的「易圖」也就與筮法存在不解之緣。

(二)從雷思齊著述看易圖、易筮之要義與關聯

在筮數與易圖關係問題上，道門中人不僅充分注意到其意義，而且有許多深刻論述。宋末元初的雷思齊可以說是這方面的突出代表⓫。他不僅比較系統論述了「易圖」與「易筮」的內容，而且注意到互相之間的內在貫通。為了理清「易圖」與「易筮」之間的關係，我們不妨對雷思齊的著述作一點考察。

1.易圖論

雷思齊對易圖的論述主要見於《易圖通變》一書中。該書凡五卷，收入《正統道藏》之中。其書首列「河圖四十徵誤之圖」「參天兩地倚數之圖」「參伍以變錯綜數圖」「參兩錯綜會變總圖」作為總綱；然後輔以文字說明，分上中下三篇以論河圖，繼之以辨微、遺論。

有關河圖洛書的思想在中國歷史上可謂源遠流長。《尚書・顧命》早已涉及之，謂：「赤刀、大訓、弘璧、琬琰在西序；大玉、夷玉、天球、河圖在東序。」據此，則河圖在傳統上是被奉為寶物收藏的。至孔夫子《論語》有「鳳鳥不至，河不出圖，吾已矣夫」的感嘆，《易・繫辭》則稱：「河出圖，洛出書，聖人則之。」其它先秦古籍也有許多此類記載。漢代開始，有關河圖、洛書的描述逐漸細緻。《漢書・五行志》引劉歆的話說：「伏羲氏繼天而王，受河圖，則而畫之，八卦是也。禹治洪水，錫（賜）洛書，法而陳之，《洪範》是也。聖人行其道而寶其真，河圖、洛書相為經緯，八卦、九章相為表裡。」意思是講：伏羲氏繼承天命而為天下王，他受了河圖的傳承，遵照河圖的理數畫出來，這就是八卦；大禹治理洪水，上天賜予洛書，他經過鋪陳，這就是《洪範》。聖人效法河圖、洛書所蘊含的道理而行事，珍寶其中的真諦。河圖、洛書相互之間成為經緯，而八卦、九章則互為表裡關係。

另外，鄭玄的《周易注》引《春秋緯》說：「河以通乾出天苞，洛以流坤吐地符。河龍圖發，洛龜書感；《河圖》有九篇，《洛書》有六篇。」意思是講：黃河通天，出現了表徵大道的天苞，洛水灌地，吐出了表徵地象的神符。河圖發自龍馬，洛書成於龜形。《河圖》共有九大篇章，《洛書》共有六大篇章。從這些記載看，漢代人以河圖為八卦的原型，以洛書為《洪範》九疇。漢人的這種思想被後代繼承下來，一直到唐代因襲而不廢。但是，河圖、洛書的具體形象到底如何？在宋代以前僅有文字描述，卻未能見其真跡。故而，北宋以來，儘管河圖、洛書的體式大為流行，但其爭論也隨之而起。爭論的焦點是河圖、洛書所蘊含的「數」到底是多少？或以為河圖之數為「一」至「九」的分布、洛書之數為「一」至「十」的分布；或以為相反。雷思齊正是在這種背景下探究河圖洛書之學的。

與歷史上許多論者不同，雷思齊沒有卷入「河九書十」或者「河十書九」的巢臼之中，而是獨闢蹊徑。他認為就傳統傳授而言，洛書不得有圖，只有河圖才稱得上有具體形式的「圖」。基於這樣的認識，他對河圖進行專門的考察。其中心思想在《易圖通變》的開篇就做了陳述：

> 河圖本數兼四方、四維，共四十，員（圓）布為體，以天五、地十虛用，以行其四十，故合天地之數五十有五。⑮

按照雷思齊所畫出的圖，其四十五數分列於外，成一圓形之狀；而天五、地十虛用之數隱居中央。這個圖大抵由北宋陳摶所傳的「四十五數圖」脫胎而出，但也有重要的區別。一是陳摶所傳四十五數圖稱之為洛書；而雷思齊則謂之「河圖」，因為雷思齊既然不同意有什麼洛書之圖的存在，那麼，他的圖就不可能稱作洛書了。二是陳摶所傳「四十五數圖」（洛書）的外形為方形；而雷思齊所作圖的外形則為圓形。三是陳摶所傳四十五數圖（洛書）的中五是處於顯形的，而雷思齊卻只是虛化的。此外，雷思齊把傳統上的「四十五數」洛書之方圖包容於內，構成總體上的外圓內方格局。

雷思齊所畫「河圖」，其理乃基於大《易》之筮法。為了說明這個問題，有必要對其內容結構作點分析。現分而述之：

(1)本數。「河圖本數兼四方、四維，共四十」。四方，指的是東西南北；四維，指的是東南、東北、西南、西北；合而為八方。為什麼說本數共四十呢？《河圖傳上》說：

> 四方者，各以其陽奇居於正；四維者，各以其陰偶者附於偏。

這裡所說的「本數」就是四方、四維分布的數。為了說明這個本數的意義，雷思齊從方位與卦象符號之數碼蘊含角度加以解釋。按照其圖式標示，北方為坎卦，其數一；東方為震卦，其數三；南方為離卦，其數九；西方為兌卦，其數七；東南方為巽卦，其數四；西南方為坤卦，其數二；東北方為艮卦，其數八；西北方為乾卦，其數六。四個奇數一、三、七、九之積為二十；四個偶數二、四、六、八之積也是二十。所以說「四方、四維，共四十」。

雷思齊所講「陽奇居於正」是指一、三、七、九這四個奇數處在東西南北的正面位置；而「陰偶者附於偏」是指二、四、六、八這四個數處在西南、東南、西北、東北的偏隅位置。關於本數的說法是雷思齊的獨創。稽考此前劉牧等人的著作，尚未見有「本數」的明確陳述，而雷思齊則在這一點有很自覺的意識。

(2)虛數。所謂虛數指的是天五與地十。「十」與「五」這兩個數也是一奇一偶。就此而言，這兩個數與一、三、七、九、二、四、六、八並沒有什麼本質的區別，為什麼稱之為「虛數」呢？總的來講，「虛數」就是說它既存在又不存在。

首先，從雷思齊所畫的河圖外圍方位看，它們是不存在的。也就是說，五與十不見於東西南北以及東南、東北、西南、西北的方位。再看八卦之數，坎為一，離為九，震為三，兌為七，艮為八，乾為六，巽為四，坤為二，也不見五與十。雷思齊把這個現象稱作「四象無五，八卦無十」[16]。從這個角度看，「五」與「十」是不存在的。但是，從八卦陰陽奇偶的內在關係看，它們又是存在的。坎卦之數一，始於正北；以一加五為乾六，位於西北；坤卦之數二，分於西南；而以二加五為兌七，位於正西；震卦之數三，出於正東；而以三加五為艮八，位於東北；巽卦之數四，附於東南；而以四加五為離九，位於正南。可知，陽數（奇數）得五而變陰數（偶數）；陰數得五而變陽數，五存在於八卦數的聯繫之中。再看「十」這個數也是這樣，坎一離九而十，坤二艮八而十，震三兌七而十，巽四乾六而十，皆一生一成。

雷思齊說：「一必九，三必七者，四方四奇之十，陽十也；二必八，四必六者，四偶四維之十，陰十也。」[17]按照雷思齊的解釋，「一」為什麼必定與「九」相對，「三」為什麼必定與「七」相對，這是因為居於四方的數在圖上的分布本來就是奇數，所以，它們兩兩相合而成的「十」可以稱作「陽十」；「二」為什麼必定與「八」相對，「四」為什麼必定與「六」相對，這是因為居於四方之偏的數都是偶數，所以，它們兩兩相合而成的「十」可以稱作「陰十」。這樣，「十」與「五」雖然不居於卦位，而其存在卻由卦數的內在聯結而表現出來了。關於「五」與「十」的關係問題，在劉牧等北宋學人的著作中雖然偶有提及，但基本上還是放在與其它數並列的地位，更無明確的「虛數」之說。

朱熹算是比較明察的，已注意到「虛中」的問題。他說：「河圖主全，故極於十，而奇偶之位均，論其積實，然後見其偶贏而奇乏也。洛書主變，故極於九，而其位與實皆奇贏而偶乏也。必皆虛其中也。」⑱朱熹認為，河圖主數之全，所以，它以自然數的「十」為終極，而圖中的奇偶數是相等的，但從其積數看，卻可以發現偶數之和多（共三十）而奇數之和少（共二十五）。洛書以變化為主，所以，其自然數僅到「九」就是限度了，而不論從其方位和其和數看，都是奇數多（共二十五）而偶數少（共二十四）。但不論是河圖還是洛書必然存在著「虛中」的理趣。

應當注意的是，朱熹所謂「河圖」是：「一」與「六」位於北方，「三」與「八」居於東方，「二」與「七」居於南方，「四」與「九」位於西方，「五」與「十」居於中央虛用。從其論述中可知，朱熹已經把「虛中」作為一個重要學理提出，雷思齊儘管在圖式排列上與朱熹不同，但虛中問題卻是共同的主張。不僅如此，雷思齊比朱熹更進一步。朱熹在答董銖信中所言及之「虛中」，實際上只是虛「五」，而雷思齊不僅虛「五」而且虛「十」。

(3)體用。在中國傳統哲學中，「體用」是一個重要的範疇，用以說明本根與事物的關係。中國古代哲人認為，萬事萬物生生不息，必然有一個本根，這在老子《道德經》中叫做「道」，在《易大傳》裡叫做「太極」。中國古代大多數哲學家認為本根與事物的關係是統一的關係，這可以概括為「體用一源」。例如宋代理學家程伊川就說：「至微者，理也；至著者，象也。體用一原，顯微無間。」⑲程伊川所謂「一原」也就是統一的意思。在他看來，本根隱微，事象顯著，然而隱微者與顯著者之間並無間隔。體與用是統一的。體用一原，即謂有體就有用，「體」就是「用」之體，「用」即「體」之「用」。體即用之藏，用即體之顯。用即由體而出；而不是在體之外又另起一用來與體對峙。雷思齊沿襲前人「體用」這一重要範疇，並加以靈活運用。他所說的河圖本數「四十員（圓）布為體，以天五、地十為用」就是其靈活運用的表現。其中有三點值得注意：甲、四十為體，五與十為用。之所以將「五」與「十」為用，是因為它們處於虛空的地位。

乙、雷思齊關於「體用」這一範疇的使用也體現了兩者的統一性。《河圖傳中》說：「天地之理未始不有數行乎其中。然或有餘於數，不足於數。唯其餘、不足而為之中制，故雖陰陽奇偶之數有分有合、有虛有實、有進有退、有自然互相生成之中道焉。一陰一陽之謂道者，陰陽分一以為天地；上下合一以為乾坤；天地上下分為四方而中無以合；乾坤陰陽合為四時而中有可分。是同一道也。」⑳按照雷思齊的看法，天地的道理從來不會沒有數運行於當中。但是，數的分配並不是那樣均衡的，或者多餘一點，或者欠缺一點。正因為分布與四方的數不論多餘或者欠缺都被中央的數所制約，所以陰陽奇偶的數儘管有分合、虛實、進退的區別，但是，彼此之間的互相生成都蘊含著「中道」的妙用。《易》把「一陰一陽」稱作「道」，這其中有深刻的哲理蘊含，陰與陽各分得一而表徵了天地，上與下合為一個整體，這就是乾坤，天地與上下劃分出四方來，中間不能歸入四方的範圍，這叫「無以合」；乾坤陰陽進退顯示出四時，而中間卻羅絡了四時之分氣。它們的道理其實是一樣的。雷思齊這一段話再度言及「四方」與「中」的關係。四方之數即河圖本數，也就是「體」；中之數乃是河圖居中的虛數，是「用」。為什麼說「無以合」呢？這是不是說中間的數與四方毫不相干呢？不是的。「無以合」也就是上文所說的「四象無五，八卦無十」，而「中有可分」就是「中」通過四方之數而分見。虛數是隱微的，但不是與四方之數絕對對立的。

《河圖傳上》說：「十各成中而居四方之正，然則正則丙、體用之中復有體用。中，中則正也。五始既所以正位於虛用之中十中，又所以中立於實用之外，皆所以為一陰一陽之中道也。由陰陽中既復有陰陽，此體用中所以復有體用虛實，實虛始終，終始變化，生成相與，為無所終窮者也。」㉑雷思齊認為，與四方四維總和之數四十相比，則十與五之數為虛用；而如果將五與十相比，五便是體，十則為用，陰陽當中包含有陰陽，體用當中又包含有體用，相輔相成，不可窮盡。因此，我們看到了雷思齊既接過傳統的「體用」範疇以說明河圖之數，又將這一範疇發展了，尤其是體用之中復有體用的命題更有獨到之處。

2.易筮論

雷思齊對易筮問題的論述主要見於《易筮通變》一書之中。該書凡五篇，包括《卜筮》《之卦》《九六》《衍數》《命蓍》。縱觀全書，可以看出作者解讀卜筮乃是以易學之「數」為綱，從數的變化中探究《易》之筮法。例如在《九六》篇中，雷思齊從易學史上人們所熟悉的現象入手，發掘隱藏其中的「微言大義」。就拿《乾》卦來說，它的爻象都是陽爻為奇，在爻辭上一定是繫以「九」並且有「用九」的卦例，《坤》卦的爻象都是陰爻而為偶，在爻辭上必定繫以「六」並且有「用六」的卦例。《易經》六十四卦凡是遇上陽爻都繫以「九」，凡是遇上陰爻都繫以「六」。這是為什麼呢？雷思齊指出，諸多學者囿於所見所聞之成習，只知其然，不知其所以然。他在前人對「九六」問題研究成果的基礎上發揮衍擴，自出新意，形成了自己獨特的「九六」解說理論。

(1)雷思齊認為，「九六」乃是因「占變」之事而設立的。他說：

夫九六，數也。《大傳》曰：極數知來之謂占，通變之謂事。蓋九六也者，占變之事也。㉒

這段言辭大意是：「九」與「六」初看起來並沒有什麼神奇，那都是「數」。《易》之《大傳》（具體就是《繫辭傳》）說：窮極蓍草演算之數以預知將來所要發生的事就叫做「占」；通轉變化就叫做事情的形態。可見《易》之「九六」乃是為了推演明瞭天下諸事的變化流遷。

雷思齊的討論自有其道理。在筮法上，陽數以「九」為大，陰數以「六」為大，老子在《道德經》說：「大曰逝，逝曰遠，遠曰反。」事物大到極限就要發生轉化，這就是「窮」而生變。「九六」在易學中就是變通的數理符號表徵。雷思齊從變易的立場出發，認為占筮之人演卦預測未來，必須著眼於通轉變化的事物。從占筮過程來講，就是以變爻作為客觀事物變化的符號。在「四營」之數中，有變數。也有不變之數。七八是表示不變的數，九六則表示變化的數。全書的卦爻之所以繫之以「九六」就是為了顯示變化的特出意義。雷思齊這種解釋當然也不是「無本之木」，而是有思想史根據的。在雷思齊之前的歐陽修與朱熹都有類似的說法，但雷思齊可以說在這個問題上有相當自覺的理性認識。

(2)易學占筮的「九六」從哪裡來的？雷思齊指出，這是出於「參天兩地」。他說：

參天兩地而倚數。參參而九，參兩而六。於是九六特啟其用也。㉓

這裡所謂「參」就是「三」。筮法以一、三、五為陽數三奇，以二四為陰數二偶。「參天兩地而倚數」，是說採取「參天」之數與「兩地」之數而創立陰陽奇偶象徵，以作為蓍草演卦之理則。具體而言，就是以一、三、五這三個奇數為「參天」，以二、四這兩個偶數為「兩地」。在占筮中，「九六」與參天兩地是什麼關係呢？原來，「參天」之數一、三、五，其和是九；兩地之數二、四，其和是六。從符號與數的關係角度看：天的卦象為乾，《乾》卦三陽，陽數為三。參之，則三三為九，所以「九」為《乾》之數；地的卦象為坤，《坤》卦三陰，陰之數二，三乘於二為六，所以「六」為《坤》之數，這就是九六產生的緣由。至於為什麼在《易》六十四卦中不用七八，而只是以《乾》之九、《坤》之六作為陰陽數的符號象徵，雷思齊從另外一個角度作了解釋。他指出，乾為老陽，坤為老陰。乾坤表示父母。而少陰、少陽則是乾坤父母所「生」六子女卦的表示。少陰、少陽之數是七八。乾元用九，坤元用六。合《易》六十四卦，不用七八，惟用九六，這是因為少陰、少陽六子女卦㉔由乾坤父母所變生，其情狀即隨父母之變化而變化。這種解釋實際上依然強調了用九、用六「法變」的特殊效用。

(3)雷思齊儘管強調了「九六」在法變中的特殊效用，但並非是在九六與七八之間劃上一條不可逾越的鴻溝。他說：

> 凡九六七八之數，均得以地數之成而成其天數之生也者，是所謂成象也。是一五而六為老陰，二五而七為少陽，三五而八為少陰，四五而九為老陽。是九六七八實相變為用也。㉕

雷思齊以其數理符號語言告訴讀者：九六七八是屬於「成數」，那是以匹配天數之生為效用的，這就是卦象得以形成的天地之合。在生成過程中，「五」是相當重要的。

一與五相合成六，這就是老陰；二與五相合成七，這就是少陽；三與五相合成八，這就是少陰；四與五相合成九，這就是老陽。可見，九六七八實在是因為中五而交互作用。為了證明九六與七八之間的交互關聯，雷思齊不僅尋根溯源，而且引經據史。他從先秦經籍古史之數尋找資料，參之以漢唐宋諸家《易》解。

例如，《左傳・襄公九年》記載，魯成公之母穆姜由於跟叔孫僑如私通，並且陰謀廢掉魯成公，失敗後被關進東宮。剛被關進東宮時，穆姜曾為自己的命運占了一卦，遇「《艮》之八」，即遇到了《艮》卦第二爻不變，因此稱之為「八」。於是，又占了一卦，史官解釋說：這叫做「《艮》之《隨》」，也就是從《艮》卦變為《隨》卦。隨，是出去的意思。史官根據這個卦象，告訴穆姜：你一定很快就會出去的。穆姜卻不同意史官的這種解釋，她認為自己作惡多端，不具備《隨》卦所說的「元、亨、利、貞」四種德行，咎由自取，必死在東宮無疑。後來，其結局正如穆姜所預言的那樣。

雷思齊舉了這個例子，一方面是為了說明《易》之爻本有七八不動之義，另一方面則為了強調古《易》雖然有三——《連山》《歸藏》《周易》，但筮則同法，皆以七八為卦畫之體，而以九六為卦爻之用。如此一來，九六就不是與七八毫無瓜葛的了。像這樣的例子在《易筮通變》書中還有不少，反映了雷思齊對於筮法的歷史掌故是相當熟悉的。

3.易筮與易圖的相互溝通

雷思齊在著述中儘管把易筮與易圖分別進行論述，但其具體內容卻又注意到彼此的相互聯結。這種聯結，表現為易圖的論述貫穿著筮數的意蘊，而易筮的討論也融合了易圖法象的理則。

(1)我們先來考察一下他的《易圖通變》是如何將筮數的原理引入河圖結構的解釋之中。在闡述河圖由來以及圖式理趣時，他說：

則河圖以作《易》，其數之所由起乎？數之起不過一陰一陽之道而已。《易》道之所以一陰一陽者，不過以奇耦（偶）之數互為分且合、以生且成而已。陽奇陰耦（偶），變而通之。繩繩分雜而不亂者，不過《大傳》所謂天一、地二以至天五且地十而已。㉖

雷思齊以發問的口吻開始他的河圖論：效法河圖來創作大《易》，這是筮數起源吧？數的發端只是一陰一陽的籌算罷了。大《易》以一陰一陽為其思想樞紐，而具體演算不過是透過奇偶數的分合，以描述事物的發生與輔成罷了。陽數為奇，陰數為偶，變化萬端而使物物之理得到通暢的表述。筮數如百索交會，錯綜而不昏亂，這一切都可以從《易大傳》所說的天地數理得到注腳。

不難看出，雷思齊相當推崇河圖。儘管他的討論頗帶商量語氣，但其字裡行間卻又透露出自己對河圖為《易》之根本的性質認定。「圖」與「數」的關係如何？雷思齊流露出「圖」乃「數」之源的觀念。從人類思維發展歷程看，這不無道理。因為數已經體現了思維的某種抽象，這種抽象當然是來自具體事物，它是以具體形象為基礎的。「圖」是對事物形象的描述，具有相對直觀的特質。但是，就河圖來說，它已經對具體形象有了超越。在結構上，河圖是一種「數」的排列陣勢。換一句話說，河圖本身就具備了「數」的內容，是數的一種符號性「描摹」。數有本根，其最初的形式乃是「一陰一陽」，而後發展出「天一」至「地十」的運算符號體式。「天一」至「地十」的自然數，《易傳》稱之為「天地之數」，這與作為筮法運算的「大衍之數」是有密切關係的。關於這個問題，在《易・繫辭上》有一段解釋，茲引述之，以作對照：

天數五，地數五，五位相得而各有合。天數二十有五，地數三十，凡天地之數五十有五。此所以成變化而行鬼神也。大衍之數五十，其用四十有九。分而為二以象兩，掛一以象三，揲之以四以象四時，歸奇於扐以象閏；五歲再閏，故再扐而後掛。《乾》之策二百一十有六，《坤》之策百四十有四，凡三百有六十，當期之日。

《繫辭上》這段話就是筮數的集中表現。其文意是：廣泛演繹的占筮之數是用五十根蓍草做成的「筮策」來進行的，其中一根虛空不用，實際使用四十九根。將四十九根任意分為左右兩組，以象徵天地兩儀，從中取一根懸掛於左手小指之間，以象徵天地人「三才」。然後，把剩下的筮策進行任意劃分，每束四策以象春夏秋冬四時；把右份揲算剩下的蓍策歸附於夾扐，即夾在左手無名指間，以象徵閏月。五年之後再出現閏月。於是，再把左份揲算剩餘的蓍策夾扐於左手中指間，而後別起一掛。這樣，反覆揲算。天的象徵數字一共有五個，就是一、三、五、七、九，為奇；地的象徵數字也有五個，就是二、四、六、八、十，為偶。五位奇偶數互相搭配而各能諧和。五個天數相加是二十五，五個地數相加是三十。天數與地數的總和是五十五。這就是《周易》數字所象徵的變化哲理與通達陰陽鬼神的奧秘。《乾》卦在蓍草之數中體現為二百十六策，《坤》卦在蓍草之數中體現為一百四十四策。《乾》《坤》共計三百六十策，相當於一年三百六十天。

在《繫辭上》中出現了兩個重要術語，一個是「大衍之數」，另一個是「天地之數」。兩者既有區別又有聯繫。從數目來看，一目了然，兩者是不一樣的。大衍總數是五十，天地總數是五十五。但是，大衍數絕不是完全獨立於天地數之外。實際上，大衍數之所以為五十，是因為虛五不用以顯其「大用」。古人計數，最初僅用五個手指，這個「五」具有變化萬千的妙用，因其尊貴，虛之而不用，所以，大衍數就從天地數的五十五減為五十。可見，天地數乃是大衍數的基礎。沒有天地數，就不可能有大衍數。天地數乃是大衍數賴以發生的根基，而大衍數則是天地數象徵意義顯象的「妙用」。這就說明大衍數與天地數是密切不可分離的。它們在易學體系中本來都屬於「筮數」的範圍。從這個線索追溯卜來，我們再回頭看看雷思齊所說的河圖之數，也就可以清楚發現其間與筮法的相互溝通。

關於虛「五」及其與圖數筮法的關係，我們從雷思齊具體解釋河圖方位結構時能夠得到進一步的證實。他在《河圖傳上》說：

坎以一始於正北，而一五為乾六於西北；坤以二分於西南，而二五為兑七於西；震以三出於東，而三五為艮八於東北；巽以四附於東南，而四五為離九於正南。故陽得五而陰，耦（偶）得五而奇，陰得五而陽，奇得五而耦（偶）。是生數之所以成，成數之所以生者也。[27]

雷思齊根據河圖形狀，解釋了卦象與數的方位排列。他指出，《坎》卦所配的數是「一」，它開始於正北的方位；「一」與「五」相合成六，這就是《乾》卦的數，所居處方位是西北；《坤》卦所配的數是「二」，它處在西南的方位；「二」與「五」相合是「七」，這就是《兌》卦的數，所居處方位是正西；《震》卦的數是「三」，它出現在正東的方位；「三」與「五」相合是「八」，這就是《艮》卦的數，它處在東北的方位；《巽》卦的數是「四」，它處於東南的方位；「四」與「五」相合為「九」，這就是《離》卦的數，它處於正南的方位。由這種配合的情形可知，陽數得五就變為陰數，偶數得五就變為奇數，陰數得五變為陽數，奇數得五變為偶數。這就是「生數」為什麼可以有成、而「成數」又可以孳生的奧妙所在。

雷思齊對於河圖形狀的闡釋，其要點有二：首先是說明了八卦所處的方位，可以看出，這是符合《易‧說卦》八卦方位原理，也就是所謂「文王八卦方位」。其次，從生成角度解釋了方位之數的內在關係，核心所在是「中五」的效用。宇宙萬物，有生必有成，有成則有生。生成之數也就是天地之數。在天地之數的生成滋養過程中，既然「中五」是如此的妙用無窮，它便不可輕易顯露。當這個「中五」隱而不露的時候，天地之數就轉換為大衍之數。可見，在具體解釋河圖的時候，雷思齊也貫穿筮數理念。

(2)關於易筮之論，雷思齊乃將河圖法象蘊含於其中。例如，他在《易筮通變》闡述「衍數」的時候說：

> 北南東西之判，冬夏春秋之序，水火木金之位，莫不由是以著。則所以揲之以四以象四時者也，而河圖之數所以四十者也。㉘

雷思齊在這裡指出了一個有趣的現象，這就是筮法的推演可以轉換成圖像。在這個圖像中，東西南北上下左右判然有別，春夏秋冬四時有序，水火木金各個在位，這些是由於什麼原因而顯露出來的？無一不是因為筮法推演的結果。在蓍草演算過程中，每束四策以象徵春夏秋冬四時，「河圖」本數為什麼是四十點？其理也與此不謀而合。

聯想一下河圖論可知，雷思齊在探究筮法時所遵循的思維理路恰好是相反的。如果說，雷思齊對河圖結構的描述是由「圖形」到筮法之理；那麼，他對筮法的考察則是由筮數的陳述到圖形的佐證。這就是說，他論筮法，乃先講法，再引出「圖」所蘊含的筮法道理。這樣，筮法便最終與河圖溝通起來了。

值得稍加考析的是，儘管雷思齊所謂「揲之以四以象四時」是引用《易・系辭上》，但卻揭示了一個重要現象，就是蓍草劃分四策一組，最終所得出的七、八、九、六，這「四營」之數相加恰好是四十，與雷思齊所言河圖本數完全一致。這就是雷思齊在闡述了天地之數與大衍之數之後引出河圖的緣由所在。從易學宇宙論的角度看，河圖與筮法實際上有統一的出發點。古稱：有太易、有太初、有太始、有太素。所謂「太易」是指還沒有見氣的狀態；「太初」是指氣的肇始狀態；「太始」是指形體的肇始狀態；「太素」是指質的肇始狀態。氣、質、形具備了，但還沒有分離，那就叫做「渾淪」。這種未曾相離的狀態也稱作「易」。渾淪剖判，易道變生，於是有了「一」，這個「一」就是「太極」，它是河圖之本，也是筮法之源。至於河圖居中的「五」本來也即表示太極分化前的「五」大狀態㉙。太極分化時，五也就虛含其中。這是河圖之中，也是筮法大用的根基。雷思齊由這種獨特的證明方式，揭示了易學宇宙模式的本體統一性，同時也就搭上了筮法與河圖的溝通橋梁。

(三) 從筮數與易圖的符號轉換看生命意識的多重表達

在雷思齊易學著述中，筮數是占卜成卦的數理依據，它力圖透過數的推演而得出卦形。就占筮的程序而言，乃是先有數再有形。因此，我們可以說「數」乃是「形」的前兆。一定的數代表了一定的卦形，在這個層面裡，數又是卦象的代碼。這就是說，數在此等情境中不是它自己，而是卦象的另一種存在，即符號性存在。

數在易學體系中，即可以轉化為卦象，也可以轉化為其他圖形。易圖就是由數轉化而來的一種奇特的圖形。在這樣的圖形裡，數不僅由白點與黑點來描述，而且由方位、五行、干支、卦位等轉換性符號得到了多重性的顯示。因為方位也好，五行也好，干支也好，它們既可以在一定的層面上互相替代，又有各自相對獨立的功能。在表述意象理趣問題上，它們既協調運作又有所側重。這就使得由「數」所引發出來的符號形成了系統性的延展效用。

實際上，雷思齊所討論的筮數與易圖問題，僅僅是在這個領域中的一個小例證。翻開《正統道藏》和《藏外道書》，我們可以找到這樣的許多著述。像張理的《易象圖說》以及無名氏的《大易象數鈎深圖》等，都有所側重地考察了筮數與易圖及其相互關係。此類著作從表面看，似乎只是為了預知某種情境的可能出現；但若聯繫人類發展歷史，則又可以發現先民們的生命意識，尤其是生存智慧。

就人類來講，生存不僅需要自然空間，而且需要社會空間。這兩者組合為生存環境。於此環境中，人類生存活動投射到文化層面就構成了「文化時空」。這種時空乃是生活歷時性與客體容納性有機統一的反映。自然空間與社會空間構成了人類運作舞臺，人類就在這個舞臺上將自身的器官功能發揮到可能的限度，並由自身的精神舒展，攝取生存的必要信息，拓展意念的運作範圍，以補充體能之不足。人類在生存活動中，把自身的精神思考賦予客觀事物。這樣，客觀事物就成為人類精神軌跡的儲存器。隨著時間的推移，人類不僅因為客觀事物對精神信息的「記載」而使生活獲得借鑒，而且由於本能模擬與思維抽象，使客觀事物及其精神寄托有了認知的符號。這種符號在最初主要是具備了自然特質，而後則延伸出人工特質。自然符號與人工符號，不僅使人類生存活動在精神表象上體現出歷史沿襲性和空間結構的文化延展性，而且使人類自身生存特質得到最鮮明顯示。

符號主義哲學家卡西爾在《人論》一書中說：當此之際，「人不再生活在一個單純的物理宇宙之中，而是生活在一個符號宇宙之中。語言、神話、藝術和宗教則是這個符號宇宙的各部分，它們是組成符號之網的不同絲線，是人類經驗的交織之網」。人在編織符號之網的同時也使自身的生存烙上了符號印記。從這個視點觀之，人乃是符號的動物，由符號的構築與運用，人類不斷地拓展生存的文化時空。

道教易學符號可以說是先民們拓展生存文化時空的一種重要形式。一方面，道教易學家由卜筮程序的解讀與運作，將先民們感受到並且染上人類文化觀念烙印的時空「組合」在卦象符號結構中，另一方面則透過河圖一類數碼圖形來象徵生命在宇宙中的續存與衍化。從文化心理角度看，不論是卜筮過程還是易圖的製作，都是人類自我生命意象的顯示；換一句話來說，人類生命的律動與生存的智慧透過卜筮與圖像的製作而流瀉出來。所以，我們憑借這些古遠的帶有「神秘意味」的手筆，既可以聆聽先民的生存腳步聲，又能夠獲取某種生活的經驗借鑒。

【註　釋】

❶《道藏要籍選刊》第一冊第七五四頁。

❷《道藏要籍選刊》第一冊第七五九頁。

❸關於筮數演算問題，請參看本章第三部分。

❹《道藏要籍選刊》第一冊第七五九～七六〇頁。

❺按，這裡的「數百家」不止是郭璞從老家帶來的人，應該還有其他行人。

❻詳見郭璞《易洞林》，清馬國翰《玉函山房輯佚書》本。

❼吳芝雲校正本《火珠林》，清刊本《文選樓叢書》。

❽見杭辛齋《學易筆談》。

❾《學易筆談》。

❿按，杭辛齋所謂「偽作」是說作者不是麻衣道者。從其學理來講，這不存在「偽」或者「不偽」的問題。

⓫「四營」即占筮的四個程序。第一營：取五十根蓍草虛一不用，將四十九策隨手分為兩半；第二營：將右半之策取出一根掛於左手小指間；第三營：分別四策一組地揲算左右兩部分的蓍策；第四營：分別將左右兩部分揲算剩餘的蓍策挾於左手無名指、中指間。

⓬吳芝雲校正本《火珠林》，清代刊本《文選樓叢書》。

⓭關於「河圖洛書」問題，本書第四章在談到陳摶丹法時已有所論及，現在擬從占卜的角度再作進一步探討。

⓮雷思齊，字齊賢，宋末元初人，籍貫臨川，本為儒生，後來入道，宋朝亡後，他隱居於空山著書，故時人稱之為「空山先生」。

⑮《道藏》第二十冊第三三六頁。

⑯《道藏》第二十冊第三三七頁。

⑰《道藏》第二十冊第三三八頁。

⑱胡平方《易學啟蒙通釋》卷上，《通志堂經解》本。

⑲程氏《易傳·序》。

⑳《道藏》第二十冊第三四〇頁。

㉑《道藏》第二十冊第三四〇頁。

㉒《道藏》第二十冊第三三六頁。

㉓《道藏》第二十冊第三三七頁。

㉔在《周易》中，乾坤生「六子」。古代所謂「子」泛稱男女。所以「六子」之卦實包含了三陰、三陽，即三男三女。

㉕《道藏》第二十冊第三三七頁。

㉖《道藏》第二十冊第三三七頁。

㉗《道藏》第二十冊第三三七頁。

㉘《道藏》第二十冊第三三〇頁。

㉙五大狀態，簡稱「五太」，即上文所說，太易、太初、太始、太素和渾淪。

第八章　易學變體與道教奇術

作為傳統預測手段，易學卜筮既有主幹，也有支脈或變體。靈棋、遁甲、太乙、六壬這幾種體式即屬於易學卜筮變體。在傳統上，不論是靈棋、遁甲還是太乙、六壬都曾經被作為預測的法門，這是客觀事實。但是，必須指出，既然是變體，就可能產生與主幹不相同的功能。所以，在歷史上，靈棋之類秘術又都衍生出新效用。正如卜筮主幹被道門中人廣為應用一樣，靈棋之類也在道教「法術」體系中具有重要地位。

為了對道門中的術數學及其延伸性體式有一個比較全面的把握，以便透析其心靈的生命理念，本書最後的這一章，將對具有一定代表性的幾種卜筮變體的符號結構及其功能問題展開論述。

一、靈棋課法的由來及其符號解讀

「靈棋」是古占法之一。該法乃是以十二顆棋子為工具來進行預測性占卜。在古人心目中，這種卜法相當應驗，所以尊稱為「靈」。以棋子來占卜，其過程有如課算之法，因此稱之「課法」。

(一)靈棋課法的傳世與歸屬

闡述靈棋課法的主要著作是《靈棋經》。在《正統道藏》中，《靈棋經》稱《靈棋本章正經》。《四庫全書》收有《靈棋經》一部，入子部術數類。相比之下，《正統道藏》中的《靈棋本章正經》當更為古遠。既然道教經書總集已將闡述「靈棋」的經書收入其中，則靈棋課法為道門中人所應用則可以肯定。

關於「靈棋課法」的緣起問題，《靈棋本章正經》的序言說：

夫《靈棋經》者，不知其所起。或云漢武帝命東方朔使之占兆，無不中者。朔之術，用此書也。或云黃石公以此書授張子房。又有客述淮南王神秘之事，亦此書也。蓋好事者倚聲借價，以重其術，豈盡數公之為乎？雖然，餘聞之久矣。以其非經史之書，不以留意。❶

序言告訴人們：《靈棋經》這部書，不知道它具體產生於什麼時候。有人說漢武帝吩咐滑稽名流東方朔占斷兆象，每一次占斷都很準確。東方朔所用的占斷術就是出自《靈棋經》這部書。又有人說：黃石公把這部書傳授給張子房；另外，還有客人敘說淮南王的許多神秘情狀，也出自這部書。其實，這不過是那些好事者假借有聲望的人以抬高這種占斷術的地位而已，難道真的是這幾位名人所造作的嗎？儘管如此，關於這部書的情況，我聽說已經相當久了，只是因為它不屬於經史的系列，所以不大注意罷了。

從其序言可知，《正統道藏》中的《靈棋本章正經》在唐代以前本叫做《靈棋經》。道教經書往往一書多名。為了表示尊重，道門中人常將一些主要經典標上「正經」或「真經」的字眼。雖然這並非是其原有的名稱，但卻表明了道門中人不僅使用它，而且尊崇它。

序言作者係唐代李遠所撰。李遠乃當時的一個中級官吏。在序言中，李遠結合自己的親身經歷來陳述《靈棋經》的由來及其基本內容。這裡所引用的是序言開頭的一段。李遠對於此書的來歷問題，並沒有一開始就擺出自己的看法，而是先羅列前人的一些傳說，然後再作評論。他不同意東方朔、張子房、淮南王作此書的說法，但又認為這部書行世甚早。

《四庫全書總目提要．靈棋經》作者在李遠看法基礎上作了進一步考證。其略云：

> 考《隋書．經籍志》即有《十二靈棋卜經》一卷，而《南史》所載「客從南來，遺我良材，實貨珠璣，金碗玉杯」之繇，實為今經中第三十七卦象詞，則是書本出自六朝以前，其由來亦已古矣。❷

《四庫全書總目提要．靈棋經》依例指出原本撰人題署為東方朔。雖然，《提要》作者也不相信該書為東方朔撰的說法，而且對其它關於《靈棋經》撰人的先前傳聞也加以否認，但又從史書經籍目錄進行稽考。他查閱了《隋書．經籍志》，發現了該志書著錄了《十二靈棋卜經》一卷，又將《南史》的一節繇辭與《靈棋經》文本進行對照。透過這樣一番工作，《提要》作者謹慎地得出《靈棋經》在六朝以前就存在的結論。這個結論是比較可靠的，因為其證據來自兩個方面，一是文本的內容，另一是傳統目錄學著作的記載。

作為六朝以前的古籍，《靈棋經》所記述的靈棋課法無疑也算古法了。這種古法出自何人之手，至今未能得出一個確切結論。但是，從其傳本原來之撰人題署或傳聞可知，此書之出大抵與信道之士有關，因為不論是張子房、東方朔還是淮南王都是道門中人所尊奉的神仙人物。

張子房，名良。《仙鑒》卷十一有傳，謂之「其先韓人也。秦滅韓，良以家財求客刺秦王，為韓報仇」❸。書中敘述，張良雇人刺殺秦始皇，誤中副車。秦始皇憤怒，派人追捕。張良逃亡，於下坯圯橋遇黃石公，得其兵法秘傳，故能於後來輔佐劉邦運籌帷幄之中，決勝千里之外。張良受封「留侯」，並不迷戀世俗的權貴生活。他表示：家世相韓，韓滅，不愛萬金之資，為韓報仇。「今以三寸舌為帝者師，封萬戶，此布衣之極，於良足矣。願棄人間事，從赤松子遊耳！」❹後來，他就學道，希望能夠「輕舉」，即輕鬆地隨風飄飄上升天上。《仙鑒》還記載了張良為漢王「籌」的事。所謂「籌」其實就是卜筮。他到底用什麼方法來卜筮，《仙鑒》沒有詳說，但至少表明在道門中人心目中的張良乃是一個精通卜筮之道的神仙人物。

如張良頗受道門中人所推崇一樣，淮南王在道教仙譜中也占有重要地位。《仙鑒》卷五記載：淮南王劉安，漢高皇帝之孫，好儒學方技，作《內書》二十一篇，又著《鴻寶萬年》三卷，論變化之道。當時，有八位皓首老者，號稱「八公」，前來拜訪。門吏看到這幾位人都老態龍鍾，就有意刁難，不願讓他們進門。老者說，如果大王希望看到的是少年，這恐怕不符合他一向表示的「發石取玉，探淵索珠」的用意了。說完，幾個老者一下子都變成十五歲的童子，滿頭青髮，顏如桃花。門吏看見了大為驚訝，趕緊進門稟報。淮南王聽說這件事之後，來不及穿鞋，就徒步出門迎接。他登上思仙之臺，列下錦綺之帷，設立象牙之床，點燃百和之香，進獻金玉之几。然後重新穿上弟子鞋，恭恭敬敬地面北朝拜，拱手而言：「安以凡才，少好道德，羈鎖世業，沉淪流俗，不能遺累，放逸山林。然夙夜饑渴，思願神明，沐浴垢穢。誠革浮薄，抱情不暢，邈若雲泥，不圖厚。聿道君降屈，是安祿命當蒙拔擢，喜懼屏營，不知所措，惟乞道君哀而教之。」❺他自稱：劉安凡俗沒有什麼才幹，但從小就雅好道德之學。由於被世俗業障所羈絆，沉淪於凡間，不能擺脫俗累而放浪隱居山林之中。雖然這樣，我還是日日夜夜、如饑似渴地思念神仙，洗刷污穢塵垢。非常誠心地準備革除輕浮淺薄的東西。深藏著情感而沒有放蕩，幽邈得像流雲泥土一般，不敢有過高的自我期望。今逢道君委屈降臨蔽處，這應是我劉安命中當受提拔，我又喜又驚，不知如何是好，惟祈求道君能夠哀憐賜教。這段話講得十分謙卑，反映劉安好道之懇切。儘管《仙鑒》成書較晚，但其中許多內容卻出自六朝以前古籍之記載。無論情況如何，劉安作為一個對道教相當誠心的王公，被後來道門中人奉為典範，這是在情理之中的事。

至於東方朔雖然不及張良、劉安那樣在道教仙譜中聲名顯赫，但也是名載道籍。被上清派廣為宣傳的《漢武帝內傳》就言及東方朔，可見他已被道門中人所景仰。

從道書記載情形看，《靈棋經》的作者儘管不能確指，但其傳聞卻具有明顯的道門傾向。再說，《正統道藏》所收經書乃是以在道門中流傳、代表了道門思想旨趣這一點為基本準則的。所以，靈棋課法早先應該屬於道教使用的一種卜筮技藝。

(二)靈棋課法與易學的關係

靈棋課法雖然並不等於《周易》卜筮之法，但屬於易學卜筮系統的一個支脈卻是可以肯定的。《四庫全書總目提要‧靈棋經》稱：

明初，劉基復仿《周易》傳體而作注，以申明其義，見於《明史‧藝文志》。其序稱：「靈棋象《易》而作，以三為經四為緯。三以上為君，中為臣，下為民。四以一為少陽，二為少陰，三為太陽，四為老陰。少與少（即少陰、少陽）為耦，老陰與太陽為敵，得耦而悅，得敵而爭。或失其道，而耦反為仇；或得其行，而敵反為用。陽多者，道同而助；陰盛者，志異而乖。」數語足盡茲經之要。大抵與《易》筮相為表裡。❻

《提要》這一段話是說：明代初年，有個叫做劉基的學者在舊傳基礎上模仿《周易》的傳體文字進行注釋，目的是要申明《靈棋經》的微言大義。這件事，見載於《明史・藝文志》。劉基注本的序言稱：靈棋是模擬《易經》卦象而作的，以「三」這個數字為經，以「四」這個數字為緯。「經」是主導，可以看作根本；「緯」是輔佐，可以看作由根本伸展出來的枝葉。靈棋課法製作棋子十二枚，先按照「三」的法度擬定上中下等級，每個等級各刻四枚，三乘於四為十二。上中下各有象徵理趣，上代表君，中代表臣，下代表民。就「四」個數碼層次之顯示而言，一代表少陽，二代表少陰，三代表太陽，四代表老陰。少陰與少陽具有耦合關係，老陰與太陽則具敵對關係。得其耦合就歡悅，得其敵對就抗爭變革。但事物發展是曲折而複雜的，如果沒有依照天道行事，耦合也會轉變為敵對抗爭；相反，如果依照天道而行事，即使是敵對之卦也會獲得吉祥的效用。陽數多的卦象，意味著同道者多而有助益；陰數多的卦象，則表示志趣分歧不一而人事多乖戾。這雖然只是簡短的幾句話，卻已點出了經書的要旨。大體而言，靈棋課法乃與易學卜筮構成相為表裡的關係。

《提要》所言及的「劉基」是明代著名思想家。《明史》卷一二八稱：劉基，字伯溫，青田人，元朝至順間舉進士及第。據說，他博通經史，於書無所不讀。本傳稱之「尤精象緯之學」。西蜀趙天澤論江左人物，首推劉基，將之與三國時期的諸葛孔明相媲美。劉基一生著述甚豐，除了注解《靈棋經》之外，他還有《重纂諸葛忠武侯兵法心要》內集、外集、《披肝露膽經》等多種。《明史》劉基本傳所稱道的「象緯之學」也就是易學卦象圖緯一類的學問。從這種情形而言，《靈棋經》被劉基所看重，這也從一個側面反映了該書的「象緯」屬性。

《四庫全書總目提要・靈棋經》所引劉基序言出自何處？其行文表述並不太明確。考《正統道藏》本《靈棋本章正經》，有《經解序》一篇，不題撰人姓名，筆者臆測很可能出自劉基之手。茲節錄於下，以進一步考察《靈棋經》與易學之關係：

> 昔者，聖人作《易》，以前（按「前」似當作「切」或「全」）民用。《靈棋》象《易》而作者也。《易》道奧而難知，故作《靈棋》象之。雖不足以盡《易》之蘊，然非精於《易》又焉能為《靈棋》之辭也哉？……陽多則道同而相照，陰多則志異而相乖。君子小人之分也。陰陽迭用，體有不同，而名隨之異，變易之道也。《易》之取象，曰車、曰桷、曰矢、曰兔、曰狐之類，推而達之，天下之物，莫不包也。曰馬矣，而以為龍；曰水矣，而以為「變易」之義也。非通天下之賾者，不識也。故曰：《靈棋》象《易》而作也。非精於《易》者不能也。予每喜其占之驗，而病解之者不能盡作者之旨，故為申其說意而為之言。[7]

這是說：往古的時候，聖人創作《易》的經書，乃是為了切合民眾的實用。《靈棋經》是模擬《易經》的規則和特點進行創作的。《易經》的道理相當深奧難於明白，所以就創作《靈棋經》以顯示其旨趣大要。雖然這還不能盡情揭示《易經》的微言大義；

但是，如果不是精通《易經》的人怎麼可能創作出《靈棋經》的解說之辭呢？……就靈棋課法的創作來講，陽數多則意味著同道多而能夠相互關照，陰數多則意味著志趣與意見分歧而相互背離。陽數、陰數的設象，這表示君子與小人的分別。陰與陽交替著發生作用，其本根有不同，所以名分就隨之有了區別。這就是變化改易的道理。《易經》攝取物象，有所謂「車」「桷」「矢」「兔」「狐」的類型，推而廣之，天下萬事萬物，沒有不包容於易象之中的。說是「馬」，推廣開來，也可以把「龍」囊括於其中，而由龍又可以聯想到「水」。這樣推衍延伸，以顯示變化改易的妙義。假如不是精研天下的運行軌跡，是無法認識其真諦的。所以說《靈棋經》是模擬《易經》而創作出來的。如果不是精通《易經》的人是難於從事這項工作的。我每每喜歡「靈棋課法」占斷的靈驗，但又感到那些錯誤解釋的著述不能揭示《靈棋經》原作者的本旨，因此，為了申明其學說而立言解釋。

序言的最後一句交代了作者為什麼要注疏《靈棋經》的理由。筆者為什麼臆測序言作者是劉基？這乃是從序言的語氣來判斷的。也許這個判斷不準確，但也不影響我們從易學底蘊的角度來認識靈棋課法，因為在序言裡已經很明顯地闡述了兩者之間的密切關係。

觀今所存《靈棋本章正經》共有一百二十五卦。內容包括「經」與「解」兩大部分。具體而言，每卦由卦名、象辭、棋型、注解等構成。其卦名為六字體，如《早騰課大通卦》《漸泰課受福卦》《富昌課吉慶卦》等等。其中許多卦名是從《周易》演變而來的，像《富盛課通泰卦》之中的「泰」、《小過課小成卦》之中的「小過」、《神助課否極卦》中的「否」等等都屬此類；有的卦名則是擇取《易經》卦爻辭的語匯再加上搭配辭而成的，如《苦節課乾陽卦》《習坎課虛勞卦》等屬此類。至於在卦名之下所標的「☰」之類就是棋型，它類似於《周易》的爻象。係於棋型之下的解說文字就是棋辭，類似於《周易》的卦辭。其下有「顏曰」云云，是引述顏幼明的話；而「何曰」以下是引述宋代御史中丞何乘天續注；「解曰」以下是劉基的注釋文字。他們三人各自從不同角度對《靈棋經》作了棋型與象辭的闡述或解釋，其內容大抵以易學的象數理趣為其法要。

從《靈棋本章正經》來看，棋象卦辭多為四言體，這與漢代流行的《易林》很相類似。《易林》之辭如《履之漸》云：「黃帝紫雲，聖哲且神，光明見祥，告我無殃。」而《靈棋本章正經》所見也是這樣，如《富盛課通泰卦》：「富盛貴極，天道反側。隨運上下，與時消息，子子孫孫，以萬以億。」儘管說辭長短不一，但堅持四言體卻始終如一。這反映了卜筮辭從散體為主向詩體的演變。

(三)從占卜過程的神明崇拜看靈棋課法的道教色彩

靈棋課法是由《周易》占筮法門演變而成的，但從具體占卜過程又可以看出該法具有相當濃厚的道教色彩，甚至可以說帶有明顯的道門占卜性質特徵。

《靈棋本章正經》卷首在造棋子法式與製商陸之後，緊接著是幾段咒語和請神的祝禱辭。其一曰：

天清地寧，河圖秉靈。寶香一炷，十方肅清。法鼓三通，萬神咸聽。

其二曰：

天地合其德，日月合其明，四時合其序，鬼神合其吉凶。皇天無私，惟德是輔。茲日太歲某月某日，鄉貫姓名，謹焚香奉請四孟諸神、四仲諸神、四季諸神，十二辰官，上啟天地父母、太上元君、左日右月、五星北斗、二十八宿、四時五行、六甲陰陽、明堂歲德、天十二神、地十二祇、歲月日時值事功曹使者。伏念某時生茲者所伸情旨蓋為某事云云，心有所願，意有所疑，沉吟猶豫，請為決之，吉當言吉，凶當言凶，得失是非，惟卦是推，恭望聖慈，明彰報應。❽

這兩段咒祝之辭是專為占卜儀式的進行而設立的，其目的是為了請神。根據有關描述，靈棋課法的實施，必先舉行「占儀」，這有如《易》卜要舉行「筮儀」一樣。按照朱熹《周易本義・筮儀》的敘述，古人進行占筮的時候要選擇清潔的地方作為蓍室，放置一張床於室中央，然後把蓍草五十根置於床北，焚香致敬，灑掃拂拭等一系列準備工作；在實施靈棋課法時照樣也要作一番準備，也就是「冠帶焚香」，藉由靜坐，以「寧心定志」。這個套式大抵與《易》筮沒有什麼本質的區別。所不同的是，靈棋課法在進行衣冠整頓和焚香之後便要請神。所請的神明為數不少，這些神明都可以在道教神仙譜系中找到應有的位置。茲擇其要者略加考索。

1.「太歲」

這本是陰陽術數家用語，但在道教中它除了具有曆法上的意義外，也是一位神明。例如《黃帝龍首經》卷上《占歲利道吉凶法第一》一開始就說：「陽歲以大吉臨太歲，陰歲以小吉臨太歲。視天上甲庚所臨為天道；天上丙壬所臨為一道。」又說：「假令今年太歲在寅，大吉臨寅。視天上甲庚臨地，乙辛為天道；天上丙壬臨地，丁癸為人道；魁罡臨巳亥為拘檢，魁為拘，罡為檢，他歲效此。」❾《靈寶玉鑒》卷十七《天師儀注》稱：「科曰，書章太歲後空三行者，謂章至天曹署，值日上章，詞表三疊。」❿在古代，術數家以歲星（即木星）十二年為一周天，所以將「黃道」分為十二等分，以歲星所在部分為歲名，稱之「歲陰」，又將歲陰配上十歲陽，合為六十甲子干支。傳統習慣上，以太歲作為推斷氣運的支點。由於太歲的這種地位和所對應的星宿的神秘性質，人們便將太歲神化，甚至具有人格化特徵。

《三命通會》卷二《論太歲》說：「夫太歲者，乃一歲之主宰，諸神之領袖。其說有二：如四柱中生年曰當生太歲，如逐年輪轉曰遊行太歲。」按照這個說明，太歲在術數家心目中不僅是一年中主宰命運的神，而且是眾神的首領。太歲有兩種含義，一是按照年月日時「四柱」推算一個人的運程時遇上生年就稱作太歲，這是因人而異的；另一種含義是歲星逐年輪轉時的當值干支。不論是哪一種意義，在道教中不僅得到繼承，而且廣為應用。上述所引兩部道經所涉之太歲主要是就天道太歲來講的。道教科儀舉行不但要明瞭太歲問題，而且在「書章」時也有講究。為什麼書上「太歲」之後要空三行呢？那是按照天曹署「公文」格式來的。這個「天曹署」實際上是人間官府衙門的一種神學表現形式，儘管這是虛幻的，但卻反映了道門中人對「太歲」的神仙化。

2.太上元君

「太上」是道門中人對最高等級之神明的尊稱。如稱老子為「太上老君」等；而「元君」則主要是對女神或具有陰性特質之神的尊稱，如稱「太素元君」之三女為白素元君、黃素元君、紫素元君。但將「太上」與「元君」連稱始於何時，這是需要進一步考察的事。所謂「太」就是「大一」，表明其至高無上的品格。這樣一來，「太上元君」就是具有至高無上品格的陰性神，就天上來說，具有這種規格的恐怕只有月亮才能擔當了。就人間來說，既然道門中人把老子稱作「太上老君」，那麼，如果配上一個夫人的話，稱之為「太上元君」也未嘗不可。不論其確指是什麼樣的神明，「元君」作為神的特有稱呼，它屬於道教卻是沒有疑問的。

3.五星北斗

這裡包含著兩個層次：一是「五星」，二是北斗。所謂「五星」指的是木火土金水這五星。在道教中，五星也各有神主。它們分別為東方木德歲星重華星君、南方火德熒惑執法星君、西方金德太白天皓星君、北方水德歲辰星伺辰星君、中央土德地侯鎮星星君。這些星君各有所司，在天上諸神中占有重要地位。故《雲笈七籤》卷二十四說：「五星者是日月之靈根，天胎之五臟，天地賴以綜氣，日月繫之而明。」這裡所謂「五星」已經不僅僅具有物理天體的意義，而且具有神化的內涵。在道門中人看來，五星之神乃是日月靈性的根本，天上聖胎所結的五臟，天地有賴五星來綜合調理氣化功能，日月因為有了五星之神才得以顯示光明。至於「北斗」指的是北斗星君。

根據道書的說法，北斗星君有兩種範式，一是北斗七元星君，另一是北斗九辰星君。前者包括：北斗陽明貪狼星君、北斗陰精巨門星君、北斗真人祿存星君、北斗玄冥文曲星君、北斗丹元廉貞星君、北斗北極武曲星君、北斗天關破軍星君。而後者「九辰」星君則是在「七元」的基礎上再加上北斗洞明左輔星君與北斗隱元右弼星君。道門中人對北斗星君也是相當推崇的。《太上玄靈北斗本命延生經注》說：「北斗是九天之精魂，九地之靈魄，九星之妙象，九州之威神。」足見其景仰之深。

4. 二十八星宿

作為太空之實體性存在，「二十八星宿」在先秦時期早已為先民們所認識。《黃帝內經素問・五運行大論》指出，據《太始天元冊》所載，東南西北之方位可以二十八星宿測定之。東方蒼龍七宿：角、亢、氐、房、心、尾、箕，凡七十五度；北方玄武七宿：斗、牛、女、虛、危、室、壁，凡八十一度；西方白虎七宿：奎、婁、胃、昴、畢、紫、參，凡七十五度；南方朱雀七宿：井、鬼、柳、星、張、翼、軫，凡一百一十二度。漢易學已將二十八星宿同《易》卦方位相配合。早期符法道派經典《太平經》和金丹派之《周易參同契》都將二十八星宿引入其思想體系以作為其理念的表達符號。《周易參同契・下篇》云：「青龍處房六兮，春華震東卯；白虎在昴七兮，秋芒兌西酉；朱雀在張二兮，正陽離南午。」這是把四神獸青龍、白虎、朱雀、玄武配上東西南北、春夏秋冬，以示金丹修煉過程中的「四季」變化之周天。宋代道教學者俞琰說：「所謂赤龍、黑虎者，東方蒼龍七宿運而之南，則為赤龍；西方白虎七宿運而之北，則為黑虎。無非譬喻身中之呼吸。」⓫在俞琰的解釋中，所謂「之」是「到達」的意思。「運而之南」就是運行到達南方。與此同樣的結構，以下的「運而之北」就是運行到達北方。俞琰這幾句話總的是講：所謂「赤龍」、「黑虎」都有代稱的意義。本位於東方的蒼龍七宿運行到了南方就變成了赤龍；西方白虎七宿運行到了北方就變成黑虎。為什麼「蒼龍」變成「赤龍」，而「白虎」變成「黑虎」呢？這是從五行的輪轉而引起五色之更替角度說的。本來，東方屬木，木色為青，蒼即是青，故與之相配的神獸是蒼龍；而南方屬火，火之色為赤紅，蒼龍從東方運行到了南方，表徵的顏色符號隨之更改為「赤色」；同樣道理，西方屬金，金色為白，與之相配的神獸稱白虎；北方屬水，水之色為黑。所以，本為白色之「虎」運行到了北方就變成黑虎。這種變化當然是出於五行輪轉的觀念。以《參同契》為大宗的丹道法脈所注入的二十八星宿主要是為描述丹功理趣服務的，但卻反映了道教對此自然符號法象的尊崇。不僅如此，二十八星宿在道教體系中實際上也有神化的一面。

在道門中人看來，二十八星宿各有神明管轄。道經認為：「凡二十八星宿各有司。」這個「司」字就是管理調控。誰來管理調控呢？顯然，這不是地上的人們，而是星宿中的神明。例如，角宿星君掌管人間雨澤，亢宿星君掌管人間大風，氐宿星君掌管人間狂風，房宿星君掌管驚風駭雨，尾宿星君掌管祥雲瑞氣，其宿星君掌管邪風細雨。這些可以左右人間生存環境的星君，還各有自己的名號，如角宿星君，姓賓名運生；亢宿星君，姓扶名司馬；房宿星君，姓洪名寄生，尾宿星君，姓涂名徐澤；諸如此類，不勝枚舉。此等名稱當然無從獲得現實的佐證，也不必要進行什麼具體的稽考，因為道教給自己信奉的神明取個名字再封上什麼號，這於神學法理而言乃是天經地義的事。雖然我們難於確知道門中人為什麼要給二十八星宿取這樣的名稱，但從描述的鄭重其事語氣看則可以明了二十八星宿在道門中人中乃具有非常神聖的意義。

5. 六甲陰陽

所謂「六甲」指的是天干、地支相配合而成的六個帶有「甲」的時序空間代號。它們分別是甲子、甲戌、甲申、甲午、甲辰、甲寅。天干地支配合而成的六十甲子可謂由來已久，道教也將之神化。在六十甲子神中以「六甲」為突出，它們也都有名字神稱，甲子神字青公名元德，甲戌神字林齊名虛逸，甲申神字權衡名節略，甲午神字子卿名潺仁，甲辰神字兖昌名通元，甲寅神字子靡名化石。這「六甲」在干支上都屬於「陽性」。有陽不能無陰，有陰才成搭配而能生。因此，由六甲自然引出「六丁」。

所謂「六丁」指的是：丁卯、丁丑、丁亥、丁酉、丁未、丁巳。它們也有相應的神稱。據《靈寶六丁秘法》等書所述：丁卯神名文伯字仁高，丁丑神名文公字仁賢，丁亥神名文通字仁和，丁酉神名文卿字仁修，丁未神名升通字仁恭，丁巳神名庭卿字仁敬⑫。正如對「六甲」加以神化一樣，道書對六丁陰神也賦予諸等靈異功能，如稱六丁玉女之神，能長能短，能有能無，「處心占而問之，萬事從心」⑬。這種描述當然是宗教情感的流露，但卻體現了道門中人對六丁之神的尊崇。漢代以後，隨著儒家思想影響的逐步加大，道教也在主要場合表現出「尚陽」的傾向，於是六丁六甲便合稱而為「六甲陰陽」。其中「陽」就是六甲，而「陰」就是六丁。

由上面這幾個方面的考察可知，《靈棋本章正經》在棋卜過程中所出現的神明基本上都可以在道教經書中找到歸宿。至於第一段祝禱辭所謂「河圖」本來就是道教易學的重要內容。關於這個問題，本書第七章已經有比較詳盡的考述，足以說明其固有的道門學術淵源與性質。故而，《靈棋本章正經》的道教思想特徵也就有了可以落實的根據了。當然，不論是祝禱辭中的河圖說，還是用以溝通神靈的咒語，都顯示了道門中人運用符號的多重表現。因為河圖本身就是以抽象的點線符號來表徵大《易》的思想理趣；而咒語中的神靈實際上也代表了人的某種願望和延展人體能力的動機。儘管在道門中人的直觀感受裡神靈是一種超越人間的「偉大力量」，但在深層體驗中，它們卻充當著符號的「能指」，在其神秘表象之背後存在著咒語施行者的強烈的生存發展願望，這就是凝聚於符號中的「所指」。

(四) 靈棋經辭的思想底蘊與象徵表達

正如《周易》的卦象被繫上許多歌謠口訣之類解說辭一樣，《靈棋經》⑭也配有「象辭」。為了能夠揭示棋子的象徵理趣以及象辭的微言大義，後世注家在此基礎上又附以闡釋文辭。不論是象辭還是後人的注疏之辭，都在某種程度上逼近了棋子符號的本初意義，但又不可避免地存在距離。由於語言表達在信息轉換上的偏離性，在縮短某一層次之距離時，又在另一個層次造成新的距離。這樣，說辭與棋子符號之間便永遠存在一種相隔性的朦朧。之所以這樣，是因為說辭乃繼承了傳統的象徵表達法。把握住這一點對於理解《靈棋經》的思想意蘊是重要的。

作為傳統占卜術的一種經典依據，《靈棋經》的思想相當複雜。無庸諱言，它被籠罩在神秘氛圍之中；不過，也必須看到，由於這種卜法的目的乃是為了人的生存，其經典依據自然就可以落實到人的生活需求方面來。在傳統天人對應思想影響下，《靈棋經》力圖通過一套人工符號來表象人類生活的複雜多樣以及變化情形。其範圍涉及個人的身心健康、仕途官運、婚姻家庭、社會交往等等。從形式上看，它遵循的是靈棋卦象與物事的對應。一方面，它通過類比，以提取元信息；另一方面，它又由當前事物之聯想與解說，從而達到指示生活路徑的目的。概而言之，有如下兩點尤其值得注意：

(1)由卦形的推衍，以類比事物的多樣表現。所謂「卦形」本指《易經》中的卦象符號；在《靈棋經》中，「卦形」就是靈棋卜法演示的特定符號，它在《易經》卦象的基礎上推衍出來。這種推衍與《易經》有一定差異。《易經》將八個經卦重而成六十四卦；《靈棋經》由於依據的占卜工具不同，遂形成了卦形數量與《易經》的差異。然而，從實質上看，《靈棋經》依然以八經卦為本。可以說，由靈棋卜法所形成的一百二十五個卦乃是八經卦的擴展，因為它們儘管千姿百態，卻都可以落實到八經卦的象徵原點上。在《易經》中，三畫的八經卦重疊則有六畫的六十四卦。靈棋卜法雖然不是運用重疊來形成「別卦」，但在經卦基礎上來擴展卻是無疑的。

考《靈棋經》的象辭以及有關的解釋資料可知，乾、坤、坎、離、艮、兌、震、巽，這八卦各有所統轄。乾卦統大通卦、吉慶卦、得志卦、才達卦、明陽卦、尊貴卦、貞壽卦等凡二十六卦；巽卦統漸泰卦、富盛卦、事遂卦、佳麗卦等凡八卦；離卦統樂道卦、年豐卦、憂患卦、行令卦、送貨卦等凡八卦；艮卦統驚怖卦、小戒卦、慎往卦、將損卦、無難卦等凡二十卦；兌卦統神護卦、理亂卦、憂喜卦、孤貧卦、益友卦等凡八卦；坎卦統將敗卦、未還卦、平安卦、得失卦等凡八卦；震卦統戒貪卦、昌吉卦、大成卦、福會卦、避世卦等凡二十卦；坤卦統安泰卦、亨通卦、避災卦、病患卦、陰長卦等凡二十六卦；末為純陰鏝卦以為歸結。整個系統一二五個卦分屬八類，以乾坤兩個經卦所統最多，各二十六卦；以震艮兩卦所統次之，各二十卦；其餘四經卦均統八卦。八經卦所統之所以有這樣的差別，是因為它們本來在易學體系中的地位不同。乾坤是大父母，所以統領較多；而震卦為「長男」，有繼承父業之責任，故所統較多；艮卦為少男，少壯年輕富有活力，故而所統亦較多。從靈棋卦形之設來看，以警戒者居多，例如，乾卦所統之敬慎卦、離卦所統之憂患卦、艮卦所統之否傾卦、震卦所統之戒貪卦、坤卦所統之失律卦等等都是。這說明靈棋卜法之創立者具有很深的憂患意識。

(2)由卦性解釋，以展示事物的發展趨向。所謂「卦性」是指每個卦所具有的基本屬性。在一百二十五個靈棋卦中，經解者都力圖對其性質做出說明。實際上，這種說明乃是利用靈棋卜法為人指示事態發展的象數義理依據。如何揭示其卦性呢？

經解者的第一步功夫是把靈棋卦回歸到《周易》之經卦⑮。例如第十四《慎德卦》，撰者於其下小字注曰：「極陰反位，艮山東北。」⑯這條注疏文字雖然很短，卻很重要，它揭示所卜靈棋卦歸屬是「艮卦」。這就把思考的範圍限定在類別上，有助於定位考察。按照《易經》八卦的固有屬性，乾坤所生「六子」：震、坎、艮、巽、離、兌也具有陰陽對應，陽卦多陰，陰卦多陽。「六子」之中震、坎、艮為陽卦，均兩陰爻一陽爻；而巽、離、兌為陰卦，均兩陽爻一陰爻。既然艮卦屬於「六子」之中的陽卦，則其卦形便多陰爻。靈棋卜法，慎德之卦乃一上四中二下，「四」為老陰，「老」即為

「極」，所以經解者稱之「極陰」。物極必反，故有「反位」之說。像這種歸屬「經卦」的說明除了最後一卦即純陰鏝卦之外，可以說是貫穿到底的。每一卦的歸屬說明都很簡練，但又落到實處。經解者的第二步功夫是指出主體象徵，也就是最重要的象徵，如漸泰卦為待時之象，吉慶卦為富昌之象，富盛卦為通泰之象，樂道卦為驚喜之象，驚怖卦為小危之象，年豐卦為宜田之象，小戒卦為慎防之象，得志卦為自足之象，事遂卦為將泰之象，材達卦為安吉之象，恣遊卦為行樂之象等等。此等主體象徵是靈棋卦關於事物發展走向的符號表現，即每一卦所具備的事物走向之喻示，這種喻示乃是經卦歸屬的符號象徵之衍擴。

經解者的第三步功夫是針對現實生活將主體象徵加以發揮，並作出行動的斷語。例如將《損卦》，其《象》曰：「豺虎咆哮，淋淫雨水，戰鬥不勝，弱兵鈍士；為寇所淩，多有亡死。」這裡的「象」相當於《周易》中的卦辭，是以詩歌體裁寫成的說明性文字，其特點是「以象釋象」，也就是以文字符號之意象來解讀靈棋卦象符號的意義。根據其象辭，後人又加以具體化，把其符號象徵擴展到現實生活中。例如，何承天在解釋將《損卦》時說：「方伯防邊，必被賊盜；縱有高陸，橫遭洪水。病者困重，囚者堅固。爭訟、用師、市賈、求官、田蠶、百事不利。此損兵之卦也。」[17]在最後，又加以總結，提出斷語，如稱：「此課一陽棲於積陰之上……占事無所不凶，用兵最忌。惟大旱求雨，得所用也。」[18]從諸多象辭與解釋性文字來看，《靈棋經》使用的是以象喻象的敘說技巧。如果說前一個「象」是本初之符號，那麼後一個「象」則是延展性符號。這種法式雖然看不出嚴格的邏輯思維，但卻給人留下思考的空間。在「象」與「象」的符號轉換過程中，人的認識在某種程度上看也得到加深。雖然，其解釋有不少穿鑿附會的東西，但對於拓展人的意象思維而言卻也有一定價值。

二、奇門遁甲緣起與符號解構

在易學各種各樣的占卜變體中，「遁甲」也是影響比較大的一種。向來，遁甲被道教當作重要的秘術加以應用和發揮。考道教經書不僅多涉及遁甲，而且還有專門敘說遁甲的經典，例如《秘藏通玄變化六陰洞微遁甲真經》（以下簡稱《遁甲真經》）就是其一。本節將主要以這部「真經」為研究的基本史料。

㈠奇門遁甲與《遁甲眞經》由來考

什麼是「遁甲」呢？簡單講就是根據十天干與卦象的配合而建立起來的一種術數學形式。取其隱遁之義，以通神明之德而發兵機。所謂「遁甲」就是使十天干之首的「甲」隱遁起來的意思。這個「甲」為什麼要隱遁呢？在古人看來，「甲」作為諸天干之首，它是至為尊貴的，但因其在五行上屬於「木」又害怕庚辛之「金」的沖剋，因此需要特別保護而隱遁。這樣，「甲」正如大將軍一樣就可以在隱蔽之處發號施令，達到克敵制勝的目的。至於「奇門」之「奇」指的是十天干中的乙、丙、丁。古人認為，日生於乙，而月明於丙，丁為南極、為星精，所以稱乙、丙、丁為「三奇」，奇門即指乙、丙、丁而言。乙、丙、丁之後的幾個天干戊、己、庚、辛、壬、癸稱作「六儀」，推衍時常使三奇隱於六儀之下而成特殊的時空格局，這就是「遁甲學」的基本輪廓。

遁甲起源於何時，它是如何運用易學原理來構造其體系的？歷史上有許多不同的說法，但不論表述如何差異，有一點是共同的，這就是將之推源於黃帝。在言及易學內涵時又往往遠稱伏羲等等，令人難於把握。故而，在探究其具體內容以及道門中人的應用問題時不能不對之有所考察。

關於「遁甲」的出處，《宋仁宗御制景佑遁甲符應經序》稱：

黃帝之世，命風後創名，始立陰陽二遁，共一千八十局。

明代程道生在《遁甲演義》卷一中也說：

昔黃帝始創奇門四千三百二十局……風後制奇門為一千八十局者。⑲

這兩部書都言及「風後」。在古史傳說中，風後乃是一位良臣典型。太公《六韜》多有稱道之語，《仙鑒》根據前人資料所編黃帝傳記也敘及風後，謂黃帝戰蚩尤不克，夢大風吹天下塵垢。黃帝醒來自己解釋，以為「風，號令執政者也；垢去土解，化清者也」⑳。據說，黃帝做了夢之後，寫了一本解夢的專書，並下令朝官依據他的夢去尋找風後，就在海邊找到風後，黃帝以之為大臣，治民理政，戰蚩尤而勝。這個資料比較晚出，但其史源卻相當早。文中並未敘及風後為遁甲布局之事，可見這是後世好事者托名以自神其說。

《道藏》中的《遁甲真經》也有一段話言及來歷，其略云：

> 昔蚩尤作亂，黃帝頻戰不克。帝曰：「聞伏羲治天下無兵。今蚩尤一庶人，生妖氣，伐而無功，戰而不克，吾之過矣。」忽目前五色雲從空而下，雲中有六玉女持書出。二童曰：奉九天玄女聖命，送遁甲符經三卷，告與伐之，願傳此文。乃天地（之）禍福，是八卦之吉凶。辯（辨）風雲之變動，識氣候之成敗，觀日月之盛虧，論陰陽之順逆，曉星辰之休咎，知人情之勝負。此術乃萬變萬化之法也。

又云：

> 遁甲者，乃玄女之法，帝得之而設壇造印劍令，依此戰蚩尤於涿鹿之野。爾後厥勝，藏之金殿。後大亂……傳於凡世。[21]

這兩段話見於《遁甲真經》卷上《遁甲神經出處序》。序言作者告訴人們：往古的時候，有個部落首領叫蚩尤，他不服從黃帝的統轄，興兵作亂，黃帝多次派兵與蚩尤戰鬥，卻不能攻克。黃帝說：「我曾經聽說伏羲治理天下沒有什麼軍隊。今天蚩尤僅僅是個平凡庶人而已，竟然生出妖氛之氣來，我出兵討伐不能見效，戰鬥卻無法克敵制勝，這就是我的過錯啊！」正思慮之間，忽然看見五色雲彩從空中降下來。雲中有六個玉女奉持神書閃現，兩位金童說：奉九天玄女的神聖使命，送遁甲符經三卷，告訴爾等攻伐的辦法，願意將此經文的秘訣傳授爾等。神經包含著天地禍福本原，也就是八卦吉凶的奧秘。掌握其秘訣，就能夠辨別風雲的變動，認識氣候的成敗，觀察日月的盈虧，討論陰陽的順逆，明瞭星辰運轉所暗示的休咎道理，知道人事情狀的勝負法則。遁甲神術乃是宇宙之間萬變萬化的法寶。遁甲是九天玄女傳授的秘法，黃帝得到這種秘法，就設立壇場，建造符印神劍密令。按照神經所講授辦法與蚩尤迎戰於涿鹿的原野，而後取得勝利，就把這部神經秘藏在金殿之中。後來，天下大亂，神經就傳到凡世間了。

《遁甲真經》不僅把其出處推到了黃帝時代，而且還附會上九天玄女的神話。對於這種傳說，清代學者已有辨析。紀昀所主持的《遁甲演義提要》中說：「故神其說者，以為出自黃帝、風後及九天元女（即九天玄女），其依托固不待辨……考漢志（指《漢書・藝文志》）所列，惟風鼓六甲風後孤虛而已，於遁（甲）尚無明文。至梁簡文帝『樂府』，始有『三門應遁甲』語。」《遁甲演義提要》從《漢書・藝文志》的有關記載追索下來，並稽考魏晉以來諸多典籍，認為只是到了簡文帝的時候才有遁甲的名稱。《遁甲演義提要》的論證也有失誤之處，比如關於「遁甲」名稱的第一次使用，其實不在簡文帝時，早在晉朝的葛洪《抱朴子》中已有涉及；但從總的來看，《遁甲演義提要》是具有獨立判斷精神的。

由此聯繫到《道藏》中的《遁甲真經》也不能不進行一番辨析了。筆者經過稽考，以為這部書不會早於北宋之前。其理由主要有三個方面：

第一，宋代之前，遁甲之屬可謂不少，但並未見有「真經」與「遁甲」相聯之字樣。考《南史・陳武帝紀》云：帝「涉獵史籍，好讀兵書，明緯候孤虛遁甲之術」。又《吳明徹傳》稱：「涉書史經傳，就汝南周弘正學天文孤虛遁甲，略通其術，頗以英雄自許。」這個稱作吳明徹的人與陳武帝一樣，喜歡讀歷史文獻，廣泛涉及術數學的領域，他把自己看作英雄人物。由此可知，當時遁甲一類術數學著作很受看重。今查《隋書・經籍志》載有遁甲之屬五十四種，《舊唐書》載有九種，《新唐書》載有十九種。這些經典之名，於「遁甲」之後或言「賦」，或言「直指」，或言「圖」，或言「訣」，或言「要鈔」等等，未見其「真」字，更無什麼「通玄」「洞微」之說。考《抱朴子・內篇》卷十七有云：「按《九天秘記》及《太乙》《遁甲》云，入山大月忌：三日、十一日、十五日、十八日、二十四日、二十六日、三十日。」又引《玉鈐經》云：「欲入名山，不可不知遁甲之秘術，而不為人委屈說其事也……餘少有入山之志，由此乃行學遁甲書，乃有六十餘卷。」葛洪《抱朴子》書中還列有《遁甲中經》。又唐代道士王玄覽作有《遁甲四合圖》，這也僅是言「圖」而不稱「真經」。

第二，就內容而言，《遁甲真經》多次提及宋初的著名人物及事件。《宋尚書右僕射趙普進經表》說：

臣聞天之可度，則復物必廣；人之有奇，則建功不難……一日，有羅浮山隱士劉罕謁臣曰：「古有玄秘之文，必得之矣。」臣曰：「諾。」劉罕以為未也。因出紫囊於案，乃焚香設拜，啟囊取書，授臣曰：「黃帝得伐殺蚩尤於阪泉之野，藏之天府。厥後授之堯、舜、禹、湯、文、武。戰國失之。秦皇獨得焉，驅神陰助，既統海內。復以無道失之。迨秦歷漢，或諸侯得之，散落四海者多矣。嗚呼！有得而不能奉持者，有行而不能恭敬者，皆不能成功……臣某慵懶，隱於羅浮山，積有歲矣。先師珍藏是文，積有年代，曾戒臣曰：若逢聖明真主啟運，丹有真人助之，汝當持此以獻。㉒

這篇《進經表》中以臣子向皇帝稟告的口吻稱：臣下聽說上天如果有宏大度量，則覆蓋事物必然廣泛；人如果有奇異方術，則建立功勛就不會困難……一天，羅浮山有個隱士叫做劉罕來訪問臣下，他說：「往古的時候有深奧秘密的文章，想必是得到了吧？」臣下隨聲應和：「是的。」劉罕卻不以為然。於是，他拿出一個紫囊放在桌子上。在舉行了焚香設拜的儀式之後，他打開紫囊，取出裡邊的書來，授予臣下，並說：「黃帝得了這部神聖秘書，在阪泉那地方的原野攻伐剿滅了蚩尤。戰鬥勝利之後，就把神書歸回天府收藏。以後，九天玄女又把神書授予堯、舜、禹、湯、文、武。到了戰國的時候，這部書不知道怎麼的失傳了。唯獨秦始皇又得了這部書，他驅使神明暗中幫助，因而使海內統一起來。但因他又行無道之事，於是又失掉了這部書。從秦朝到漢朝，或有諸侯慶幸得到了這部書，如此流布且散落在四海廣大地域已經是很多的了。

哦，有得到了卻不能謹慎持守的，有行其術卻不能恭敬的，這些都不可能真正成功……臣某慵懶，隱居在羅浮山已經有好多年了。我先前的老師一直珍藏著這部奇妙著作好久了。他曾經告誡我說：「假如遇上了聖明的國家真主來開啟運程，那麼就會有真人相助，你應該拿上這部神書奉上。」

《進經表》再次敘及黃帝，姑且勿論。值得注意的是劉罕氏，《進經表》明確說《遁甲真經》出自劉罕氏之手。劉罕何許人也？這段文字說他隱於羅浮山，但《羅浮山志》並未言及此人。查《仙鑒》，亦未見此人之傳，看來劉罕氏並非是十分著名的隱者或道士。不過，方志及較系統的神仙傳記裡沒有立傳的道士比比皆是。此處恐非假托，因為假托一般是尋找一個名望高、時代早的人，而《進經表》卻直接將劉罕氏與宋朝相連。《表》云：「劉罕豈凡人哉？其人厥後隱遁，寂不知其所以，莫非天授我宋耶？」❷且進經者自稱為趙普，說明劉罕乃趙普同時代人。趙普為宋初名臣，《宋史》及《東都事略》等都有其傳。《進經表》不僅表明了趙普的身份，而且提到幾位與趙普共事的大臣、名將，這就進一步說明劉罕氏是宋代人。

劉罕申明他這部書是得其先師之傳，可見並非空穴來風的杜撰物。照此看來，《遁甲真經》當是劉罕根據原先的遁甲數理造構而成。

第三，《遁甲真經》出於宋初，這是有特殊歷史背景的。遁甲作為方術之一，其應用是多方面的，但同軍事關係尤其密切。《進經表》云：「惟前漢陳平、後漢鄧禹、蜀諸葛亮、唐郭子儀、李靖五子得之，恭謹而行，每運用奇計，人不可測，凡行師出軍，偷營劫寨，雷風雹雨，隨時而至。」㉔這說明作者造作《遁甲真經》主要是應軍事之需。從公元七五五年唐朝「安史之亂」起到公元九〇七年唐王朝滅亡止，共一百五十多年，是地方藩鎮勢力分裂割據時期。當時，軍閥林立，把一個統一的唐王朝弄得四分五裂，不可收拾。五代時期，更是干戈並起，動亂不已。五代十國的封建統治者依靠武力，分別割據一方，大者稱帝，小者稱王，互相攻伐，倒戈兵變，這不僅給人民帶來災難，也給地主階級的統治造成危機。順應統一的歷史要求，周世宗親自征伐南唐等地。長期跟隨的趙匡胤得寵，繼而穿上龍袍，當上皇帝。

但要實行統一，仍需進行戰爭。北宋王朝的建立，引起後周地方藩鎮勢力的不滿，如昭義節度使李筠、淮南節度使李重進，都準備力量進行反抗。趙匡胤先後征討李筠、李重進，接著是出兵湖南，攻取後蜀，統一南漢，討伐南唐，消滅北漢，統一燕雲等一系列的統一活動，並且取得了節節勝利。關於這一點隱士或者道士是十分清楚的。出於一種對大局的預測，道士隱士出山為新的統治者出謀劃策、幫助宋朝在戰爭中取得勝利，這是很自然的。《進經表》清楚地表明是為「真主」獻策的，而獻策不僅有客觀的需要，而且有可能性。

趙匡胤作為皇帝，雖然一度對道教不感興趣，但卻也不排斥，其手下許多人則虔誠信奉，趙普便是其中之一。這種氛圍為隱士道士鋪敘「遁甲」之學及其軍事鬥爭服務提供了社會需要之依據。可見，《遁甲真經》在此時傳世並非偶然。

(二)奇門遁甲的易學象數框架及其符圖化傾向

奇門遁甲之所以被歸入易學術數範圍，是因為其基本原理乃出自易學象數的符號模式。大體而言，主要有三個方面尤其值得注意：

第一，太極與三才之道。誠如前述，易學以「陰陽」未分之際為「太極」，以天地人為「三才」，探索天地人的道理就是所謂「三才之道」。後人將「三才」的關係圖式化，造作了對應的符號結構模式。遁甲之學以「太極」為其本根，以三才為用，效法其符號結構模式，以成天地人的相互呼應。從其外觀看，作為占測之用的同軸圓盤有四個，即上中下三層，再加上「山頂」盤。這個山頂盤正像易學中的「太極」居於最高處，故稱之為「頂」。山頂盤以下的三層再分上中下。上層象天，列九星，即天蓬、天任、天沖、天輔、天英、天禽、天芮、天柱、天心。中層象人，開八門，即傷門、生門、杜門、景門、死門、休門、驚門、開門；下層象地，列八卦，即坎、離、震、兌、乾、坤、艮、巽。八卦九宮有一定的排列規則。九宮天蓬與休門、坎卦相對，這叫做「三才定位」。

第二，虛數之法。易學卜筮之道，本有虛數之法。《繫辭上》謂「大衍之數五十，其用四十有九」。這就是所謂「虛一之法」。後來，揚雄撰《太玄經》，繼承並且發展了虛一之法，從而立「虛三之法」。按《太玄經》占筮之策依天地之理，設十八策，合則為三十六策，以地虛三，故只用三十三策。遁甲之學將「虛一」與「虛三」統一起來，謂甲為諸陽首，虛而不用。甲之下有三天干乙丙丁合日月星為三奇。既然屬於「奇物」，當然就應該「虛」之而不可亂用。三奇之後為六儀，戊己庚辛壬癸，分陰分陽，順逆相推，六甲周流而隱。所謂「六甲」指的是甲子、甲戌、甲申、甲午、甲辰、甲寅。《遁甲演義》卷三《奇遁布局法》稱：甲子常同六戊；甲戌常同六己；甲申常同六庚；甲午常同六辛；甲辰常同六壬；甲寅常同六癸。甲雖不用，而六甲為天乙之貴神，常隱於六儀之下為直符，其發用實在此，故謂之遁。「此大衍虛一，《太玄》虛三之義也」㉕。《奇遁布局法》所謂「同」當訓為「通」，即卦位契合而通。如甲子在四宮巽卦，那麼，六戊周流所在也是四宮，如此往復，順逆相推，然甲常隱於六儀之下，這就是「遁」的根本用意所在。

第三，洛書之數。《易大傳・繫辭上》稱：「天生神物，聖人則之；天地變化，聖人效之；天垂象，見吉凶，聖人象之；河出圖，洛出書，聖人則之。」這裡的「神物」是指蓍草與靈龜。整句的意思是說：天生出神奇的蓍草與靈龜，聖人取法它而設立卜筮之道；天地具備春夏秋冬四時變化，聖人模仿它而制定刑賞之條令；天上垂懸日月星辰之類表象，顯示吉凶的徵兆，聖人模擬它而發明了測天之儀器；黃河出現龍圖，洛水出現龜書，聖人取法它而創製八卦九疇。在《繫辭上》中，「河洛」並提，一為圖，一為書。雖然，洛書之事在漢朝時並沒有看見「圖」的形狀，但其理卻是存在的。《大戴禮》敘「明堂」古制就有「二九四七五三六一八」之文，這就是「九宮」格局的依據。關於洛書九宮格局的問題，《易緯·乾鑿度》以及《黃帝內經》《周易參同契》都曾敘及，亦可略見一斑。《太上老君中經》載其口訣為：戴九履一，左三右七，二四為肩，六八為足，凡五在中宮。中宮者土，火之子，金之母，寄理於西南坤之位。遁甲之學蓋以此為據，配之以卦。坎為一，離為九，震為三，兌為七，乾為六，坤為二，巽為四，艮為八，中為五，由此推成陰陽十八局，以定吉凶。

上述三條乃是遁甲學共同之規則。《道藏》中的《遁甲真經》也不例外。由此可見，遁甲學的整個理論基礎和思想框架、結構模式是離不開易學象數符號體系的。甚至應該說，這是在易學的根基上發展起來的，經過了一系列的推衍而有陰陽順逆的符號變化。遁甲，作為一種重要的術數形式，它不僅被道門廣為應用，而且滲透於其體系的許多方面。在《遁甲真經》中即有專門的遁甲符，其寄托遁甲之原理顯而易見。其特出之點有如下數端：

第一，符圖之形式一一應以遁甲之意。《遁甲真經》中的符圖共有四十五種，大體可分為兩類。

(1)隱「甲」符。取隱遁之義，此類符圖都隱藏著一個「甲」字，如祈雨符、祈晴符、呼風符、通仙符、如意符、枕中符、延壽符、入水符、入海符、行兵甲符、隱遁潛行入軍圍中符等等，無不如此。符圖，作為道教方術的重要形式，其起源甚早，經過長期發展，道門中人又加以衍擴與增益，遂使符法大為豐富。漢代末道教符圖大抵與雲彩之飄動及日月星辰之運行有關，但那時並未有什麼遁甲之符。南北朝時期，著名道士陶弘景收錄不少先師典籍，仍沒有明確講到遁甲符。至《三錄篇·周易內文·三甲處》開始以三甲之理造符圖，這為《遁甲真經》以遁甲之法造作符圖奠定了基礎。在《遁甲真經》中，「隱甲」符義蓋取自遁甲學的「直符」說，所謂直符就是符合九星運轉之位。列星運行，這本是自然現象，但因其變幻莫測又給人造成某種神秘感，故與九星相應便有九帝。九帝各有所主，於是符合九星之運行便轉而為符合九帝之命。在天有九帝，在地有八卦，符合九帝之命又轉而為符合八卦之位。在地有八卦，在時有甲子，符合八卦之位又可以六十甲子來表示。這就是「直符」之秘。

(2)干支合同符。在遁甲學中，干支是很重要的構築因素，沒有干支，就沒有遁甲。從這個意義上說，干支乃是支撐遁甲學的基本符號之一類。古代的干支，是時空摹寫的重要手段，在人們的生活中具有特殊的效用。遁甲學以干支來布局，建構了奇特的時空符號模式。由於干支在道教中本來就具有人格化的神明，《遁甲真經》遂推而廣之，以符圖「嵌印」神意，作為溝通人與神關係的憑借。例如，六丁符、丁卯合同符、丁丑合同符、丁亥合同符、丁酉合同符等等。儘管這種符圖具有頗為神秘的氛圍，但卻從一個層面反映了道門中人的時空轉換理念。

第二，符圖之運用，處處貫徹遁甲精神。《遁甲真經》卷下《三真祈求召符》曰：「急速燒紙，並符於乾亥之地。所謂「乾亥之地」，出於遁甲學的「真人閉六戊布局法」。此法布局成一方陣，乾坤巽艮各立一角，乾在右下方，坤在右上方，艮在左下方，巽在左上方，天干地支分屬四面，卯酉界東西，子午定南北，戊己在中央，亥恰好在乾之左，為西北方向，故乾亥並提。「符於乾亥」之說又與作為遁甲學重要內容的「罡步」之理相通。所謂「罡步」即步罡踏斗。《遁甲真經》卷上云：

藏形隱跡，步我罡魁。
我見其人，人無我知。
動植如意，叱聲鬼隨。
疾如水火，鼓舞風雷。
變澤成山，翻地覆天。
我身堅固，安然默然。
萬載長生，與道合仙。㉖

這段口訣隱含著易學的卦象符號和諸多自然符號。開頭六句欲明隱遁之意。作者聲稱，只要步罡踏斗，便可以超凡入聖，我可以見到別人，別人卻看不到我的蹤影。一切行動，隨心所欲，連「鬼神」也隨聲應和。中間四句暗示罡步的行進程序，中含卦理。

(1)「疾如水火」乃坎離定位之謂。水者，坎卦㉗。《易・坎卦・彖》稱：「習坎，重險也。水流而不盈，行險而不失其信。」《說卦》謂：「坎者，水也，正北方之卦也，勞卦也，萬物之所歸也。故曰勞乎坎。」火者，離卦。《象》稱：「明兩作，離。大人以繼明照於四方。」《說卦》謂：「離為火，為日，為電。」(2)「鼓舞風雷」乃震三巽四之謂。雷者，震卦。《象》以雷為震，稱君子借助雷之巨音「以恐懼修省」。風者，巽卦。《象》謂：「隨風，巽。君子以申命行事。」《說卦》稱：「巽為木，為風。」(3)「變澤成山」乃兌七艮八之謂。澤者，兌卦。《象》：「麗澤，兌。君子以朋友講習。」《說卦》稱：「兌為澤。」山者，艮卦。《象》：「兼山，艮。君子以思不出其位。」兼山，即兩山並立。(4)「翻地覆天」乃坤二乾六之謂。地者，坤卦。《象》：「地勢坤，君子以厚德載物。」《說卦》：「坤也者，地也，萬物皆致養焉。」天者，乾卦。

《象》：「大哉乾元，萬物資始，乃統天。」最後四句說明行持罡步所能達到的目的。從罡步的陣法來看，走完九步，剛好形成一個九宮八卦陣，乾與丁亥之位合，稍加變通，即成「真人閉六戊法」。這就是《三真祈求召符》所謂「急速燒紙，並符於乾亥之地」的理論基礎。當然，《遁甲真經》中四十五種符圖，用法不一，所謂「萬種所為，各有符法」，但萬變不離其宗，遁甲之學是其根本。

第三，符圖之功效，條條體現遁甲之理。符圖作為「召神」的手段，它的功效是同神之「本領」相聯繫的。因此，當道教說某一神靈有何神通時，也就意味著「直符」於

「神命」的符圖有何「功效」。這裡就以「六丁符」來加以說明。

(1)丁卯。《遁甲真經》說它「掌草木，能呼嘯風雨嵐霧，隱蔽道途。又能驅旱癘，救莊稼。在天主木，青氣春生，鎮人肝脾，應蒼石」㉘。這是基於遁甲學的罡步結構而提出的功能描述。從罡步的行進趨勢看，丁卯之位在震，正東方向，於四時為春，於五行為木，所以說「在天主木，青氣春生」。人體與之對應，肝為木，木色青，而「蒼」亦為青之意，所以說「鎮人肝脾，應蒼石」。

(2)丁丑。《遁甲真經》說它「掌蟲獸，能推運寶貨，發泄伏藏，又能增長百藥，療人疾苦，在天主五穀，四時之中，氣鎮人泥丸，應碧石」。丁丑之位在艮，東北方向，於四時為東盡而春來，交接之時，由伏藏而發泄，蟲獸驚起，所以說「掌蟲獸」。人體與之對應，泥丸宮屬之，泥丸為百會之穴，陰陽轉換之根，所以說「氣鎮人泥丸」。

(3)丁亥。《遁甲真經》說它「掌山河，能運泰岳，掇為小山，填塞道路，疏決河渠；又能使金石，裂地道。在天主水，黑氣，冬藏，鎮腎精，應玄石」。丁亥之位在乾，西北方向，於時為冬，所以說「冬藏」；於五行為水，水色黑，所以說「黑氣」。在人體，腎屬之，所以說「鎮腎精，應玄石」。玄之意為黑，玄石即黑石，以象徵腎水之本。

(4)丁酉。《遁甲真經》說它「掌江海，能鼓風濤，淘沙拆岸，回潮卷日；又能吹一葉成舟楫，浮度載人。在天主金，白氣秋收，鎮肺主魄，應白石」。丁酉之位在兌，正西方向，於四時為秋，秋風嘯嘯，故能「掌江海」、「鼓風濤」。於五行為金，金色白，在人體肺屬之，所以說「鎮肺主魄，應白石」。

(5)丁未。《遁甲真經》說它「掌岳瀆，能化陰兵，助征戰；又能救生產水火刀兵諸厄；在天主土德，四時餘氣，黃色，鎮脾胃命，應黃石」。丁未之位在坤，西南方向，而中五亦往往寄居於西南坤之位，所以說「主土德」；土旺四季，羅絡始終，所以可救「水火刀兵諸厄」。在人體，脾屬之，而胃與脾相表裡，因此稱「鎮脾胃命，應黃石」。

(6)丁巳。《遁甲真經》說它「掌城社，能決陣解圍，取城破寨；又能呵氣決諸寒熱不時之病；在天主火，赤氣」。丁巳之位在巽，東南方向，於五行為火，以火攻城，其速非常，所以說「能決陣解圍，取城破寨」，此火在道門中人心目中乃為「真火」，以養火之法攻疾，寒熱不時之病自消。

由上可見，《遁甲真經》關於六丁的功能乃是依罡步之行程法序來敘述。作者將六丁之功能說得神乎其神，這不過是其宗教思想立場的表現，我們不必細加深究；但從符法所運載的心理內容看卻又值得注意。可以說，遁甲學中的六丁以及其它諸神明乃是先民塑造的一種典型，它們寄托著先民力圖達到自身五官體能所不能達到的目的。儘管帶有明顯的幻想色彩，卻從一個側面反映了古代人們延展體能不足的心理願望。從這個意義上說，六丁也是一種符號，其特點是以地支為神明的符號，由這個中間環節，六丁之神又成為先民延伸自我功能的符號。

(三)奇門遁甲的符號發展及所運載的主要思想概略

遁甲作為易學的一個支派，它的結構體系無疑是符號化的。一方面，它因襲了易學本有的卦象數碼描述方式；另一方面，它又在此基礎上加以變通。所謂「發展」乃是就其變通的意義上講的。如果說易學古經《周易》的八卦推衍而成六十四卦，這反映了易學符號變格已由來已久，那麼遁甲則在傳統易學的變格觀念指導下進行新的符號重組。在這種重組過程中，遁甲的推衍者以陰陽為總綱，以五行為樞紐，注重天干、地支、星斗、節氣等符號的有序配合。這就使其符號傳達思想的功能大為增進，從而顯示遁甲學符號的多重化特質。

必須指出的是，遁甲學的多重化符號，並非是一種雜湊，而是根據一定的規則來安排的。這種安排，就是在陰陽五行基本原則指導下，注重不同描述層次之符號的相互對應。關於這一點，在流傳甚廣的《煙波釣叟賦》裡有正面的說明。該賦在追溯了遁甲的來歷之後闡述了遁甲布局的要點。它說：

> 先須掌上排九宮，縱橫十五在其中。
> 次將八卦論八節，一氣統三為正宗。
> 陰陽二遁分順逆，一氣三元人莫測。㉙

《煙波釣叟賦》相傳出自商周時期的姜子牙，這自然是崇古習俗的一種表現，不過其布局的口訣卻也反映了先民對於干支之類符號的嫻熟運用。所謂「排九宮」說的是遁甲布局必須先搞清楚九宮八卦的基本格局，一宮坎，二宮坤，三宮震，四宮巽，五宮中，六宮乾，七宮兌，八宮艮，九宮離。這九宮可以看作九大符號板塊，它們不是孤立存在的，而是與九星及九州相對應的；在數理上，九宮縱橫斜正之數相加皆為十五，這就是「縱橫十五在其中」的義理所在。不僅如此，布局之時，尚需考慮氣候的對應。

所謂「氣候」即節氣與時候，古將一年分為八個「節」，每節有三氣，每氣再分三候，共二十四氣、七十二候。這種「一分為三」的方式體現了古人對星體運行的認真觀察和對時間的符號劃分。由於古人將曆法與卦象符號對應起來，「一氣統三」實際上是以獨特的符號形式來表達人的生活與天體時空的不可分割性。

遁甲布局者根據時序之轉換，以冬至為關節點，分陰陽順逆，而成時局。這就是在冬至之後採用陽遁順行之法，由甲子戊開始為一宮，依次而行，甲戌己在二宮，甲申庚在三宮，甲午辛在四宮，甲辰壬在五宮，甲寅癸在六宮；繼之為三奇，丁奇在七宮，丙奇在八宮，乙奇在九宮。前六宮為順行，後三宮為逆行，此稱為「順布六儀，逆布三奇」。夏至之後則反之，採用陰遁逆行法，從離卦九宮開始，即甲子戊起於九宮，降而八、而七、而六，而五、而四、而三、而二，及終於一。此稱為「逆布六儀，順布三奇」。在節氣上，每一氣均分三元。所謂三元，即上中下，上元所指子午卯酉，中元所指寅申巳亥，下元所指辰戌丑未。

在布局者心目中，真正掌握遁甲之節氣分布法，那就能夠使人莫測高深。從這些情形看來，遁甲學不僅存在著多重的符號描述結構，而且注重各層次之符號安排中的有序化。或順或逆，或陰或陽，把干支卦象等諸多符號層次高度地整合在一起了。具有多重符號轉換的道教遁甲學所包容的思想是豐富的。其中有兩個方面尤其值得注意：

首先是「主陰」的思想。《遁甲真經》卷中說：

> 六陰者，六甲之陰也。甲子之陰乃是丁卯；甲戌之陰丁丑；甲申之陰丁亥；甲午之陰丁酉；甲辰之陰丁未；甲寅之陰丁巳。六丁乃六陰也。則六甲之為陽將，六丁為陰神。用六丁（陰）而不用六陽者，陰為無也，無則能變化。能有能無，出生入死，包容隱顯也，如臨軍之用兵法也。六陰無形，用之則應。凡有道之士用陰，無道之士用陽。陽則可測，陰則不可窮也。上卷獨言祭六丁法。或曰：六（丁）本無形，何必祭之？曰：以有形無，祭禱之無形之神，有無相合也。㉚

作者指出，由天干地支所構成的六個陰類不是孤立存在的。甲子屬陽，對應的陰是丁卯；甲戌屬陽，對應的陰是丁丑；甲申屬陽，對應的陰是丁亥；甲午屬陽，對應的陰是丁酉；甲辰屬陽，對應的陰是丁未；甲寅屬陽，對應的陰是丁巳。所謂「六丁」實際上就是六陰。如果說六甲是屬陽性的將領，那麼，六丁就是屬陰的神明。

遁甲學中為什麼運用六丁陰神而不用六甲之陽將，是因為「陰」為無，入於無境則能變化萬端。能夠凸現「有」，也能夠進入「無」，在生死的緊要關頭，可以由遁甲學來包括和容納，或隱藏，或者顯露，靈活機動，這正如身臨軍陣調兵遣將之法。六陰是沒有形狀的，使用起來就有感應。凡是有道的人士就使用陰符之法，無道的人士就使用暴露的陽法。暴露的陽法是可以測定的，隱蔽的陰法卻是不可窮盡的。本書在上卷唯獨闡述祭禱六丁的方法。有人問道：六丁之神明本來沒有形狀，何必祭禱它們呢？答曰：以有形的物品來表徵無形，祭祀懇禱無形的神明，這是達到有無相合的途徑。

作為遁甲學祭神儀式的陳述，《遁甲真經》在這裡顯然也是貫穿著宗教信仰的基本立場的，但作者特別申明「陰」的意義卻是有趣的。為什麼說「六丁」乃是「六甲」之陰呢？這是由干支和生肖的配合決定的。若以地支計，則子、寅、辰、午、申、戌為陽；丑、卯、巳、未、酉、亥為陰；若以生肖計，則鼠、虎、龍、馬、猴、狗為陽；牛、兔、蛇、羊、雞、豬為陰。六丁所屬分別為：丁卯屬兔，丁丑屬牛，丁亥屬豬，丁酉屬雞，丁未屬羊，丁酉屬蛇，皆為陰。六甲為旬頭，皆為陽，六陰分別繫之於六甲之下，所以說「六陰者，六甲之陰也」。

《遁甲真經》的土陰思想應遠溯至《歸藏》。傳說孔子求《易》只得坤乾兩卦。《禮記》稱，孔子欲觀殷道，「得坤乾焉」。《歸藏》先坤後乾，以陰為主。這是古老的傳統思想。到了《周易》，以乾為首，突出陽的地位。《易經》以龍喻乾卦之六爻，

《易大傳》更闡述此理，大加發揮。《繫辭》謂：「天尊地卑，乾坤定矣。」這種以乾為高上，以坤為卑下的思想雖然是從天地自然的存在狀態出發的，但在客觀上卻為後來的社會秩序提供了理論根據。不過，應該看到，《周易》這部書是有辯證思維的。

由於歷史繼承性之作用，古老的「主陰」思想在其卦爻辭的字裡行間還不時地涉及。在《周易》中凡講到「坤」象的時候往往同「土德」「中黃」聯繫在一起。《易》曰：「天玄而地黃。」《說文解字》稱：「黃，地之色也。」這是因為神州之間，土為黃色。《易・說卦》說：「坤為地。」而《坤》卦六五爻辭則說：「黃裳元吉。」蓋坤為陰物。古漢儒之釋《易》者，謂陰爻居中皆稱為「黃」。例如《離》卦二爻與五爻皆為陰爻，故六二爻辭說：「黃離，元吉。」《象》云：「黃離元吉，得中道也。」《鼎》卦六五之爻為陰爻，亦居上卦之中，故《象》曰：「鼎黃耳，中以為實也。」由此看來，坤為陰、為地、為土，土色黃、居中，得中正之道，這個思想在《周易》經傳裡是有跡可尋的。不過，概觀全書，《周易》這個思想還是被「天尊地卑」的洪流所淹沒。作為同《周易》有密切關係的《道德經》倡導「歸根」、「返元」，又把陰陽的次序顛倒過來，不尚陽而尊陰。陰者，微而不顯，但卻是「著」之根。《道德經》說：「萬物負陰而抱陽。」老子以陰為先而陽居後，這正是《歸藏》思想傳統的沿襲。早期道教五斗米道以符水為人治病，信奉五方星斗，尤其崇拜北斗，北方為水、為陰。可見，這依然是沿著老子《道德經》之思想路線發展著。《遁甲真經》用陰而不用陽，走的也是這條路線。正如《道德經》以象徵的手法來闡述其主陰思想一樣，《遁甲真經》則以干支和卦象符號來表徵用「陰」的理趣。

其次是運化的思想。《遁甲真經》卷下《召六丁擲座符》曰：

凡書符下筆，存思玉女，畢如斷銅截鐵，先點二十八點，象二十八宿念星，點之四點，象四時，八遍念咒，象一年八節。凡點下不得再點。㉛

《遁甲真經》作者告訴人們，大凡書寫符圖，在下筆的時候就存想玉女的形象。畫符正像斬斷銅鐵硬物一般，必須十分果斷，先要用筆尖點上二十八點，這象徵著天上的二十八星宿；再點上四點，象徵著一年春夏秋冬四時，把咒語念上八遍，這象徵著一年八大節氣。凡是已經點下的就不能再隨便亂點。

不言而喻，用來招請六丁所畫的所謂「神符」依然帶有濃重的神秘色彩，但其程序卻貫穿著一種傳統的象徵思維理路。在畫符過程中，不論是「點」還是「線」都有明顯的象徵意義。《遁甲真經》將其所畫之「點」與天上二十八星宿以及一年四季聯繫起來，這就賦予「點」以特殊的符號意蘊。至於把咒語念上八遍，這依然是以數字來作為一年八節的符號。假如我們再深入一層繼續探究，那就可以看出，在這種符號象徵的背後所運載的是「運化」的思想。因為它所說的「八節」已經蘊含著時空的轉換理念。所謂「八節」即卦氣分宮中的八個節氣。《說卦》云：「帝出乎震，齊乎巽，相見乎離，致役乎坤，說言乎兌，戰乎乾，勞乎坎，成言乎艮。」

《說卦》的意思是說：上天之王氣使萬物出生於震卦之位，生長整齊於巽卦之位，紛紛色相顯象於離卦之位，致力用事於坤卦之位，成熟欣悅於兌卦之位，交配結合於乾卦之位，勤勉勞動於坎卦之位，最後成功並且重新開始於艮卦之位。《說卦》以八卦配四時，一年春夏秋冬四時共三百六十日，每卦占四十五日。遁甲之法模仿之，如《遁甲符應經》卷上《八門法》云：「古法曰，天有八風，以直八卦。地有八方，以應八節。節有三氣，氣有三候。如是八節以三因之，成二十四節氣，更三乘之，七十二候備焉。」又《推八節以主卦為初直》云：「冬至一宮坎，立春八宮艮，春分三宮震，立夏四宮巽，夏至九宮離，立秋二宮坤，秋分七宮兌，立冬六宮乾。」《遁甲真經》的卦氣分宮之法與此是一致的。節氣的變化，是自然界日月星辰運行規律的一種反映，而以卦納之，是其運行規律的符號象徵。

值得注意的是，遁甲學對自然界運行規律的描述比起《周易》來已有很大的不同。《周易》的結構乃太極生兩儀，兩儀生四象，四象生八卦，八卦重疊而成六十四卦。遁甲學在此基礎上建立起「三元制」。《遁甲真經》說「六陰洞微乃六丁秘法，六甲飛宮而變通也」。所謂六甲「飛宮」說的是布局，遁甲布局分上中下「三元」，上元一宮起甲子，中元四宮起甲子，下元七宮起甲子，或逆飛六儀，順布三奇，或順布六儀，逆飛三奇。這種「三元制」具體應用於年月日的推算之中，無論是年家奇門還是月家奇門、日家奇門，都分三元。在日家奇門中，每三日就越過一卦，蘊含著質量復變規律的認識，這與老子《道德經》關於「道生一，一生二，二生三」的思想是一致的，是對客觀自然界運行之複雜性的一種特殊反映。

三、太乙、六壬術的符號結構

在道教占卜變體中，除了遁甲之外，太一、六壬術也占有較特殊之地位。因此，當我們闡述了有關遁甲的內容之後，還應當對太一與六壬的結構體系有所說明。現擬分兩個方面進行考察。

(一)太乙術的符號結構及其內容特色

「太乙」又作「太一」[32]，其名最早見於殷商卜辭。但那時的「太乙」乃是作為人名來使用的。後來道家學派興起，「太乙」被作為一個比較重要的哲理性術語。在道家學派中，「太乙」相當於易學中的「太極」或「道」，含有天地混沌、萬物本始之意。「太乙」還具有神學的意義。《史記・封禪書》稱：「亳人謬忌奏祠太一方，曰：『天神貴者太一，太一佐曰五帝。古者天子以春秋祭太一東南郊……』於是天子令太祝立其祠長安東南郊，常奉祠如忌方。」按照這個記載，則「太乙」的神格相當之高，連代表東西南北中五方的「五帝」也只是「太乙」的輔佐神，可見太乙已具有至高無上的神性意義。據《漢書・郊祀志》所載，漢武帝從元封元年開始就多次派人到泰山舉行隆重的封禪儀式，漢武帝在一篇贊饗辭中說皇帝敬拜「太乙」。這說明，太乙在皇帝心目中具有相當重要的地位。實際上，這個「太乙」乃是當時封建中央集權在神學領域中的一種反映。當然，我們也注意到，古代太乙神也具有抽象符號的意蘊。《史記・日者列傳》所列術數七家，「太乙」占居其一。

《史記・天官書》稱，中宮天極星，其一明者為太乙。屈原《九歌》有「東皇太乙」，可知早在戰國之際，「太乙」已經很受關注，這才能夠為人們所歌詠之。《漢書・藝文志》所載「五行家」類錄有太乙陰陽二十三卷。這是比較早的以「太乙」為名的術數類之書。可惜，此書已經佚失不傳。幸有《易緯・乾鑿度》言及「太乙行九宮」之事使我們可以窺見早期的太乙術數之結構遺貌。

在道教中，「太乙」不僅具有「神」的意義，而且成為術數體系的重要形式。考諸《道藏》，有關「太乙」或者「太一」的經典為數不少，如《黃帝太一八門入式秘訣》《黃帝太一八門逆順生死訣》《黃帝太乙八門入式訣》《上清太一金闕玉璽金真記》《太乙火府奏告祈禳儀》等十四種。這些經典當然不全都是講述太乙術數的，但大抵都與術數有直接或間接關聯。像《黃帝太乙八門入式訣》一開始就講述卦爻與干支的匹配，而類似的《黃帝太一八門入式秘訣》則從咒說入手，力圖打開天門地戶，這些都反映了道門中人對太乙之學的熟練應用和變通。

正如遁甲一樣，太乙術數也形成自己的一套符號結構模式。這種模式的外在表現是構造了操作用的轉盤，號稱「太乙式盤」。該等占盤起源於何時，今不可詳考；不過，有資料顯示，最遲在秦漢之際就已經付諸實施。一九七七年安徽阜陽雙古堆西漢汝陰侯墓出土了一件漢文帝十五年（公元前一六五年）時的太乙式盤就是一個證據。

根據「天圓地方」的傳統天體構想，太乙式盤以兩大部分組合而成，上為圓盤，象徵天；下為方盤，象徵地。中間設計了一個軸心，使兩盤可以任意轉動。為了進行時空的對應，太乙式盤引入了二十四節氣的符號體系，並且配上了八卦。從這個角度看，我們可以將這種式盤當作「太乙八卦占盤」。在道教中，此等器具原理被廣為應用，如《黃帝太一入式訣》所載「皇太一八門道順生死圖」便蘊含著式盤的基本理趣。

道教太乙占術的符號結構體系也是以《易經》的卦爻象數為根本的。換一句話來說，這可以看作是易學符號體式的延伸和發展。其主要表現有如下兩個方面：

首先，依據《周易・繫辭》的「天極化生」原理來作盤布局。在《周易・繫辭》中，「太極」是個很重要的概念，它代表著宇宙的本體，卦爻發生的本根，有了太極才有兩儀，兩儀進一步的感動才有四象、八卦。在古代，「太極」實際上也具有「太一」的意義，有的乾脆將「太極」與「太一」劃上等號。根據唐代李鼎祚《周易集解》的引述可知，三國時期的虞翻即把「太極」與「太一」通合起來。他以為「太極」就是「太一」，由「一」而生二，於是有了天地兩儀。太乙式盤分天分地，就是這種天地兩儀的精神體現。天地感而四象成，體現在時間上，這四象就是春夏秋冬四時；四象生八卦，八節氣與之相應。故而，太乙式盤也立下八節、八卦之刻度。道門中人力圖以這種卦氣相應之法來推導宇宙萬物的變遷和生死的發展程序。《黃帝太一八門入式訣》卷上所列《皇太一八門道順生死圖》即按九宮八卦方位來配合八卦、八節。這體現了道門中人注意運用卦氣符號來表徵事物之存在與流遷之情形。

對於太乙占盤的這種符號結構，古人已有所了解。如清代所修《四庫全書・太乙金鏡式經》之《提要》即稱：「核其大旨，乃仿《易》《曆》而作。其以一為太極，因之生二目，二目生四輔。猶《易》之兩儀、四象也，又有計神與太乙，合之為八將，猶《易》之八卦也。」在這篇《提要》中，作者使用了太乙術數中的幾個重要術語。所謂「二目」即「天目」與「地目」。天目，指的是文昌星，在北斗魁星之前；地目，或稱客目，指的是填星之精。「四輔」即環抱北極星的四顆輔星。

《晉書・天文志》說，環抱北極星的輔星正如人間朝政大臣輔佐君主。在《太乙金鏡式經・提要》看來，作為術數法度，「太乙」是模擬《易經》與曆法而造作的，其體系中的所謂「一」就是「太極」；由「一」而生文昌星與填星精，這就像《易》中的「太極」生兩儀；由兩目再生四輔，這就像《易》的兩儀生四象。再分化而有「計神」之類星神天將，共有八位，這就像《易》之八卦。

其次，道門中人的太乙占術還根據《易・說卦》的八卦方位原理，按照《易緯・乾鑿度》的九宮格局來計度行事。如《黃帝太乙八門入式訣》中的兩首口訣便反映了這一點。

其一《陽卦順行門則逆干》云：

甲子甲辰常起一，甲寅甲戌三宮出。

甲申六宮甲午八，得之順行無不吉。

其二《陰卦逆行門則順干》云：

甲子甲辰離九宮，甲寅甲戌兌七首。

甲申四宮甲午二，尋究得門依次守。㉝

在這兩首口訣中，所涉及之數字一、三、六、八、九、七、四、二乃是標明「九宮」之順序。六甲依照順逆之理而有不同排列。這種順逆變化，早在《易緯・乾鑿度》已有明確闡述：「一陰一陽，合而為十五之謂道。陽變七之九，息也；陰變八之六，消也。合於十五，故太一取其數以行九宮。」《易緯・乾鑿度》的「陽變」與「陰變」為太一占盤六甲飛宮之順逆次序奠定了基礎。

不過，倘若要進一步稽考，則此等依宮行進的方位原理應該遠溯於《易・說卦》。該篇稱：「萬物出乎震，震東方也。齊乎巽，巽東南也……離也者，明也，萬物皆相見也，南方之卦也……坤也者，地也，萬物皆致養焉……兌，正秋也，萬物之所說也……戰乎乾，乾西北之卦也，言陰陽相薄也。坎者，水也，正北方之卦也，勞卦也，萬物之所歸也……艮，東北之卦也，萬物在所成終而所成始也。」《說卦》這段話不僅指明了八卦方位所在，而且描述了八卦所代表的事物在不同季節中的生長特性以及功能。這樣一來，八卦方位一經確立，八節也就在其中了。因此，道門太乙占盤之分宮用事乃是遵循著《易・說卦》以來中國傳統中的卦氣符號表徵法度。

道教太乙占術與遁甲術也有相通的地方，兩者都設立了八門，以趨吉避凶。《黃帝太乙八門入式訣》有《避難躲閃入杜門法》稱：

太上曰：子欲過度三災、九厄，應作是言，我以天為父，地為母，吾居其中，常為赤子。日為功曹，月為主簿，雷公電母，在吾前後，風伯雨師，在吾左右，六甲直符，周匝圍繞，青龍扶吾左，白虎扶吾右，朱雀在吾前，玄武在吾後，北斗福覆吾頭，天罡指吾足，螣蛇在吾手，與吾滅殃咎，吾居丹房中，太乙為吾偶，左三右七，戴九履一，二四為吾肩，六八為吾足，吾居中間以為腹。[34]

這段話以咒語的形式寫就。其標題有「杜門」之稱，用意乃是力圖通過咒語的念誦以進入杜門，達到消災解難的目的。「杜門」是太乙占術中的八門之一，既然言及杜門，則其它七門也是存在的，因為在傳統的術數體系中，門徑方位基本上是配套，所以，有了杜門就有休門、生門等其它各門。實際上，《黃帝太乙八門入式訣》並非只是在書名上出現「八門」，在其具體的行文中也常涉及之。

在上引一段之後，作者緊接著敘述吳子胥將軍秘法時說：「八門無狀且無光，又無鎖鑰亦無環，迷者失於天外覺，悟來只向掌中觀。」㉟照此看來，八門雖然是宇宙存在的方向表示，但它們卻又可以從自己的手掌中得到映照。這就把無形的抽象物化為有形的符號。廣袤的宇宙八門通過一掌就可以得到顯示，這是多麼簡單明瞭。不僅如此，從其避難躲閃的咒說描述中還可以看出，作者達到多重保護的目的，還調動了四神獸等來自己身邊護衛。最後，作者以易學中廣為流行的洛書口訣壓陣，這不僅使其門徑的說明有了歸宿，而且把符號的匹配大大擴展了。

(二)六壬術之由來與符號結構體系

在道教術數中，「六壬」雖然不像太乙那麼廣泛推衍，但也有專門性的經典，這就是《太上六壬明鑒符陰經》。此書凡四卷，未題撰人姓名。它的入《藏》，表明道門中人對六壬之術也是重視的。

什麼叫做「六壬」呢？簡單地說，這是依據陰陽五行理論並由干支的特殊配合而創造的一種古代占卜術。我國古代紀年主要是由天干地支的配合來進行的。十天干與十二地支的配合產生六十甲子。在六十甲子中有六個帶有「壬」的單位，即壬申、壬午、壬辰、壬寅、壬子、壬戌。本來這六個單位也是天干地支自然排列的產物，但一經產生就可以被人們根據不同需要來加以運用。「六壬」占法即是古人應預測需要而設計的一種術數法度。

關於六壬占術的基本原理，清代《四庫全書》所收《六壬大全．提要》有一段很好的說明：

（六壬）大抵數根於五行，而五行始於水，舉陰以起陽，故稱「壬」焉；舉成以該生，故用「六」焉。其有天地盤與神將加臨，雖漸近奇遁九宮之式，而由干支而有四課，則亦兩儀四象也；由發用而有三傳，則亦一生二，二生三，三生萬物也，以至六十四課，莫不原本義爻，蓋亦《易》象之支流推而衍之者矣。㊱

《提要》告訴人們，六壬課占術基本上是植根於五行的理論，而金木水火土這五行是以「水」為起點的，水屬於陰性之物，居於北方，將十天干分納五方，壬也在北方，以北方之水為起始，表明了「陽」就孕育在其中。轉換成天干符號，就可以用「壬」來代表，所以叫做「壬」；事物有生有成，舉出「成熟」這個環節來就包括了發生成長的過程，在天地生成之數中，一二三四五為生數，而六七八九十為成數，出於以「成」涵蓋「生」的原則，所以就用了「六」這個成數。在占課器具上設立了天盤與地盤，並有十二月將和天乙貴神之類神將的配合，雖然這種方式很接近奇門遁甲的九宮格式，但由干支構成的「四課」推衍又有自己的特色。說到底，這所謂「四課式」是依據易學兩儀生四象原理而確立的；其布局有「三傳」，這與老子《道德經》關於「道生一，一生二，二生三，三生萬物」的理念又是相一致的，由此推衍變化而有六十四種課法，若追究其源頭，其實乃發端於《易經》的卦爻義理。因此，完全可以把「六壬課占術」看作是易學象數的支派流緒。

《六壬大全・提要》雖然相當簡略，但卻指出了六壬課占術作為易學支流的基本性質和主要特點。其中有幾個方面值得稍加考析：

其一，關於「舉陰以起陽」的基本原則實出於《周易》「大衍」筮法精神。「大衍」之數五十，其用四十有九，此等數字乃出於「一」到「十」的天地自然數的相互關係。古人將十個自然數分列於九宮八方，天一生水於北方，北方為「壬」，故「六壬」實際上是以六十甲子中的六個以「壬」為頭的干支來表徵「陽」起於「陰」的理念。

其二，關於「四課」與易學四象之理的關係，也是言之成理的。所謂「四課」就是十天干「寄宮」之法。《大六壬類集・四課式》稱：「假如亥將甲午日乙丑時占法，先以占日干支橫排，間書於上，次查占日，甲課在寅，故以地盤上陰神子書於甲上，為第一課；即順填子於橫排空內，又查子上陰神戌書於子上，為第二課；又查占支什上陰神辰書於午上，為第三課；即須排辰於未位，又查辰上陰神寅書於辰上，為第四課，餘仿此。」將這個課法之推衍化成表格，即為上表：

寅	辰	戌	子
辰	午	子	甲
卯	辰	巳	午
寅			未
丑			申
子	亥	戌	酉

這個四課法實際上就是依據易學的「太極生兩儀，兩儀生四象」的思想變通而出的。在器具符號上，有所謂「四仲卦」，即《震》《離》《兌》《坎》，代表四季，並與五行中的木火金水相對應。《震》為木，代表春天；《離》為火，代表夏天；《兌》為金，代表秋天；《坎》為水，代表冬天。再根據四象生八卦的推衍法則而成六十四種課體、七百二十課。這種干支五行的推衍程序，基本上是以易學的卦象生成為摹本的。

其三，關於「三傳」的問題，這雖然出自老子《道德經》之「道生」論，但若從其符號象徵法度看卻又合於易學天地人對應的「三才」理則。所謂「三傳」是指初傳、中傳、末傳。六壬占課推算人事，先根據四課中的每一課中的兩干支五行生剋關係，確定某干或某支為「初傳」，象徵人事的開始，然後將所選之干支納入地盤，尋找天盤所對應的地支，這就是「中傳」，象徵人事發展的中期情況；而後將中傳納入地盤，再尋找天盤所對應之地支，這就是末傳，代表人事發展的最後結局。其中之推衍雖然相當複雜，但其理卻不出易學的天地人對應觀念。

關於六壬課占的起源問題，《道藏》本《太上六壬明鑒符陰經》有一段描述：

昔孫臏與龐涓結義而求師於鬼谷先生，學業軍旅戰鬥之事。師因園看果成實，令臏看之。夜忽有一人逾垣而入園中，盜果子食之。臏乃潛身持刀欲捕之，乃是白猿也。拿住，忽言曰：「汝勿傷吾身，我與天地同生，日月並長。混無道炁，結化成形。吾有玄文，汝來日於此處候吾，我傳與汝。」臏乃長跪而退。其猿乃化白光而去。至次日，臏乃依期而伺之。忽見白猿自西北乘空而來，授臏玄文一卷。隨時化白光東南而去。臏將其文而歸本宿房中點檢。37

這段文字以頗具傳奇色彩的筆調說：往昔的時候，有孫臏與龐涓兩人結拜兄弟而有義氣，他們共同拜鬼谷子為師，學習軍事旅行出兵打仗一類的學問。師父鬼谷子因為到園中看見果子已經成熟，就吩咐孫臏看管。夜中，忽然有一個人爬牆越入果園裡，盜竊果子吃。孫臏暗中行進，並帶著刀準備捕捉。這時才發現，那「人」乃是一隻白色猿猴。孫臏抓住白猿，忽然間，白猿開口說話：「請你不要傷害我的身體。我與天地同時間而生，與日月一樣的長久，是混沌元始之道炁凝結而成形。我這裡有非常玄奧的文章，你來日就在這裡等我，我可以把玄奧文章傳授給你。」孫臏聽說之後，行了長跪的大禮，然後退出。而那隻白猿即化成一道白光遠去了。到了第二天，孫臏按照預約的時刻在指定的地點等候。忽然看見白猿從西北方向自空中飛行而來，傳授給孫臏玄奧文章一卷。接著又化著一道白光從東南方向飛去了。孫臏帶著那卷玄奧文章回到自己的臥室檢查清點起來。

顯然，這種文字很像神話。在古代，這種文字無疑具有特殊的吸引力，便於傳播。從今天的立場看來，這當然不足為信。不過，其中所涉及的人物卻也值得注意。如孫臏、龐涓，在《史記》中均有其記載。至於鬼谷子其人，道教中的神仙傳記也多有記述。或稱之為黃帝時人，或稱之歷經數代，至周朝隨老子西出函谷關，後又重返中原，居於漢濱鬼谷山傳道。《太平廣記》卷四引《仙傳拾遺》云：「鬼谷先生，晉平公時人，隱居鬼谷，因為其號……蘇秦、張儀從之學縱橫之術……學成別去，先生與一隻履，化為犬，北引二子，即日到秦矣。先生凝神守一，樸而不露，在人間數百歲，後不知所之。」從此類文字看，《太上六壬明鑒符陰經》所描述的傳經歷程也多有依托性質。儘管如此，「六壬」術由來已久卻是事實。

《周禮・大師》有「抱天時，與大師同車」之語。漢代經學家鄭玄以為「天時」乃是載有天文星宿的六壬式盤，因而斷定在周代時「六壬」術業已產生。有資料顯示，春秋之際，六壬術業已流行，因為《吳越春秋》以及《越絕書》載有吳子胥、范蠡、公孫聖施行六壬卜課之事。近代考古發掘出多具漢代時期的六壬式盤。《阜陽雙古堆西漢汝陰侯墓發掘簡報》談到這種式盤的結構特點，謂之六壬式盤中的小圓盤，中央刻有北斗七星星座，邊緣分三層刻劃：外層按逆時針方向刻二十八星宿，中層刻二十八個圓點於各星宿的頂點上，裡層刻十二月式。從這些情形看，六壬式盤在漢代已經相當成熟，並且廣為應用。道教中的六壬占術即是在這種背景下發展起來的。

《太上六壬明鑒符陰經》在吸取傳統六壬占術基礎上，將其理論全面道教化。這主要表現於透過符咒形式來鋪敘六壬之操作法度。正如遁甲、太乙之類一樣，六壬有其布局設壇形式，例如《玉女反閉局》就是一種重要的設壇布局形式。所謂「玉女反閉」實際上就是由天干地支的排列造成布局上「鎖金關」的結果。這樣，就可以使受制約的一方陷入困境而不能出，主動的一方卻可以「出天門，入地戶」，達到游行自如的目的。不言而喻，這裡的所謂金關以及天門、地戶之類都只是比喻，帶有符號性的表達特質。道門中人運用六壬占術來布局除了與其它六壬占課共同使用一些所謂神將來防守與進攻之外，它還很注重調動符咒的所謂「神力」以助其局。像《玉女反閉局》，在進行步罡踏斗以及算子的調整之後，即出咒語一首：

乾尊耀靈，坤順內營。二儀交泰，六合利貞。配天享地，永寧肅清。應感玄黃，上衣下裳。震離坤兌，翊贊扶持。乾坎艮巽，虎步龍翔。今日行算，玉女伺旁。……[38]

這儘管是語言的一種特殊運用，但字裡行間卻充滿著意象的組合。這些以易學卦象符號為主幹的人工符號之背後又潛藏著自然符號的魅力，因為不論是乾坤坎離震巽艮兌之類卦象符號以及龍虎干支等本來都是自然界諸多事物的代表。因此，儘管六壬課占在具體的行文表達過程中也籠罩著一種神秘的氣氛，但若撥開其繚繞之雲團，我們卻可以感受到先民運用符號的某種自覺程度。

【註　釋】

❶《道藏》第二十三冊第四五五頁。按，《道藏》本《靈棋本章正經》與《四庫全書》本《靈棋經》在文字上有許多差異。然《道藏》本早於《四庫全書》本。本章之引文以《道藏》本為主，並適當參校《四庫全書》本。

❷《靈棋經・提要》，《四庫術數類叢書》第六冊第一九七頁，上海古籍出版社一九九一年版。

❸《道藏要籍選刊》第六冊第七〇頁。

❹《道藏要籍選刊》第六冊第七十二頁。

❺《道藏要籍選刊》第六冊第四〇頁。

❻《四庫術數類叢書》第六冊第一九八頁，上海古籍出版社一九九一年版。

❼《道藏》第二十三冊第四五六頁。

❽《道藏》第二十三冊第四五七頁。

❾《道藏》第四冊第九八五頁。

❿《道藏》第十冊第二六九頁。

⓫《道藏》第二十冊第三一六頁。

⓬關於六丁之名字，道書所稱不一。這裡所錄僅僅是其中一種說法，況且這種說法在幾種文獻中也有一些小的出入。

⓭《靈寶六丁秘法》。

⓮按，比較一下《道藏》本與《四庫全書》本之《靈棋經》，儘管前者較古，但文字錯誤較多；後者則已經整理，文字錯誤較少。所以，本節探究其思想與符號象徵問題時擬以《四庫全書》本為主，並適當參校《道藏》本。

⓯這裡的「經卦」指《周易》中乾坤坎離震巽艮兌八個基本卦。

⓰《四庫術數類叢書》第六冊第二一〇頁。

⓱《四庫術數類叢書》第六冊第二一一頁，上海古籍出版社一九九一年版。

⓲《四庫術數類叢書》第六冊第二一二頁，上海古籍出版社一九九一年版。

⓳《四庫術數類叢書》第八冊第九二三頁，上海古籍出版社一九九一年版。

⑳《道藏要籍選刊》第六冊第十一頁。

㉑《道藏》第十八冊第五八八～五八九頁。
㉒《道藏》第十八冊第五八八頁。
㉓《道藏》第十八冊第五八八頁。
㉔《道藏》第十八冊第五八八頁。
㉕《四庫術數類叢書》第八冊第九七三頁，上海古籍出版社一九九一年版。
㉖《道藏》第十八冊第五八七頁。
㉗按，坎卦不僅象水，而且還象徵其他事物，但此處之水則特指坎卦。
㉘《道藏》第十八冊第五九一頁。按，關於六丁的功能描述均見於同一頁。以下不再注出處。
㉙《遁甲演義》卷一，《四庫術數類叢書》第八冊九二五頁。
㉚《道藏》第十八冊第五九〇頁。
㉛《道藏》第十八冊第六〇四頁。
㉜按「太乙」之名或為「太一」，為了表述的一貫性，以下如果非引書之需，將統一使用「太乙」。
㉝《道藏》第十冊第七六八頁。
㉞《道藏》第十冊第七七〇頁。
㉟《道藏》第十冊第七七〇頁。
㊱《四庫術數類叢書》第六冊第四七一頁，上海古籍出版社一九九一年版。
㊲《道藏》第十八冊第六二一頁。
㊳《道藏》第十八冊第六四〇頁。

後記

我對道教文獻的接觸與研究已近二十年了，但從符號學的角度來考慮問題，時間並不太長。一九九〇年，我在修改拙著《道教文學史》初稿的時候，開始閱讀有關西方符號學的一些著作，得到一些啟發。所以，在該書修改稿中便運用了這種方法對有關問題進行分析。例如，在探討漢代道書《周易參同契》時，我就由文本中的天體星宿、地上諸物以及人體藏象等意象的考察，得出「作者的形象思維也就從表層結構而躍入符號形象結構」的看法。不過，在這部拙著中，我對符號學方法論的應用，可以說並不是自覺的。一九九二年，《道教文學史》出版之後，我的注意力轉向「易學」方面。當時，主要是因為在福建師範大學易學研究所工作的緣故，需要做點這方面的事，於是埋頭讀了點易學類的書。儘管這種閱讀還沒有什麼明顯的目的，但在客觀上卻使我注意到我國傳統上符號思想的由來已久。這樣，就促使我把易學與道教聯繫起來考慮。一九九六年初，在申報國家課題的時候，我擬定了《道教符號學與神秘主義研究》的題目。那時，只是抱著試一試的心情填了表格，自己對這個課題能否被立項沒有什麼把握。半年之後，這個課題正式立項，進入國家社會科學「九五」規劃之中，獲得國家社會科學基金贊助（項目編號：96BZJ005），本項目同時也是廈門大學臺灣研究中心駐所研究成果。按照預定計劃，我開始進行有關研究，先後寫成《道教藝術的符號象徵》《道教符號芻議》等系列文章。現在，這個稿子乃是在階段性研究的基礎上完成的。

這部書稿本來可以比較早地「殺青」，但因工作調動，我離開福建師範大學，回到了久別十餘年的第一母校廈門大學，其間有許多工作性的調整，因此，進展稍慢。不過，從總的來看，尚未超出國家規定的期限。在具體寫作過程中，得到了業師卿希泰教授等老前輩的多方指點，也得到了學界許多朋友的關心與支持。中國書店出版社趙安民先生以及《易學文化叢書》主編張其成先生經常來電話詢問書稿進展情況，並提出了許多寶貴意見。值此拙著面世之際，謹向所有關心支持這項研究工作的學界前輩以及同行朋友表示衷心謝意。

為了方便讀者閱覽，本書凡是引用比較冷僻的古籍，儘可能進行文字解釋，希望能夠減少一些語言障礙；但由於易學與道教本身的古奧難通，加上要從符號學的角度進行分析，勢必還有許多問題沒有解釋清楚，錯誤缺點在所難免。誠懇希望廣大讀者批評指正。

詹石窗

謹識於廈門大學宗教學研究所

國家圖書館出版品預行編目資料

易學與道教符號揭秘／詹石窗 著
--初版--臺北市，大展，2003［民 92］
面；21 公分--（易學智慧；11）
ISBN 978-957-468-255-3（平裝）
1. 易經--研究與考訂 2. 道教
230 92015173

易學與道教符號揭秘

著　者／詹　石　窗
責任編輯／錢　律　進
發 行 人／蔡　森　明
出 版 者／大展出版社有限公司
社　址／台北市北投區（石牌）致遠一路 2 段 12 巷 1 號
電　話／(02) 28236031・28236033・28233123
傳　真／(02) 28272069
郵政劃撥／01669551
網　址／www.dah-jaan.com.tw
E-mail／service@dah-jaan.com.tw
登 記 證／局版臺業字第 2171 號
承 印 者／傳興印刷有限公司
裝　訂／建鑫裝訂有限公司
排 版 者／弘益電腦排版有限公司
授 權 者／北京中國書店
初版 1 刷／2003 年（民 92 年）11 月
初版 2 刷／2008 年（民 97 年） 6 月　定價／350 元

大展好書　好書大展
品嘗好書　冠群可期

大展好書　好書大展
品嘗好書　冠群可期